法学教育研究

Legal Education Research

2022

第三十八卷　　范九利 主编

法律出版社
LAW PRESS·CHINA
——北京——

CSSCI来源集刊

法学教育研究（第38卷）

教学研究

管理经纬

Contents

学习“习近平法治思想”与法治人才培养

积淀、贡献与展望：习近平法治思想指导下的涉外法治人才培养

彭芩萱* 李光辉**

摘　要：当今世界正经历百年未有之大变局，中华民族走上伟大复兴之路，推进全面依法治国进入新时代。为更好地服务于党和国家高水平对外开放大局、进一步落实加快涉外法治人才培养精神、统筹推进国内法治和涉外法治、加强国际法研究和运用，亟须探索涉外法治人才培养目标、理念与方案的传承与创新，培养一批兼具情怀与视野的应用型、复合型和国际型涉外法治人才，发挥其对全面依法治国的基础性、战略性、先导性的作用。

关键词：习近平法治思想　涉外法治　人才培养　依法治国　国际法

引　言

2019年10月，党的十九届四中全会通过的《中

---

* 彭芩萱，武汉大学国际法研究所特聘副研究员，法学博士，研究方向：国际法等。

** 李光辉，武汉大学国际法研究所博士研究生，研究方向：国际法等。

共中央关于坚持和完善中国特色社会主义制度　推进国家治理体系和治理能力现代化若干重大问题的决定》中明确强调,“加强涉外法治工作,建立涉外工作法务制度,加强国际法研究和运用,提高涉外工作法治化水平。”①会议明确指出加强国际法研究与运用、加快培养涉外法治人才工作的重要性。2020年11月16日至17日,在中央全面依法治国工作会议上,习近平总书记强调,要坚持统筹推进国内法治和涉外法治,②进一步提出了在全面依法治国新时代对涉外法治人才培养的新要求。因此,坚持以习近平法治思想为指导,加强涉外法治人才培养、加大国际法教学支撑、尽快补齐涉外法治人才短缺,发挥人才对全面依法治国的基础性、战略性、先导性的作用③显得尤为重要。

一、涉外法治人才培养:积淀

黄进教授认为,涉外法治人才就是国际法治人才。④ 回顾改革开放以来的国际法教学改革和发展历程,在恢复建设期和平稳发展期后,进入涉外法治人才培养的新时代。

(一)恢复建设期(1978~1996年)

1978年11月,中国共产党第十一届三中全会召开,标志着我国国际法的教学与研究开始进入恢复建设期。⑤ 从这一时期起,全国各高等院

---

① 新华社:《中共中央关于坚持和完善中国特色社会主义制度　推进国家治理体系和治理能力现代化若干重大问题的决定》,载中华人民共和国中央人民政府网,http://www.gov.cn/zhengce/2019-11/05/content_5449023.htm。

② 参见新华社:《习近平在中央全面依法治国工作会议上发表重要讲话》,载中华人民共和国中央人民政府网,http://www.gov.cn/xinwen/2020-11/17/content_5562085.htm。

③ 参见《中共中央关于全面推进依法治国若干重大问题的决定》,载《人民日报》2014年10月29日,第1版。

④ 参见黄进:《加强我国涉外法治人才培养的战略选择》,载光明法治网,https://legal.gmw.cn/2021-02/09/content_34611217.htm。

⑤ 参见杨泽伟:《改革开放四十年来的中国国际公法学:特点、问题与趋势》,载《武大国际法评论》2018年第6期。

校和科研机构纷纷开始逐步恢复国际法的招生与教学工作。中国政法大学在1978年学校复办后，国际法学科即开始恢复教学，并于1989年设立了国际经济法系。[⑥] 1979年，著名国际法学家王铁崖先生在北京大学法学院根据当时的社会需求率先增设了全国第一个国际法本科专业，招收第一批国际法学本科生，并于1993年再增设国际经济法学专业。[⑦] 1980年9月，吉林大学法学院增设了国际法专业，开始招收国际法专业本科生，并成立了国际法教研室。[⑧] 在1985年，华东政法大学设置了国际法系。1985年4月，华东政法大学的本科教育在单一法学专业的基础上，增设了国际经济法专业；1994年11月，又增设了国际法本科专业。[⑨]

与此同时，根据武汉大学党委〔1979〕40号文件，武汉大学法律系筹备组于1979年8月20日成立，由韩德培、陈明义、兰元庆、马克昌4位同志组成。1980年上半年，武汉大学法律系正式恢复，韩德培先生任系主任，并于同年创办了我国高校系统最早成立的专门研究国际法的学术机构之一——武汉大学国际法研究所。在韩德培所长的带领下，国际法所研究人员积极开展国际公法、国际私法、国际经济法的教学与研究工作。[⑩] 1981年，根据中国改革开放对涉外人才的需求，武汉大学法律系增设国际法本科专业，并将法学专业基础课程进行调整，增加了国际法

⑥ 参见中国政法大学国际法学院：《国际法学院简介》，载中国政法大学国际法学院官网2019年10月31日，http://gjfxy.cupl.edu.cn/xygk.htm。

⑦ 参见黄瑶、林兆然：《中国国际公法研究四十年：历程、经验与展望》，载《法学》2018年第10期。又参见北京大学法学院：《法学院学科建设》，载北京大学法学院官网2021年6月10日，https://www.law.pku.edu.cn/xygk/xkjs/index.htm。

⑧ 参见吉林大学法学院：《风雨无阻桃李路 拓志未来续风流——吉林大学法学学科简介》，载吉林大学法学院官网2021年6月10日，http://law.jlu.edu.cn/xygk1/xyjj.htm。

⑨ 参见华东政法大学国际法学院：《国际法学院简介》，载华东政法大学国际法学院官网2021年6月10日，https://gjf.ecupl.edu.cn/8568/list.htm。

⑩ 参见冯果主编：《珞珈百年　法学四十载（1979—2019）》，武汉大学出版社2019年版，第300页。

学相关课程,[11]法律系恢复当年就开始招收研究生。[12] 1980年招收首届研究生2人,专业为国际法。[13] 1981年,国务院批准第一批硕士点,国际法和国际经济法2个专业获得硕士学位授予权。[14] 1982年,国家教委正式将国际经济法学列为法学二级学科,国际经济法学获得了与国际法学平等的地位。1981年11月,武汉大学国际法学获批博士点。1984年,武汉大学国际经济法学获批博士点,并开始招生。作为国际法研究的重镇,1986年至1993年是武汉大学国际法快速发展的时期,后经国家人事部批准,武汉大学国际法研究所从1992年开始招收博士后,[15]先后培养了一大批优秀的国际法人才。

进入20世纪90年代,我国面临的国际局势日益复杂,要解决的涉外问题也日益增多,影响世界和平与发展的不确定因素增加,传统安全问题和非传统安全问题相互交织,"中国威胁论"甚嚣尘上,强权国家利用国际法工具为我国与周边国家关系制造紧张局势。这一时期发生的"湖广铁

---

⑪ 在武汉大学恢复法学教育之初,法律系设立法学本科专业。法学专业的必修课程为:法学基础理论、宪法学、刑法学、民法学、刑事诉讼法学、民事诉讼法学、婚姻法、中国法制史、经济法学、司法文书、国际法、刑事侦查等。选修课程为:自然科学概论、自然辩证法、中国历代法学文选、马列主义法学经典著作导读、中国司法制度、秦律研究、行政法、法医学、中国法律思想史、西方法律思想史、外国法制史、外国民商法、外国刑法、外国环境法、罗马法、专业英语、劳动法、环境法等。

⑫ 1985年国际公法研究生的研究方向分为7个方面:国际组织法、国际关系史和中国外交、条约法、外交关系法和领事关系法、海洋法、空间法和外层空间法、国际争端的解决。武汉大学国际法的本科教学,含国际经济法国际私法和国际公法,在1983年获得了国家级优秀教学成果一等奖和湖北省优秀教学成果一等奖。国际法专业的必修课在法学专业的基础上,将经济法学调整为经济学概论,增加了国际私法、国际组织法、国际经济法概述、国际贸易法、国际投资法、海商法等一系列国际法课程。选修课在法学专业的基础上,去除了中国历代法学文选与马列主义法学经典著作导读,相应增加了国际金融法、国际商事仲裁、条约法、海洋法、票据法、空间法、国际环境法、国际技术转让法等课程。

⑬ 1980年2月,《中华人民共和国学位条例》经第五届全国人民代表大会常务委员会第十三次会议通过,于1981年1月1日实施,学位制度开始实行。据此,已招收两届研究生明确为硕士层次研究生。

⑭ 武汉大学法学院全国率先招收国际私法,硕士研究生和博士研究生,1981年招收第1批国际私法专业硕士研究生,1984年招收第1批国际私法专业博士研究生。

⑮ 参见冯果主编:《珞珈百年 法学四十载(1979—2019)》,武汉大学出版社2019年版,第342页。

路债券案"可以说是中国近代史上较为著名的案件。"湖广铁路债券"是清政府于1911年5月与西方四国银行签订的借款合同。1979年中美建交之后，几个美国公民以持有债券为由，向美国阿拉巴马州联邦地区法院对中华人民共和国政府提起诉讼，同时要求中国政府支付本息2.2亿美元。美国阿拉巴马州联邦地区法院受理了此案并对中国政府作出了缺席判决。在这场中美外交斗法中，著名国际法学家倪征燠深度参与其中。在中方不断地努力与交涉下，1984年4月27日，美国阿拉巴马州联邦法院撤销其于1982年所作出的缺席判决。⑯ 1996年，时任国家主席江泽民同志在中共中央举行的法律知识讲座上，发表了关于"加强国际法研究和教学"的讲话，系统阐明了国际法学研究和教学在新时期中国发展过程中的重要作用，为国际法学科发展提供了新动力、带来了新契机。⑰

(二)平稳发展期(1997～2010年)

这一时期，国际法的教学科研工作进入平稳发展期，也面临新考验。1997年，教育部实行学科目录调整，在其颁布的学科专业目录中，国际法学成为法学一级学科下的二级学科。⑱ 1999年，教育部依据社会对人才的新需求，以提高人才的综合素质为目的，调整新的本科专业目录，将法学、经济法、国际法3个本科专业，合并为1个法学本科专业。按照1997年暑期在吉林大学召开的国际法教学指导委员会主任会议精神，法学院本科生开始按法学一级学科招生，从此各大高校法学院取消了按法学、经济法学、国际法学三个专业招生的模式。⑲ 1999年开始，武汉大

---

⑯ 参见宗道一：《倪征燠与湖广铁路债券案》，载《外交风云》2001年第3期。

⑰ 参见中国中共党史学会编：《中国共产党历史系列辞典》，党建读物出版社2019年版，第168页。

⑱ 参见中华人民共和国教育部：《〈授予博士、硕士学位和培养研究生的学科、专业目录〉(1997年颁布)》，载中华人民共和国教育部官网，http://www.moe.gov.cn/srcsite/A22/moe_833/200512/t20051223_88437.html。

⑲ 参见国务院学位委员会、教育部1997年颁布的《授予博士、硕士学位和培养研究生的学科、专业目录》，1998年颁布的《普通高等学校本科专业目录》。按照该目录，"法学"是一个学科门类，在法学学科门类下，有法学、政治学、社会学、民族学、马克思主义理论等5个一级学科；在法学一级学科下，有法学理论、法律史、宪法学与行政法学、刑法学、民商法学(含劳动法学、社会保障法学)、诉讼法学、经济法学、环境与资源保护法学、国际法学(含国际公法、国际私法、国际经济法)、军事法学10个二级学科。

学法学院下设的法学、国际法与经济法3个学科专业合并为1个法学本科专业,并实行学分制培养方案。⑳

这一时期的国际法学者改进教学方法,开设了国际贸易法等一系列双语课程,结合案例教学和实证研究,极大地激发了学生的学习热情,也使得抽象复杂的国际法律问题变得生动形象。2008年,华东政法大学国际法学院成为教育部"开放型国际法律人才培养模式"创新试验区,探索国际法人才的创新性培养。涉外法治人才培养方式也不断开拓创新,一些广为认可的国际法学科教学理念和方法也得到应用,例如,黄进教授在教学实践中提出并实施的三创教育理念,肖永平教授在教学方法上提出的"五I学习法"㉑等。

随着改革开放进一步深入,相应的涉外法律挑战也接踵而至。例如,2002年3月,美国宣布要对10种进口钢材采取保障措施,加征最高达30%的关税,为期3年。这是中国正式成为世界贸易组织(World Trade Organization,WTO)成员后的第一案,中国依照相关的国际法规定将该案提交WTO争端解决机制。在随后的21个月中,中国经历了WTO争端解决机制规定的主要法律程序,包括磋商专家组裁决、上诉机构审议等。在专家和政府的多方努力下,美国于2003年12月4日才宣

⑳ 课程分为公共基础必修课、专业基础必修课、专业基础选修课和任选课。其中,法学本科专业的14门主干课程包括:法理学、宪法、行政法与行政诉讼法、中国法制史、民法、民事诉讼法、刑法、刑事诉讼法、商法、知识产权法、经济法、国际公法、国际私法、国际经济法。学制4年,修满150学分以上方能毕业。在1999年之前,法学院法学本科教育分法学,经济法、国际法三个专业。国际经济法学科对法学和经济法专业开设国际经济法概论课程,对国际法专业不开设概论课程,而以分论代之。先后开设过国际贸易法、国际投资法、国际金融法、国际税法、国际技术转让法、海商法等课程。1999年以后,本科合并为一个法学专业,国际经济法概论属于必修课,而国际贸易法、国际投资法、国际金融法、海商法属于选修课。

㉑ 参见肖永平:《"五I学习法":学习法律的有效方法》,载《中国大学教学》2008年第4期。"五I学习法"(取自5个英文单词的第一个字母),即正确识别法律争诉点(identification of the legal issues)、准确解释法律规则(interpretation of the rules of law)、善于确定关键的事实(investigation of the key facts)、养成不断追问的习惯(inquest again and again)和得出自己的结论(ideas concluded by yourself)。

布取消保障措施。[22] 总之,一系列纷繁复杂法律挑战和争端表明:在不断深入到全球秩序变革的过程中,有足够的涉外人才储备和高质量的涉外法治人才队伍,才能在关键时刻有效地维护我国的主权、安全和发展等核心利益。

(三)涉外法治人才培养新时代(2012 年至今)

在全面深化改革开放和全面推进依法治国的形势下,现有涉外法治人才的体量与质量难以满足国家发展的全方位多层次的需求。因此,新时代的顶层设计对涉外法治人才培养提出了新要求,也对国际法学科发展提出了新目标。2020 年 11 月,习近平总书记在中央全面依法治国工作会议上发表重要讲话指出,要强化法治思维,运用法治方式,有效应对挑战、防范风险,综合利用立法、执法、司法等手段开展斗争,坚决维护国家主权、尊严和核心利益。[23] 并要求统筹推进国内法治和涉外法治[24]。其中,涉外法治人才是中国参与全球治理并发出中国强音的关键性推动力量之一,因此,加快培养一批卓越涉外法治人才是强化涉外法治建设的题中应有之义,更是贯彻落实习近平法治思想的重要举措。[25]

具体而言,习近平法治思想中关于涉外法治人才培养的重要论述,着眼于历史和时代发展大的趋势,站在坚持和发展中国特色社会主义、实现中华民族伟大复兴的全局和战略高度,将涉外法治人才培养放在怎样实行全面依法治国的总体要求下进行,科学揭示了涉外法治人才培养与全面依法治国之间的内在逻辑,明确了新时代涉外法治人才培养的新使命、新目标、新模式、新机制、新途径,必将推动涉外法治人才培养的新

㉒ See WTO, DS252: United States—Definitive Safeguard Measures on Imports of Certain Steel Products, Accessed June16, 2021. https://www.wto.org/english/tratop_e/dispu_e/cases_e/ds252_e.htm.

㉓ 参见习近平系列重要讲话数据库,载人民网 2020 年 11 月 17 日,http://jhsjk.people.cn/article/31934454。

㉔ 新华社:《习近平在中央全面依法治国工作会议上发表重要讲话》,载中华人民共和国中央人民政府网,http://www.gov.cn/xinwen/2020-11/17/content_5562085.htm。

㉕ 参见柳华文:《论进一步加强国际法研究和运用》,载《国际法研究》2020 年第 1 期。

格局,开辟涉外法治人才培养的新时代。[26] 习近平新时代的涉外法治人才培养观,从坚持和发展中国特色社会主义全局和战略高度出发,推动涉外法治人才培养,坚持以国家需求和现实问题为导向,从涉外法治队伍建设的战略需求及现状出发,清晰认识到涉外法治人才培养中的问题和不足,为新时代我国涉外法治人才培养工作高质量发展指明了方向。[27]

近期,"五院四系"等[28]获批教育部涉外法律人才教育培养基地,开设了"涉外法律人才培养实验班",走进了涉外法治人才培养的新时代。同时,"五院四系"也全部入选教育部"卓越法律人才教育培养计划"。[29] 2018 年 10 月 1 日,教育部、中央政法委公布了关于实施卓越法治人才教育培养计划 2.0 的意见,开始探索"双语法治人才"的培养与建设,[30]明

---

[26] 参见黄惠康:《习近平关于国际法治系列重要论述的核心要义》,载《武大国际法评论》2021 年第 1 期。

[27] 参见黄惠康:《习近平关于国际法治系列重要论述的核心要义》,载《武大国际法评论》2021 年第 1 期。

[28] "五院四系",是中华人民共和国建立的五所政法院校以及四所大学的法律系的简称,这几所高校的法律学科在中国法学教育界具有重要地位,对中国法制发展与法治建设具有重大影响。"五院"是北京政法学院(现中国政法大学)、西南政法学院(现西南政法大学)、西北政法学院(现西北政法大学)、中南政法学院(现中南财经政法大学)和华东政法学院(现华东政法大学),"五院"发展到今天,已属于多学科的政法类大学;"四系"是北京大学法律系、中国人民大学法律系、吉林大学法律系、武汉大学法律系,现在均已改为法学院,成为所在大学的重量级学院。

[29] 中华人民共和国教育部:《教育部中央政法委员会关于实施卓越法律人才教育培养计划的若干意见》,载中华人民共和国教育部官网,http://www.moe.gov.cn/srcsite/A08/moe_739/s6550/201112/t20111223_168354.html。

[30] 要点如下:1. 面向全体法学专业学生开设"法律职业伦理"必修课。2. 重点建设 120 个左右国家级一流法学专业点和 200 门国家级一流线上线下法学专业课程。3. 进一步提高法学专业实践教学学分比例,支持学生参与法律援助、自主创业等活动。4. 建立法治实务部门接收法学专业学生实习、法学专业学生担任实习法官检察官助理等制度,将接收、指导学生实习作为法治实务部门的职责。5. 选聘法治实务部门专家到高校任教,选聘高校法学骨干教师到法治实务部门挂职锻炼。6. 在法学院校设立实务教师岗位,吸收法治实务部门专家参与人才培养方案制定、课程体系设计、教材编写、专业教学。7. 法治实务部门要向法学院校开放数字化法治实务资源,将法庭庭审等实务信息化资源通过直播等方式实时接入法学院校。8. 制定法学专业认证三级标准和认证办法,开展法学专业认证,推动高校全面参与。参见教育部、中央政法委:《教育部 中央政法委关于坚持德法兼修实施卓越法治人才教育培养计划 2.0 的意见》(教高〔2018〕6 号),载中华人民共和国教育部官网,http://www.moe.gov.cn/srcsite/A08/moe_739/s6550/201810/t20181017_351892.html。

确提出其培养目标在于着力促开放，构建涉外法治人才培养新格局。2019年2月28日，司法部主持召开发展涉外法律服务业联席会议第二次会议时又进一步强调了积极发展涉外法律服务，加强涉外律师人才培养。2021年8月10日，针对关于"将国际法学列为一级学科，加强涉外法治人才培养"的建议，中华人民共和国教育部在《对十三届全国人大四次会议第8342号建议的答复》中表示，"将继续支持有条件的高校在法学一级学科下自主设置国际公法、国际私法、国际经济法二级学科，支持能够开展学位授权自主审核工作的高校探索设置相关一级学科"。[31]这一答复也充分反映了新时代国家治理层对涉外人才培养的高度重视和大力支持。

二、涉外法治人才培养：贡献

在中国国际法教学四十余年的历程中，立足中国国情，吸取国际先进教学经验和优秀研究成果，服务国家需求，涉外法治人才培养规模经历了从数量到质量的转变，[32]为我国改革开放事业、全面推进依法治国和深度参与全球治理秩序变革提供了丰富的人才储备和充分的智力支持。

（一）为国家治理提供智力支持

习近平总书记指出，落实决策咨询制度，广泛听取各方面专家学者意见并使之制度化，对提高党的执政能力、提高国家治理能力具有重要意义。[33]因此，注重国际法教学，积极服务国家涉外人才需求，不断强化

---

[31] 中华人民共和国教育部：《对十三届全国人大四次会议第8342号建议的答复》（教高建议〔2021〕120号），载中华人民共和国教育部官网，http://www.moe.gov.cn/jyb_xxgk/xxgk_jyta/jyta_gaojiaosi/202109/t20210907_560085.html。

[32] 参见李其瑞、冯飞飞：《中国法学教育70年：发展历程、问题反思和未来展望》，载《法学教育研究》2020年第2期。

[33] 参见《习近平为何特别强调"新型智库建设"?》，载中国共产党新闻网，http://theory.people.com.cn/n/2014/1029/c148980-25928251.html。

服务国家利益能力,助力中国特色新型智库建设,建立健全决策咨询制度是涉外法治人才建设的关键环节。以国家高端智库武汉大学国际法治研究院为例,作为涉外法治人才的孵化器和聚集地,研究院组织涉外法治专家团队围绕国家重大战略需求开展对策性、战略性研究,不断提高决策影响力、战略谋划力与社会影响力,为中央决策提供切实管用的决策建议,推动科学决策、民主决策,推进国家治理体系和治理能力现代化,成为我国开展涉外法治工作,参与全球治理、推动构建人类命运共同体的重要思想库。[34]同时,智库站在国家事业发展全局的战略高度,优化整合优质研究资源,强化拓展智库智能,着力提升综合研判和战略谋划能力,不断为我国涉外法治工作提供智力支持,充分发挥涉外法治人才在咨政工作中的作用。[35]

(二)为人才赓续创新培养模式

自中国明确提出加快涉外法治人才培养以来,教育部紧跟党和国家号召,把培养涉外法治人才作为培养应用型、复合型法律职业人才的突破口,建设卓越法治人才培养教育基地,开展法学教育国际交流与合作,并确定武汉大学、北京大学、中国政法大学等22所高校为涉外法治人才教育培养基地。[36] 相关高校通过制定完善的涉外法治人才培养方案,增设涉外法律课程,并通过积极开展与海外高水平法学院校的学生交流、联合培养,选派学生到国际组织实习等方式,显著提升了涉外法治人才

---

[34] 参见黄惠康:《从战略高度推进高素质涉外法律人才队伍建设》,载《国际法研究》2020年第3期。

[35] 参见冯果主编:《武汉大学法学学术发展史(1979—2019)》,武汉大学出版社2019年版,第290页。

[36] 参见中华人民共和国教育部:《教育部办公厅 中央政法委员会办公室关于公布首批卓越法律人才教育培养基地名单的通知》(教高厅函〔2012〕47号),载中华人民共和国教育部官网,http://old. moe. gov. cn//publicfiles/business/htmlfiles/moe/s3875/201212/xxgk_145759. html。

培养质量。[37] 具体而言，围绕涉外法治人才的培养，国内各大院校作出诸多有益尝试和创新，尤其是深化国际交流与合作方面，国际学术会议和论坛、研究生出国访学与交流、博士生的联合培养机会、服务二轨外交的场合不断增加。例如，国家留学基金委"培养国际组织后备人才项目"在高校逐步落实，使在校学生有机会赴前南斯拉夫问题国际刑事法庭、海牙国际私法会议、联合国国际贸易法委员会、国际民航组织和红十字国际委员会等国际组织实习。[38] 在中外合作办学、联合培养方面，北京大学、中国政法大学、武汉大学、西南政法大学、上海外国语大学、对外经贸大学、中国人民大学、华东政法大学等都结合自身定位、资源和优势开展了人才培育模式创新，如开设英语和小语种教学、中外法学双学位项目、中外联合培养法学学位项目等。[39]

（三）为国家发展提供精英储备

中国涉外法治人才建设发展四十余年来，培养了大批优秀的国际法学者，为我国法治、外交、教学、科研等事业发展提供了宝贵的人才支撑。其中，有全国人大常委会副委员长、民革中央主席万鄂湘，以及在外交和司法前线为新中国外交和法治事业作出了重要贡献的黄惠康、许前飞、邓中华、陶凯元、徐宏、孙昂等，为国际法研究和人才培养辛勤耕耘的国际法学科带头人黄进、余劲松、曾令良、肖永平等，全国十大杰出中青年法学家蒋新苗、杨松、石静霞、冯果、何志鹏、何其生、杜焕芳、秦天宝等，不胜枚举。在国际司法或仲裁机构中任职的中国国际法人才也日益增多，如国际组织高级官员柳芳、黄解放、王丽玉、徐杰，国际法院大法官倪

---

[37] 以武汉大学为例，目前，国际公法教研室教师8人，其中教授6名，副教授2名，均具有博士学位。国际私法专职教师10人，其中教授3名，副教授5名。讲师2名，均具有博士学位。国际经济法教研室教师6人，其中教授5人，副教授1人。本团队通过主持6项省部级以上教学研究和改革项目，发表16篇教学改革方面的论文，出版了一批经典国际法系列教材，包括5本全国普通高等学校优秀教材和"十一五"规划教材，14本全国研究生系列教材以及国际私法和海商法两个国家级精品课程。

[38] 参见冯果主编：《武汉大学法学学术发展史（1979—2019）》，武汉大学出版社2019年版，第291页。

[39] 参见杜焕芳：《涉外法治专业人才培养的顶层设计及实现路径》，载《中国大学教学》2020年第6期。

征燠、史久镛、薛捍勤等。新中国培养的涉外法治人才前仆后继、坚持不懈在国际社会中发出中国声音,代表中国态度,维护中国利益。[40] 总之,中国四十余年的国际法教学涌现了一大批卓越的涉外法治人才,为促进我国社会主义法治建设与发展和深度参与全球治理作出了杰出的贡献。

三、涉外法治人才培养:展望

习近平总书记指出,中国走向世界,以负责任大国参与国际事务,必须善于运用法治[41],并迫切需要加强国际法研究和运用,提高涉外工作法治水平。[42] 当前我国应对全球性问题的复杂性、艰巨性前所未有,涉外法治人才培养应始终站在国际事业发展全局的战略高度,坚持围绕大局服务中心工作,着力提升综合研判和战略谋划能力。[43]为此,2021 年,教育部开展涉外律师培养项目,并在《关于实施法律硕士专业学位(涉外律师)研究生培养项目的通知》中明确指出,在重点法律院校全面铺开法律硕士专业学位(涉外律师)研究生培养项目,强调高校与法律实务部门密切合作,共同培养一批政治立场坚定、专业素质过硬、跨学科领域、善于破解实践难题的高层次复合型、应用型、国际型法治人才。[44] 总之,涉外法治人才培养的顶层设计对此项工作提出了新的展望。

---

[40] 参见肖永平等:《武汉大学法学院 30 年学术贡献举要》,载《法学评论》2009 年第 6 期。

[41] 参见中华人民共和国中央人民政府:《习近平:加强党对全面依法治国的领导》,载中华人民共和国中央人民政府网,http://cpc. people. com. cn/n1/2019/0215/c64094 - 30704130. html? tdsourcetag = S_pcqq_aiomsg。

[42] 参见习近平系列重要讲话数据库,载人民网 2020 年 2 月 6 日,http://jhsjk. people. cn/article/31573224。

[43] 参见中华人民共和国中央人民政府:《中共中央办公厅、国务院办公厅印发〈关于加强中国特色新型智库建设的意见〉》,载中华人民共和国中央人民政府网,http://www. gov. cn/zhengce/2015 - 01/20/content_2807126. htm。

[44] 参见中华人民共和国教育部:《关于实施法律硕士专业学位(涉外律师)研究生培养项目的通知》(教研司〔2021〕1 号),载中华人民共和国教育部网,http://www. moe. gov. cn/s78/A22/tongzhi/202102/t20210226_515055. html。

(一)明确指导思想,全面推进依法治国

毫无疑问,习近平法治思想是中国涉外法治人才培养的指导原则。2020年,习近平总书记在中央全面依法治国工作会议上强调,要坚持党对全面依法治国的领导,坚持以人民为中心,建设中国特色社会主义法治体系。坚持统筹推进国内法治和涉外法治,要加快涉外法治工作战略布局,协调推进国内治理和国际治理,更好维护国家主权、安全、发展利益。要强化法治思维,运用法治方式,有效应对挑战、防范风险,综合利用立法、执法、司法等手段开展斗争,坚决维护国家主权、尊严和核心利益。要推动全球治理变革,推动构建人类命运共同体。㊺ 总之,应明确习近平法治思想在涉外法治人才教学培养中的指导地位,强化思想政治在涉外法治人才培养中的作用,引领涉外法治人才培养服务于党和国家战略需求,培养涉外法治人才队伍为全面依法治国作出贡献。

(二)树立培养目标,服务国家核心利益

涉外法治人才培养应树立明确的培养目标,服务于国家战略需求是基调,维护国家主权、尊严和领土安全是前提,服务国家核心利益是根本目的,推动全球治理变革和人类命运共同体的构建是最终方向。涉外法治人才的培养目标决定了该项工作理论联系实践的重要性。例如,涉外法治专业人才培养可以问题为导向,侧重于法律职业教育的锻炼,注意实践教学的重要性,推广支持国际模拟法庭/竞赛教学、法律诊所课程与课外实践教学、国际组织实习等项目。㊻ 通过模拟法庭竞赛、法律诊所与课外实践等方式等全面考查学生的交流能力、法律研究能力、法律书状写作能力和口头论辩能力等,不仅可以为学生提供“学以致用”的机会,还能极大地开阔学生的国际视野。㊼ 同时,在涉外法治人才培养的

㊺ 参见中华人民共和国中央人民政府:《习近平在中央全面依法治国工作会议上发表重要讲话》,载中华人民共和国中央人民政府网站,http://www.gov.cn/xinwen/2020-11/17/content_5562085.htm。

㊻ 参见张海文:《关于加强涉外海洋法律人才队伍建设的几点思考——兼谈涉外海洋法律“国家队”建设》,载《国际法研究》2020年第3期。

㊼ 参见杜焕芳:《涉外法治专业人才培养的顶层设计及实现路径》,载《中国大学教学》2020年第6期。

过程中,可采用分阶段的教学模式,如可将整个学习过程分为学术训练阶段、职业化训练阶段与实习阶段。突出职业化训练阶段在整个教学培养中的重要性,相应提升实习阶段在整个学习过程中的比重,培养更多能够解决实际问题、维护国家核心利益的应用型人才。

(三)革新培养理念,深化国际合作交流

涉外法治人才可分为国际规则制定的参与者、国际服务的提供者、全球公共事务的管理者、国际法律理论变革的引领者和国际纠纷的裁决者等。[48] 其中,以全球公共事务管理为例,当前中国涉外法治人才在国际组织中的占比与我国综合国力和国际影响力不相匹配,我国派出驻外的法务专员数量也满足不了日益深化的对外交流需求。首先,在各类国际组织尤其是法律类国际组织或者国际组织下设的法律部门中处于领导层、发挥领袖作用的中国人数量很少。[49] 其次,我国在联合国、世界贸易组织、国际法院等国际组织中任职的人数也与我国人口占世界人口比例不相匹配。据统计,中国在联合国秘书处的雇员仅占1.46%,远低于美国的6.75%,且排名在菲律宾、印度等之后,属于40个"任职人数不足"的国家之列。[50] 最后,基于客观需求,我国驻全球各国与地区,尤其是"一带一路"沿线国家的使领馆也需要配备足够的法律专员和法务参赞等具有一定法律知识和素养的专业人才,以更好地应对我国驻外使领馆在驻在国当地的日常法律问题。总之,加快培养涉外法治人才,加强人才对外输送,充实涉外法治人才队伍,改进人才培养方式是当前紧要任务。

具体而言,可依托涉外法律人才培养基地和涉外法治研究基地的软硬件基础,在跨学科培养模式的基础上探索中外合作培养机制,加强国

---

[48] 参见曾令良:《中国国际法学话语体系的当代构建》,载《中国社会科学》2011年第2期。

[49] 参见赵晨熙:《活跃在国际组织的中国法学家》,载《中国法律:中英文版》2017年第3期。

[50] See United Nations General Assembly, *Composition of the Secretariat: staff demographics-Report of the Secretary-General.* (April 27, 2019), https://undocs.org/en/A/74/82.

际法、涉外法、国别法等专业人才培养力度，进一步拓宽与全球高水平专业院校合作交流渠道，增强师资互派、交流访学、联合培养、课程互通、学分互认等培养机制，构建涉外法治人才培养新格局。同时，积极创造条件选送国际法专业师生到国际组织任职实践，建设出具有国际视野，通晓国际规则，能够参与国际法律事务，善于维护国家利益，勇于推动全球治理规则变革的高层次涉外法治人才梯队。此外，还可以着力培养熟悉“一带一路”沿线国家法制的高素质专门法治人才，服务“一带一路”建设和海外企业所需。[51]通过借鉴国际先进的涉外法治人才培养模式，吸收引进外籍教授和实务部门经验丰富的学者，来华讲学、授课，甚至长期培养硕士与博士研究生。最后，可进一步落实推进国际组织后备人才计划，将涉外法治人才向国际平台输送，深化国际交流与合作。

（四）优化培养方案，助力统筹涉外法治

首先，应坚持以国家战略需求为导向，加快涉外法治人才队伍建设，培养出一批世界一流的国际法人才和专家，能够胜任我国外交和世界上主要国际司法和其他法律机关的工作，支持我国优秀涉外仲裁人才到国际组织或国际知名仲裁机构交流、任职和实习，协调指导涉外律师事务所参与有关涉外法治人才培养工作。[52] 其次，可加强跨学科培养，目前部分国际法教学方案尚未适应学生多元化需求与经济社会发展的需要，无法满足卓越涉外法治人才的培养需求。[53] 通过建立健全“法学+X”复合型培养机制，强化法学与多语种、国际商务、金融工程、信息管理、网络与新媒体等专业的交叉融合培养力度，加强多语种、法律、经贸复合型涉外法治专业人才培养，提升涉外法治专业人才的语言能力和专业交叉辐

---

[51] 参见杜焕芳：《涉外法治专业人才培养的顶层设计及实现路径》，载《中国大学教学》2020年第6期。

[52] 参见中华人民共和国教育部：《对十三届全国人大四次会议第8342号建议的答复》（教高建议〔2021〕120号），载中华人民共和国教育部官网，http://www.moe.gov.cn/jyb_xxgk/xxgk_jyta/jyta_gaojiaosi/202109/t20210907_560085.html。

[53] 参见刘晓红：《新时代全面依法治国背景下政法院校的使命担当——以上海政法学院法学教育实践为例》，载《法学教育研究》2018年第4期。

射能力。[54] 聚焦国际热点前沿趋势、服务国家重大战略需求,尽可能地探索和研究国际法学与新兴学科、交叉学科的发展与创新,充分利用国内各高校学科优势,例如,我国高校可以分为综合类、财经类、医科类、师范类、语言类、军事类等,各高校发挥独自学科优势与国际法融合,培养具有学科优势与特色的国际法人才,整合资源,创新涉外法治人才培养模式,建设"新型国际法教学",[55]强调国内法和国际法学科的协调发展,助力统筹国内法治和涉外法治。

结 论

中华民族伟大复兴之路离不开涉外法治人才的披荆斩棘,社会主义法治国家的建设离不开涉外法治人才的添砖加瓦。悠悠四十载薪火相传,中国涉外法治人才培养依托国际法教学与研究在百废待兴中走向繁荣复兴,在学科建设、人才培育、学术成果、咨政服务和国际影响上都作出了卓越的贡献并取得了突出的成就。新时代党和国家领导人立足中国的现实需求,对涉外法治人才培养模式的创新与发展提出了新要求、作出了新展望。在习近平法治思想指导下,通过进一步明确涉外人才培养的指导思想、树立培养目标、革新培养理念和优化培养方案等,有助于培养出更多维护国家核心利益、服务全球治理变革、推进人类命运共同体构建的卓越涉外法治人才。

---

[54] 参见黄进:《完善法学学科体系 创新涉外法治人才培养机制》,载《国际法研究》2020年第3期。

[55] 参见杨宗科:《适应新时代新要求建设"新法科""新法学"》,载《法学教育研究》2020年第1期。

Cultivation of Foreign-related Rule of Law Talents under the Guidance of Xi Jinping Thought on the Rule of Law: Accumulation, Contribution and Expectation

Peng Qinxuan　Li Guanghui

Abstract: The world today is undergoing major changes unseen in a century. The Chinese nation has embarked on the road of great rejuvenation, advancing the comprehensive rule of law into a new era. In order to better serve the overall situation of the Communist Party of China and the country's high-level opening-up to the outside world, further implement the spirit of accelerating the cultivation of foreign-related rule-of-law talents, coordinate the promotion of domestic and international rule of law, and implement the instructions on strengthening the research and application of international law, review the foreign-related challenges and risks that China has encountered in various periods, it is urgent to explore the inheritance and innovation of the training objectives, content and methods of foreign-related rule-of-law talents in order to cultivate a group of applied, compound and international foreign-related rule-of-law talents with both national outlooks and international perspectives.

Key Words: rule-of-law thought, cultivation of foreign-related rule-of-law talents, rule of law, international law teaching, disciplinary construction

习近平法治思想指导涉外法治人才培养

唐　刚*

摘　要：以习近平法治思想为指引创新涉外法治人才培养，需要优化法学学科体系设置，改革创新涉外法治人才培养模式；加强涉外法治人才能力训练，增强他们对工作岗位的适应性；采取相应保障措施，推动高素质涉外法治人才培养落实落地。

关键词：习近平法治思想　涉外法治人才培养　法学实践教学　法学学科体系

2020年11月16日至17日，中央全面依法治国工作会议正式确立了习近平法治思想，并将其明确为全面依法治国的指导思想。① 习近平法治思想坚持统筹推进国内法治和涉外法治，强调要加快涉外法治工作战略布局，协调推进国内治理和国际治理，

---

* 唐刚，武汉大学国际法研究所博士研究生，研究方向：国际法学、法学教育教学。

① 参见中国国际私法学会课题组：《习近平法治思想中的国际法治观》，载《武大国际法评论》2021年第1期。

更好维护国家主权、安全、发展利益。[②] 为实现该目标，一方面要完善涉外法律法规体系，合理运用法治和规则维护自身合法权益；另一方面还要培养高素质的涉外法治人才。涉外法治人才是指具有国际视野、通晓国际规则、能够处理国际法律事务和参与国际规则制定的专门性人才，主要包括在国际组织、政府部门、涉外企业、司法机关、法律服务机构从事国际法律服务的工作者，也包括在高等院校或研究机构从事国际法教学、科研与决策咨询的专门人才。[③] 习近平总书记高度重视法治人才培养工作，他指出，全面依法治国是一个系统工程，法治人才培养是其重要组成部分，[④]这里所说的法治人才当然包括涉外法治人才。人才是衡量一个国家综合国力的重要指标。[⑤] 在新时代背景下，推进我国参与国际法治建设，依法处理国际事务，必须重视涉外法治人才培养，建设高质量的涉外法治人才队伍，[⑥]这对提高我国参与全球治理能力、熟练运用国际法规则、维护国家利益具有重要意义。然而我国涉外法治人才培养起步相对较晚，能力建设不充分，涉外法治人才供给与需求之间的矛盾比较突出。[⑦] 随着中国日益走近世界舞台的中央，中国也将在国际舞台上发挥更大作用。在此背景下，如何更好地培养高素质的涉外法治人才，为中国走近世界舞台中央提供人才支撑，这是不可忽视的重大课题。党的十八大以来，习近平总书记在多个不同场合就如何培养高质量的涉外法治人才作出一系列重要论述，不仅包含十分丰富的内容，而且对加强涉外法治人才培养也具有重要的指导意义。

---

② 参见《习近平在中央全面依法治国工作会议上强调　坚定不移走中国特色社会主义法治道路　为全面建设社会主义现代化国家提供有力法治保障》，载《人民日报》2020 年 11 月 18 日，第 1 版。

③ 参见韩永红、覃伟英：《面向“一带一路”需求的涉外法治人才培养——现状与展望》，载《中国法学教育研究》2019 年第 1 期。

④ 参见习近平：《论坚持全面依法治国》，中央文献出版社 2020 年版，第 174 页。

⑤ 参见《习近平总书记：在欧美同学会成立 100 周年庆祝大会上的讲话》，载《中国统一战线》2013 年第 11 期。

⑥ 参见黄进、鲁洋：《习近平法治思想的国际法治意涵》，载《政法论坛》2021 年第 3 期。

⑦ 参见黄惠康：《从战略高度推进高素质涉外法律人才队伍建设》，载《国际法研究》2020 年第 3 期。

一、习近平法治思想指导涉外法治人才培养的主要内容

中国作为负责任的大国,必须参与纷繁复杂的国际事务,在国际舞台上作出更大贡献,[8]推动全球治理体系变革,推动构建人类命运共同体。习近平总书记深刻指出,当代中国,我们比历史上任何时期都更接近实现中华民族伟大复兴的宏伟目标,我们也比历史上任何时期都更加渴求人才。[9] 事实上,国家发展靠人才,民族振兴靠人才,[10]人才是实现民族振兴、赢得国际竞争主动的战略资源,[11]要深入实施新时代人才强国战略,全方位培养、引进、用好人才,[12]这里所说的人才当然包括涉外法治人才。习近平法治思想指导涉外法治人才培养的主要内容如下。

(一)加强理想信念和法治理念教育,培养德才兼备的涉外法治人才

理想信念教育是人才培养中不可忽视的内容,在涉外法治人才培养中,要重视理想信念和法治理念教育,让广大学生树立崇高理想,自觉增强法治理念,德法兼修、明法笃行,为社会主义现代化建设和对外开放贡献自己的力量。习近平总书记高度重视涉外法治人才培养中的理想信念教育和法治理念教育,他强调,要加强理想信念教育,深入开展社会主义核心价值观和社会主义法治理念教育,推进法治专门队伍革命化、正

---

⑧ 参见卓泽渊:《习近平法治思想要义的法理解读》,载《中国法学》2021年第1期。

⑨ 参见习近平:《习近平在中央人才工作会议上强调 深入实施新时代人才强国战略 加快建设世界重要人才中心和创新高地》,载《人民日报》2021年9月29日,第1版。

⑩ 参见《习近平在中央人才工作会议上强调 深入实施新时代人才强国战略 加快建设世界重要人才中心和创新高地》,载《人民日报》2021年9月29日,第1版。

⑪ 参见习近平:《决胜全面建成小康社会 夺取新时代中国特色社会主义伟大胜利——在中国共产党第十九次全国代表大会上的报告(2017年10月18日)》,载《人民日报》2017年10月28日,第1版。

⑫ 参见《习近平在中央人才工作会议上强调 深入实施新时代人才强国战略 加快建设世界重要人才中心和创新高地》,载《人民日报》2021年9月29日,第1版。

规化、专业化、职业化,确保做到忠于党、忠于国家、忠于人民、忠于法律。⑬ 在此基础上,还应加强涉外法治人才的思想道德教育,打造德才兼备的涉外法治人才队伍。要坚持立德树人,将学生的道德培养摆在突出位置。习近平总书记指出,要正确处理德与才的关系。才为德之基,德为才之帅。⑭ 让涉外法治人才既拥有丰富的知识和渊博的学问,又拥有良好的思想修养和道德品质,确保胜任涉外法治工作需要。新时代的中国青年要以实现中华民族伟大复兴为己任……不负党和人民的殷切期望!⑮ 要正确认识时代责任和历史使命……激励学生自觉把个人的理想追求融入国家和民族的事业中,⑯并增强中国特色社会主义道路自信、理论自信、制度自信、文化自信,厚植爱国主义情怀。⑰ 让广大青年学生通过学习,自觉提高责任感和使命感,培养高尚的道德情操和爱国主义情怀,树立强国志、实现报国行,建设德才兼备的涉外法治人才队伍,为我国对外开放和推动共建"一带一路"高质量发展提供高素质的涉外法治人才支撑。

(二)创新高校法学教育教学方式,培养高质量的涉外法治人才

为实现中华民族伟大复兴和推动构建人类命运共同体提供全方位法律支撑,这是涉外法治人才肩负的重要历史使命。⑱ 新中国成立以来,尤其是改革开放以来,我国法学教育教学,特别是国际法教育教学和涉外法治人才培养取得显著成效,⑲培养一大批杰出的涉外法治人才,

---

⑬ 参见习近平:《坚定不移走中国特色社会主义法治道路 为全面建设社会主义现代化国家提供有力法治保障》,载《求是》2021 年第 5 期。

⑭ 参见习近平:《之江新语》,浙江人民出版社 2007 年版,第 10 页。

⑮ 参见习近平:《在庆祝中国共产党成立 100 周年大会上的讲话》,载《人民日报》2021 年 7 月 2 日,第 2 版。

⑯ 参见习近平系列重要讲话数据库,载人民网 2021 年 7 月 1 日,http://jhsjk.people.cn/article/32146864。

⑰ 参见《习近平主持召开学校思想政治理论课教师座谈会》,载中华人民共和国中央人民政府网,http://www.gov.cn/xinwen/2019-03/18/content_5374831.htm。

⑱ 参见黄惠康:《从战略高度推进高素质涉外法律人才队伍建设》,载《国际法研究》2020 年第 3 期。

⑲ 参见杨泽伟:《新中国国际法学 70 年:历程、贡献与发展方向》,载《中国法学》2019 年第 5 期。

包括联合国副秘书长、国际法院法官、联合国国际法委员会委员、国际民航组织对外关系与法律局局长、国际民航组织秘书长、国际海洋法法庭法官等,但目前涉外法治人才依然面临严重短缺的现实。为补足涉外法治人才供给的短板,增强涉外法治人才的法律信仰、丰富他们的法学专业知识储备、提高他们的外语水平和交流沟通技能,[20]需要发挥高等教育的作用,创新高校法学教育教学方式,培养一支政治素质合格、通晓国际规则、能够熟练参与国际法律事务、具有较强竞争力的涉外法治人才队伍。习近平总书记指出,要推进法学院校改革发展,提高人才培养质量,[21]要坚持立德树人、德法兼修,创新法治人才培养机制,努力培养造就一大批高素质法治人才及后备力量。[22] 进而打造高质量的涉外法治人才队伍,为涉外立法、司法、执法,共建"一带一路"高质量发展,中国企业走出去等提供高质量的法律服务。

(三)重视法学实践教学,培养更好服务对外工作大局的涉外法治人才

涉外法治人才工作在涉外法律事务第一线,因而要具备很强的实务操作能力,这样才能胜任工作岗位。随着中国对外开放不断加深,中国的企业、技术、装备等也逐步走出国门,走向世界各国,同时对涉外法治人才培养的要求也在不断提高。为弥补当前我国涉外法治人才供给的短板,在人才培养中更应重视法学实践教学,以增强涉外法治人才对工作岗位的适应性。为此,要加大气力培养善于国际交往与合作,熟悉党和国家方针政策、了解中国国情、具有全球视野、熟练运用外语、通晓国际规则、精通国际谈判的专业人才,[23]重点做好涉外执法司法和法律服务人才培养、国际组织法律人才培养推送工作,更好服务对外工作大局。[24] 同时还应立足涉外法治工作需要,加强全球治理人才队伍建设,

---

[20] 参见杜焕芳:《涉外法治专业人才培养的顶层设计及实现路径》,载《中国大学教学》2020年第6期。

[21] 参见习近平:《坚定不移走中国特色社会主义法治道路 为全面建设社会主义现代化国家提供有力法治保障》,载《求是》2021年第5期。

[22] 参见习近平:《论坚持全面依法治国》,中央文献出版社2020年版,第231页。

[23] 参见习近平:《习近平谈治国理政》(第二卷),外文出版社2017年版,第450页。

[24] 参见习近平:《坚定不移走中国特色社会主义法治道路 为全面建设社会主义现代化国家提供有力法治保障》,载《求是》2021年第5期。

突破人才瓶颈,做好人才储备,为我国参与全球治理提供有力人才支撑,[25]让他们通过实践锻炼提高理论水平和实践技能,成为能娴熟运用国内法和国际法的优秀涉外法治人才,更好服务于对外工作大局。

二、习近平法治思想指导涉外法治人才培养的理论溯源

(一)是马克思主义人才培养理论中国化的最新成果

在马克思主义经典原著中,虽然没有对涉外法治人才培养作出专门论述,但仔细阅读可以发现,马克思对人才培养的论述是全面而深刻的,并且这些论述对当今涉外法治人才培养仍具有启示和借鉴。例如,马克思从人的本质出发,提出关于人的发展的重要理论,他指出:"人的本质……是一切社会关系的总和"。[26] 人只有存在于社会并参与社会实践,才能充分发挥自身的能力、实现自己的价值。人不仅具有自然属性,而且还具有社会属性,社会实践在人的发展过程中扮演重要角色,实践也是获得知识水平提高的原因之一。马克思还提出"每个人全面而自由的发展"这一重要理论。事实上,实现人的全面而自由发展,是马克思主义人才培养理论最核心和最本质的内容。[27] 总之,尽管马克思有关人才培养的论述不是很完善,但他强调人的重要作用,强调要实现每个人全面而自由的发展,这对当今涉外法治人才培养具有一定启发意义。作为马克思主义的坚定信仰者和忠实践行者,习近平总书记对马克思主义人才培养理论进行了创造性的转化,这是马克思主义人才培养理论中国化的最新成果。例如,习近平总书记提出的坚持全方位培养用好人才,要

---

[25] 参见本书编写组:《聚天下英才而用之　学习习近平关于人才工作重要论述的体会》,中国社会科学出版社2017年版,第5页。

[26] [德]马克思、[德]恩格斯:《马克思恩格斯选集(第一卷)》,中共中央马克思恩格斯列宁斯大林著作编译局编译,人民出版社2009年版,第505页。

[27] 参见陈影:《马克思主义人才思想视域下我国人才队伍建设路径研究》,长春工业大学马克思主义学院2020年硕士学位论文,第11页。

下大气力全方位培养、引进、用好人才[28]等重要论述,其基本出发点和目标是提高涉外法治人才综合素质,实现涉外法治人才全面而自由的发展,这是对马克思主义人才培养理论的创新应用,既与之一脉相承,又坚持与时俱进,是当代中国的马克思主义人才培养理论。

(二)弘扬了中国传统优秀的人才培养思想

中国传统优秀文化源远流长、博大精深。虽然中国传统文化中缺乏涉外法治人才这一概念,但却蕴含着丰富的人才思想和人才培养思想,这对当代涉外法治人才培养仍具有启示和借鉴。例如,"人材"一词最早出现在三千多年前中国最早诗歌总集《诗经》当中,书中还强调人才是治国安邦的关键。成书于战国时期的《吕氏春秋》就有格言写道:"得贤人,国无不安,名无不荣;失贤人,国无不危,名无不辱。先王之索贤人,无不以也"。[29] 先秦时期著名教育家、思想家、儒家学派创始人孔子就十分重视人才培养,他指出,人才应该具有崇高的精神境界、高尚的道德修养和无私的奉献精神。春秋战国时期的思想家、教育家、墨家学派创始人墨子提倡要尊重贤能的人,并强调人才在国家治理中的重要作用,"尊崇贤者,任用能者为政之本,是治国的急务"。唐代《贞观政要》有经典名言道:"为政之要,惟在得人。用非其才,必难致治"。[30] 宋代胡瑗在《韩诗外传》中首次提到"致天下之治者在人才",强调治理国家、国家兴盛的关键在人才。治理国家既包括内政又包括外交,需要妥善处理与其他国家的关系,当然离不开涉外法治人才的培养,离不开涉外法治人才为国家治理和国家建设与发展提供智力支持。习近平法治思想中的涉外法治人才培养观汲取了中国传统优秀的人才培养思想,对其进行传承、发展和创新。例如,习近平总书记指出,要坚持立德树人、德法兼

[28] 《习近平在中央人才工作会议上强调 深入实施新时代人才强国战略 加快建设世界重要人才中心和创新高地》,载《人民日报》2021年9月29日,第1版。

[29] 《吕氏春秋》卷二十二《慎行论·求人》。

[30] 《贞观政要》卷七《崇儒学》。

修,创新法治人才培养机制。[31] 坚持建设德才兼备的高素质法治工作队伍。[32] 习近平总书记将中国传统优秀文化元素巧妙地融入讲话和文章当中,并加以创造性地转化和运用,推动其创新发展,古为今用、推陈出新,赋予其当代价值和时代意义,[33]既弘扬了中国传统优秀的人才培养思想,又增添了习近平法治思想中的涉外法治人才培养观的深厚文化底蕴。

(三)发展了当代中国涉外法治人才培养观

以毛泽东同志为核心的党的第一代领导集体提出人才的标准是德才兼备、又专又红。"红"是指人才应该具有良好的政治素质,政治品格,永远跟党走,忠心耿耿地为民族、为阶级、为党而工作。[34]"专"是指拥有较强的工作能力和奉献精神,不怕困难,能独立解决问题,有工作能力,富于牺牲精神,能独立解决问题,在困难中不动摇。[35] 毛泽东同志多次强调人才选拔、培养和管理的重要性,他要求人才既要有正确的政治思想,又要有与时俱进的专业知识和技能。毛泽东同志的人才观是在当时所处的特定历史条件下所产生的,虽然没有对如何培养涉外法治人才作出专门论述,但他提出的人才培养标准和要求具有鲜活的生命力,对当今涉外法治人才培养仍具有重要的指导价值。

以邓小平同志为核心的党的第二代领导集体十分关心国际法研究和涉外法治人才培养。邓小平同志反复强调要尊重知识,尊重人才。[36] 1978 年 12 月 13 日,邓小平同志在讲话中特别提到,我们还要大力加强对国际法的研究[37]。国际法是在国际交往中形成的,用以调整国际关系(主要

---

[31] 参见习近平:《论坚持全面依法治国》,中央文献出版社 2020 年版,第 231 页。

[32] 参见习近平:《坚定不移走中国特色社会主义法治道路　为全面建设社会主义现代化国家提供有力法治保障》,载《求是》2021 年第 5 期。

[33] 参见张文显:《习近平法治思想的实践逻辑、理论逻辑和历史逻辑》,载《中国社会科学》2021 年第 3 期。

[34] 参见毛泽东:《毛泽东选集》(第 1 卷),人民出版社 1991 年版,第 277 页。

[35] 参见毛泽东:《毛泽东选集》(第 1 卷),人民出版社 1991 年版,第 277 页。

[36] 参见邓小平:《邓小平文选》(第 2 卷),人民出版社 1994 年版,第 41 页。

[37] 参见邓小平:《邓小平文选》(第 2 卷),人民出版社 1994 年版,第 147 页。

是国家间关系）的，有法律约束力的原则、规则和制度的总称。[38] 要加强对国际法的研究，当然就需要培养高质量的涉外法治人才。事实上，邓小平同志的讲话也对涉外法治人才培养提出新要求，就是需要进一步增强涉外法治人才研究和运用国际法的能力，学会运用国际法来维护国家利益。邓小平同志还提出选拔和使用人才的具体要求是“德才兼备”“选贤任能”“深入专业、深入实际”“心中有党、心中有民、心中有责、心中有戒”。邓小平同志特别强调人才的重要性，在1992年南方谈话中他再次指出，中国的事情能不能办好……从一定意义上说，关键在人。[39] 此外，邓小平同志还对如何培养人才提出新要求，强调教育在人才培养中的重要作用，他指出，科学技术人才的培养，基础在教育。[40] 当然，涉外法治人才的培养，也离不开教育。

以江泽民同志为核心的党的第三代领导集体提出“人才资源是第一资源”[41]的核心论断，强调人才资源的重要性，指出人才在实施科教兴国战略中的重要作用。江泽民同志深刻指出，实施科教兴国战略关键在人才。[42] 同时，一个国家和一个民族要想实现创新，关键是要培养出高质量的人才，并且还要注重发展教育，为人才培养提供平台。

以胡锦涛同志为核心的党的第四代领导集体提出要坚持德才兼备的原则，把品德、知识、能力和业绩作为衡量人才的主要标准。[43] 在人才培养方面，胡锦涛同志则强调，要大力营造有利于人才成长的体制、机制和环境，把每一个人的潜能和价值都充分发挥出来。[44] 此外，胡锦涛同志还提出人才强国战略，为我国人才队伍建设勾画宏伟蓝图。

综上，新中国成立以来，历代中央领导集体都非常重视人才培养，都

---

[38] 梁西：《梁西论国际法与国际组织法五讲（节选集）》，法律出版社2019年版，第1页。

[39] 参见邓小平：《邓小平文选》（第3卷），人民出版社1993年版，第380页。

[40] 参见邓小平：《邓小平文选》（第2卷），人民出版社1994年版，第95页。

[41] 参见江泽民：《江泽民文选》（第3卷），人民出版社2006年版，第319页。

[42] 参见江泽民：《江泽民文选》（第1卷），人民出版社2006年版，第435页。

[43] 参见《中共中央国务院关于进一步加强人才工作的决定》，人民出版社2004年版，第4页。

[44] 参见中共中央文献研究室：《十六大以来重要文献选编》（上），中央文献出版社2005年版，第575页。

对如何培养涉外法治人才作出相关论述，习近平总书记继承了当代中国涉外法治人才培养观。例如，从毛泽东同志的德才兼备、又专又红到习近平总书记的坚持建设德才兼备的高素质法治工作队伍；[45]从邓小平同志的德才兼备、选贤任能到习近平总书记的坚持德才兼备，以德为先；[46]从江泽民同志的人才资源是第一资源到习近平总书记的人才是实现民族振兴、赢得国际竞争主动的战略资源；[47]从胡锦涛同志的大力营造有利于人才成长的体制、机制和环境[48]到习近平总书记的努力培养造就一大批高素质法治人才及后备力量[49]等。这些理论不仅与新中国成立以来历代中央领导集体的人才培养观一脉相承，而且还立足于涉外法治人才培养的新形势和新需要，拓展并丰富了当代中国涉外法治人才培养观，呈现与之一脉相承又与时俱进的理论逻辑。

三、习近平法治思想指导涉外法治人才培养的重要价值

（一）为优化法学学科体系指明方向

改革开放四十多年来，我国法学教育取得长足发展，法学学科体系也得到不断优化。然而不能否定的是，当前高校法学教育依然存在不足，比如学科结构不尽合理，法学学科体系、课程体系不够完善[50]等。虽然新一轮改革开放对国际法教学和国际法人才培养提出更高要求，然而

---

[45] 参见习近平：《坚定不移走中国特色社会主义法治道路　为全面建设社会主义现代化国家提供有力法治保障》，载《求是》2021年第5期。

[46] 参见习近平：《决胜全面建成小康社会　夺取新时代中国特色社会主义伟大胜利——在中国共产党第十九次全国代表大会上的报告（2017年10月18日）》，载《人民日报》2017年10月28日，第1版。

[47] 参见习近平：《决胜全面建成小康社会　夺取新时代中国特色社会主义伟大胜利——在中国共产党第十九次全国代表大会上的报告（2017年10月18日）》，载《人民日报》2017年10月28日，第1版。

[48] 参见中共中央文献研究室：《十六大以来重要文献选编》（上），中央文献出版社2005年版，第575页。

[49] 参见习近平：《论坚持全面依法治国》，中央文献出版社2020年版，第231页。

[50] 参见习近平：《论坚持全面依法治国》，中央文献出版社2020年版，第174页。

1997 年学科专业调整和 2018 年法学专业课程调整时,在一定程度上弱化了国际法学在法学教育课程体系中的地位,对涉外法治人才培养和储备带来消极影响。[51] 因此,新时代背景下如何优化法学学科体系,正确定位国际法学在法学教育体系中的地位,提高涉外法治人才培养质量,是不可忽视的重要课题。习近平法治思想中与涉外法治人才培养有关内容直面这些现实问题,为优化法学学科体系指明方向。例如,习近平总书记深刻指出,法学学科体系建设对于法治人才培养至关重要……在法学学科体系建设上要有底气、有自信……努力以中国智慧、中国实践为世界法治文明建设作出贡献。[52]

(二)为创新涉外法治人才培养开辟新路径

当今中国正在日益走近世界舞台的中央,中国也将在国际舞台上发挥更大的作用。同时,随着我国对外开放程度不断加深,我国的企业和居民也越来越多地走向世界。在这个过程中,加强涉外法治工作,创新涉外法治人才培养机制显得尤为重要。[53] 总的来说,我国涉外法治人才培养虽取得一定成效,但涉外法治人才储备远远不能满足新时代扩大对外开放和推动共建"一带一路"高质量发展需要,高端涉外法治人才数量不足。为破解这种困局,创新涉外法治人才培养方式、打造数量众多的高端涉外法治人才、增加涉外法治人才储备显得尤为重要。习近平法治思想中与涉外法治人才培养有关内容立足于时代发展需要,为创新涉外法治人才培养开辟新路径。例如,2017 年 5 月 3 日,习近平总书记在中国政法大学考察时提出了立德树人、德法兼修、明法笃行的法治人才

---

[51] 参见刘仁山:《新一轮对外开放背景下加强我国国际法研究与应用的几点建议》,载《法治日报》2021 年 4 月 21 日,第 9 版。

[52] 参见王晔、李学仁:《习近平在中国政法大学考察时强调:立德树人德法兼修抓好法治人才培养　励志勤学刻苦磨炼促进青年成长进步》,载《人民日报》2017 年 5 月 4 日,第 1 版。

[53] 参见黄进:《完善法学学科体系　创新涉外法治人才培养机制》,载《民主与法制时报》2020 年 4 月 28 日,第 2 版。

培养方针。[54] 希望我们的法学教育要坚持立德树人,不仅要提高学生的法学知识水平,而且要培养学生的思想道德素养,[55]要推进法学院校改革发展,提高人才培养质量。[56] 总之,习近平总书记的这些重要论述,强调要将法律专业知识教育、理想信念教育、社会主义核心价值观教育、社会主义法治理念教育等融合,为创新涉外法治人才培养开辟新路径,有利于提高涉外法治人才的职业素养和专业化水平,对培养和造就一大批高素质的涉外法治人才队伍及后备力量[57]具有重要的现实指导价值。

(三)为增加涉外法治人才供给提供正能量

当前全球治理体系正在发生深刻变革,国际法治领导权的竞争愈演愈烈,各国在纷纷争夺国际规则制定权、国际组织主导权和国际法律服务市场占有权。[58] 作为负责任的大国,中国在全球治理体系变革中,应努力改变以前在国际规则制定中作用不强的局面,积极在国际规则制定中发出中国声音、注入中国元素,将我国全球治理的理念和主张转变为各方共识,[59]要努力改变不合理的规则和安排,推动构建更加公正合理的国际政治经济新秩序。而要想实现这一宏伟目标,就离不开高素质的涉外法治人才的培养。习近平法治思想中与涉外法治人才培养有关内容强调要加强理想信念和法治理念教育,创新高校法学教育教学方式,重视法学实践教学,提高涉外法治人才培养质量,不仅为增加涉外法治

---

[54] 参见王晔、李学仁:《习近平在中国政法大学考察时强调:立德树人德法兼修抓好法治人才培养　励志勤学刻苦磨炼促进青年成长进步》,载《人民日报》2017 年 5 月 4 日,第 1 版。

[55] 参见王晔、李学仁:《习近平在中国政法大学考察时强调:立德树人德法兼修抓好法治人才培养　励志勤学刻苦磨炼促进青年成长进步》,载《人民日报》2017 年 5 月 4 日,第 1 版。

[56] 参见习近平:《坚定不移走中国特色社会主义法治道路　为全面建设社会主义现代化国家提供有力法治保障》,载《求是》2021 年第 5 期。

[57] 参见江必新:《习近平法治思想与法治中国建设》,载《环球法律评论》2021 年第 3 期。

[58] 参见黄文艺:《论习近平法治思想的形成发展、鲜明特色与重大意义》,载《河南大学学报(社会科学版)》2021 年第 3 期。

[59] 参见杜妍:《论习近平法治思想的理论体系及其价值》,载《社会主义研究》2021 年第 2 期。

人才供给提供正能量,有利于提高我国涉外工作法治化水平,而且对推动我国积极参与全球治理体系变革和国际规则制定,更好地运用国际法维护国家的主权、安全和发展利益也具有重要意义。

四、以习近平法治思想为指引,创新涉外法治人才培养的实践

涉外法治人才既要拥有扎实的国际法理论基础、丰富的法律专业知识、较高的外语水平、深厚的语言文化底蕴,又要具备国家利益意识,拥有较强的国际法思维能力、国际法律适用与解释能力等。[60] 高校作为涉外法治人才培养的主要阵地,承担着培养和输送高质量涉外法治人才的重要使命。习近平总书记指出,高校特别是"双一流"大学要发挥培养基础研究人才主力军作用,全方位谋划基础学科人才培养,建设一批基础学科培养基地,培养高水平复合型人才。[61] 以习近平法治思想为指引,创新涉外法治人才培养的努力方向和着力点如下。

(一)优化法学学科体系设置,改革创新涉外法治人才培养模式

法学学科体系对法治人才培养具有重要作用,为提高涉外法治人才培养质量,增加高素质的涉外法治人才供给,首先要破除学科体系设置瓶颈,优化法学学科体系设置,探索更加适合高质量涉外法治人才培养的学科体系。2021年8月10日,教育部在《对十三届全国人大四次会议第8342号建议的答复》中也明确提出下一步将"继续支持有条件的高校在法学一级学科下自主设置国际公法、国际私法、国际经济法二级学科,支持能够开展学位授权自主审核工作的高校探索设置相关一级学

[60] 参见黄进、鲁洋:《习近平法治思想的国际法治意涵》,载《政法论坛》2021年第3期。

[61] 参见《习近平在中央人才工作会议上强调 深入实施新时代人才强国战略 加快建设世界重要人才中心和创新高地》,载《人民日报》2021年9月29日,第1版。

科,推动培养模式改革,培养博士硕士高层次人才”。[62] 目前国际法学者比较一致的观点是:建议将国际法学确立为法学学科门类下的一级学科,设置国际法学本科专业,设立国际公法、国际私法、国际经济法、国际商法、国际刑法等硕士、博士学位授权点。[63] 通过优化法学学科体系设置,打造高质量的涉外法治人才培养平台,为中国对外开放和国际交往输送更多优秀的涉外法治人才。

武汉大学国际法研究所成立于1980年,是中国高校第一个国际法研究机构,2000年被教育部批准为普通高等学校人文社会科学重点研究基地,2015年被中宣部批准为首批国家高端智库试点建设单位,2017年国际法入选国家“双一流学科”,四十多年来培养了一大批高层次的理论人才和应用人才,被誉为“中国国际法人才的摇篮”。新时代背景下,武汉大学国际法研究所仍然肩负着努力成为中国国际法的专门人才库和人才培养培训基地的重要使命,在优化法学学科体系设置、改革创新涉外法治人才培养模式方面作出有益的探索与尝试。

1. 恢复国际法学本科招生,优化人才培养方案。2021年秋季,武汉大学国际法研究所恢复国际法学本科专业招生,开设国际法本科试验班。设置国际公法、国际私法、国际经济法、国际商法、国际税法、国际人权法、国际航空法、国际海洋法、国际商事仲裁法、国际投资法、国际体育法、国际政治、国际关系、世界历史、英美文化等课程,并强化外语和实践教学,建立健全“国际法学 + 外语”的人才培养方案。试验班的学生不

---

[62] 《对十三届全国人大四次会议第8342号建议的答复》(教高建议〔2021〕120号),载中华人民共和国教育部官网,http://www.moe.gov.cn/jyb_xxgk/xxgk_jyta/jyta_gaojiaosi/202109/t20210907_560085.html。

[63] 目前持该观点的学者和已发表的文章主要有:柳华文:《论进一步加强国际法研究和运用》,载《国际法研究》2020年第1期;黄进:《完善法学学科体系 创新涉外法治人才培养机制》,载《国际法研究》2020年第3期;黄惠康:《从战略高度推进高素质涉外法律人才队伍建设》,载《国际法研究》2020年第3期;杜焕芳:《涉外法治专业人才培养的顶层设计及实现路径》,载《中国大学教学》2020年第6期;张法连:《加快涉外法治人才培养体系建设》,载《人民日报》2021年3月25日,第19版;刘仁山:《新一轮对外开放背景下加强我国国际法研究与应用的几点建议》,载《法治日报》2021年4月21日,第9版;马怀德、王志永:《完善中国特色社会主义法学学科体系的实践路径》,载《比较法研究》2021年第3期。

仅要扎实掌握国际法专业知识,而且还要提高外语水平,以培养复合型、创新型和应用型的涉外法治人才,不断缩小我国涉外法治人才的供需差距,增加优秀涉外法治人才供给。

2. 开设“国际组织与全球治理人才试验班”。为扩容国际法学科体系,丰富并拓展国际法人才培养方案,增加不同涉外方向的高质量涉外法治人才供给,武汉大学国际法研究所开设“国际组织与全球治理人才试验班”,试验班学生选拔面向本科二年级开放,学生在学习第一学位优势专业基础上,通过二外法语、国际组织相关知识的学习与实践,力求培养具有扎实专业背景、家国情怀和全球视野、熟练运用外语并通晓国际规则的全球治理人才。试验班的规模控制在每届20人至30人。采用第一学位(原专业主修学位)+辅修或双学位(法语)[64]+5门专业选修课[65]+实习实训的模式。该试验班学生修完第一学位、第二学位(或辅修)课程和5门相关选修课,成绩合格,完成相关实习实训,并达到第一学位、第二学位(或辅修)所有毕业要求,学校授予第一学位、双学位(或辅修)证书,并出具“国际组织与全球治理人才试验班”相关修读证明。学生本科毕业后既鼓励攻读相关领域研究生,也可以直接推荐给相关国际组织,经对方考核通过者,到相关国际组织工作。2021年3月11日,武汉大学首届国际组织与全球治理人才试验班开班,这是武汉大学国际组织人才培养的首个学位项目,首期试验班共招募来自9个学院、13个专业的29名学生。2021年4月至6月,武汉大国际法研究所成功举办“武大-ICAO”国际航空法培训班,第一讲由国际民航组织法律事务与对外关系局局长黄解放教授担任授课专家,综合采用讲座、小组讨论、案

---

[64] 专业必修课有:基础法语6学分,中级法语(1)6学分,中级法语(2)6学分,高级法语6学分,法语视听说(初级)4学分,法语视听说(中级)4学分,法语视听说(高级)2学分,法语写作2学分,法国报刊阅读2学分,法语口语技能与实践3学分,法语应用文2学分,法汉实用互译2学分,毕业论文5学分。修满25学分可申请辅修证书;修满50学分(含毕业论文5学分)可申请学位证书。

[65] 指定选修课程有:国际组织知识与实践2学分,国际组织学概论3学分,国际组织法2学分。任意选修有:国际贸易法2学分,世界贸易组织法与中国2学分,国际公法2学分,国际私法2学分,国际经济法2学分,全球治理概论3学分,国际礼仪与习俗3学分,国际关系理论概论3学分,国际安全概论3学分,发展中国家概论2学分,当代中国外交3学分。

例分析、单元测试等多种授课方式。总之,通过开设"国际组织与全球治理人才试验班",并邀请涉外法律实务部门的知名专家授课,灵活采用多种授课方式,旨在为行业内专家提供丰富的国际航空法专业知识,进一步培训高端的国际航空法方向专业人才。

3. 设立法律硕士专业学位(涉外律师)研究生培养项目。2021年秋季,武汉大学国际法研究所招收法律硕士专业学位(涉外律师)研究生25名。法律硕士专业学位(涉外律师)研究生培养项目是新开设的特色化、国际化卓越法律人才培养项目,也是深入贯彻落实习近平总书记关于加强涉外法治专业人才培养的重要指示精神的举措之一。该项目采用"法律+外语+涉外组织"和"法律+外语+国际经济与贸易"复合型国际化培养模式,力求以精英化的培养模式培养出时代所需的高层次涉外法治人才。在具体实施过程中,通过搭建跨学科、国际化培养平台,培养一批法学功底扎实、具有国际视野、通晓国际法律规则,善于处理涉外法律事务,能胜任各类国际组织和跨国公司、律师事务所及其他涉外法律工作的高层次复合型、应用型、国际型法治人才。

(二)加强涉外法治人才能力训练,增强他们对工作岗位的适应性

"法学学科是实践性很强的学科,法学教育要处理好知识教学和实践教学的关系"。[66] 涉外法治人才应该具备很强的实务操作能力,这样才能胜任实际工作岗位。[67] 目前涉外法治人才培养常见的训练方式有组织参加国际模拟法庭、国际竞赛项目,开展合作培养、联合办学,组织学生到国际组织实习实训[68]等,武汉大学国际法研究所在这方面进行了有益的探索。

1. 组织学生参加国际模拟法庭等国际竞赛活动,并取得优异成绩。法学是实践性很强的学科,而法庭、仲裁庭是法律人施展才华的重要场

---

[66] 《习近平在中国政法大学考察时强调:立德树人德法兼修抓好法治人才培养　励志勤学刻苦磨炼促进青年成长进步》,载《人民日报》2017年5月4日,第1版。

[67] 参见黄文艺:《论习近平法治思想中的法治工作队伍建设理论》,载《法学》2021年第3期。

[68] 参见阙占文:《新时代国际法教学的现实困境与改革思路》,载《法治论坛》2020年第3期。

所。因此,借助国际模拟法庭等国际竞赛活动,将其与理论教学结合起来并形成互动,不失为培养涉外法治人才的有效途径。[69] 武汉大学国际法研究所积极组织学生参加"贸仲杯"国际商事仲裁模拟仲裁庭辩论赛、中国 WTO 模拟法庭竞赛、国际空间法模拟法庭竞赛"贸仲杯"国际投资仲裁赛、国际航空法模拟法庭竞赛、Willem C. Vis (East)及 Willem C. Vis 国际商事仲裁模拟仲裁庭辩论赛、国际刑事法院模拟法庭竞赛、Philip C. Jessup 杰赛普国际法模拟法庭比赛等,并屡获佳绩。不仅增加了涉外法治人才的国际法理论知识积累,提高了他们的知识应用能力,还加强了实践锻炼,有利于更好适应将来的工作岗位需要。

2. 坚持面向世界、开放办学理念,与境内外高校建立友好交流合作关系。由于不同国家的法律体系、涉外法学人才培养方案等存在差异,因而从长远来看,与其他国家开展联合办学,增进与国外法学院校的交流合作是必要的。习近平总书记指出,要加强人才国际交流。[70] 这样既有利于优化涉外法治人才的语言结构,又能进一步充实他们的法学专业知识。因此,各学校应结合自身师资力量和学生的语言能力等,与境外高校建立联合办学机制,加强交流与合作。[71] 武汉大学国际法研究所坚持面向世界、开放办学理念,与近五十多所亚洲、欧洲、北美洲、大洋洲等地的著名高校和我国港澳台地区高校建立友好交流与合作关系,积极开展交换学生、学者互访等活动,每年选派 20 至 30 名本科生、硕士生、博士生出国出境交流或攻读硕士、博士学位。同时还创办法语法学和德语法学双学士学位实验班,开展"3+1"联合培养合作项目,实验班学生都能到法国和德国交流学习一年。

3. 积极为涉外法治方向的人才培养创造实习实训机会。法律实务能力是涉外法治专业人才的必备能力,为提高涉外法治人才队伍的实务

---

[69] 参见郭雳:《创新涉外卓越法治人才培养模式》,载《国家教育行政学院学报》2020年第12期。

[70] 参见《习近平在中央人才工作会议上强调 深入实施新时代人才强国战略 加快建设世界重要人才中心和创新高地》,载《人民日报》2021年9月29日,第1版。

[71] 参见李建忠:《论高校涉外法律人才培养机制的完善》,载《浙江理工大学学报(社会科学版)》2017年第4期。

能力，要积极为他们创造实习实训机会，以深化对各国法律、文化、司法机构等的认识，不断积累工作经验，[72]强法律实务能力。2021 年 3 月武汉大学开设的“国际组织与全球治理人才试验班”，由学校统一组织安排学生参加国内外两次及以上相关实习实训，并提供经费补贴，为毕业生赴国际组织工作拓宽渠道，以培养具有扎实专业背景、熟悉国际规则、具有国际竞争力的高端涉外法治人才。2021 年秋季武汉大学国际法研究所新开设的法律硕士专业学位（涉外律师）研究生培养项目十分重视组织学生到国际组织、涉外律所及国际仲裁机构等参加实习实训，以不断拓展学生的国际视野，让他们了解国际经贸法律实务操作要求，力求以精英化的培养模式培养出一批法学功底扎实、具有国际视野、通晓国际法律规则，善于处理涉外法律事务，能胜任各类国际组织和跨国公司、律师事务所及其他涉外法律工作的高层次复合型、应用型、国际型法治人才。

（三）采取相应保障措施，推动高素质涉外法治人才培养落实落地

1. 组织系列讲座并举办论坛，加强理想信念和法治理念教育。为进一步加强理想信念和法治理念教育，培养德才兼备的涉外法治人才，武汉大学 2021 年 4 月至 6 月组织习近平法治思想系列讲座，其中包括国际法研究所所长主讲的《习近平法治思想中关于国际法的重要论述》和法学院院长主讲的《以习近平法治思想引领法学教育新时代》，每场讲座都有来自国际法专业的一百多名师生参加。2021 年 5 月武汉大学举办了以“扬珞珈党建之帆 育法治时代之才”为主题的首届习近平法治思想博士生论坛，来自北京大学、清华大学、中国政法大学、武汉大学、上海交通大学等著名高校的六十多名博士研究生参加本次论坛，其中分论坛四的主题是“习近平法治思想与国际法治全球治理”，论坛期间先后有五位国际法专业的学生在该分论坛发言，畅谈学习习近平法治思想的心得体会。2021 年 9 月，武汉大学正式开设习近平法治思想概论这门课程，推动习近平法治思想进教材、进课堂、进头脑。这些活动较好地加强涉外法治

---

[72] 参见杨军：《“一带一路”倡议背景下法治人才的培养》，载《学术论坛》2018 年第 3 期。

人才的理想信念和法治理念教育,也有助于培养爱国之心,砥砺报国之志,让他们主动担负起时代赋予的使命责任,并心怀"国之大者",为国分忧、为国解难、为国尽责,打造德才兼备高素质的涉外法治人才队伍。

2. 不断加强师资队伍建设,充实涉外法治人才培养的师资力量。只有一流的师资,才能培养出一流的人才。因而要抓住师资队伍建设这个根本,为涉外法治人才培养提供充分保障。[73] 武汉大学国际法研究所拥有一流的教师团队,同时为进一步提高涉外法治人才培养质量,还十分注重加强师资队伍建设,注重对现有教师队伍科研能力、双语教学能力等的培养和提升,并适时引进优秀教师队伍,不断充实涉外法治人才培养的师资力量。例如,2021 年秋季新开设的法律硕士专业学位(涉外律师)研究生培养项目实行"双导师制",聘任具有涉外法律实务经验的专家担任校外导师,由校内外导师联合参与涉外法治人才培养。又如,聘请外交部条约法律司原司长、联合国国际法委员会委员黄惠康教授为特聘教授,聘请国际民航组织法律事务与对外关系局局长黄解放教授为讲席教授等,从而进一步充实涉外法治人才培养的师资队伍。此外,还邀请来自最高人民法院、中国民用航空局、国内知名涉外律师事务所等实务部门的知名专家学者来授课、组织专题讲座等,与同学们进行面对面的交流、心与心的沟通,解答学生的疑问。不仅增强与涉外法律事务部门的交流合作、充实师资队伍,还有利于加深学生对涉外法律工作的认识,激发他们的学习热情和动力,自觉树立为涉外法治工作服务的志向,并努力付诸实践。

3. 优化并落实涉外法治人才培养质量评价体系。合理的考核评价机制既能发挥以考促学的作用,又能检验涉外法治人才培养的质量和效果,并为用人单位选拔人才提供标准。习近平总书记指出,要完善人才评价体系,加快建立以创新价值、能力、贡献为导向的人才评价体系。[74]

---

[73] 参见梁平:《新时代"德法兼修"法治人才培养——基于习近平法治思想的时代意蕴》,载《湖北社会科学》2021 年第 2 期。

[74] 参见《习近平在中央人才工作会议上强调 深入实施新时代人才强国战略 加快建设世界重要人才中心和创新高地》,载《人民日报》2021 年 9 月 29 日,第 1 版。

目前国家统一法律职业资格考试侧重于考察中国法律体系，对国际法方面的知识考察并不多，在这一定程度上制约高素质的涉外法治人才培养。[75] 为增加涉外法治人才供给，更好发挥对涉外法治人才培养的导向作用，有必要构建专门针对涉外法治人才培养的质量评价体系。甚至探索实行专门的涉外法律职业资格考试，主要内容包括涉外法治人才基本知识、涉外法律规范、涉外法律实务、涉外法治人才基本素质等内容。[76] 要注重对学生创新价值、能力和贡献的综合评价，在考核中将国际法理论学习成绩和实习实训成绩结合，并发挥法律英语证书(LEC)全国统一考试的作用，让学生毕业时取得毕业证、学位证、资格证"三证书"，以提高学生的国际法学理论水平和知识应用技能，增强对涉外法律工作岗位的适应性，有利于更好地培养一批又一批通晓国际法律规则，敢于开展对外法律斗争，善于处理涉外法律事务的高质量涉外法治人才。[77]

结　语

新时代背景下，以习近平法治思想为指导创新涉外法治人才培养，应该优化法学学科体系设置，改进传统人才培养模式，加强涉外法治人才综合能力训练，推动高素质涉外法治人才培养落实落地。此外，还要引导涉外法治人才正确认识世界和中国发展大势，明确肩负的时代责任和历史使命，立足中国实践，讲好中国故事。并在实际工作中不断提高运用中国规则和国际规则解决实际问题的能力，做涉外法治工作的开拓者和奉献者，努力成为国家的有用之才、栋梁之才，更好地服务于党和国家的高水平对外开放大局。

---

[75] 参见张法连、李文龙：《我国涉外法治专业人才培养体系构建研究》，载《语言与法律研究》2019 年第 1 期。

[76] 参见王瀚：《涉外法治人才培养和涉外法治建设》，载《法学教育研究》2021 年第 1 期。

[77] 参见张文显：《习近平法治思想的理论体系》，载《法制与社会发展》2021 年第 1 期。

Cultivating Foreign-related Legal Talents Under the Guide of Xi Jinping Thoughts on Rule of Law

Tang Gang

Abstract: The content of the concept of cultivating foreign-related legal talents in Xi Jinping Thoughts on rule of law mainly includes: strengthening the education of ideals, beliefs and the concept of the rule of law, cultivating foreign-related legal talents with both morality and ability; innovating the teaching methods of legal education in universities and cultivating high-quality foreign-related legal talents; attaching great importance to legal practice teaching so that the foreign-related legal talents can better serve the overall situation of external work. It is the latest achievement of the Sinicization of Marxist talents training theory, it not only promotes the traditional Chinese excellent talents training ideas; develops the concept of cultivating foreign-related legal talents in contemporary China, but also points out the direction for optimizing the legal discipline system; opens up a new path for the cultivation of innovativing foreign-related legal talents; provides motivation for increasing the supply of foreign-related legal talents. Guided by the concept of cultivating foreign-related legal talents in Xi Jinping Thoughts on rule of law, it is necessary to optimize the legal discipline system, reform and innovate the training methods of foreign-related legal talents, strengthen the ability training of foreign-related legal talents, enhance their adaptability to the job position, and take corresponding safeguard measures, so as to cultivate more foreign-related legal talents.

Key Words: Xi Jinping Thoughts on Rule of Law, cultivating Foreign-related Legal talents legal practice teaching, legal discipline system

理论探讨

中国国际法教育：现状、问题与前景*

杨泽伟**

摘　要：目前中国国际法教育主要呈现以下特点，国际法教学和人才培养日益受到重视，国际法教学和人才培养的组织、引领工作在不断增强；国际法人才队伍的规模日益壮大、国际法人才培养方式更加多元以及国际法的教材建设取得了重要进展等。然而，中国国际法教育还存在以下问题，如国际法在法学教学体系中的地位有待进一步提升、国际法学科体系有待进一步完善以及涉外法治人才培养的力度有待进一步增强。今后国际法成为法学一级学科是新时代的必然要求，重视国际法法理学的教学研究是培养具有国际竞争力法律人才的现实需要，加大国际组织人才培养力度是进一步增强中国话语权的必由之路。

关键词：中国国际法教育　涉外法治人才　国际法学科体系　国际法法理学

---

* 本文系作者主持承担的2018年度国家社科基金重大研究专项项目"'一带一路'倡议与国际规则体系研究"（项目批准号：18VDL002）阶段性研究成果之一。

** 杨泽伟，教育部长江学者特聘教授，武汉大学国际法研究所博士生导师，研究方向：国际法。

随着国际关系的发展变化,特别是为了应对美国单方面发起的对华贸易战,中国政府先后出台了《不可靠实体清单规定》、《阻断外国法律与措施不当域外适用办法》和《中华人民共和国反外国制裁法》等法律规章。不但凸显了国际法在对外关系中的重要性,而且引发了对中国国际法教育包括涉外法治人才培养等问题的思考与讨论。

一、中国国际法教育的现状

新中国成立以来,中国的一些高等院校如北京大学、武汉大学、中国人民大学和中山大学等都开设了国际法课程。① 经过七十多年的发展,目前中国国际法教育主要呈现以下特点:

(一)国际法教学和人才培养日益受到重视

1978年党的十一届三中全会以来,中国实现改革开放的政策,国际法日益受到重视。例如,1996年江泽民在中共中央举行的法律知识讲座上明确指出,所有代表国家从事政治、经济、文化、司法等工作的同志,也都要学习国际法知识②。特别是2012年中国共产党第十八次代表大会召开以后,中国国际法学的发展进入了一个新时代。③ 2019年十九届四中全会明确提出:"建立涉外工作法务制度,加强国际法研究和运用";④五中全会进一步指出:"加强国际法运用,维护以联合国为核心的国际体系和以国际法为基础的国际秩序"。⑤ 2000年11月,习近平总书

---

① 参见杨泽伟:《新中国国际法学70年:历程、贡献与发展方向》,载《中国法学》2019年第5期。

② 参见江泽民:《在中共中央举行的法律知识讲座上关于国际法的讲话》(摘要),载《中国国际法年刊》(1996),法律出版社1997年版,第4页。

③ 参见杨泽伟:《改革开放四十年来的中国国际公法学:特点、问题与趋势》,载《武大国际法评论》2018年第6期。

④ 《中国共产党第十九届中央委员会第四次全体会议公报》,载中国政府网,http://www.gov.cn/xinwen/2019-10/31/content_5447245.htm。

⑤ 《中国共产党第十九届中央委员会第五次全体会议公报》,载中国政府网,http://www.gov.cn/xinwen/2020-10/29/content_5555877.htm。

记在中央全面依法治国工作会议上强调,“要坚持统筹推进国内法治和涉外法治”。[⑥] 2021 年《中共中央关于制定国民经济和社会发展第十四个五年规划和二〇三五年远景目标的建议》还专门规定,“加强涉外法治体系建设,加强国际法运用”。

(二)国际法教学和人才培养的组织、引领工作在不断增强

一方面,从国家层面来讲,2014 年教育部批准设立了首家与国际法有关的“2011 协同创新中心”——“国家领土主权与海洋权益协同创新中心”,它以服务国家战略为宗旨,按照“国家急需、世界一流、制度先进、贡献突出”的要求,瞄准国家领土海洋维权重大问题,开展战略研究、政策建言、人才培养、舆论引导、公共外交,建设人才、学科、科研三位一体的国家战略平台,服务国家领土海洋维权斗争,提供领土海洋维权技术支持,服务于国家领土主权与海洋权益的重大现实问题和国家战略需求。2015 年,中宣部批准武汉大学国际法研究所为首批国家高端智库试点建设单位。在 25 家首批国家高端智库试点建设单位中,武汉大学国际法研究所是唯一一家法学类的,并且是国际法的试点单位。[⑦]

另一方面,中国国际法学会不但成立了国际法教学指导委员会,而且还专门设立了“中国国际法学优秀科研成果奖(航天科工奖)”和“国际法新锐奖”。其中,“航天科工奖”每年评选一次,至 2018 年已评选九届,共评选出优秀论文 37 篇、优秀著作 17 部。“国际法新锐奖”是专为那些向中国国际法年会提交学术论文的在校学生(本科生、硕士生和博士生)设立的,旨在激励青年学生积极参加国际法领域学术活动,热爱国际法、学习国际法和深入研究国际法;从 2014 年至 2018 年,该奖项已评选四届,共评选出一等奖论文 16 篇、二等奖论文 32 篇、三等奖论文 49 篇。

(三)国际法人才队伍的规模日益壮大、国际法人才培养方式更加多元

首先,国际法的人才队伍增长迅猛。进入 21 世纪以来,中国高等教

---

⑥ 《习近平在中央全面依法治国工作会议上强调 坚定不移走中国特色社会主义道路 为全面建设社会主义现代化国家提供有力法治保障》,载《人民日报》2020 年 11 月 18 日,第 1 版。

⑦ 2020 年 11 月,正式更名为“武汉大学国际法治研究院”。

育日新月异,中国法学教育也步入了高速发展的时期。据统计,截至2016年10月,中国有626所高校开设法学本科专业,在校学生超过31万,⑧其中包括数量可观的国际法专门人才。此外,还有不少在欧美国家获得国际法硕士或博士学位的人士,目前活跃于国内各行业包括从事涉外事务。

其次,参加中国国际法年会的人数不断增加,也折射出中国国际法人才队伍不断壮大的趋势。据统计,2010年前参加中国国际法年会的人数一般是在200人以下。然而,2013年在湖南师范大学举办的中国国际法年会,参会人数首次达到300人。此后,2014年在西南政法大学的参会人数300人,2015年在中山大学的参会人数400人,2016年在吉林大学的参会人数300人,2017年在武汉大学的参会人数480人,2018年在对外贸易大学的参会人数超过500人,2019年在西北政法大学和2021年在海南大学的参会人数均超过了600人。

最后,各种各样的国际法模拟法庭比赛,使国际法人才培养方式更加多元。例如,2003年Jessup国际法模拟法庭中国首届全国选拔赛在中国人民大学成功举办。⑨ 此后,"国际人道法模拟比赛""国际空间法模拟法庭比赛""国际刑事法院模拟法庭比赛""海洋法模拟法庭比赛"等竞相举办。这类国际法模拟法庭比赛,是一种较好的国际法人才培养方式,对提升参赛同学运用国际法的能力有较大帮助。

(四)国际法的教材建设取得了重要进展

新中国成立以来,1976年由商务印书馆出版的周鲠生先生所著《国际法》(上下册)、1981年由法律出版社出版的王铁崖主编《国际法》,为中国国际法教育和人才培养发挥了重要作用。党的十八大以后,2016年高等教育出版社出版了曾令良主编的《国际公法学》,主要参编人员有:曾令良、江国青、周忠海、邓烈、白桂梅、朱文奇、李寿平、杨泽伟、何志

---

⑧ 参见教育部:《教育部对十二届全国人大四次会议第4687号建议的答复》(教建议〔2016〕第258号,2016年10月8日)载中华人民共和国教育部官网,http://www.moe.gov.cn/jyb_xxgk/xxgk_jyta/jyta_gaojiaosi/201611/t20161104_287655.html。

⑨ 参见杨泽伟:《改革开放四十年来的中国国际公法学:特点、问题与趋势》,载《武大国际法评论》2018年第6期。

鹏、余敏友、赵建文、黄瑶。该书被列为马克思主义理论研究和建设工程重点教材，其最显著的特色为：注重马克思主义国际法思想的梳理和运用马克思主义的唯物辩证法来阐述国际法的理论和实践。

此外，一些学者还不断修订、完善主编的教材或独撰的著作，使之逐渐成为学术精品。据不完全统计，目前已经出版了四版以上的教材或著作主要有王献枢主编：《国际法》（第五版），中国政法大学出版社2012年版；邵津主编：《国际法》（第五版），北京大学出版社2014年版；程晓霞、余民才主编：《国际法》（第五版），中国人民大学出版社2015年版；王虎华主编：《国际公法学》（第四版），北京大学出版社2015年版；梁西著、杨泽伟修订《梁西国际组织法》（第七版），武汉大学出版社2021年版；杨泽伟著《国际法》（第四版），高等教育出版社2021年版；杨泽伟著《国际法析论》（第五版），中国人民大学出版社2021年版，等等。

二、中国国际法教育存在的主要问题

目前中国国际法教育主要存在以下问题。

（一）国际法在法学教学体系中的地位有待进一步提升

19世纪中叶，近代国际法正式传入中国，从而开启了中国国际法教育的历程。20世纪30年代末，国际公法、国际私法成为中国法学本科专业必修课。20世纪80年代，国际经济法正式确立为二级学科。到20世纪90年代初，中国有五十多所高校开设了国际法（国际经济法）本科专业，国际公法、国际私法、国际经济法作为二级学科招收硕士和博士研究生。然而，1997年国务院学位委员会和教育部对学科专业进行了调整，不但取消了国际法本科专业，而且取消了国际公法、国际私法和国际经济法三个法学二级学科，并将这三个二级学科合并为一个"国际法学”二级学科。[⑩] 此后,国际法学科不断予以压缩,国际法课程日益萎缩,国际法学时大幅减少。以国内某知名高校的法学院为例,国际法课程(不包括国际私法、国际经济法)由国际法本科专业时的72学时,逐步减少到54学时,直至目前的32学时。而反观同一院校的课程安排,法理学的课时为64学时,刑法的课时为96学时,民法的课时为160学时。

(二)国际法学科体系有待进一步完善

目前中国高等教育设有13个学科门类,具体包括哲学、经济学、法学、教育学、文学、历史学、理学、工学、农学、医学、军事学、管理学和艺术学等。但在法学学科门类中,有6个一级学科,如法学、政治学、社会学、民族学、马克思主义理论和公安学。[⑪] 然而,从严格意义上讲,法学学科门类下的政治学、社会学、民族学、马克思主义理论和公安学都不是法学学科。因此,法学学科门类下的6个一级学科,其实只有一个法学一级学科。而历史、文学、教育、经济和管理等学科门类均包含2个及2个以上一级学科。况且,在普通高等学校本科专业目录中,只有法学是唯一只有一个本科专业,而哲学、历史、文学、教育、经济等学科均有3个以上的本科专业。更有甚者,管理学中的工商管理类本科专业就有10个。[⑫] 可见,这种情况极大地弱化了法学学科专业在整个哲学社会科学领域的地位,极不利于专门培养涉外法治人才。[⑬]

---

⑩ 参见国务院学位委员会、教育部1997年颁布的《授予博士、硕士学位和培养研究生的学科、专业目录》、1998年颁布的《普通高等学校本科专业目录》。按照该目录,“法学”是一个学科门类,在法学学科门类下,有法学、政治学、社会学、民族学、马克思主义理论等5个一级学科;在法学一级学科下,有法学理论、法律史、宪法学与行政法学、刑法学、民商法学(含劳动法学、社会保障法学)、诉讼法学、经济法学、环境与资源保护法学、国际法学(含国际公法、国际私法、国际经济法)、军事法学等10个二级学科。

⑪ 参见国务院学位委员会、教育部2011年发布的《学位授予和人才培养学科目录》(2011年),载教育部政策法规司、教育部高等教育司编:《中国特色现代大学制度文件辑要(2013年版)》,教育科学出版社2013年版,第340~346页。该目录在法学学科门类下增设“公安学”为一级学科。

⑫ 参见国务院学位委员会、教育部2012年发布的《普通高等学校本科专业目录》(2012年),载教育部政策法规司、教育部高等教育司编:《中国特色现代大学制度文件辑要(2013年版)》,教育科学出版社2013年版,第306~339页。

⑬ 参见黄进:《加强我国涉外法治人才培养的战略选择》,载光明网,http://m.gmw.cn/baijia/2021-02/09/34611217.html。

（三）涉外法治人才培养的力度有待进一步增强

改革开放以来，中国国际法教育在涉外法治人才培养方面取得了较大成就。一方面，在联合国15个专门机构中，有4个专门机构的负责人来自中国，如赵厚麟出任国际电信联盟秘书长、李勇为联合国工业发展组织总干事、屈冬玉为联合国粮农组织总干事、柳芳为国际民航组织秘书长。另一方面，在国际立法、国际（准）司法机构，也有中国学者的身影。例如，担任联合国国际法委员会委员的薛捍勤、黄惠康；当选为联合国国际法院法官的薛捍勤；出任前南斯拉夫国际刑事法庭法官的刘大群；当选为国际海洋法法庭法官的高之国、段洁龙；被推选为WTO专家组成员的张玉卿、曾令良和朱榄叶；当选为WTO的上诉机构成员的张月姣、赵宏，等等。

然而，毋庸讳言中国国际法教育在涉外法治人才培养方面也存在一些问题和不足。主要是现有的涉外法治人才储备还远远不能够满足新时代扩大对外开放、对外法律斗争以及参与全球治理体系改革和建设的实际需要。⑭ 以联合国系统中的中国籍国际职员数量为例，中国籍国际职员实际比例远低于其应占比例，高级职位数量也偏少，代表性严重不足。据统计，在联合国秘书处目前中国籍职员有548人，占总人数的1.5%，仅为美国的22%，英国的70%。⑮ 可见，中国在安理会五大常任理事国中，国际职员数量是最少的。另外，根据2019年4月联合国秘书长古特雷斯的报告，截至2018年年底联合国秘书处专业及以上职类，中国籍职员的数量适当范围是169～229人，实际职员只有89人，离低限差80人。⑯ 此外，目前联合国秘书处副秘书长、助理秘书长级的高级岗位共有150多个，但中国仅占一席，其他席位分别被美国、英国、澳大利

⑭ 参见黄进：《加强我国涉外法治人才培养的战略选择》，载光明网，http://m.gmw.cn/baijia/2021-02/09/34611217.html。

⑮ 参见《2021年7月5日外交部发言人汪文斌主持例行记者会》，载外交部官网2021年7月5日，https://www.fmprc.gov.cn/web/wjdt_674879/fyrbt_674889/t1889810.shtml。

⑯ 参见张海滨：《为什么在国际组织中任职的中国人不多?》，载《环球》2020年第13期。

亚、法国、俄罗斯、日本、加拿大和加纳等国占据。[17] 在秘书处D级以上中高级职员中,中国籍职员仅有19人,是英国的1/3,美国的1/5。[18] 此外,自2012年以来,虽然中国提供的维和部队数量远远超过了其他成员,但在目前联合国维和行动中没有任何中国人担任高级职务。[19]

三、中国国际法教育的前景

(一)国际法成为法学一级学科是新时代的必然要求

首先,国际法成为法学一级学科是培养涉外法治人才的关键步骤。习近平总书记强调,要提高我国参与全球治理的能力,着力增强规则制定能力、议程设置能力、舆论宣传能力、统筹协调能力;参与全球治理需要一大批熟悉党和国家方针政策、了解我国国情、具有全球视野、熟练运用外语、通晓国际规则、精通国际谈判的专业人才。[20] 因此,国际法成为法学一级学科有助于尽快弥补涉外法治人才的不足。

其次,国际法成为法学一级学科是实现中国高水平对外开放的客观要求。2020年,十九届五中全会明确提出:"实行高水平对外开放,开拓合作共赢新局面"。[21] 国际法成为法学一级学科,不但有利于进一步推进中国涉外法治体系建设,而且能助力造就市场化、法治化、国际化的营商环境,建立更高水平开放型经济新体制,推动贸易和投资自由化便利化,推进贸易创新发展。

---

⑰ 参见张怿丹:《中国称为联合国第二大会费国之后》,载《世界知识》2019年第11期。

⑱ 参见《2021年7月5日外交部发言人汪文斌主持例行记者会》,载外交部官网2021年7月5日,https://www.fmprc.gov.cn/web/wjdt_674879/fyrbt_674889/t1889810.shtml。

⑲ 参见[美]洛根·波利:《中国在联合国维和行动中成为领头者》,载美国外交学者网2018年4月17日。转引自《参考消息》2018年4月19日,第14版。

⑳ 新华社:《中共中央政治局进行第三十五次集体学习》(2016年9月28日),载中国政府网,http://www.gov.cn/xinwen/2016-09/28/content_5113091.htm。

㉑ 《中国共产党第十九届中央委员会第五次全体会议公报》(2020年10月29日),载中国共产党新闻网,http://cpc.people.com.cn/GB/http:/cpc.people.com.cn/n1/2020/1029/c64094-31911510.html。

最后,国际法成为法学一级学科有助于统筹推进国内法治和涉外法治。目前中国特色社会主义法治体系已基本形成,但是涉外法治建设还存在明显的不足,如涉外法治立法工作比较滞后、涉外法治执法能力不强、涉外法治司法国际公信力不高等。国际法成为法学一级学科,不但有助于统筹推进国内法治和涉外法治,而且有助于进一步提升运用国际法维护国家权益的巧实力,并最终实现人类命运共同体理念的制度化。

(二)重视国际法法理学的教学研究是培养具有国际竞争力法律人才的现实需要

国际法法理学是国际法学的基础和核心,也是建立一个法律体系的关键所在,同时也是有一定深度和难度的部分。长期以来,由于多种因素的影响,国际法法理学一直是中国国际法学研究的一个薄弱环节,对一些最基本的国际法理论问题,如国际法的理念、国际法的法律性质、国际法的效力根据、国际法与国内法的关系、国际法的历史、国际法的渊源、一般法律原则、国际法的方法论、国际法的价值论、国际法的认识论以及国际法各分支的一些理论问题等,还缺乏全面、系统、深入的研究。因此,重视国际法法理学的教学和研究,既是培养具有国际竞争力法律人才的现实需要,也是一项基础性工程。

事实上,近年来包括国际法的解释和适用问题在内的国际法法理学日益受到国际学界的重视。[22] 因为表现为文字的法律文件难免会产生歧义,特别是作为国际法主要法律渊源的国际条约和国际习惯更是如此。一方面,缔约国为了尽快就条约文本达成一致,可能会故意采用一些原则性或模糊性的规定以弥合彼此间的分歧;另一方面,国际社会对于某一规则是否已成为习惯国际法规则,也不容易达成共识。更为重要的是,近年来在 WTO 法等领域国际法的碎片化现象日益增多、一些国际人权条约机构的扩权行为不断增加、类似国际海洋法法庭等国际司法机构的越权行为更加凸显、在国际法院的判决中法官的独立意见也越来

---

[22] 参见杨泽伟:《新中国国际法学 70 年:历程、贡献与发展方向》,载《中国法学》2019 年第 5 期。

越多等。这些新的动向,在一定程度上体现了目前国际社会各利益攸关方,包括主权国家,为了寻找法律依据以维护其自身利益,不惜对国际条约和国际习惯片面地作出有利于自己的解释。最典型的例子,就是2013年菲律宾单方面发起的"南海仲裁案",该案的起因及其裁决结果,充分体现了菲律宾和仲裁庭对《联合国海洋法公约》有关条款的曲解。因此,中国国际法学者日益重视包括国际法的解释和适用问题在内的国际法法理学,以更好地维护中国的国家权益。

(三)加大国际组织人才培养力度是进一步增强中国话语权的必由之路

如前所述,在联合国等国际组织中,中国籍国际公务员人数偏少、级别偏低、占据的重要部门和关键岗位不多。未来,我们可以从以下两个方面弥补这一不足。

1. 构建中国涉外法治人才培养体系、弥补中国涉外法治人才培养的短板。习近平总书记指出,我们要继续做全球治理变革进程的参与者、推动者、引领者,推动国际秩序朝着更加公正合理的方向发展,继续提升新兴市场国家和发展中国家代表性和发言权。㉓《中华人民共和国国民经济和社会发展第十四个五年规划和2035年远景目标纲要》也明确提出:"加强涉外法治体系建设,加强涉外法律人才培养"。㉔ 可见,人才培养在中国涉外法治体系建设中是具有基础性、战略性、先导性的地位和作用的。因此,我们必须加强涉外人才培养和储备,进一步探讨国际法作为一级学科建设的理论与实践问题,构建国际法本科、硕士、博士以及博士后全流程培养机制,设立国际组织后备人才培养基地、涉外法治人才培养基地等。

2. 积极向联合国等国际组织输送人才,实现量的突破和质的飞跃。一方面,派遣和鼓励更多中国年轻人才进入联合国系统工作,尤其要重视占据重要部门和关键岗位。这既可以弥补中国在联合国系统代表性不足的问题,也有利于展现中国的软实力,把中国的文化和理念融入联

㉓ 参见习近平:《坚定信心,共谋发展——在金砖国家领导人第八次会晤大范围会议上的讲话》,载《人民日报》2016年10月17日,第2版。

㉔ 《中华人民共和国国民经济和社会发展第十四个五年规划和2035年远景目标纲要》,载中华人民共和国中央人民政府网,http://www.gov.cn/xinwen/2021-03/13/content_5592681.htm。

合国工作的各个领域。另一方面，要充分利用联合国现有的输送培养国际人才的渠道。例如，联合国开发计划署、经济和社会事务局均设立了一个初级职业官员项目，专门培养年轻的专业人员（P1/P2 级别）。一般 50% 的初级职业官员项目官员都留在了联合国系统。[25] 事实上，很多国家已经利用该渠道为联合国系统提供了不少的人力资源。我国应大力支持本国年轻人参与此类项目。

On the Education of International Law in China: Status Quo, Problems and Prospects

Yang Zewei

Abstract: At present, China's international law education mainly presents the following characteristics, international law teaching and personnel cultivation are increasingly valued; the organization and leadership of international law teaching and personnel cultivation are constantly increasing; the scale of international law talents is growing; the cultivation methods of international law talents are more diverse; and the important progress in compiling teaching materials of international law has been made. However, China's international law education still has the following problems. For example, the status of international law in the legal education system needs to be further improved; the international law discipline system needs to be further improved; and the cultivation of foreign-related legal personnel needs to be further strengthened. It is an inevitable requirement of the New Era for international law to become a first-level discipline of law. It

㉕ 参见刘志贤主编：《联合国 70 年：成就与挑战》，世界知识出版社 2015 年版，第 489 页。

is the significant solution to pay attention to the teaching and research jurisprudence of international law and to cultivate the competitiveness of legal talents of international law and to strengthen the cultivation of the talents for international organizations for the purpose of enhancing China's discourse right in international community.

Key Words: Education of International Law in China, foreign-related rule-of-law talents, disciplinary system of international law, jurisprudence of international law

论未来国际法学院之建构

——以发展中国家国际法需求为切入点[*]

邓云成[**]　张海文[***]

摘　要：国家间竞争的内容之一就是国际法视野下的规则之争，熟悉并能灵活运用国际法的人才则是重中之重。对包括中国在内的发展中国家来说，现代国际法是“舶来品”，亦多处于“学生”状态，不利地位显而易见。但发展中国家对于国际法有着自己的需求，主要体现在发展中国家与发达国家在文明与规则方面竞争不断，维护国家利益的需要导致发展中国家对于国际法教育有着现实需求。中国

---

[*] 本文是2018年度国家社科基金重大研究专项项目“‘一带一路’倡议与国际规则体系研究”（项目批准号：18VDL002）、2017年度教育部人文社会科学重点研究基地重大项目“维护中国国家权益的国际法问题研究”（项目编号：17JJD820006）的成果之一。本文的部分观点曾在印度德里国立法律大学举办的题为“Contemporary Issues and Challenges faced by the Legal Education System and Research in India and China”网络研讨会（2020年11月）、厦门大学法学院举办的第十届“法权秩序与中国道路”学术研讨会（2021年11月）分享过。

[**] 邓云成，自然资源部海岛研究中心助理研究员、天津大学海洋战略研究所特约研究员，武汉大学国际法治研究院博士研究生，研究方向：国际法、海岛政策与法律、海洋治理研究。

[***] 张海文，自然资源部海洋发展战略研究所所长、研究员，武汉大学、厦门大学兼职教授，博士生导师，法学博士，研究方向：国际法、海洋法。

作为发展中国家的重要一员,在当前国际新格局下,基于已有的国际法教育基础和面临的共同挑战,在国际法治的顶层设计和政策支持下,应牵头建构未来国际法学院。教育是可以秉持趋向"全球共同利益"的,基于其建构原则,其定位是一所多元化、产业化、全球化的国际法学院,通过发布倡议、聚焦课程建设、搭建平台和体制、注重人才培养等路径,建构名称可定为"发展中国家国际法学院",最后可考虑成为联合国大学的成员,推动发展中国家国际法律人才培养。

关键词:国家间竞争　国际法　国际法律人才　发展中国家　国际法学院

导　言

2021年2月1日,有报道称,"中国海岸警卫队法律颁布后,日本外相警告中国不得违反国际法原则。"①大洋彼岸,美国总统拜登将中国视为最大竞争对手,并表示不会用和特朗普一样的方法,将会专注于国际规则,②务实推出拜登版"印太战略"。③ 2月23日,美国国防部发言人在记者会上就中国海警船巡航钓鱼岛一事宣称,"美国将继续与盟国及

① 参见秉斯克:《中日局势新进展! 日本警告中国"海警法"违反国际法　自民党会议:将部署更多自卫队军力并书面立法》,载FX168,https://news.fx168.com/politics/cn/2102/4619992_wap.shtml。

② See Sevastopulo D, Biden Warns China Will Face "Extreme Competition" from US, Accessed February 23, 2021. https://www.ft.com/content/c23a4e67-2052-4d2f-a844-e5c72a7de214.

③ 参见胡志勇:《美国新政府将继续推进印太战略》,载《联合早报》,https://www.zaobao.com.sg/forum/views/opinion/story20210202-1121096?utm_source=Emarsys&utm_medium=email&utm_campaign=ZB_Newsletter_CN_02022021&utm_term=%E8%83%A1%E5%BF%97%E5%8B%87%EF%BC%9A%E7%BE%8E%E5%9B%BD%E6%96%B0%E6%94%BF%E5%BA%9C%E5%B0%86%E7%BB%A7%E7%BB%AD%E6%8E%A8%E8%BF%9B%E5%8D%B0%E5%A4%AA%E6%88%98%E7%95%A5&utm_content=02%2F02%2F2021。

合作伙伴一起,强化印太海域以规则为基础的秩序。”④在这之前,美国、英国都将海洋法视为打击中国的有用工具⑤…… 当今国家间竞争内涵丰富,其中重要一项就是国际法视野下的规则之争,熟悉并能灵活运用国际法的人才是竞争的重中之重,也是中国深度参与全球治理的主要支撑力量。对包括中国在内的发展中国家来说,现代国际法是“舶来品”。一般认为国际法是基督教国家之产物,⑥《威斯特伐利亚和约》(1648年)的签订则标志着国际法的成熟。⑦ 对我国而言,国际法学体系在清末才开始凝聚和塑形。⑧ 当然,研究者并非认为发展中国家⑨没有从国际法律制度中受益,但因霸权的存在,受益极少是一个不争的事实,发展中国家在行使经济、社会和文化权利时常受阻碍,⑩发展中国家在很长时间里处于在整个国际法体系中的不利地位。⑪ 自《威斯特伐利亚和约》起形成的欧洲中心主义⑫的国际研究是当代主流,尽管其不够完整

---

④ 参见邢晓婧、程凯:《挺日本,美声称要中国停止巡航钓鱼岛 中方驳斥!》,载百度网2021年2月25日,https://baijiahao.baidu.com/s? id=1692619313512892439&wfr=spider&for=pc。

⑤ See Sands P. Opinion, Britain Holds on to a Colony in Africa, With America's Help, Accessed April 1, 2021. https://www.nytimes.com/2021/04/01/opinion/uk-mauritius-china-us.html.

⑥ 参见刘达人、袁国钦:《国际法发达史》,中国方正出版社2007年版,第1页。

⑦ 参见[苏]费尔德曼、[苏]巴斯金:《国际法史》,黄道秀等译,法律出版社1992年版,第93~100页。

⑧ 参见刘畅:《近代中国国际法学的生成与发展》,法律出版社2013年版,第24页。

⑨ 在很多文献中,特别是来自其他发展中国家的作者使用“第三世界”指发展中国家,为行文方便,本书所用的“发展中国家”与相关文献的“第三世界”同义且可互换,此方式亦被相关研究所采用。

⑩ See Ikejiaku B-V, International Law, Western States, Third World States, and the Principles of Right to Economic Self-Determination, *Groningen Journal of International Law*, 7, 2020, p.195-215.

⑪ See Jochen von Bernstorff and Philipp Dann, *The Battle for International Law: South-North Perspectives on the Decolonization Era*, New York, Oxford University Press, 2019, p.4-6.

⑫ 参见杨泽伟:《国际法发展的历史分期》,载《中国社会科学报》2021年2月24日,第4版。

全面已被证明。⑬ 随着发展中国家成为联合国成员的数量越来越多,在国际法教学与研究领域,当前发展中国家基本属于"跟跑"阶段,部分领域属于"并跑"阶段。发达国家法学教育机构为包括中国在内的发展中国家培养了大量的国际法人才,但其背后暗含基于西方学术机构的威望和权力形成的国际法文化,西方世界观的意识形态在其形成过程中发挥了重要作用。⑭ 根据有关文件显示,中美两国在教育等领域的未来对抗强度并无减弱的趋势。⑮ 对于其他发展中国家,西方发达国家的国际法教育仍是其主要选择。一定程度上,虽然存在较大挑战,当前中国国际法教育有着百年难求的发展机遇。

二、发展中国家的国际法需求

据相关统计,目前共有发展中国家166个。⑯ 发展中国家需要在国际社会中立足与发展,离不开国际法的应用。目前,英语在国际法实践中发挥着重要作用,并主要遵循在美英及其前殖民地使用的普通法规则。当前西方世界仍把持着国际法律体系的建构与完善,发展中国家如果要培养足够数量的国际法专家,还需要很长时间,⑰过去几十年的发

---

⑬ See James Thuo Gathii, International Law and Eurocentricity, *European Journal of International Law*, 9, 1998, p. 184 – 211.

⑭ See Bhupinder S. Chimni, Third World Approaches to International Law: a manifesto, *International Community Law Review*, 8, 2006, p. 3 – 27.

⑮ See The Policy Planning Staff, Office of the Secretary of State, The Elements of the China Challenge, Accessed November 18, 2020. https://www.andrewerickson.com/2020/11/the-elements-of-the-china-challenge/; Tom Cotton, Beat China Targeted Decoupling and the Economic Long War, Accessed February 24, 2021. https://www.cotton.senate.gov/imo/media/doc/210216_1700_China%20Report_FINAL.pdf.

⑯ ICQI, Developing Countries List, Accessed March 9, 2021, https://icqi.org/developing-countries-list/.

⑰ David Dodwell, As China Seeks to Boost Its Legal Muscle, What Should the West Expect?, Accessed March 9, 2021. https://www.scmp.com/comment/opinion/article/3124182/china-seeks-boost-its-legal-muscle-what-should-west-expect.

展中国家国际法斗争史已证明了其持久性。[18] 国际竞争日趋激烈，作为国际社会最为重要的行为规范，国际法在全球治理中发挥着不可替代的作用，[19]如何能够快速培养足够多且符合要求的国际法人才已成为当务之急。国际法教育与研究一直是热门话题，中国作为发展中国家的大国，已有多位专家呼吁加强国际法人才的培养。

（一）发展中国家和发达国家间的文明与规则之争

历史已揭示近代之前国家的崛起与武力征服有关，各文明交往非常有限。但近代之后，独立国家间沟通日益密切，欧洲国家创设了国际法体系。[20] 西方发达国家，特别是在西方大国崛起过程中，国际法的需求与实践常陪伴左右，[21]国际法一直服务于国际关系中占主导地位的社会力量和国家的利益。[22] 尽管国际法在不公平对待发展中国家人民方面发挥了作用，但20世纪新成立的国家并没有完全拒绝国际法。[23] 因为国际法本身就是国际社会中需要不断发展的事物。换言之，在一个充满活力、不断变化的国际社会中，国际法并非恒久不变，作为国际法的主体——国家在整个过程中扮演着重要角色。[24] 现代国际法是西方基督教文明的产物，[25]大多数第三世界国家直到不久前都只是国际法的“对象”。[26]

---

⑱ See B S. Chimni, The Past, Present and Future of International Law: a Critical Third World Approach, *Melbourne Journal of International Law*, 8, 2007, p. 499 - 516.

⑲ 参见黄惠康：《中国特色大国外交与国际法》，法律出版社2019年版，第1页。

⑳ See Antony Anghie, The Evolution of International Law: Colonial and Postcolonial Realities, *Third World Quarterly*, 27, 2006, p. 739 - 753.

㉑ 何志鹏：《国际法与大国崛起》，载《吉林大学社会科学学报》2017年第1期。

㉒ See B S. Chimni, Third World Approaches to International Law: A Manifesto, *International Community Law Review*, 8, 2006, p. 3 - 27.

㉓ See Ikejiaku B-V, International Law, Western States, Third World States, and the Principles of Right to Economic Self-Determination, *Groningen Journal of International Law*, 7, 2020, p. 195 - 215.

㉔ See B S. Chimni, Third World Approaches to International Law: A Manifesto, *International Community Law Review*, 8, 2006, p. 3 - 27.

㉕ See R P. Anand, *International Law and the Developing Countries: confrontation or cooperation?*, Boston, Martinus Nijhoff Publishers, 1987, p. 28.

㉖ See B S. Chimni, The Past, Present and Future of International Law: a critical third world approach", *Melbourne Journal of International Law*, 8, 2007, p. 499 - 516.

曾被西方学者和外交官指称不能参与国际法体系,因为他们不是"文明国家"。[27] 法律作为经济基础的上层建筑,发达国家和发展中国家(还包括欠发达国家)对于国际法的需求和立场存有差异是必然现象。[28] 基于自我和他者的区分,西方和其他地区之间的控制和依赖关系始终贯穿当前国际法之中,[29]"他者"多为被动接受国际法规则的各类发展中国家。[30]随着时代的发展,以发展中国家为主的亚非国家代表在有关会议上普遍强调国际法是国际和平、安全和繁荣的前提,[31]国际法的利益和观念两大维度展露无遗,[32]这就要求发展中国家在国际法领域的主动作为。当然,全球化并没有让所有发展中国家受益。[33] 作为发展中大国,中国是少数经历了快速发展,已逐步成为少数中有可能真正有效参与国际规则制定、全面践行运用国际法的发展中国家,在此过程中中华文明发挥着重要作用。中国作为一个发展中国家,在应对气候变化诸多挑战的背景下,[34]超前提出了碳中和目标,在落实《巴黎协议》方面与部分发达国家的迟缓形成了极大反差,背后就可能存在不同地区和国家对于文明标准的理解分歧,进而有了对于国际法的不同建构与解读,[35]充分运用国际法武器捍卫国家利益对于发展中国家而言更为重要,也更为迫切,那些面临着

---

[27] See R P. Anand, *International law and the Developing Countries: confrontation or cooperation?*, Boston, Martinus Nijhoff Publishers, 1987, p. 16.

[28] See H. C. L. Merillat, Law and Developing Countries, *American Journal of International Law*, 60, 1966, p. 71 – 79.

[29] See Antony Anghie, *Imperialism, Sovereignty and the Making of International Law*. Cambridge, Cambridge University Press, 2007, p. xi – xii.

[30] See Jochen von Bernstorff and Philipp Dann, *The Battle for International Law: South-North Perspectives on the Decolonization Era*, New York, Oxford University Press, 2019, p. 2.

[31] 参见贾桂德:《2019 年国际法形势和中国外交法律工作》,载《国际法学刊》2020 年第 1 期。

[32] See Kenneth W. Abbott and Snidal Duncan, Values and Interests: International Legalization in the Fight against Corruption, *The Journal of Legal Studies*, 31, 2002, p. 141 – 177.

[33] See Rusdy Hartungi, Could Developing Countries Take the Benefit of Globalisation?, *International Journal of Social Economics*, 33, 2006, p. 728 – 643.

[34] See Joyeeta Gupta, International Law and Climate Change: The Challenges Facing Developing Countries, *Yearbook of International Environmental Law*, 16, 2005, p. 119 – 153.

[35] Ntina Tzouvala, *Capitalism as Civilisation: A History of International Law*, Cambridge, Cambridge University Press, 2020, p. 1 – 43.

发达国家激烈打压、制裁的发展中国家更是如此。有学者专门就作为第三世界的发展中国家的国际法议题提出自己的见解,[36]形式多样的抵抗亦是发展中国家国际法实践的主题之一。[37]作为唯一一个五千年文明没有中断的国家,中国有着属于自己特色的规则体系,[38]作为发展中国家的一员,自应承担着更大的使命。

(二)发展中国家国际法教育之现实需要

在历史的某个时期,国际立法与国内立法在限制大国的支配地位方面都是软弱的。直到今日,此判断仍有一定合理性。当然,对此的例外在于大国是谁,其不仅是指单一的一个国家,还指相对而言综合力量更为强大的一系列国家。就这方面而言,发展中国家亦是大国。在大多数时间里,发展中国家都能够出于互利而彼此合作,此种合作已是日常可见。发展中国家作为世界之林的后起之秀,单论国家实力,发展中国家与发达国家有一定乃至极大的差距。维护秩序和正义,主要是通过国际法规则,也通过国际组织和外交活动来实现。国家间的竞争是全方位竞争,世界格局的演进表明,国际竞争正从传统上硬实力的竞争,转向法律制度等软实力的竞争。[39]国家是嵌入更广泛的国际规范社会环境中的组织实体,[40]国家间的竞争离不开法律,只要其与世界保持联系,就需要国际法。如果说一些小国可以在某种程度上不介入与它们没有直接关系的国际事务,但是一旦开始参与国际组织,如小岛屿国家联盟等,这些小国基本上不可能置身事外。当前,普遍参与条约等国际法制定是发展中

[36] See B S. Chimni, Third World Approaches to International Law: A Manifesto, *International Community Law Review*, 8, 2006, p. 3 - 27.

[37] See B. Rajagopal, *International Law from Below: Development, Social Movements and Third World Resistance*, Cambridge, Cambridge University Press, 2003, p. 23.

[38] See R P. Anand, *International Law and the Developing Countries: Confrontation or Cooperation?*, Boston, Martinus Nijhoff Publishers, 1987, p. 2 - 3.

[39] 参见霍政欣:《构建“攻防兼备”的涉外法律体系》,载环球网2021年3月10日, https://opinion.huanqiu.com/article/42F7KcJBd0J。

[40] See Paul Schiff Berman, From International Law to Law and Globalization, *Columbia Journal of Transnational Law*, 43, 2004, p. 485 - 556.

国家的首要关注利益点。[41] 为获得更多的国际经济与发展援助以及更好地融入国际市场,发展中国家需要团结。构建系统完备的涉外法律体系,与维护国家利益的现实需要和国家实力的有效保障有关。[42] 最终极的此种状态并非所有国家之愿望,亦不可能普遍实现。但是,在国际交往的必备要求就是拥有国际法相关人才。对于国际法人才的需求,反映出强调共享的利益、规则和制度,最终推动世界秩序的公正和全球正义的实现,发展中国家国际法人才的最重要任务就是描绘国家与国际法之间关系的变化,以及这种变化的后果。[43] 在当前国际法研究与教育已细分为多个领域的情况下,若国际法本身要更有意义,世界想在国际法治下存在,国际法普适是必要条件。[44] 发展中国家对于包括国际法在内的法学教育有着现实的需要(见表1),当然,也因各项资源有限而备受影响和限制(见表2)。[45]

表1 2001年和2018年部分发展中国家法学院数量和国际法课程要求对比

国家	2001年法学院数量/个	2018年法学院数量/个	国际法课程是否为必修课(2001年)	国际法课程是否为必修课(2018年)
越南	6	36	是	是
孟加拉国	66	52(55)	是	是
不丹	0	1	—	是
柬埔寨	—	13(32)	—	是

---

[41] See S. Bhuiyan et al., *International Law and Developing Countries: Essays in Honour of Kamal Hossain*, Leiden, Brill, 2014, p. 78.

[42] 参见霍政欣:《构建"攻防兼备"的涉外法律体系》,载环球网2021年3月10日,https://opinion.huanqiu.com/article/42F7KcJBd0J。

[43] See B S. Chimni, Third World Approaches to International Law: A Manifesto, *International Community Law Review*, 8, 2006, p. 3-27.

[44] See C G. Weeramantry, *Universalising International Law*, Leiden, Martinus Nijhoff Publishers, 2004, p. 235.

[45] See Rizwanul Islam, Teaching and Researching International Law by Resource-Constrained Academics, Accessed April 14, 2021. https://www.afronomicslaw.org/2020/09/21/teaching-and-researching-international-law-by-resource-constrained-academics/.

续表

国家	2001 年法学院数量/个	2018 年法学院数量/个	国际法课程是否为必修课（2001 年）	国际法课程是否为必修课（2018 年）
印度尼西亚	240	40(413)	—	是
老挝	—	5	—	是
缅甸	—	19	是	是
菲律宾	77	144	是	是
斯里兰卡	3	12	是	是
泰国	30	50(104)	是	是
瓦努阿图	—	1	—	否

注："—"表示无调研数据。因同一国家有不同专家的数据来源不一致,2018 年法学院数量按最低数量计,括号内数据为最高数值。改编自 Teaching and Researching International Law in Asia（TRILA）Project 2020 Report。

表 2　部分发展中国家只有一些或没有合格的国际法教师的原因

国家	原因
孟加拉国	很少甚至没有专门研究国际法的教师
柬埔寨	对国际法课程需求不足 缺乏教授国际法的兴趣 没有国际法领域的专家 法学院很少教授国际法课程
印度尼西亚	对国际法课程需求不足 没有国际法领域的专家 法学院很少教授国际法课程
老挝	对国际法课程需求不足 没有国际法领域的专家 法学院很少教授国际法课程
缅甸	国际教育教师缺乏机会进行能力建设
泰国	对国际法课程需求不足 缺乏教授国际法的兴趣 没有国际法领域的专家 法学院很少教授国际法课程

引自 Teaching and Researching International Law in Asia（TRILA）Project 2020 Report。

三、中国牵头设立国际法学院的动因及可能

中国的发展中国家地位因各种缘由而备受质疑,其中就包括西方试图捧杀和孤立中国动机的持续存在。从国际政治身份与定位而言,中国作为发展中国家,意味着承担了对世界的责任,中国的多重身份及包容性文化代表的是发展中国家的权益。[46] 经过长期的艰辛努力,中国正日益走近世界舞台中央,这意味着聚光下必须所有作为,国际法教育即是要义之一。中国牵头设立未来国际法学院的动因如下:

(一)当前国际新格局的现实需要

很多"污名"中国的事件及相关诉讼[47]的背后都隐藏着对于我国稳定发展、国际社会和平共处的国际法挑战。这是一个需要也一定能够产生大批高素质涉外法律服务人才的时代,[48]与此同时,西方对国际法的垄断和主导也在逐渐被打破。人类有史以来首次出现以和平方式,实现新旧秩序转变和治理模式改善的前景,[49]我国仍处于并将长期处于社会主义初级阶段的基本国情没有变,世界最大发展中国家的国际地位亦未变。[50] 包括中国在内部分发展中国家在气候变化、全球治理变革等领域在逐步成为"引领者",乃至"革命者"。[51] 因国际法寻求改变不同社会的

---

[46] 参见王义桅:《中国为何坚持发展中国家定位》,载环球网2019年8月15日,https://opinion.huanqiu.com/article/9CaKrnKmcSO。

[47] 参见黄惠康:《借新冠疫情污名化中国,于法不容》,载《人民日报》2020年4月24日,第16版。

[48] 参见《全国政协召开双周协商座谈会 围绕"建设高素质的涉外法律服务人才队伍"协商议政 汪洋主持》,载《中国政协》2020年第8期。

[49] 参见黄惠康:《从战略高度推进高素质涉外法律人才队伍建设》,载《国际法研究》2020年第3期。

[50] 参见习近平:《决胜全面建成小康社会 夺取新时代中国特色社会主义伟大胜利——在中国共产党第十九次全国代表大会上的报告》,载《中国经济周刊》2017年第42期。

[51] 参见徐崇利:《软硬实力与中国对国际法的影响》,载《现代法学》2012年第1期。

内部特征是一项永无止境的任务,[52]发展中国家随着国家实力的逐渐增加,允许不同的国家社会基于其文化制定不同的规则。虽然发展中国家不一定是持文化相对论立场,[53]但是任何普适规则的适用仍要考虑具体文化及背后存在的规范差异性,这要求我们合理构建国内法和国际法的有效连接,开展相关研究等,[54]最终目标是建构并实现和平、稳定、正义的国际新格局。

(二)共建共享服务"一带一路"倡议

"一带一路"倡议自2013年提出以来,作为一项影响世界政治经济秩序的中国方案备受各方关注。沿线国家国情不同,这要求我们了解、熟悉包括众多发展中国家在内沿线国家的政策制度,制度不同必然导致规则间的冲突。共商、共建、共享的发展理念要求我们营造一个充满公平、正义、共赢的丝路环境,基于双(多)边规则的有效互动则是营造之前提。与此同时,解决国际公共产品供给不足是"一带一路"重要内容之一。[55]话语的沟通是基于规则的互通,国际法教育则是了解、形成双(多)边规则的主要路径,聚焦发展中国家公平与发展这一问题,应是政策沟通公共产品首选项,或至少是首选项之一。政策沟通的目标是给机遇与挑战并存的"一带一路"倡议提供法治化的保障,以便更好推动倡议的落实。

(三)推动建设国际法学院的现有基础

一个国家的实力决定着其对国际法的影响程度。[56]设立国际法学院意味着有相应可用资源作为初期投入的资本,基本要求就是国家有相应的经济实力和政治意愿支持国际法教育,并付诸实践。除基本国力外,法学教育的水平也至关重要。自新中国成立以来,中国的法学教育

---

[52] See Antony Anghie, The Evolution of International Law: Colonial and Postcolonial Realities, *Third World Quarterly*, 27, 2006, p. 739 – 753.

[53] 参见徐崇利:《软硬实力与中国对国际法的影响》,载《现代法学》2012年第1期。

[54] See Claudio Grossman, Building the World Community: Challenges for Legal Education, *Penn State International Law Review*, 18, 2000, p. 441 – 450.

[55] 参见何驰:《"一带一路"倡议与中国国际法话语的构建:以供给国际公共产品为视角》,载《国际法研究》2019年第2期。

[56] 参见徐崇利:《软硬实力与中国对国际法的影响》,载《现代法学》2012年第1期。

经历了初创、停滞、恢复、发展和平稳等阶段,初步形成了具有中国特色的社会主义法学教育体系,其中自改革开放起发展颇为迅速。[57] 国际法学教育作为法学教育的组成内容,也取得了长足的发展。中国当代著名法学家、中国国际法学一代宗师韩德培先生在1982年提及的中国法学教育存在的基础性问题[58]已一去不返,基本实现了有法学教育就有国际法教师和相应基础设施。武汉大学在很早时就成立了国际法系和国际法研究所,[59]尽管在学科设置从一级学科更替为二级学科,[60]但国际法的教育与研究仍在快速发展。[61] 为适应时代需求,2005年厦门大学参考海牙国际法学院经验,成立了厦门国际法高等研究院;2008年北大在深圳成立了国际法学院,专注普通法、大陆法与中国法的有效融合;2011年中国人民大学成立了亚太法研究院,培养精通东亚各国法律的人才;2017年中山大学成立中英国际海事法学院……机构持续完善。在国际法国际教学合作方面,1987年荷兰海牙国际法学院第一次在中国开设讲习班,[62]作为源起于发达国家的海牙国际法学院全球知名,除受教外,我们已有中国学者在海牙国际法学院授课。我国也有在比利时曾获诺贝尔和平奖的国际法研究院(Institut de Droit International)的中国籍院士(Member),再加上各法学院在师资国际化(特别是在国际法方向)的努力,可以说我国已具有推动建设未来国际法学院基础。

(四)国际法治的顶层设计与政策支持

1978年,邓小平同志就提出“要大力加强对国际法的研究”。[63] 面临

[57] 参见李其瑞、冯飞飞:《中国法学教育70年:发展历程、问题反思和未来展望》,载《法学教育研究》2020年第2期。

[58] 参见韩德培:《谈谈我国法律教育》,载《高教战线》1982年第3期。

[59] 参见韩德培:《论国际公法、国际私法与国际经济法的合并问题——兼评新颁〈授予博士、硕士学位和培养研究生的学科、专业目录〉中有关法学部分的修订问题》,载《国际经济法论丛》1998年第1期。

[60] 参见韩德培:《谈合并学科和设立博士点的问题》,载《法学评论》1996年第6期。

[61] 参见曾令良:《武汉大学国际法研究所三十周年回顾与展望》,载《武大国际法评论》2011年第2期。

[62] 参见侯放:《海牙国际法学院在京举办讲习班》,载《政治与法律》1987年第4期。

[63] 参见邓小平《解放思想,实事求是,团结一致向前看》,载求是网,http://www.qstheory.cn/books/2019-07/31/c_1119484755_26.htm。

百年之未有大变局,国际法再一次成为关键的焦点。2019 年 2 月,习近平总书记在中央全面依法治国委员会第二次会议上发表重要讲话并指出,要加快推进我国法域外适用的法律体系建设,加强涉外法治专业人才培养。[64] 习近平总书记指出,中国走向世界、以负责任大国参与国际事务,必须善于运用法治。在对外斗争中,我们要拿起法律武器,占领法治制高点,敢于向破坏者、搅局者说不。全球治理体系正处于调整变革的关键时期,我们要积极参与国际规则制定,做全球治理变革进程的参与者、推动者、引领者。[65] 我们应该创造一个奉行法治、公平正义的未来。要提高国际法在全球治理中的地位和作用,确保国际规则有效遵守和实施,坚持民主、平等、正义,建设国际法治。[66] 2019 年 10 月党的十九届四中全会通过的《中共中央关于坚持和完善中国特色社会主义制度、推进国家治理体系和治理能力现代化若干重大问题的决定》强调:"加强涉外法治工作,建立涉外工作法务制度,加强国际法研究和运用,提高涉外工作法治化水平。"2020 年 10 月通过的《中共中央关于制定国民经济和社会发展第十四个五年规划和二〇三五年远景目标的建议》明确指出"坚持多边主义和共商共建共享原则,积极参与全球治理体系改革和建设,加强涉外法治体系建设,加强国际法运用,维护以联合国为核心的国际体系和以国际法为基础的国际秩序,共同应对全球性挑战。"这些都要求我们从战略高度认识加强涉外法律服务人才队伍建设的重要意义,[67]人才是第一资源,中国作为发展中大国,对于国际法必然会提出自己的要求,要拥有能更广范围、更深层次、更高水平运用国际法的人才队伍。[68] 只有这样一支国际法队伍才能实现当前的顶层设计。

---

[64] 参见王玫黎:《从教学实例中看国际法研究生培养新思路——以培育高素质涉外法律人才为目标》,载《教师教育论坛》2020 年第 7 期。

[65] 参见习近平:《加强党对全面依法治国的领导》,载《前线》2019 年第 3 期。

[66] 参见习近平:《携手构建合作共赢、公平合理的气候变化治理机制——在气候变化巴黎大会开幕式上的讲话》,载《地球》2016 年第 1 期。

[67] 参见《全国政协召开双周协商座谈会　围绕"建设高素质的涉外法律服务人才队伍"协商议政　汪洋主持》,载《中国政协》2020 年第 8 期。

[68] 参见黄惠康:《从战略高度推进高素质涉外法律人才队伍建设》,载《国际法研究》2020 年第 3 期。

四、当前中国国际法学教育面临的挑战

从国内法视角,法学教育充满了国家间的差异,但全球化正在进行中,各国法学教育的更多关联正在形成中,[69]国际法学教育扮演着重要角色。我国在法治人才培养的数量和质量上已有了很大程度提高,将"国际法"纳入了核心教育课程内容,多所高校可授予国际法博士学位资格。

然而,在就业方面专注于国际法实践的毕业学生少之又少,国际性法律研究或实务上的人才匮乏已成为"一带一路"倡议推进过程中的薄弱环节。[70] 如外语、外交学等专业毕业的优秀人才,因缺乏法律专业知识,很难胜任国际法研究与实务工作,国际法专业人才就业不对口问题依然突出。[71] 涉外法律人才的数与质都无法适应我国正逐步引领全球治理的总体需求。[72] 与此同时,客观现实却是当前我国国际法专业毕业生方向就职范围较窄,上升空间不多,且所得待遇福利与就职者所付出的努力、工作强度、工作压力等不相对称,直接导致从事国际法工作的人才少。[73]虽然双语教育是国际法教育的基础性要求,但在众多法学院中只有少数学院能够做到。[74] 甚至在全国如此重视国际法的背景下,2021年3月某知名法学教育机构面临众多招生专业只有国际法专业接收调

---

[69] See Claudio Grossman, Building the World Community: Challenges for Legal Education, *Penn State International Law Review*, 18, 2000, p.441-450.

[70] 参见杨军:《"一带一路"法治人才需求与我国法治教育的冲突与调适对策》,载《法学教育研究》2018年第2期。

[71] 参见杨军:《"一带一路"法治人才需求与我国法治教育的冲突与调适对策》,载《法学教育研究》2018年第2期。

[72] 参见王玫黎:《从教学实例中看国际法研究生培养新思路——以培育高素质涉外法律人才为目标》,载《教师教育论坛》2020年第7期。

[73] 参见杨军:《"一带一路"法治人才需求与我国法治教育的冲突与调适对策》,载《法学教育研究》2018年第2期。

[74] 参见张榆青、李刚:《大学国际法学科双语教育论》,载《六盘水师范学院学报》2015年第6期。

剂才能招满的尴尬局面。[75] 对于留学生而言,当前教育存在同质化培养现象严重,没有针对特殊区域要求培养有特色的法治人才,无法满足"一带一路"沿线国家的个性化需要。[76] 概况而言,当前中国国际法学教育存在以下挑战:

(一)国际法毕业生数量与社会需求间的矛盾

虽然法学教育与法律实践的关系一直很模糊,[77]但是满足社会需求是法学教育的一项重要使命。每年中国国际法毕业生数量并不少,但在市场条件下,参与涉外业务的企业等主体需要的是能够直接做出贡献的法律人才,并不需要"半成品"。在美国不断制裁我国企业时,此类需求已被不断放大。但在具体供给方面,矛盾突出。与此同时,中国的法学教育在大学扩招后呈现了暴发式增长,但就业排名相对靠后,也出现了供给与需求不对称的情况。截至 2019 年年底,全国共有执业律师 47.3 万多人,[78]涉外律师人才仅 1000 人左右,[79]我们已知悉的是光受制裁影响的企业数量都远超此数。中国律师业的国际化步伐,总体上滞后于中国企业"走出去"的国际化步伐。[80]

(二)学生原初的美好愿望与实际现状

学生对于专业的选择主要基于兴趣和未来职业发展需要。学生愿意从事国际法除远大理想外,更多的是因为对职业前景的看好。客观评

---

[75] 参见中国法学网:《中国社会科学院大学法学院 2021 年接收法学硕士(学术型)研究生调剂通知》,载中国法学网,http://iolaw.cssn.cn/fxjy/202103/t20210323_5321062.shtml? ivk_sa = 1024320u。

[76] 参见杨军:《"一带一路"法治人才需求与我国法治教育的冲突与调适对策》,载《法学教育研究》2018 年第 2 期。

[77] Simon Chesterman, The Globalization of Legal Education, *Singapore Journal of Legal Studies*, 2008, p. 58 - 67.

[78] 参见司法部:《2019 年度律师、基层法律服务工作统计分析》,载司法部网,http://www.moj.gov.cn/government_public/content/2020 - 06/22/634_3251200.html。

[79] 这里的涉外律师人才所承接的案件仅是涉及外国因素的案件,并非当事人为外国人,事实上能够承接外国当事人案件的人才更少。参见张昊:《我国不断培养适应国际舞台新角色涉外律师》,载司法部网,http://www.moj.gov.cn/Department/content/2019 - 11/23/613_3236232.html。

[80] 参见黄惠康:《从战略高度推进高素质涉外法律人才队伍建设》,载《国际法研究》2020 年第 3 期。

价,真正参与涉外事务的法律人才平均收入高于普通律师的平均薪酬。但对于学生而言,要求高(如外语水平、跨学科背景等[81])、成本高(如大量时间用于阅读外国资料)且未来收益不明(如是否真正能进入涉外法律行业),此外,还直接面临国外知名法学院 L. L. M 毕业生等的直接竞争。经过理性权衡,对于耗时长、收益不确定的国际法热情不高,多数学生会选择绩效比更高的国内法学习。[82]

(三)国际法老师的努力与无奈

从事国际法教学与研究的老师,和其他学科老师一样,面临着教学、研究以及其他考核的压力,对教授国内法教师而言,外语并非必须要求,但这却是国际法老师的基本技能。这意味着更多的努力与付出,以海洋法为例,对于海洋环境有重要意义的国际公约就有一百五十多个。[83] 若要真正进行深入研究,其付出可想而知。同时,当前国内法学研究成果发表,对于国际法学科并不友好,主流刊物并不将其视为优质文章来源(部分原因是相对冷门,无法像《民法典》研究等热点有助于提高期刊影响因子),在研究课题资助方面,除少数涉及当前我国热点问题外,其他绝大多数研究几无可能成为纳入课题征集范围。专业分工细化意味着领域的越来越细分,在绝大多数情况下国际法老师面临的却是国际法、国际经济法、国际私法,乃至法律英语等常规教学任务,且多为中文,无法真正实现教学相长,真正想上的课无法开设,多有无奈。当前,中国的国际法课程存在理论多、实践少、宏观内容偏多、教学边缘化等特征。

(四)法学院的基本要求与现实选择

国际法学科作为法学一级学科的组成部分,目前法学院承担着国际法学教育的主要任务。理论上而言,我国经济发达地区因发展需要,会比较重视国际法学教育,但对于中西部地区,实际情况则不太乐观(见表3)。因国际法相对其他部门法学离日常生活较远,对于法学院整体发展

---

[81] 参见徐卫东:《中国高等法学教育三十年发展回顾》,载《当代法学》2008年第1期。

[82] 参见杨军:《"一带一路"法治人才需求与我国法治教育的冲突与调适对策》,载《法学教育研究》2018年第2期。

[83] [加]马克·撒迦利亚:《海洋政策:海洋治理和国际海洋法导论》,邓云成、司慧译,海洋出版社2019年版,第45页。

短期收益有限，若仅为了专门讲授国际法必修课程要求不断投入相对有限的资源，并非当前一流法学院的首选项。地方高校因其立足地方，聚焦培养地方人才，重视法律职业资格考试，同时，我国不同地区开放程度不一，所以强化国际法教学亦非一般法学院的现实选择，在2018年实施法学专业核心课程"10 + X"分类设置后情况更为加重。[84] 不完全具备良好的师资条件，国际法人才培养的质量肯定受到影响。

表3　部分地区法学院国际法师资占比

序号	所在地区城市	学校名称	国际法师资人数	学院师资人数	占比	备注
1	上海市	复旦大学	13	59	24.5%	无
2	上海市	上海交通大学	9	71	12.7%	无
3	上海市	上海大学	6	53	11.3%	无
4	浙江省温州市	温州大学	12	55	21.8%	无
5	湖北省武汉市	武汉大学	28	116	24.1%	无
6	湖北省武汉市	湖北经济学院	3	40	7.5%	无专门国际法研究平台
7	湖北省恩施土家族苗族自治州	湖北民族大学	1	30	3%	无专门国际法研究平台，外聘及兼职教师30余人
8	四川省成都市	四川大学	7	93	7.5%	无
9	四川省成都市	成都大学	2	36	5.6%	无

[84] 参见刘仁山：《新一轮对外开放背景下加强我国国际法研究与应用的几点建议》，载《法治日报》2021年4月21日，第9版。

续表

序号	所在地区城市	学校名称	国际法师资人数	学院师资人数	占比	备注
10	四川省南充市	西华师范大学	1	31	3.2%	无

说明:(1)数据收集时间为2021年3月下旬,以上学院信息相对公开透明(应予以鼓励肯定),更多一般法学院缺乏师资的详细介绍;(2)学院师资人数不包含行政管理人员,仅统计实际参与教学科研人员(在职教师);(3)湖北经济学院法学院由法学和社会学专业组成,有基础法学系和经济法学系,国际法教师在经济法学系。

(五)国际法人才培养的高昂费用与现有资源有限的深层次困境

经费短缺一直困扰着各大学法学院,也制约着人才培养质量的巩固与提高,前期师资的高投入,必然要求后期的高回报。但当前法学学生学费维持与一般人文学科学生学费相同,法学教师工资待遇亦基本相同,从而造成办学经费严重不足。[85] 为应对此,落实《关于实施法律硕士专业学位(涉外律师)研究生培养的通知》要求,如复旦大学直接明确要求必须到协议高校学习一年,且提供1万元人民币奖学金,但相对于国外学习费用的大额支出而言,作用实在有限,相关成本多由学生自行承担。[86] 事实上法学人才的高昂培养费用与现有资源有限的冲突造成了法学人才培养动力上的不足,在根源上进一步制约了法学人才培养质量的提高。[87]

这些挑战的存在,仅靠传统的"小步走"方式推进改革与完善,很多问题只能得到暂时性缓解而非根本性解决,这些就要求我们实施范式的转变。在宏观层面,转变的立场就是理念上真正为了人类发展、世界和平等人类愿景出发,全面统筹国内法治与涉外法治,这需要我们在国际法领域团结发展中国家所有潜在力量,发挥新时代"两弹一星"精神,推动国际法教育的根本性改变。在微观层面,当前的高等教育要求向混合

---

[85] 参见徐卫东:《中国高等法学教育三十年发展回顾》,载《当代法学》2008年第1期。

[86] 复旦大学法学院:《复旦大学法学院2021年法律硕士涉外律师方向(双硕士国际班)招生说明》,载复旦大学法学院官网2021年3月26日,http://www.law.fudan.edu.cn/news/view/index.aspx?id=2465。

[87] 参见徐卫东:《中国高等法学教育三十年发展回顾》,载《当代法学》2008年第1期。

学习和在线学习转变,还须彻底改变作为认证守门人的传统角色,适应一个可负担得起的终身学习世界的日益增长需求,这些有资源可提供、所学得到认可的学习是从不同提供者那里获得的。[88]

五、未来国际法学院的建构

(一)建构愿景及指导原则

按照现实主义理论,硬实力越强,国家获得的收益越多。[89] 但硬实力并不会自动转换为软实力,[90]如在国际规则制定方面,一个国家的硬实力越强,规则就越能体现这个国家的利益;就软实力而言,越强者体现为规则背后理念的采纳。[91] 对于发展中国家,国际法学院的愿景应是在各个领域提高发展中国家的软实力,最终达到所培养的国际法人才善用国际法手段推动发展中国家的发展,进而反映发展中国家的国际法理念。变革之路充满荆棘,须认识到国际法学院认作为一个知识社区的重要性,国际法学教育对于增加学术知识和人类努力的能力所具有的内在价值,其潜在贡献可能远比任何一项新技术的产生与应用的范围更广、价值更高、效益更大,国际法学教育事实上是秉持趋向"全球公共产品"。[92] 国际法学院的教育则是以服务全人类,服务于占人口多数之发展中国家,是名副其实的"国之大者",是大战略式的教育。[93] 我们认为,建构国际法学院的原则应包括以下五点。

---

[88] See Jonathan Grant, *The New Power University*, London, Pearson Education Limited, 2021, p. 45.

[89] Andreas Hasenclever et al., *Theories of International Regimes*, Cambridge University Press, 1997, p. 6.

[90] 参见门洪华:《中国软实力评估报告(上)》,载《国际观察》2007年第2期。

[91] 参见徐崇利:《软硬实力与中国对国际法的影响》,载《现代法学》2012年第1期。

[92] See UNESCO, *Rethinking Education: towards a global common good?*, Paris, UNESCO Publishing, 2015, p. 11.

[93] 参见时殷弘、于海峰:《论大战略的目的及其基本原则》,载《中国人民大学学报》2008年第5期。

1.以发展中国家人才培养为主。单独成立一个新的国际法学院,必然要解决其设立目标问题。像北京大学国际法学院、对外经济贸易涉外法治研究院都有其相对明确的目标和载体。这里的国际法学院需明确其学生和师资主要来自发展中国家,是服务于所有发展中国家。在授课方面,专家也应以发展中国家教师为主,受教对象也应以所有发展中国家学生为主要对象。

2.以模块为基础的在线学习为主。经过数年的发展,对于国际法本科、硕士教育基本形成了相对固定的教育模块内容,虽然随着时代的发展有所变化,但基于模块化的课程学习已成为学习主流模式,在模块化学习过程中在线教育技术功不可没。在未来,大规模的线上学习已全面改变了原来的教学手段,全球范围内的师生事实上已接受了此种模式。高等教育不可避免地受到技术力量的影响,技术进步将继续从根本上改变人类以及人类和学习工作间的关系,必定会影响法律教育的未来。[94]中国因5G技术等反而更有实施在线教学的优势,当然缺乏的是配套的教学督促和更为适宜的考核机制。事实上,已有新近研究指出,对大多数学生来说,转向在线教育不是选择,而是一种必然,学生的反应将在未来几年的高等教育战略决策中发挥重要作用,至少从现有调查来说,中国学生(无论是传统大学还是中外办学高校)对于在线教育持欢迎态度。[95]新冠肺炎疫情、技术颠覆加上对于社会正义的追求将根本上改变法学教育和实践的未来,[96]顺应为之,才是从容之道。

3.以整合现有资源更大范围满足需求为主。未来国际法学院并非单纯占一块地,招一批师生来进行教学的传统国际法学院。其首先目标是整合资源,虽然自改革开放以来,国际法人才培养并未很好满足当前

---

[94] See Daniel Goldsworthy, The Future of Legal Education in the 21st Century, *Adelaide Law Review*, 41, 2020, p. 243 – 265.

[95] See Rob Kim Marjerison et al., Students' Attitudes Towards Distance Education: A Comparative Study between Sino-foreign Cooperative Universities and Typical Universities in China. *Journal of Instructional Pedagogies*, 25, 2020, p. 1 – 25.

[96] Christian Sundquist, The Future of Law Schools: COVID – 19, Technology, and Social Justice, *Connecticut Law Review*, 53, 2020, p. 1 – 23.

发展需要,但相关的积累和人才的储备都在,对于很多其他发展中国家而言亦如此。若仍基于传统大学法学院模式,难以短时间满足要求。对于法学院而言,面临多元化的需求,一所法学院单靠自身力量,难以满足多元的教学需求,同时发展中国家一些法学院根本也没有资源和实力聘请如此多的国际法专任教师授课;对于国际法教师而言,每年上课内容相似,缺乏创新,与个人研究的脱节,想与兴趣类似的领域未来人才交流的途径有限,这些都在挫伤其积极性,也不利于资源的整合;对于学生而言,并不是每一个人都对国际刑事法院感兴趣,但中国和发展中国家中总会有一些学生对此类专题课程感兴趣,如何满足其需求是关键;对于用人单位而言,其在面临实际涉外事务风险时,除了直接委托律师外,如何善用自己的法务部门人才满足工作需要(成本更低)是其更关心的内容。通过整合现有资源,发挥利用其潜力,才能满足各类需求。

4. 以兼容并包、中外皆具的开放模式为主。未来国际法学院强调的是多元与开放。这里的兼容并包,从国内而言,允许各类学院参与,包括外国语学院、经管学院等,从地区而言,其包括不同地方不同"级别"学院参与,其准入和退出机制是公开的;从国际而言,其主动邀请国外相关学院参与其中,主动推动交叉授课,课程被多方认可。对于具体教学而言,形成专门机制鼓励不同国家和地区、不同高校、不同行业人员融入课堂,尽管可能存在学习教育背景等差异,但通过标准化的课程修课要求可有效消除这些疑虑。在当前英语为优势语种的情况下,[97]其平台建设、推广宣传等需坚持以英语为主,但具体课程的讲授语言可以多元。借鉴美国法学教育全球化的成功经验,[98]以多元开放的姿态构建"自由"的未来国际法学院。

5. 以教学绩效的结果导向为主。未来国际法学院的成功与否在于最终培养了多少合格国际法人才,因此授课质量要求高,相较于当前多

---

[97] Danushka S. Medawatte, Between a Rock and a Hard Place: Teaching International Law in Sri Lanka, Accessed April 15, 2021, https://www.afronomicslaw.org/2020/09/22/between-a-rock-and-a-hard-place-teaching-international-law-in-sri-lanka.

[98] See Peggy Maisel, The Roles of US Law Faculty in Developing Countries: Striving for Effective Cross-Cultural Collaboration, *Clinical Law Review*, 14, 2008, p. 465 – 507.

为"放水"的课程而言,必须设置一定比例的不通过率。当然,通过与否必须符合教学和学习的客观事实,允许重修或放弃,落实课程和学习证书制度,推动各校有条件的互认。除具体课程外,每年为发展中国家培养了多少国际法人才,这些课程教学与培训强调结果导向,包括是否对这些人才进入相关机构(如在联合国系统)和个人职业发展有所帮助,是否形成与发达国家国际法人才培养具有相对优势的阶段性成就,最终目标是否增强了发展中国家话语权。

(二)建构的基本定位

未来国际法学院核心在于满足发展中国家的需要。因此,其基本定位是发展中国家国际法学院,为落实其基本定位,应包括以下具体定位。

1. 多元化的国际法学院。这里的多元,是指成立主体多元、资源来源多元、参与主体多元。中国可以作为发起国,但其背后则是发展中国家涉及国际法教学与研究的多主体参与。从资源来源而言,其需要善用国际法学院这一优质平台,将发展中国家政商学界多方资源进行有效整合,形成有效合力,最终实现发展中国家涉国际法各有关方的积极参与。

2. 产业化的国际法学院。虽然对于教育产业化国内存有不同的看法,但从世界发展趋势而言,知识付费是基本标准,像英国等发达国家在法学教育产业化方面的成功经验也值得借鉴学习。如1958年基于学会而成立的英国国际和比较法研究所(British Institute of International and Comparative Law),其在英国同时注册为慈善团体和公司,定期和不定期提供各类短期国际法课程(如在线授课的国际贸易法课程,共5天,费用为每人550英镑),其成员体系包括个人成员、学生成员、组织成员、论坛成员等。但在操作过程中,要允许以较低的资源投入来"搭便车",以促进特别落后的发展中国家的参与并激发其潜在贡献。

3. 全球化的国际法学院。高等教育正面临着由新技术和数字创新所引发的前所未有的变革压力。知识和内容的数字化允许以一种独特和新颖的方式共享、交流和促进思想。[99] 发展中国家国际法学院其定位

---

[99] See Daniel Goldsworthy, The Future of legal Education in the 21st Century, *Adelaide Law Review*, 41, 2020, p. 243 – 265.

意味着国际化、全球化是其标配。当然，全球化意味着参与各类主体之间的竞争。理想状态下国际法学院应遴选最好的师资对学生进行课程教学，但在资源相对有限、受众的学习能力差异等多种因素影响下，发展中国家国际法学院应追求的是具有相对竞争力的全球化。换言之，我们追求的不是国际法学教育的绝对顶尖，而是追求的国际法学教育的恰到好处并有所作为，以满足未来发展中国家国际法人才的培养。

（三）建构的具体路径

发展中国家国际法学院的建构必须有其抓手和主推者，这需要包括我国在内的关心关爱国际法以及热心从事国际法事业的所有发展中国家人士齐心聚力共同搭建。从建构而言，具体可按以下路径实施。

1. 起草并发布共建发展中国家国际法学院倡议。对于发展中国家国际法学院在一定范围内达成统一共识后，若要推动发展中国家国际法学院筹建，对于其成立目标与愿景、基本定位、运作机制、监管方式等形成"白纸黑字"的承诺倡议。在倡议发出后，形成开放签署的机制，鼓励发展中国家的学校或其他独立法人层面组织成员、学院级次组织成员、教师个体成员开放签署，初步形成发展中国家国际法学院网络。

2. 聚焦核心功能——开展国际法课程建设。技术可能会使许多法学院的传统教学实践方式过时，[100]但无论社会和科技如何发展，对于学院而言，核心在于提供相对优质和多元的课程，以满足不同类型的学习需求。课程建设至少应满足以下几类需求：(1)满足一般法学院高品质国际法基本课程的需求。针对师资配备情况差异较大，应重点鼓励本科和硕士基本类国际法课程的开设，通过学院会员课程认证机制，让更多法学院学生有选择参与更好课程的可能。(2)满足课程多样性设置需求。为推动"教学相长"和"教研融合"，结合研究进展，鼓励教师结合研究进展，开设特色课程，鼓励发展中国家学生结合兴趣自主参与。相较

---

[100] See Daniel Goldsworthy, The Future of Legal Education in the 21st Century, *Adelaide Law Review*, 41, 2020, p. 243 – 265.

于传统学校设置课程程序相对复杂、课程内容相对滞后的情况,[101]应善用新平台,积极鼓励开设小众、"冷门"但有助于增加发展中国家彼此了解和运作的课程,并基于此,积极培养领域更为细分的国际法优秀人才。(3)满足学生的差异化求学要求。这里的学生是指发展中国家中所有对于国际法感兴趣的学生,除进阶类和少数极为特殊的课程外,对于学生的要求除了缴纳相关费用外,不应设限其他限制,同时结合实际设立课程奖学金,比如课程考试成绩达到排名靠前一定比例后,可以获得一定比例的课程奖学金。针对当前大四学生相对空闲,可以向其提供研究生一年级有关课程供学习。在课程开设初期,可以借鉴 JurforskNordic 模式实施。JurforskNordic 是一个向北欧法学博士生发布博士课程、会议和研讨会的网络平台。JurforskNordic 平台在 2013 年由多所北欧大学创建,北欧国家的所有研究机构都可以使用 JurforskNordic 网站平台向北欧法律博士生发布相关信息,当前共 19 所北欧高校参与其中。其相对自由,参加每门课程的条件由课程组织者自行决定,但应有基本的课程大纲等要求。当然对于国际法学院而言,课程重点在于整合力量,提供本科和硕士层次课程。

3. 搭建国际法学院线上平台和必要运行体制。在有一定规模后,应及时开展国际法学院线上平台建设。在语言方面,当前因英语为发展中国家之间交流的主要通行语种,学术创新与发展的重镇仍在西方发达国家,因此对于国际法学院的语种方面,我们仍需要坚持英语为使用语言,在具体课程方面,可以在课程大纲中明确授课语种,逐步实现多语种的课程设置。[102] 此外,对于最为关键的是要建立必要的认证体系和运作机制,至少应使其课程成果能够得到相关合作单位乃至用人单位的认可。

在线上平台搭建和建设初期,应先有一个英文网站等基本信息交流

---

[101] 比如面临新冠肺炎疫情时,国外高校积极开设 COVID-19 相关课程[COURSERA 平台共计 57 门相关课程,EDX 平台共计 54 门相关课程;中国大学 MOOC 有 3 门相关课程;中国 ICOURSE 则为 0 门(查询时间:2021 年 3 月 31 日)]积极回应社会需求,我国因一些原因未能有效使用课程体系化方式传播有关知识。

[102] Ravia Stepanenko et al., Distance and Online Learning Solutions in the Context of Modern Legal Educational Policy, *Cuestiones Políticas*, 38, 2020, p. 239-250.

平台。在这方面，可以参考欧洲海洋大学（European University of the Seas）联盟的有益经验，其整合了欧洲相关资源以促进联合发展。欧洲海洋大学联盟是由西班牙加迪斯大学（协调者）、法国西布列塔尼大学、德国基尔大学、波兰格但斯克大学、克罗地亚斯普利特大学以及马耳他的马耳他大学和32个协作伙伴组成，涉及研究机构117个，教员1.69万人（学术教员1万余人），学生12.28万人。其愿景中明确表示媒体和数字化的融合正在改变我们的工作和生活方式，在一个永远连在一起的世界里，未来的变化将继续是快速的。因此，传统的培训模式正在被发现存在不足，希望通过这一平台，建立一所国际化、多民族、多语言和跨学科的"欧洲大学"。作为一个联盟，致力于共享一个完整的、长期的教育战略，致力于提供优秀的教育和研究。为了推进联盟建设，其明确了关键节点要求：(1)为联盟的联合治理创造新的管理和运营结构。(2)消除学分认可的学术障碍，为所有教育级别的联合项目制定一份协议，形成认可的联合学位授予，并从海洋和海事领域开始实施。(3)增加联盟6所大学的虚拟/数字和实体移动性。(4)增加以英语授课的学习单元和课程的选择，在欧盟成员国中至少用一种其他语言（非母语）授课。(5)制定并批准一个长期的，与研究、创新和社会相联系的教育和培训联合战略。[103]

4.注重人才培养实效——建立以满足需求为导向的工作机制。发展中国家法学院的成立，初衷和最终宗旨就是培养国际法人才。具体而言，要满足求知者和用人者两个方面的需求。对于求知者，除法学院的学生外，还要满足外语、国际关系、经济管理等社会科学乃至工程管理、人工智能等理工科专业的需求。此外，还需要满足不同专业学生在不同阶段的需要，如有升学需要的学生、有实践要求的学生、有跨学科研究需求的学生。对于用人者而言，最理想的状态是学校刚培养完成，马上就可以担当重任。但现实却需要时间积累和实践磨砺，需要循序渐进。因此，对于已有职位需要进一步提升的工作人士以及有国际法"定单式"

---

[103] European University of the Seas, Who We Are-Universidad Europea de los Mares, Accessed April 1, 2021, https://sea-eu.org/who-we-are/.

培养需要的用人者需求则应是关注的重点,如何整合各类资源,将学历教育和终身教育培训有效结合起来响应学生和校友不断新增的要求,[104]是亟须关注的议题。此外,为强化学习效果,在具体课程通过率方面,除纯培训类课程外,应设置如不超过70%的通过率。鉴于知识体系的更新速度,对于课程证书的有效期限(比如不超过5年)应予明确。

(四)实施层面的若干建议

1. 强化优化涉外人才培养的政策供给。当前发展中国家,至少是中国对于涉外法治人才处于急需的状态。同时,除少数优秀学子外,一般国际法专业毕业生在求职、发展方面反而处于劣势。究其原因,用人单位的短期利益最大化的常规用人思路需要改善。对于激发涉外法治人才的培养,必须从需求端解决未来可能存在的问题,如针对存在的就业困难,明确国际法人才的后顾之忧。应考虑由中央全面依法治国委员会系统谋划我国涉外人才顶层设计,做到战略规划与年度性推进相结合,[105]教育部、司法部、外交部、商务部、自然资源部等多个部委和有关地方政府部门参与,强化涉外法治工作战略布局,出台类似《法治社会建设实施纲要(2020—2025年)》文件,例如,明确凡是广义上有涉外活动或因素的单位,2025年前必须至少有一位受过国际法系统培训人才(本科、硕士或博士阶段受过国际法教育均可)。

2. 优化并重物质激励与精神激励。发展中国家国际法学院是否能够成功,关键因素在于是否有长期稳定的资源投入。根据以往我国常规做法,通过设立专项支持一定经费邀请相关领域专家学者开展一定范围的培训(对象可能多元),但此类的短期培训并不能带来国际法学院的稳定发展。当然,争取各类经费支持是必要要求,但通过市场化的有偿授课模式才是长期手段,实现收支基本平衡是必要保障。因此,明确授课教师可接受的合理课时费用和相关激励考核机制非常重要,毕竟以在

---

[104] Christian Sundquist, The Future of Law Schools: COVID - 19, Technology, and Social Justice, *Connecticut Law Review*, 53, 2020, p. 1 - 23.

[105] 参见张海文:《关于加强涉外海洋法律人才队伍建设的几点思考——兼谈涉外海洋法律"国家队"建设》,载《国际法研究》2020年第3期。

线教育为主的方式会增加其工作量。[106] 当然，除了必要的物质激励外，还需要重视精神层面的激励机制。可以通过基于课程贡献等设立具有较长周期的国际法学院薪资晋升体系。同时，鼓励通过捐赠等设立发展中国家中对国际法的发展作出重要贡献的讲座教授(如欧盟“让·莫内讲席教授”荣誉称号)，以及设立“发展中国家国际法院士”职位，吸引顶尖国际法学者成为国际法学院的坚定支持者。

3. 重视并推动技术与模式创新。未来的教育会因技术的变革发生重要变化，对于教育模式而言，亦是如此，因此需要特别重视多为“文科”出身教师的新科技应用水平，需重点加强培训或予以充分的技术支持，毕竟其对于“科学技能”或多或少有一定抵触或无知。[107] 为推动发展中国家法学院的快速发展，应对于新技术、新模式持包容态度，允许不同的尝试且充分考虑成本因素。对于5G、VR教学等应用，应结合国际法老师的需求给予足够的技术层面支持。在具体的模式方面，可以尝试国际法课程多维“共享化”、推出“一元讲座计划”、1万元国际法读书奖金计划等新模式。当然，这意味着巨大的变革，包括必须实现传统教学原理向强调选择、终生学习学生、适应市场的现代原理的转变，从将事先准备的材料分发给学生、学期末闭卷考试评估的传统方法向在线自主学习、线上频繁互动、学生分组进行定期见面的现代方法的转变。[108]

4. 形塑发展中国家国际法人才共同体。尽管我国国际法人才已具有一定规模，但若论终身教育机制等方面，远不如会计专业更为成体系、更有组织，要形成发展中国家国际法的立场，必然要求我们形塑发展中国家国际法人才共同体。因此，有必要先形成发展中国家国际法人才网络，通过定期交流、继续教育培训等多维手段固化之间的联络。在此过程中，国内暂处于领先地位的国际法学院以及一流人才需强化大局意识、

---

[106] 吴朋阳：《〈未来教育的技术空间研究报告〉解读：未来教育，应该如何正视技术?》，载搜狐网2021年4月21日，https://www.sohu.com/a/461940492_455313。

[107] See Ira Steven Nathenson, Teaching Law Online: Yesterday and Today, But Tomorrow Never Knows, *St. Louis University Law Journal*, 65, 2021, p. 607 – 642.

[108] 参见中国政法大学科研处：《21世纪法学教育暨国际法学院校长研讨会综述》，载《政法论坛》1999年第4期。

平等意识,主动担当,主动退让,才能加速推动发展中国家国际法人才共同体的形成。在这个过程中,呼唤真正关注国际法的教育家担当作为。

(五)发展目标与绩效评估

发展中国家国际法学院的成立,并非要跟已有的法学院机构共同竞争,其使命与任务更为宏大,其要服务于所有发展中国家更好更快的国际法人才培养。从具体手段而言,其要挖掘"一堂课"让更多学生"受益"的潜力,鼓励国际法教师更愿意付出,促成发展中国家国际法共同立场的形成。但良好愿望无法替代现实的压力,因此从发展目标而言,要分阶段设立绩效评估指标。比如,每一年有多少学生参与相关课程,其中每门课程的多元化程度如何(几个国家、几个学校的学生);相关学院对于课程和学分的认证数量;是否依靠学校成立相关校园(如发展中国家国际法学院西北政法大学校园、发展中国家国际法学院武汉校园),国际法教师跨国交叉授课的比例,国际法作为一种法律技术援助对发展中国家发展的成效[109]等。在更高层面,发展中国家国际法学院是否能够补充乃至部分替代孔子学院的当前贡献仍是一个值得期许的议题。作为其检验目标,无论是商业谈判还是国际谈判,发展中国家提出方案的多少与好坏是重要衡量指标,这可能在本质上会直接影响发展中国家对于国际法的态度,毕竟无论是国家还是个人,都希望有一个好名声。[110]

最后,除为当前各法学院输入人才外,还应考虑将发展中国家国际法学院逐步纳入联合国大学组成部分,逐步比肩发达国家已有的机构(如国际法研究院),形成发展中国家国际法教育人才培养与应用实践案例。

结　语

世界格局演变受多重因素的影响,西方发达国家不能支配彼此,却

---

[109] See Julio Faundez, *Good Government and Law: Legal and Institutional Reform in Developing Countries*, London, Macmillan Press Ltd., 1997, p. 1 – 14.

[110] See George W. Downs and Michael A. Jones, Reputation, Compliance, and International Law, *The Journal of Legal Studies*, 31, 2002, p. 95 – 114.

有能力支配其他实体。基于强实力的发达国家势必借助包括国际法在内的工具维持当前的世界格局与秩序。但新冠肺炎疫情的暴发及其影响,让我们看到未来国际秩序的发展将决定国际法在技术和体系层面的未来方向,国际法体系的完善发展须建构在更基于理性和专业性的、蕴含多样智慧的国际秩序的发展之上,即至少争取要在发展中国家间实现国际法的包容性和普遍性。[111] 若要追求全球范围内的公平与正义,足够优质的国际法人才是“标配”,包括中国在内的发展中国家要真正深度参与全球治理,需要搭建平台作出应有的贡献。发展中国家国际法学院的成立及国际法人才的培养,就是要在碎片化的国际法格局中寻求其团结的可能,[112]国际法人才必须努力“使人类世界对人类更加友好”,[113]以实际行动回答好“为谁培养人、培养什么样的人”这一关乎发展中国家历史使命的问题。

On the Construction of the Future Schools of International Law

—From the Perspective of the Demand of International Law in Developing Countries

Deng Yuncheng　Zhang Haiwen

Abstract: One of the major contents of competition among countries that are set the top priority is the dispute over rules under the perspective of international law, and talents who are familiar with and capable of using international law flexibly. For developing countries, including China,

---

[111] 参见蔡从燕:《国际法的普遍性:过去、现在与未来》,载《现代法学》2021 年第 1 期。

[112] See B S. Chimni, The Past, Present and Future of International Law: a critical third world approach", *Melbourne Journal of International Law*, 8, 2007, p. 499 – 516.

[113] Bauman Z. Liquid Life. Cambridge, Wiley, 2005, p. 138.

modern international law is an "exotic product", and most of it is in a "student" state. The disadvantage is obvious. However, developing countries have their own needs for international law, which is mainly reflected in the continuous competition between/among developing countries and developed countries in terms of civilization and rules. The need to safeguard national interests has led to practical needs for international law education in developing countries. As an important member of developing countries, China should take the lead in building the future international law school under the current new international pattern, based on the existing foundation of international law education and the common challenges it faces, and with the top-level design and policy support of the international rule of law. Education can uphold the trend toward "shared global common interests". Based on its construction principles, it is positioned as a diversified, industrialized, and globalized international law school. Through launching initiatives, focusing on curriculum construction, building platforms and systems, and focusing on talents cultivation and other paths, constructing in the name of "Schools of International Law for Developing Countries". And, eventually, it can be considered to construct as the member of the United Nations University to promote the training of international legal talents in developing countries.

Key Words: competition among countries, international law, talents of international law, developing countries, schools of international law

新发展格局背景下涉外法治人才培养模式的创新

张晓君* 陈正己**

摘 要：加快构建以国内大循环为主体、国内国际双循环相互促进的新发展格局，是“十四五”规划建议提出的一项关系我国发展全局的重大战略任务。新发展格局下实施更高水平的对外开放，对涉外法治人才队伍的建设提出了新的要求，涉外法治人才的培养也上升为一项重要的国家战略。目前，我国涉外法治人才培养模式在培养内容及培养方式上仍存在不足之处。对此，应当坚持以习近平法治思想为指导，充分发挥法学教育在涉外法治人才培养中的基础性、先导性作用，从完善课程设置及实践教学模式、推动专业知识与外语学习有机结合、探索政产学研协同育人机制、依托新文科建设提高人才培养复合程度、实现人才培养“引进来”和“走出去”相结合等方面入手，积极推动涉外法治人才培养模式创新，为双循环新发展格局的构建提供有力的人才保障。

* 张晓君，西南政法大学国际法学院院长、教授、法学博士，研究方向：国际经济法。

** 陈正己，西南政法大学国际法学院硕士研究生，研究方向：国际经济法。

关键词:新发展格局　涉外法治人才　培养模式　创新举措

一、新发展格局与涉外法治人才培养

党的第十九届五中全会提出,“十四五”时期经济社会发展的主要目标是加快构建以国内大循环为主体、国际国内双循环相互促进的新发展格局。构建双循环新发展格局,是适应我国发展进入新阶段、积极应对国际国内形势变化和重塑我国国际合作与竞争新优势的战略抉择。

当今世界正经历百年未有之大变局,我国正处于实现中华民族伟大复兴的关键时期。伴随着我国日益走近世界舞台的中央,我国在全球治理体系中的国际影响力与话语权不断提升,在各个领域逐渐迎来由大国向强国的转变。但是,云谲波诡的国际环境也为高水平对外开放的实施平添了许多阻力,逆全球化背景下单边主义、贸易保护主义的影响日渐加深,新冠疫情在世界范围内的扩散对全球贸易投资及经济发展产生巨大冲击。于此背景下构建新发展格局、统筹推进国内法治与涉外法治,在维护国家经济安全和发展利益、加强企业及公民合法权益保护等方面的任务越来越繁重。无论是国际争端的解决还是国家利益的维护,都需要落实到具体的个体上加以实现,进而也亟待培养一批能够在高水平对外开放中维护国家主权、安全、发展利益的涉外法治人才,为国际大循环的构建保驾护航。

(一)新发展格局背景下培养什么样的涉外法治人才

习近平总书记指出,人才是第一资源。古往今来,人才都是富国之本、兴邦大计。[①] 构建双循环新发展格局,充分利用好国际与国内两个市场、两种资源,需要相应的涉外法治人才跻身于规则制定、争端解决等涉外法律服务领域。教育部、中央政法委《关于坚持德法兼修实施卓越法治人才教育培养计划2.0的意见》(以下简称《意见》)曾对涉外法治

① 参见习近平:《在网络安全和信息化工作座谈会上的讲话》,载新华网,http://www.xinhuanet.com/politics/2016-04/25/c_1118731175.htm。

人才进行了定义,即"具有国际视野、通晓国际规则,能够参与国际法律事务、善于维护国家利益、勇于推动全球治理规则变革的高层次涉外法治人才"。[②] 综合而言,构建新发展格局对涉外法治人才提出的要求可以归纳为以下三个方面。

第一,政治立场坚定。过硬的思想政治素养是对涉外法治人才的首要要求。涉外法治人才在构建新发展格局、实施高水平对外开放的过程中肩负着维护国家利益、保障我国公民及企业合法权益的重要使命。习近平法治思想是全面依法治国的根本遵循和行动指南,涉外法治人才应当认真学习研究、深入贯彻落实习近平法治思想,坚持运用习近平法治思想指导法学研究与实践,不断提升自身政治素养,坚定以国家利益为中心的政治立场。

第二,专业素质优秀。扎实的法学功底是处理涉外法律事务的基石。新发展格局下的对外交往涉及众多复杂多变的国际、国内因素,涉外法治人才必须掌握更多方面、更深层次的专业知识,这就要求其不仅要熟练掌握本国法律及其域外适用,而且需要对国际法基础理论熟稔于心,除此之外还应对特定国家的国别法有一定程度的掌握。通过对本国法、国际法、国别法的研学以丰富知识储备、完善法学知识结构,为开展国际交流与合作、解决涉外法律纠纷、开展涉外法律谈判等事务提供专业支撑。

第三,对外交流能力优异。对外交流能力主要体现在两个方面:首先是外语能力,涉外法治人才作为一种复合型人才,法学与外语相关知识的交叉运用是对其最基本的要求。涉外法治人才的培养并非仅是法律与英语的简单相加,对非通用语种的掌握能够在处理与"一带一路"沿线国家的法律争端、接轨国际司法实践中发挥重要作用。其次是跨文化交际能力,涉外法治人才应当在熟练掌握外语的基础上,做到对不同国家或地区文化的了解与包容,优秀的跨文化交际能力也是涉外法治人

② 《教育部　中央政法委关于坚持德法兼修实施卓越法治人才教育培养计划2.0的意见》,载中华人民共和国教育部网,http://www.moe.gov.cn/srcsite/A08/moe_739/s6550/201810/t20181017_351892.html。

才国际视野的重要体现。在坚定文化自信的基础上正确对待文化差异与冲突,在全球层面审视国际形势、分析国际问题,进而在具体的涉外法律实践中提升国际交流的有效性,助力国际合作的开展及跨境纠纷的解决。

(二)新发展格局背景下涉外法治人才培养的紧迫性

加快构建以国内大循环为主体、国内国际双循环相互促进的新发展格局,需要和谐稳定的国内外形势助力高水平对外开放的实施。一方面,在面对复杂多变的国际形势、遭受新冠肺炎疫情严重冲击的同时,一些国家竭力对我国的发展进行遏制,滥用所谓"长臂管辖权"损害我国合法权益,发起涉及疫情的对华"求偿"诉讼闹剧。对此,需要一批优秀的涉外法治人才运用法律武器跻身于维护我国合法权益的斗争之中,经历的一些外交舆论战和法律战也凸显了加强涉外法律人才队伍建设的重要性。[③] 另一方面,我国作为世界第二大经济体,跨境经贸往来所产生的涉外法律事务日渐增多,对于能够在争端解决、跨境投融资等领域提供法律服务的涉外法治人才的需求也随之增长。此外,在新发展格局背景下统筹推进国内法治与涉外法治,进一步参与国际经贸规则制定、提升国际事务影响力与话语权,都离不开涉外法治人才的参与,也为当下涉外法治人才的培养提出了更为紧迫的要求。

根据最高人民法院统计,2018年至2020年,全国各级人民法院新收一、二审涉外涉港澳台商事案件和海事案件136779件,各级人民法院新收仲裁司法审查案件68,271件。[④] 仅就涉外律师这一群体进行分析,根据司法部统计,截至2020年年底,中国律师队伍虽然已经发展到52万多人,但其中涉外律师大约有12,000多名,占比仅约2.3%,[⑤]在数量上

---

③ 参见黄惠康:《从战略高度推进高素质涉外法律人才队伍建设》,载《国际法研究》2020年第3期。

④ 参见刘婧:《描绘人类命运共同体的法治蓝图——人民法院涉外商事海事审判工作护航"一带一路"建设综述》,载《人民法院报》2021年10月25日,第1版。

⑤ 参见《司法部:中国律师队伍已达52万 要加强对律师执业权利保障》,载中国新闻网,http://www.chinanews.com/shipin/cns/2021/03-25/news884043.shtml。

难以满足日益增长的涉外民商事业务需求。除此之外,精通国际经济合作、海商海事、能源与基础设施建设等业务领域并熟练从事涉外业务的律师更是少之又少。由此管窥,肩负“维护国家主权、安全、发展利益”任务的涉外法治人才队伍无论是在数量上还是质量上都难以满足新发展格局下我国涉外法律事务不断增长的需要。

(三)新发展格局背景下涉外法治人才的培养是顺势而为的国家战略

面对当前复杂多变的国际形势及我国发展现状,构建新发展格局需要大量优秀的涉外法治人才与当前涉外法治人才队伍难以满足新发展格局建设需要之间的矛盾进一步制约双循环新发展格局的构建亟待解决,涉外法治人才培养工作也逐渐成为一项重要的国家战略。

党的十八大以来,涉外法治人才培养问题持续得到关注与重视。党的十八届四中全会通过的《中共中央关于全面推进依法治国若干重大问题的决定》中明确指出,要“建设通晓国际法律规则、善于处理涉外法律事务的涉外法治人才队伍,加强涉外法治建设”。⑥ 习近平总书记在中央全面依法治国委员会第二次会议的重要讲话中强调,要加快推进我国法域外适用的法律体系建设,加强涉外法治专业人才培养。⑦ 第十三届全国政协双周座谈会围绕“建设高素质的涉外法律服务人才队伍”进行协商议政,提出要深入学习领会习近平总书记关于涉外法治工作的重要论述,从战略高度认识加强涉外法律服务人才队伍建设的重要意义。⑧ 第十三届全国人大四次会议通过的《中华人民共和国国民经济与社会发展第十四个五年规划和2035年远景目标纲要》在“全面推进依法治国”

⑥ 《中共中央关于全面推进依法治国若干重大问题的决定》,载《人民日报》2014年10月29日,第1版。

⑦ 参见《习近平主持召开中央全面依法治国委员会第二次会议强调 完善法治建设规划提高立法工作质量效率 为推进改革发展稳定工作营造良好法治环境》,载新华网,http://www.xinhuanet.com/politics/leaders/2019-02/25/c_1124161654.htm?tdsourcetag=s_pcqq_aiomsg。

⑧ 参见《全国政协召开双周座谈会围绕“建设高素质的涉外法律服务人才队伍”协商议政 汪洋主持》,载新华网,http://www.xinhuanet.com/politics/2020-04/17/c_1125872233.htm。

章节提出“加强涉外法治体系建设,加强涉外法律人才培养”。⑨ 此外,中共中央印发《法治中国建设规划(2020—2025年)》,其中提到要强化涉外法律服务,维护我国公民、法人在海外及外国公民、法人在我国的正当权益。推动建设一支高素质涉外法律服务队伍、建设一批高水平涉外法律服务机构。⑩ 由此可见,培养、造就更多高素质涉外法治人才,不是应对我国进入新发展阶段涉外法律事务激增的权宜之计,而是顺势而为服务更高水平对外开放、助力构建双循环新发展格局的一项战略举措。

二、新发展格局背景下我国涉外法治人才培养现状与问题

(一)新发展格局背景下我国涉外法治人才培养现状

构建新发展格局,需要努力提升与经济实力相匹配的外交软实力,不断完善社会主义法治建设,而法治人才的成长正是一个国家法治“软实力”的重要体现。为进一步契合涉外法治人才培养的战略需求,我国在涉外法治人才培养方面进行了诸多探索,依据探索主体的不同可划分为国家及高校两个层面。

1. 国家层面的探索。涉外法治人才培养在国家层面的探索主要是通过党和国家出台有关指导性文件进行,如教育部、中央政法委《关于坚持德法兼修实施卓越法治人才教育培养计划2.0的意见》不仅对培养什么样的涉外法治人才进行了界定,而且提出了加强与国际高水平大学及国际组织的实质性合作、创造条件选送法学专业师生到国际组织任职实践以构建涉外法治人才培养新格局的重点举措。教育部、司法部联合印发《关于实施法律硕士专业学位(涉外律师)研究生培养项目的通知》,选取北京大学、清华大学、西南政法大学、西北政法大学等15所高校开

⑨ 《中华人民共和国国民经济和社会发展第十四个五年规划和2035年远景目标纲要》,载新华网,http://www.xinhuanet.com/fortunepro/2021-03/13/c_1127205564_17.htm。

⑩ 参见《中共中央印发〈法治中国建设规划(2020—2025年)〉》,载新华网,http://www.xinhuanet.com/politics/zywj/2021-01/10/c_1126966552.htm。

设法律硕士(涉外律师)方向,选拔全国硕士研究生招生考试中外语成绩优秀的法律硕士新生,实行“高校+行业”的联合培养方式,积极探索“境内+境外”培养机制以及“培养+就业”合作培养模式。⑪ 中共中央印发的《法治中国建设规划(2020—2025年)》中提出,要构建凸显时代特征、体现中国特色的法治人才培养体系,完善高等学校涉外法学专业学科设置。加大涉外法治人才培养力度,创新涉外法治人才培养模式。教育部办公厅发布的《关于推荐新文科研究与改革实践的通知》面向全国普通本科高校开展新文科研究与改革实践项目,而“高素质涉外人才培养创新与实践”则是其中一个选题方向。⑫ 涉外法治人才作为一种复合型人才,需要在培养过程中探索法学与其他学科的交叉、融合,涉外法治人才所需要的“跨文化能力、复语能力”也是新文科建设将要培养的高素质涉外人才所必备的能力,新文科建设的开展能够为涉外法治人才培养模式的创新提供支持与指引。

通过在国家层面出台有关政策、文件,进一步加强涉外法治人才培养的顶层设计,从而为涉外法治人才的培养提供政策性指导与方向性指引,确保涉外法治人才培养工作与当下国家战略需要紧密契合。

2.高校层面的探索。高校作为法治人才培养的第一阵地,是法学教育在全面依法治国进程中发挥基础性、先导性作用的主要场所。为进一步满足新发展格局下国家对涉外法治人才的战略需求,全国各大法学院校结合自身特点与学科优势,在涉外法治人才培养方面进行了卓有成效的探索,包括开展中外合作办学、设立涉外法治人才实验班、开展与国内其他院校的“双学位”联合培养等。

(1)开展中外合作办学。中外合作办学是当今高校开展国际化办学、进行涉外法治人才培养最普遍的方式,主要包括中外合作办学机构以及中外合作办学项目两种形式。前者由中国教育机构与国外教育机

---

⑪ 《关于实施法律硕士专业学位(涉外律师)研究生培养项目的通知》,载中华人民共和国教育部网,http://www.moe.gov.cn/s78/A22/tongzhi/202102/t20210226_515055.html。

⑫ 《教育部办公厅关于推荐新文科研究与改革实践项目的通知》,载中华人民共和国教育部网,http://www.moe.gov.cn/srcsite/A08/moe_741/202103/t20210317_520232.html。

构合作,经教育部审批在我国境内举办,在中外合作创办院校的基础上设置法学专业进行人才培养。后者则是中外合作办学最普遍的实现途径,由国内高校与国外高校合作进行本科生或者研究生培养,在我国高等教育原有学制的基础上探索与国外院校的合作。中外合作办学通过与国外院校合作开展"双学位"等项目,为学生提供前往合作院校交流学习的机会,能够使学生在学习中国法的基础上加强对特定国家法律的学习,但目前我国中外合作办学仍存在中外课程融合不佳、实践教学环节薄弱、学制衔接有待加强等问题。⑬

(2)设立涉外法治人才实验班。2012年,根据教育部办公厅和中央政法委员会办公室联合发布的《关于公布首批卓越法律人才教育培养基地名单的通知》,北京大学、西南政法大学、西北政法大学等22所高校入选涉外法律人才教育培养基地,各基地主要以组建涉外法治人才实验班的方式培养涉外法治人才。⑭ 目前国内具有代表性的涉外法治人才实验班主要有清华大学的"法学国际班"、西南政法大学的"一带一路"涉外法治人才实验班以及华东政法大学的"涉外卓越国际金融法律人才实验班"等,前述实验班主要是通过高考招生或面向大一新生选拔。这些法治人才实验班在培养目标、培养方式上存在一定共性,如实验班大多采取小班教学,优秀的外语能力是进入实验班的先决条件。除此之外,实验班通常要求学生在"法学+英语"的基础上掌握第二外语,或者要求其跨学科掌握金融、国际贸易方面的知识。相较于一般的法学教育模式,涉外法治人才实验班的教学更具有"精英化"特点,在培养目标方面也更具针对性,学生普遍能够到境外接受当地法学教育。这种整合优质资源集中培养的方式在造就精通外语和法律的专业人才的同时,也为其他高校涉外法治培养模式的创新提供了宝贵经验。

(3)开展与国内其他专业院校的联合培养,实现优势互补。涉外法

---

⑬ 参见刘琪:《本科层次中外合作办学项目发展困境及对策》,载《现代教育管理》2018年第4期。

⑭ 《教育部办公厅 中央政法委员会办公室关于公布首批卓越法律人才教育培养基地名单的通知》,载中央政府门户网,http://www.gov.cn/zwgk/2012-12/19/content_2293555.htm。

治人才的培养需要法律与外语的“双管齐下”,而对一些行业特色型大学而言,虽然在法学或者外语其中某一学科有不菲建树,但是单独从事涉外法治人才的培养不能满足“法律+外语”的全面要求。对此,一些高校在联合培养方面进行了全新尝试。比如,中国政法大学与北京外国语大学开展涉外法治人才本硕贯通培养合作,充分发挥各自学科、专业和资源优势,实现“法律+外语”的七年贯通培养。⑮ 西南政法大学与四川外国语大学协作开展“法学+法语”联合培养双学位项目,在学生培养上实行“1.5+1.5+1”的双校区培养模式,共同打造“一带一路”涉外拔尖法治人才培养。⑯ 政法院校与外语院校的强强联合、优势互补,为涉外法治人才培养的校际合作模式提供了新思路。

除此之外,一些高校也结合自身特点,积极响应国家战略需要,在开展多形式的人才培养计划、加强与实务部门之间的联动等方面进行了探索,如清华大学开设面向高年级本科生和研究生的“国际仲裁与争端解决(IADS)全英文项目”,参加项目的学生在晚上或者周末通过集中上课的方式加修全英文国际仲裁与争端解决课程;中国政法大学和多家大型企业、律所发起成立“涉外法治高端人才培养联盟”以加强学界和实务界的涉外法治人才教育合作。⑰ 这些探索对新发展格局之下涉外法治人才培养模式的创新都极具借鉴意义。

(二)新发展格局背景下我国涉外法治人才培养模式存在的问题

改革开放四十多年以来,我国在法学教育领域取得了很大成就,培养了大批投身社会主义法治建设的优秀人才,并初步构建起具有中国特色的法学教育模式。⑱ 综合考察当今高校涉外法治人才培养模式与成

---

⑮ 参见《中国政法大学与北京外国语大学合作培养涉外法治人才》,载《中国教育报》2020年9月14日,第8版。

⑯ 《西南政法大学、四川外国语大学联合打造“一带一路”涉外法治人才培养新模式》,载西南政法大学教务处网2021年5月19日,https://www.swupl.edu.cn/pub/jwc/xwdt/302827.htm。

⑰ 《全国首家“涉外法治高端人才培养联盟”成立》,载中国政法大学,https://mp.weixin.qq.com/s/dPquALa5HzZXuBjsJ77RnA?/2021-04-02。

⑱ 参见胡明:《改革开放以来法学教育的成就与展望》,载《中国高等教育》2018年第24期。

果可以看出,我国高校在涉外法治人才培养方面仍存在课程设置有待完善、专业素养与外语能力结合不充分、实践教学模式有待完善等问题。

1. 课程设置有待完善。第一,国际法课程在高校本科教育阶段存在开设不全面的情况,学生难以形成完整的国际法知识体系。本科教学阶段与国际法有关的课程主要涉及国际公法、国际经济法以及国际私法,而教育部办公厅2021年发布的《关于推进习近平法治思想纳入高校法治理论教学体系的通知》将《法学类教学质量国家标准》中专业核心课程改为采取"1+10+X"分类设置模式。"1"即新加入的"习近平法治思想概论"课程,"10"则是包括"国际法"在内的10门法学专业必修课,国际经济法、国际私法两门课程被列入各院校根据办学特色开设的其他专业必修课"X"中,可能面临被边缘化的问题。[⑲] 构建完整的国际法知识体系对培养涉外法治人才的重要性不言而喻,而完整的国际法知识体系需要国际公法、国际经济法、国际私法相关知识作为基础,前述两门课程的缺位将不利于学生国际法知识体系的构建。

第二,国别法课程设置未得到应有的重视,教学实践中存在"重国际法、轻国别法"的现象。不能简单地将涉外法治人才的培养等同于国际法人才的培养,加强对国别法的研习也是必不可少的。整体来看,实践中大多数高校的涉外法治人才培养模式更偏向于国际法人才的培养,部分院校受制于教学资源分配不均等因素,尚未将国别法律课程与教学实践进行有效衔接。现阶段跨境经贸往来所产生的法律问题导致对国别法律人才的需求日趋强烈,高校需要在教学实践中合理设置国别法相关课程,正视国别法学习对涉外法治人才培养的重要意义。

2. 专业素质培养与外语学习结合不充分。涉外法治人才不仅需要精通本国法律及国际规则,对外语的熟练掌握与应用也是其综合素质的重要体现。目前国内法学院校在涉外法治人才培养方面主要采取"法

---

⑲ 参见杜焕芳:《涉外法治专业人才培养的顶层设计及实现路径》,载《中国大学教学》2020年第6期。

学 + 英语"的复合模式,[20]但大多数院校的课程设置体现为法律与英语两门科目的简单叠加。虽然在教学中普遍设置法律英语课程,但相较其他课程课时被大大压缩。普通英语的学习与法律英语的学习本就存在一定差异,"法律 + 英语"的片面解读并不能满足涉外法治人才"复合型"的要求。

除此之外,新发展格局下推动"一带一路"建设行稳致远也对"法学 + 非通用语种"的复合培养提出了要求。目前许多院校可能并未设置非通用语种专业,法学与非通用语种的复合教学更是难上加难。无论是英语还是其他语种,与法学专业结合的直接目的是更好地寻求法律问题的解决,了解特定语种国家的文化、历史等因素能够在涉外法律实务中做到求同存异,助力于合作的开展或纠纷的解决,法学与外语的有机结合也成为开辟涉外法治人才培养新模式所亟待解决的问题。

3. 实践教学模式有待完善。2017 年 5 月,习近平总书记在中国政法大学考察时指出,法学学科是一门实践性很强的学科。[21] 理论与实践的紧密结合对法治人才的培养至关重要,然而当下许多高校的实践教学模式仍存在一些问题,一方面,在授课中侧重于基础理论教学,更体现为一种单向性的知识传授,带有"填鸭"色彩。[22] 另一方面,在理论教学之外,国内法学教育在实践教学方面缺乏充足的实训机会,在法律案例教学方面欠缺完整的案例讨论。[23] 案例的典型性、时效性、针对性对实践教学至关重要,但部分高校的实践教学在模式、内容等方面都亟待更新。

无论是知识教学还是实践教学,最终都需要付诸涉外法律实务中得到实践检验。专业实习是每个法学学生接受法学教育的必经之路,但如今专业实习更多带有一种"任务"色彩,且流于形式。高校虽然是涉外

---

⑳ 参见王文华:《论涉外法治人才培养机制创新》,载《中国大学教学》2015 年第 11 期。

㉑ 参见《习近平在中国政法大学考察时强调　立德树人德法兼修抓好法治人才培养　励志勤学刻苦磨炼促进青年成长进步》,载《中国青年报》2017 年 5 月 4 日,第 1 版。

㉒ 参见付子堂:《多维度协同创新,立体推动法学人才培养改革——以西南政法大学深化人才培养改革创新为例》,载《法学教育研究》2016 年第 1 期。

㉓ 参见李丹:《实践教学视角下法律案例教学思路的重塑》,载《高教探索》2020 年第 6 期。

法治人才培养的主要阵地,但并非唯一阵地,亟须探索高校与政府、实务部门的人才培养协同机制以进一步完善实践教学模式、提升学生实践能力。

总体来看,目前涉外法治人才的培养在专业化程度及培养规模方面仍难以满足当今发展格局之下高水平、专业化、针对性的最新需求,创新涉外法治人才培养模式成为满足新发展格局下的发展需要、为国际大循环提供人才支持所亟待解决的问题。

三、新发展格局背景下创新涉外法治人才培养模式之举措

在新发展格局下进行涉外法治人才培养模式的创新,必须坚持正确的政治导向与价值引领。习近平法治思想是新时代推进全面依法治国的根本遵循和行动指南,其深刻回答了社会主义法治建设的若干重大问题,对于新时代法学教育和法治人才培养有重要指导意义。"坚持统筹推进国内法治与涉外法治""坚持建设德才兼备的高素质法治工作队伍"是习近平法治思想的重要内容。习近平总书记强调,要推进法学院校改革发展,提高人才培养质量。要加大涉外法学教育力度,重点做好涉外执法司法和法律服务人才培养、国际组织法律人才培养推送工作,更好服务对外工作大局。㉔ 在新发展格局下统筹推进国内法治与涉外法治,客观上需要一支优秀的涉外法治人才队伍,涉外法治人才的培养则必须以习近平法治思想为指导。

习近平法治思想对法治人才队伍提出了"德才兼备"的要求。德才兼备,以德为先,一方面,涉外法治人才的培养必须以习近平法治思想为重要学习内容,把思想政治教育摆在首位。通过领会习近平法治思想的深刻内涵,确保涉外法治人才形成良好的思想政治素质、道德素质,坚持正确的政治方向,在未来投身涉外法律实践时坚定地维护国家主权、安

㉔ 参见习近平:《坚定不移走中国特色社会主义法治道路 为全面建设社会主义现代化国家提供有力法治保障》,载《求是》2021年第5期。

全、发展利益。另一方面,针对新发展格局下涉外法治人才培养实践中的具体问题,应当在课程设置、实践教学、协同育人、对外交流等方面协同并进,坚持以习近平法治思想为指导积极探寻创新路径。具体而言,可以从以下几个方面进行创新。

(一)设立国际法本科专业,完善国际法课程设置

习近平总书记指出,要推动各方在国际关系中遵守国际法和公认的国际关系基本原则,用统一适用的规则来明是非、促和平、谋发展。[25] 提高国际法在全球治理中的地位和作用,确保国际规则有效遵守和实施,坚持民主、平等、正义,建设国际法治。[26] 随着国际法研究在党和国家层面不断得到重视,对于涉外法治人才而言,需要筑牢国际法基础知识体系进而为国际法研究提供专业支撑。面对当下国际法部分课程在本科教学层面的缺位,可以尝试在法学学科门类的法学类(0301)下设立国际法本科专业,进一步完善国际法与国别法课程设置。

目前全国有近六百所高校开设法学专业,部分高校通过开办涉外法治人才实验班的方式促使学生在本科阶段加强国际法基础知识的学习。实验班小班化的教学模式能够确保人才培养质量,但在数量上难以满足国家战略需求。考虑当前法学院校情况及涉外法治人才的定位,在法学学科门类的法学类(0301)下设立国际法本科专业应是较为合理和可行的选择。

根据《普通高等学校本科专业目录(2020 年版)》,目前在法学(03)学科门类的法学类(0301)下包括法学(030101K)、知识产权(030102T)、国际经贸规则(030105T)等 7 个专业。[27] 以知识产权专业为例,自 2004 年华东政法大学首次招收知识产权本科生以来,目前全国

㉕ 参见习近平:《在和平共处五项原则发表 60 周年纪念大会上的讲话》,载新华网,http://www.xinhuanet.com/politics/2014-06/28/c_1111364206_2.htm。

㉖ 参见习近平:《携手构建合作共赢、公平合理的气候变化治理机制——在气候变化巴黎大会开幕式上的讲话》,载新华网,http://www.xinhuanet.com/world/2015-12/01/c_1117309642.htm。

㉗ 参见《教育部关于公布 2019 年度普通高等学校本科专业备案和审批结果的通知》,载中华人民共和国教育部网,http://www.moe.gov.cn/srcsite/A08/moe_1034/s4930/202003/t20200303_426853.html。

已有100所高校开设知识产权专业,有12所高校开设知识产权第二学位,在响应国家战略需求的基础上培养了大批知识产权专业人才。此外,上海对外经贸大学设立的国际经贸规则专业(030105T),在法学基础课程外,加强国际经济贸易法律知识的学习,既拓展了涉外法治人才培养的新路径,又为国际法基础课程在本科阶段的普及提供了新思路。[28] 因此,在法学类(0301)下设立国际法本科专业,能够在符合法学类教学质量的同时,使学生在本科阶段系统学习国际法知识基础体系,一定程度上弥补国际法课程体系在本科阶段的缺位。

在国际法本科专业培养方案中还应设置一些国别法课程,使学生在熟悉不同国家法律依托国际规则所形成的"共性"的同时,掌握特定国家法律的"个性"。目前法学院校大都设置有国别法课程,有部分院校依托区位优势和学科特点开展富有特色的国别法教学,如西南政法大学协同东盟国家高校,初步形成了"一带一路"法治人才培养机制,着眼于东盟国家语言和法律课程的学习,所探索的富有特色的涉外法治人才培养方案也十分具有借鉴意义。[29]

(二)探索法学与外语的有机结合路径,提升学生跨文化交际能力

对于涉外法治人才而言,法律与外语犹如"鸟之两翼、车之双轮",不可偏废。涉外法治人才的培养并非法律与外语的简单相加,创新涉外法治人才培养模式,应当在教学过程中注重对学生外语能力及跨文化交际能力的培养,寻求法学与外语的有机结合路径。

在培养涉外法治人才外语能力方面,首先应当着力解决当下涉外法治人才培养模式中法律与英语结合不充分的现象。高校可在本科阶段进一步推广法律英语课程,将法律英语的学习贯穿于专业基础知识学习过程中,改变以往先学习法律再单独学习英语的教学模式,于日常学习中加强学生法律英语基本功训练,在听、说、读、写各个方面齐头并进。

---

[28] 参见《国际经贸规则专业培养方案》,载上海对外经贸大学教务处网2021年6月29日,http://www.suibe.edu.cn/mytp/zyjs/list.htm。

[29] 参见吴钰鸿:《探索"三位一体"的"一带一路"涉外法治人才培养机制——在第十届"立格联盟"高峰论坛上的发言》,载《法学教育研究》2020年第1期。

除此之外，相较于英语与法学的结合，在涉外法治人才培养方案中加入非通用语种教学存在一定难度。对此，可以探寻多层次的非通用语种涉外法治人才培养方案。高校可以结合自身学科特色与区位优势探索非通用语种与法学的结合，如黑龙江大学中俄学院通过在本科前三学期强化俄语教学，探寻“专业＋俄语”的人才培养模式。㉚ 北京外国语大学法学院与欧语学院联合开设“欧洲非通用语/法学方向”本科专业，在开展欧洲非通用语语言文化教学的基础上培养熟悉国际规则和欧盟法律的人才。㉛ 在涉外法治人才培养过程中，非通用语种教学也可以仿照法律英语课程展开，通过设置双语课堂、鼓励学生参加语言等级考试等方式进一步寻求外语与法律的有机结合。

此外，在基础教学中还应当引导学生加强对特定国家的人文、历史、地理等有关知识的了解，增强对相关国家国情的认知，以期提升其跨文化交际能力，使学生能够更全面地看待国际形势及与特定国家的法律问题。对此，可以通过开设相关国家国情课程、鼓励学生参加境外交流等方式进一步培养学生跨文化交际能力。

无论是英语还是其他语种，在与法学专业结合过程中都存在许多相通之处。仅从法学院校本身来看，虽然许多院校在法学领域成就卓越，但其外语学科的发展难以与法学学科相同步。法律外语能力的培养很难在目前我国的法学院系实现，有学者认为，外语院系应该承担起法律外语能力培养的重任。㉜ 开展法学院校与外语院校的校际合作或者高校内部的院际合作，探索学科之间的优势互补也是创新涉外法治人才培养模式的新路径之一。

（三）完善实践教学模式，丰富实践教学方式

法律的生命不在于逻辑，而在于经验。习近平总书记强调，法学教

㉚ 参见《中俄学院各专业培养目标及主要课程》，载黑龙江大学中俄学院网2021年6月4日，http://srje.hlju.edu.cn/info/1002/2245.htm。

㉛ 参见《欧洲非通用语/法学方向本科专业启动仪式举行》，载北京外国语大学新闻网2019年9月6日，https://news.bfsu.edu.cn/archives/277372。

㉜ 参见张法连：《我国涉外法治人才专业培养是系统工程》，载《法制日报》2019年3月13日，第12版。

育要处理好知识教学和实践教学的关系。[33] 对于涉外法治人才的培养而言,知识教学能够为实践教学奠定理论基础,而实践教学能够深化、落实知识教学的内容,二者相辅相成。[34] 首先应正视实践教学在涉外法治人才培养中的地位,实践教学与知识教学的进行虽然在时间上存在先后,但是不应当区分主次。应当推动实践教学与知识教学紧密结合,确保理论知识的传授在实践教学中得到应用,进一步锻炼学生处理涉外法律事务时的法律思维与法律适用能力。

实践教学主要依托案例分析、模拟法庭、法律诊所和校外实习等教学方式展开。应当将更多具有时效性、真实性的案例投入实践教学中,建设涉外教学案例库。着眼于当下法律实践的需要,聚焦国际经贸争端、海商海事纠纷、跨境知识产权纠纷等特定领域,结合真实案例开展有针对性的训练,提升实践教学的科学性、有效性。此外,相较于传统实践教学方法,法律诊所的教学方法更具多元化和创新性,有利于学生学习模式的转变,[35]值得大力推广。校外实习方面,在聚焦与国内司法机关、法律服务机构合作探索优质实习项目的基础上,进一步完善实习考核机制。除此之外,有能力的高校应当寻求与国际组织、境外实务部门的交流与合作,结合高校实际情况,积极开展海外实习项目,推荐优秀师生前往国际组织实习任职,为培养国际组织后备力量开拓渠道,使学生在"通晓国际规则"的基础上提升国际视野与解决涉外法律事务的能力。

(四)打破人才培养壁垒机制,探索政产学研协同育人机制

高校是涉外法治人才培养的主阵地,但并非唯一阵地。习近平总书记强调,要打破高校和社会之间的体制壁垒,将实际工作部门的优质实践教学资源引进高校,加强校企、校地、校所合作,发挥政府、法院、检察院、律师事务所、企业等在法治人才培养中的积极作用。[36] 创新涉外法

[33] 参见习近平:《论坚持全面依法治国》,中央文献出版社2020年版,第177页。

[34] 参见房绍坤:《我国法学实践教学存在的问题及对策》,载《人民法治》2018年第16期。

[35] 参见刘晓明:《法律诊所教学方法问题研究》,载《遵义师范学院学报》2021年第1期。

[36] 参见习近平:《论坚持全面依法治国》,中央文献出版社2020年版,第174页。

治人才培养模式,应当充分发挥高校对于人才培养的基础性、先导性作用,同时加强高校与政府部门、司法机关、涉外法律服务机构之间的交流合作,实现共商共建、多方联动,进一步探索协同育人新机制。

第一,加强与政府部门在涉外法治人才培养方面的交流合作。政府在人才培养中的主要职责是明确高校对于涉外法治人才培养的重要作用,加强政策支持与引导。㊲ 应当完善从中央到地方政府对于涉外法治人才培养的政策支持体系。在中央层面,在出台有关指导性文件、做好涉外法治人才培养顶层设计的同时,加强对人才培养的方向路径、评价标准等具体规划的制定,加大在涉外法治人才培养方面的政策倾斜。在地方层面,地方政府应当结合区域对外开放特色、经济发展特点与人才需求,聚焦新发展格局下"一带一路"倡议及自由贸易区战略需要,积极出台具体政策助力于专业化、有针对性的涉外法治人才培养。

第二,加强与司法部门尤其是与人民法院的交流合作。涉外法治人才的培养,尤其是国际法的教学和研究,往往要充分参考和借鉴人民法院在涉外司法审判中的具体实践。㊳ 要进一步深化人民法院与高校及科研院所的合作,一方面,应当积极推动涉外典型案例及中国特色社会法治理论研究成果向优质教学资源转化;另一方面,依托高校与实务部门人才互聘的"双千计划",支持优秀法学人才在司法实践中干事创业、鼓励人民法院优秀审判人才在司法教学和研究领域发挥作用,促进司法实践与教学科研紧密结合,破除高校体制壁垒,为涉外法治人才的培养提供多元化的师资队伍与多样化的实习机会。

第三,加强与律师事务所、仲裁机构等涉外法律服务机构的交流合作。一方面,涉外法律服务机构能够为高校涉外法治人才的培养提供资助与支持,并为实践教学提供优质的校外实习机会;另一方面,通过与高校开展战略合作,探寻"订单化"等人才培养方案,能够为涉外法律服务

㊲ 参见孟庆瑜、李汶卓:《地方高校涉外法治人才培养的目标定位与实现机制——基于我国自贸试验区建设的人才需求分析》,载《河北法学》2021 年第 8 期。

㊳ 参见刘仁山:《充分发挥人民法院在涉外法治人才培养中的重要作用》,载《人民法院报》2020 年 10 月 13 日,第 2 版。

机构业务的开展提供稳定的人才支撑。目前,国内部分高校已与知名律所、仲裁机构就涉外法治人才的培养展开合作,如西北政法大学与申浩(西安)律师事务所共建涉外法律人才教育实践基地,通过"培训+咨询+人才"的合作模式,探索卓越涉外法律人才培养模式;[39]三亚凤凰公证研究院与大连海事大学签署战略合作协议,在海商海事法律制度体系建设、提升国际化法律服务能力等方面展开合作,努力培养更多复合型、高素质涉外法律服务专业人才。[40] 高校与涉外法律服务机构资源共享、优势互补,共建涉外法治人才培养、实习基地,通过"强强联合"促进涉外法律实务与法学理论深度融合,能够为新发展格局的构建输送更多优秀涉外法治人才。

(五)依托新文科建设,完善复合型人才培养

新文科建设是在新时代背景下创新发展文科教育的必然要求,也为创新涉外法治人才培养模式提供了新机遇,其代表了学科融合的趋势,目的在于打破专业壁垒,扫除学科障碍。[41] 高校应当充分把握新文科建设的契机,在涉外法治人才培养方面结合学科优势,尝试开展跨专业、跨学科门类的交叉培养。涉外法治人才"法学+外语"的培养模式符合新文科建设所倡导的复合型人才培养要求,但是法学与外语的融合只是一方面。习近平总书记曾指出,要推动建设国际经济金融领域、新兴领域、周边区域合作等方面的新机制新规则。[42] 相关领域新机制新规则的构建需要特定的专业知识提供理论支撑,这也对涉外法治人才跨学科、跨专业的培养提出了新要求。

许多高校已经就开展学科融合、创新涉外法治人才复合型培养模式

---

[39] 参见《西北政法大学与申浩西安"西北政法大学涉外法律人才实践教学基地"合作签约暨授牌仪式成功举行》,载申浩律师事务所官网2021年6月22日,https://www.sunhold.com.cn/Cn/Index/pageView/catid/26/id/378.html。

[40] 参见《全面加强合作　助力海南自贸港高素质涉外法律服务人才队伍建设》,载三亚凤凰公证处官网2021年6月29日,http://www.fhnotary.com/newsshow.php?cid=14&id=660。

[41] 参见冯果:《新理念与法学教育创新》,载《中国大学教学》2019年第10期。

[42] 参见《习近平主持中共中央政治局第二十七次集体学习》,载央广网,http://china.cnr.cn/news/20151014/t20151014_520138694.shtml。

进行了尝试,如天津财经大学充分利用在财经类高校创办涉外法治人才实验班的优势,在培养方案和课程体系中实现"法律+英语+财经"的有机融合;[43]上海对外经贸大学的法学(涉外卓越法律人才)实验班要求学生在本科阶段主修法学专业并辅修国际经济与贸易专业或金融学专业,实现"法学与商科的知识复合"。[44]除探寻法学与金融、国际贸易等学科的交叉融合之外,创新涉外法治人才培养模式还应积极寻求法学与理工科专业的融合,如理工类院校可以迎合新一轮科技革命和产业变革新趋势,依托学科优势在涉外法治人才培养中增加人工智能、大数据等新兴专业课程;建筑类院校可在涉外法治人才培养方案中增加工程法相关课程,积极应对"一带一路"对外基础设施建设中可能产生的法律问题。依托新文科建设进一步打破校际和学科专业壁垒,能够实现不同院校、不同学科的优势互补,进而为我国在新发展格局下参与国际竞争提供高素质、专业化、复合型的法治人才保障。

(六)实现涉外法治人才培养的对外开放,坚持"引进来"和"走出去"相结合

涉外法治人才"涉外"的特殊性决定了其培养模式不应当是孤立的、封闭的。习近平总书记指出,一个国家对外开放,必须首先推进人的对外开放,特别是人才的对外开放。[45]创新涉外法治人才培养模式,不仅要加强与国内高校、实务部门之间的合作,还应当积极探寻与国外高校、国际组织间的交流合作,坚持"引进来"和"走出去"相结合。

"走出去"是目前我国涉外法治人才培养更侧重的一面,国内高校应加强与国外高校的学术交流,探索人才互换交流培养项目,积极选派国内优秀学生赴境外深造。同时,应当探寻与境外实务部门的合作路

---

[43] 参见《设立涉外法治人才实验班 开启人才培养新模式——张勤谈天津财经大学法学特色教育》,载民主与法治网,http://www.mzyfz.com/html/1428/2020-07-13/content-1432198.html。

[44] 《上海对外经贸大学法学(涉外卓越法律人才)实验班专业培养方案》,载上海对外经贸大学法学院官网,http://www.suibe.edu.cn/fxy/2021/0406/c4745a136398/page.htm。

[45] 参见《习近平在同外国专家座谈时强调:中国要永远做一个学习大国》,载中国共产党新闻网,http://cpc.people.com.cn/n/2014/0524/c64094-25058948.html。

径,创造条件推荐学生前往国际组织、境外企业参加实习实践。除此之外,还应当积极选拔和组织学生参加有重要影响力的国际模拟法庭大赛,进一步深化学生理论知识、磨砺实践本领。

在“引进来”方面,可以从引进国际化师资、国外优质教育经验等方面入手。高校可以结合自身实际情况积极探索国际化教师队伍建设,在人才聘用、管理模式等方面进行符合学科建设及人才培养需要的创新。通过引进国外优秀法治人才,进一步完善双语课堂及国别法课程设置。在引进国外优质教育经验方面,应坚持以习近平法治思想为指导,着眼于国外人才培养的优秀实践,以我为主,为我所用,积极引进适合我国人才培养的教育方案。可以通过设置一定的协同创新项目来加速外国法治人才和我国涉外法治人才的融合,主动将国外优质教育“引进”我国法学高等教育的体系中。[46] 坚持“引进来”和“走出去”相结合,推动涉外法治人才的培养与国际接轨,进而积极构建涉外法治人才培养的新格局。

结　语

加快构建以国内大循环为主体、国内国际双循环相互促进的新发展格局,是“十四五”时期关系我国发展全局的重大战略任务,而新发展格局的构建也从数量及质量上对我国涉外法治人才的培养提出了新要求。习近平总书记强调,法治人才培养上不去,法治领域不能人才辈出,全面依法治国就不可能做好。[47] 面对当下我国涉外法治人才培养模式中课程设置待完善、法学与外语结合不充分、实践教学模式待完善等不足之处,应当坚持以习近平法治思想为指导,充分发挥高校在人才培养方面

---

[46] 参见杜承铭、柯静嘉:《论涉外法治人才国际化培养模式之创新》,载《现代大学教育》2017年第1期。

[47] 参见《习近平在中国政法大学考察时强调　立德树人德法兼修抓好法治人才培养 励志勤学刻苦磨炼促进青年成长进步》,载《中国青年报》2017年5月4日,第1版。

的主体作用,进一步完善课程设置及实践教学模式,推动专业知识与外语学习有机结合,积极探索政产学研协同育人机制,并响应国家战略需要及新文科建设对培养应用型复合型文科人才的有关要求,进一步探寻学科交叉下的涉外法治人才培养新路径,坚持人才培养"引进来"和"走出去"相结合,为我国在"十四五"时期构建双循环新发展格局、加快实施高水平对外开放培养、造就更多德才兼备、明法笃行、知行合一的高素质涉外法治人才。

Innovation of the Cultivation Model for Foreign-related Rule-of-Law Talents under the Background of the New Development Paradigm

Zhang Xiaojun　Chen Zhengji

Abstract: Accelerating the establishment of the new development paradigm featuring "dual circulation", in which domestic and overseas markets reinforce each other, with the domestic market as the mainstay, is a major strategic task related to China's overall development in the 14th Five-Year Plan period. Under the new development paradigm, the implementation of opening to the outside world with high standard puts forward new requirements for the construction of foreign-related rule-of-law talents. The cultivation of foreign-related rule-of-law talent has also become a national strategy. At present, our foreign-related rule-of-law talents cultivation mode in the content of cultivation and cultivation methods still have shortcomings. Aiming at these problems, it's imperative to uphold Xi Jinping Thought on the Rule of Law as the guiding thought for legal education and give full play to the basic and leading role of legal education in personnel cultivation. Universities should further improve the curriculum and practice teaching mode, promote the combination of legal knowledge and foreign language knowledge, explore the cultivation of compound talents and the cooperation with legal practice departments, cooperate with foreign universities and international organizations, and actively innovate the cultivation mode of foreign-related rule-of-law talents, so as to provide good economic and legal protection for the new development mode of "dual circulation".

Key Words: the new development paradigm, foreign-related rule-of-law talent, cultivation model, innovative measure

科技全球化背景下涉外法律人才培养路径探究*

乔博娟**

摘　要:科技全球化与第四次科技革命已是大势所趋,培养科技型涉外法律人才的重要性不言而喻。我国科技发展的外溢性,对涉外法律人才提出了涉外合规、法学理论、争议解决三类主要需求。以践行科技强国战略、服务科技企业发展为目标的科技型涉外法律人才,未来将主要集中于国际知识产权法、国际竞争法、新法学领域立法、国际争端解决等应用领域。近十年,我国已加紧布局和加速推动涉外法律人才体系建设,在取得一定成效之余,也逐渐反映出涉外法律人才培养之困境。北航法学院紧密围绕涉外法律人才的目标定位和应用领域,持续加强新法学建设,不断优化培养方案,致力于培养大量富有创新精神、实践能力强、学科交叉融合的高层次人才,涉外法律人才培养已初见成效。

关键词:科技全球化　涉外法律人才　人才培

---

* 基金项目:2021年度教育部人文和社会科学研究一般项目。"数字税立法题记选择与制度构建研究"(项目编号:Z1YJC820032)的阶段性成果。

** 乔博娟,北京航空航天大学法学院副教授,法学博士,研究方向:国际经济法。

养方案　新法学建设

科技全球化是经济全球化的重要组成部分,乃至核心要素。科技革命是推动国际生产分工的根本动力,历次科技革命都极大提升了社会分工效率,推动了经济全球化的进程。[①] 换言之,科技全球化是经济全球化的基础。改革开放以来,随着经济社会的快速发展,国家对科技人才和涉外法律人才的需求日益突出。然而,我国在积极顺应科技全球化进程、全面推进科技强国、坚定绘制中国制造2025蓝图之际,华为、中芯、中兴和字节跳动等国内优秀科技企业却遭受了来自美国的科技制裁和以国家安全名义的不公平审查。随着我国科技企业遭遇涉外法律争议、国际争端、跨境贸易不公平待遇等领域的挑战日益增多,亟须培育更多能够"了解国际法律文化、参与国际秩序建设、掌握国际法律话语"的涉外法律人才,提升我国科技企业的涉外法务保障能力和国际争端解决能力,推动科技强国对全球经济的引领与重构。

一、我国科技发展的外溢性与涉外法律人才需求

人类社会已经历蒸汽机、电力和互联网的科技革命,并伴随着数据云计算、仿真模拟、智能学习等科技发展,势不可当地迈向智能时代。智能时代加速生产运转效率、加剧国际分工演变的同时,也对当前社会提出了更为专业和明确的法律人才需求。科技发展的外溢性效果,主要表现为技术对外输出与产品跨境贸易的增长,并且催生大量不同以往且特殊的涉外法律人才需求。

(一)国际分工扁平化与涉外合规需求

传统的国际分工建立在多节点、流水线型生产的基础之上,不同国家和地区根据自身优势而提供不同节点的配件或服务,并在全球供应链

---

① 参见屠新泉、刘斌:《变革中的全球化:科技革命与国际生产分工》,载《清华金融评论》2019年第8期。

中呈现垂直化分布。如汽车、电脑等高精密产品，系制造公司通过集合不同国家生产者零配件组装而成，并且通过多级分销网络进行出售。因此，与生产流转关系相对应的法律服务需求主要集中于买卖或贸易，《联合国国际货物销售合同公约》(CISG)、《跟单信用证统一惯例》(UCP600)等国际规则应运而生，供各国法律从业人员学习研究和具体适用。但在多重数据规则框架内，现如今互联网企业跨境数据合规面临着规则模糊及法律冲突、数据合规成本大幅提升、救济保障机制尚需完善三大困境。② 随着跨境电商的兴起和互联网支付的便利，全球供应链体系被重构，国际分工逐渐扁平化，生产组装至终端零售的中间交易节点不断被压缩，制造商可以通过自有网站、互联网平台乃至直播平台更加快速、精准地与消费者建立直接联系。相应地，涉外贸易竞争将更为激烈，在满足不同国家和地区的法律规范和政策规定的基础上，合规开展相关业务，降低行政处罚风险，解决诸如交易信息数据存储管理和隐私保护、交易平台的售后服务与权利救济、经营者集中审查、合理利用市场支配地位等问题，无疑将是涉外法律人才的必修课和必答题。

(二)创新发展迭代化与法学理论需求

智能时代的创新发展日新月异，全球不同行业和供应链节点被影响乃至被颠覆。为了解决不同交易主体之间的信息不对称、信任欠缺以及数据处理等问题，人工智能、云计算、区块链、5G等创新技术得以广泛应用并不断升级迭代，在极大提高信息流通的效率和效果、营造信任体系的同时，也形成了新的法律关系，驱使法学理论必须与时俱进，诞生新的理论体系，以期解答和诠释科技创新下新的社会现象。人工智能时代已经来临，它不仅改变人类世界，也会深刻改变人类的法律制度。③ 小到自动驾驶的侵权责任、平台经济的轴辐协议或算法共谋、智能合约的有效性，大到数字货币的法律属性及监管、数字税的立法模式选择等，“意

---

② 参见梅傲、侯之帅：《互联网企业跨境数据合规的困境及中国应对》，载《中国行政管理》2021年第6期。

③ 参见王利明：《人工智能时代提出的法学新课题》，载《中国法律评论》2018年第2期。

思自治”“因果关系”等传统规则体系难以直接适用,科学技术的创新发展不断且频繁地对传统法学理论提出新的挑战。

(三)国际争端日常化与争议解决需求

国际分工扁平化与创新发展迭代化的共同结果是,全球供应链体系和价值链分布更为紧密且迅速,研究投入高、市场需求强、经济效益大的科技企业在跨境竞争中容易形成直观的正向反馈和长期的良性循环,从而在其他国家和地区占据市场支配地位,同时也更易于遭受他国监管制裁和同业恶性竞争。部分科技企业即使在本土运营,仍然能够在境外获取可观收益,从而加剧了国家和地区之间的利益冲突和法律争议。实践中,由于外扩式发展触及了其他国家和地区的经济利益和文化传统,华为、中兴、中芯、大疆、字节跳动等我国高新科技企业遭受他国无端制裁和不公平处罚的现象屡见不鲜。“在涉外法治专业人才培养和教育的需求导向上,涉外法治专业人才的培养和教育应以国家战略需求为先。”④因此,为落实科技强国战略,服务科技企业的海外发展,更好地解决国际争端问题,妥善应对他国不公正待遇,我国亟须培养更多了解国际法律文化和法律规则的涉外法律人才。

二、我国科技型涉外法律人才的应用领域

科技发展对国际社会经济活动的革命性颠覆以及对部分法律关系的创新性重构,亟待培养大量优质的涉外法律人才满足相关需求。而培养与科技发展阶段相匹配、相适应的涉外法律人才,提升基础、发展、创新和综合四大应用领域的广度和深度,或许是满足科技发展需求、实现科技强国的有效路径。培养通晓和熟悉各个国家和地区相关法律制度、国际规则和争端解决机制的涉外法律人才,拥有人工智能、生物科技、信息网络、工程技术等多学科知识与法学交叉视野的复合型人才,将成为

④ 参见杜焕芳:《涉外法治专业人才培养的顶层设计及实现路径》,载《中国大学教学》2020年第6期。

我国法律人才培养的使命与责任。⑤

（一）基础领域：国际知识产权法

当今社会，科技发展成果需以知识产权巩固和保护，已成为科技企业发展的普遍共识。拥有合法有效的先进生产力，不仅是科技发展之基础，也是在全球市场掌握先机的利器。然而，随着人工智能、大数据、云算法等技术的快速发展和广泛应用，以及技术创新的精密性和复杂性，传统"人格理论"思想下的知识产权保护规则遭遇诸多挑战。对于跨国竞争中知识产权的保护与侵权、国际协调保护统一规范的构建、人工智能生成物的专利权授予、算法和数据的知识产权保护等国际知识产权问题，亟须大量涉外法律人才加以研究和解决。智能时代的科技已非劳动工具的升级改造，可能正在颠覆传统知识产权理论的基础认知，甚至远超人类社会的想象，以保护知识产权、夯实科技成果为核心的法律应用场景具有广阔的发展空间，也是涉外法律人才大有可为的基础性领域。

（二）发展领域：国际竞争法

脱离了传统物流载体的发展模式，科技企业的跨境发展更为自主和高效。在保有一定专利技术和占据一定本土市场份额的基础上，依托知识产权优势发展的科技企业能够在海外市场中快速扩张，并且在国际竞争中掌握一定的优势，如此一来，难免需要符合海外市场监管的立法规范和执法制度。一方面，在部分竞争法律制度不甚健全的国家和地区，对于插入链接强行跳转、恶意干扰客户端、恶意不兼容、侵犯商业秘密、虚假宣传以及商业诋毁等不正当竞争行为，需要专业的涉外法律人才根据当地法律法规积极应对，以维护出海科技企业的合法权益；另一方面，在部分竞争法律制度完备但市场主权意识较强的国家和地区，对于垄断协议审查、经营者集中审查、滥用市场支配地位审查等境外反垄断审查行为，同样需要涉外法律人才有所作为，既要根据当地法律和国际规则进行申诉应对，还要在日常经营中保障出海科技企业合规发展。

---

⑤ 参见刘晓红：《"一带一路"倡议背景下的法律人才培养改革探索》，载《法学教育研究》2020 年第 1 期。

(三)创新领域:新法学领域立法

以人工智能、机器人、智能制造等一系列创新为代表的"第四次工业革命",将深刻地影响高等教育的社会角色与使命。⑥ 随着科学技术的不断进步,社会治理方式持续改进,科技与法律日趋融合的同时孕育出新法学、关注新问题、开拓新领域。区块链、人工智能、数据算法、量子技术等前沿科技的广泛应用,重构生产关系和社会关系的同时,也在深刻影响着法学理论的发展。新型工业法、生物安全法以及涵盖网络法学、数据法学和人工智能法学的网络信息法学等新法学领域已在全球范围内迅速崛起和发展。新法学的诞生,不仅标志着法学理论的开拓创新,而且催生了新法学相关制度规则的国际竞争。根据《国民经济和社会发展第十四个五年规划和2035年愿景目标纲要》,我国要推动构建网络空间命运共同体,积极参与数据安全、数字货币等国际规则和数字技术标准的制定。随着我国综合国力以及国内企业科技水平的不断提升,新法学领域的理论建设刻不容缓,国家主动参与国际治理的机遇随之增加,新法学领域的涉外法律人才必不可少。

(四)综合领域:国际争端解决

全球化市场格局下,国际竞争不可避免地产生争端,部分国家和地区的政府部门可能为了维护本国政治和经济利益,以某些名义向我国科技企业的正常经营行为发难。随着我国科技企业的全球竞争力不断提高,部分国家挑起的国际争端频率和力度也日益增强。了解和掌握国际实体规范和争端解决程序的涉外法律人才,是应对未来不公平、不合理的国际审查和国际制裁的必备要件。在我国涉外法律人才的不懈努力下,前有2014年3月世界贸易组织专家组裁定美国商务部对中国发起的25起反倾销反补贴调查违反世贸规则,后有2021年8月华北制药集团历经17载最终在美国发起的反垄断诉讼重审一案胜诉。反观当前,华为、中兴等被美国商务部列入实体清单的国内高科技企业,字节跳动、腾讯等被美国强制禁止交易的国内互联网企业,仍然遭受着他国不公正

⑥ 参见陈京春:《人工智能时代法学实践教学的变革》,载《山东社会科学》2020年第1期。

制裁和不公平待遇,国际争端解决领域的涉外法律人才任重而道远。这些领域产生的争端,需要具有国际视野、了解国内外市场经济运行规律、熟悉国际规则惯例并能参与国际竞争的高素质涉外法律人才提供法律服务予以支撑。⑦

三、我国涉外法律人才培养的快速推动与现实困境

诚如前述,随着我国科技强国战略实施和"一带一路"建设、《中欧全面投资协定》(EU-China Comprehensive Agreement on Investment, CAI)以及《区域全面经济伙伴关系协定》(Regional Comprehensive Economic Partnership, RCEP)等重要国际条约谈判推进,服务于科技企业和国家战略安排的涉外法律人才需求旺盛,应用前景十分广阔。尽管国家为涉外法律人才培养提供了相应的规划方案,并且取得了一定的成效,但实践中涉外法律人才培养仍面临诸多困难和挑战。

(一)顶层设计由"积极鼓励"向"加快加强"迈进

随着我国科技企业国际竞争力的提升,涉外法律人才需求缺口较大,国家已意识到涉外法律人才的特殊性、重要性以及培养的必要性和紧迫性,并日益重视涉外法律人才的培养规划,逐步提高涉外法律人才的培育力度。

一方面,2011 年至 2018 年,我国制定实施了多个顶层设计文件,稳步推进涉外法律人才培养方案建设。2011 年 12 月,《教育部　中央政法委员会关于实施卓越法律人才教育培养计划的若干意见》(教高〔2011〕10 号),正式开启我国涉外法律人才的培养序幕。文件明确指出"把培养涉外法律人才作为培养应用型、复合型法律职业人才的突破口。适应世界多极化、经济全球化深入发展和国家对外开放的需要,培养一批具有国际视野、通晓国际规则,能够参与国际法律事务和维护国家利

---

⑦ 参见胡晓霞:《"一带一路"建设中争端解决机制研究——兼及涉外法律人才的培养》,载《法学论坛》2018 年第 4 期。

益的涉外法律人才”。时隔一年,《教育部办公厅、中央政法委员会办公室关于公布首批卓越法律人才教育培养基地名单的通知》(教高厅函〔2012〕47 号),以高等院校为基础加强涉外法律人才培养计划的落实,并且批准中国人民大学、西北政法大学等 22 所高校为涉外法律人才教育培养基地,北京航空航天大学作为 58 个应用型、复合型法律职业人才教育培养基地之一,同时布局服务科技企业的涉外法律人才培养方案。时至 2016 年 12 月,中央全面深化改革领导小组批准《关于发展涉外法律服务业的意见》,明确指出“积极鼓励具备条件的高等学校、科研院所等按照涉外法律服务业发展需求创新涉外法律人才培养机制和教育方法,完善涉外法律的继续教育体系。充分发挥高校现有的 22 个卓越涉外法律人才教育培养基地的作用,加快培养通晓国际规则、善于处理涉外法律事务的涉外法律人才”。⑧

另一方面,2019 年至今,随着中美贸易摩擦升级以及国内科技企业不断遭受他国不公正制裁,我国涉外法律人才培养进一步提速和加强。2019 年 2 月,习近平总书记在中央全面依法治国委员会第二次会议上强调,要加快推进我国法域外适用的法律体系建设,加强涉外法治专业人才培养,积极发展涉外法律服务,强化企业合规意识,保障和服务高水平对外开放。⑨ 2020 年 4 月,第十三届全国政协座谈会,围绕“建设高素质的涉外法律服务人才队伍”进行专题研究。⑩ 2021 年 2 月,教育部学位管理与研究生教育司和司法部律师管理局为落实中央关于发展涉外

⑧ 《司法部、外交部、商务部、国务院法制办公室关于发展涉外法律服务业的意见》,司发通〔2016〕136 号,2016 年 12 月 30 日发布。

⑨ 参见《习近平主持召开中央全面依法治国委员会第二次会议并发表重要讲话》,新华社北京 2019 年 2 月 25 日电,载中国政府网,http://www.gov.cn/xinwen/2019-02/25/cor.tent_5368422.htm。

⑩ 中共中央政治局常委、全国政协主席汪洋主持会议。他强调,当今世界正经历百年未有之大变局,中国日益走近世界舞台中央,这是一个需要也一定能够产生大批高素质涉外法律服务人才的时代。要深入学习领会习近平总书记关于涉外法治工作的重要论述,从战略高度认识加强涉外法律服务人才队伍建设的重要意义,坚持立足国情、服务大局,努力造就一支高素质涉外法律服务人才队伍,更好维护国家主权、安全和人民群众利益。《全国政协召开双周协商座谈会 围绕“建设高素质的涉外法律服务人才队伍”协商议政　汪洋主持》,载《人民政协报》2020 年 4 月 18 日,第 1 版。

法律服务业的决策部署，加强高层次紧缺人才培养，联合发布《关于实施法律硕士专业学位（涉外律师）研究生培养项目的通知》（教研司〔2021〕1号），决定选取中国人民大学、西北政法大学等15所高校实施法律硕士专业学位（涉外律师）研究生培养项目，明确了各高校法律硕士专业学位（涉外律师）招生任务及人数。2021年3月，我国将"加强涉外法治体系建设，加强涉外法律人才培养"纳入《国民经济和社会发展第十四个五年规划和2035年远景目标纲要》之中。自此，我国涉外法律人才培养驶入快车道。

（二）当前涉外法律人才的现实问题

十年树木，百年树人。涉外法律人才的培养绝非朝夕之功，需要长期投入和积累。尽管我国已加快涉外法律人才的培养步伐并且加大培养力度，但服务科技企业的相关人才数量不足，国际话语权有待提升。

1. 服务科技企业的涉外法律人才数量不足。一方面，我国高新技术企业数量逐年增加。科学技术部、国家税务总局等部门综合认定高新技术企业，并相应给予其税收优惠、融资便利等方面扶持。据科学技术部统计，全国高新技术企业和科技型中小企业分别达到了27.5万家和22.3万家，同比增幅24%，一批具有国际竞争力的创新型企业加快发展壮大。[11] 此外，2020年中国独角兽企业251家，总估值首次超万亿美元，其中不乏字节跳动、蚂蚁集团、滴滴出行、菜鸟网络、京东科技等超级独角兽企业（估值超百亿美元）。[12]

另一方面，我国涉外法律人才数量增长缓慢。2018年8月，经过入库申报和集中审核，司法部正式公布全国千名涉外律师人才拟入选名单，全国共有来自30个省份的988名律师入选。根据《司法部办公厅关于建立涉外律师人才库的通知》（司办通〔2018〕59号），每位涉外律师人才可在国际经济合作、国际贸易、跨境投资、金融与资本市场、能源与

---

⑪ 参见张蕃：《科技部：2020年我国高新技术企业数量同比增长24%》，载光明网，https://m.gmw.cn/baijia/2021-02/26/34646710.html。

⑫ 参见新经济智库长城战略咨询：《中国独角兽企业研究报告2021》，载长城战略咨询官网2021年11月25日，http://www.gei.com.cn/schd/8306.jhtml。

基础设施、海商海事、跨国犯罪与追逃追赃、知识产权及信息安全、民商事诉讼与仲裁9个类别中选择不超过2项作为业务类别。其中,从事跨境投资业务的涉外律师人才最多,其次是民商事诉讼与仲裁、国际贸易、金融与资本市场,而从事跨国犯罪与追逃追赃业务的律师最少,这也从侧面反映出当前我国涉外法律服务业务的大致格局。(见图1)

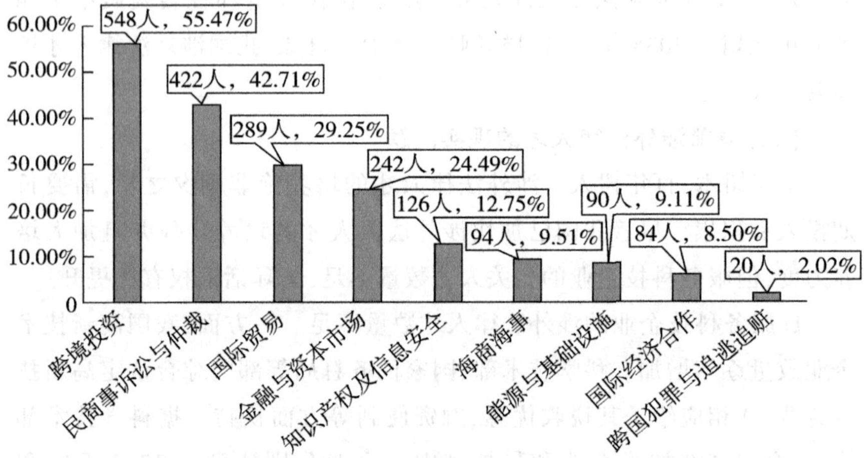

图1　司法部涉外律师人才库业务类别及人数分布情况

2021年6月,司法部正式公布《2020年度律师、基层法律服务工作统计分析》。数据显示,截至2020年年底,全国共有执业律师52.2万多人,其中在境外接受过教育并获得学位的律师8588人,占1.65%;截至2020年年底,全国共有律师事务所3.4万多家,中国律师事务所在境外设立分支机构共150多家,已有来自23个国家和地区的234家律师事务所设立300家驻华代表机构。

科技是第一生产力,法律人才应为科技强国保驾护航。显然,从前述数据的直观对比可知,我国涉外法律人才的数量难以匹配具有涉外业务需求的科技企业数量,涉外法律人才的缺口较为明显,系统接受国外法律学习的人数处于低位。相较跨境投资、国际贸易等传统国际经济法领域,我国有关知识产权保护与信息安全、跨境经济合作等方面的法律业务和法律人才相对较少。“中国律师业的国际化步伐,总体上滞后于中国企业‘走出去'的国际化步伐。"⑬相反,境外法律服务机构则更加看好中国科技企业的海外发展势头,不断增加驻华代表机构,抢占涉外法律服务市场份额。

2. 涉外法律事务国际话语权不高。百余年前,清朝外臣李佳白曾坦言,"中西未交涉以前不识有公法也,中西既交涉之后不可无公法也。……诚能贯而通之,引而伸之,一省数十人合十数省数百人,熟谙公法而后出于中外交涉事,或和平与议,或执理与争,庶几外交不致如今日之棘手也。"⑭当今世界正经历百年未有之大变局,国际规则、国际秩序为之演变,涉外法律事务关乎国家主权、安全和发展利益乃至中华民族之崛起。正值第四次科技革命之际,科技竞赛已然来临,涉外法律人才能否提升国际话语权,参与国际规则制定,巩固科技发展成果,促进经济社会发展,是当前涉外法律人才培养的重要使命。我国欲以负责任大国之姿参与国际事务,积极参与国际规则制定,推动全球治理变革进程,离不开高级涉外法律人才的有力支撑。除却满足科技企业的国际化开拓趋势、培育合法合规经营意识,涉外法律人才还需有能力、有机遇参与数字税国际规则、国际技术标准等科技创新领域的国际秩序构建。尽管我国已经取得一定成绩,积极参与国际标准制定,⑮但不可否认的是,我国在涉外法律事务方面的国际话语权不高,面临涉外法律人才培养输出的困境,严重制约国家表达中国立场,参与制定国际规则,展现负责任大国形象。

一方面,国际组织的中方人员数量和比例较低。例如,截至2019年12月31日,联合国秘书处全球工作人员为36,574人。其中,中国籍工作人员为565人,仅占职员总数的1.54%,属于任职人数不足的会员国,⑯不仅远低于西方发达国家(如美国籍工作人员2513人,占比

---

⑬ 参见黄惠康:《从战略高度推进高素质涉外法律人才队伍建设》,载《国际法研究》2020年第3期。

⑭ 参见程鹏:《清代人士关于国际法的评论》,载《中外法学》1990年第6期。

⑮ 2020年7月3日,国际标准组织3GPP宣布R16标准冻结,标志5G第一个演进版本标准完成。中国移动在R16标准化中继续发挥主力军作用,提交技术提案三千余篇,占全球运营商提案总数的三成以上。

⑯ See UN. Secretary-General, Composition of the Secretariat: staff demographics: report of the Secretary-General, New York, UN, 9 Nov. 2020. Accessed November 25, 2021. https://undocs.org/en/A/75/591.

6.87%),而且与我国缴纳12%的联合国会费相比更是不成比例,也与我国的国际政治地位和全球经济地位极不相称。此外,我国在重要国际组织关键岗位的任职人员或行政官员较少,除联合国工业发展组织、国际电信联盟等联合国下辖专门机构以及国际法院、国际海洋法法庭等少数国际裁判机构,因中国作为《联合国宪章》或国际条约缔约国而有权推选且当选部分中国籍行政专员、首长、法官和委员以外,[17]其他大部分国际组织的重要官员大多由其他国家人员担任。以联合国秘书处为例,D级(主任级别)以上官员共355人,中方仅12人,占总数的3.38%,而在P级(专业职类)职员中,中国籍职员大多从事语言服务类工作,直接从事法律类事务者较少。[18]

另一方面,涉外法律人才培养输出存在"青黄不接"的问题。其一,我国涉外法律人才在专业知识、文化背景和语言能力等方面的综合素质有待提高,加之普遍缺乏国际组织的系统性、长期性锻炼,因而在国际组织选聘、遴选和晋升中,竞争力不足,瓶颈难以突破。我国一直保持着国际法庭法官参选人平均年龄最大、任内以身殉职或因健康原因辞职比例最高的记录。其二,在向国际组织输送涉外法律人才的路径方面,我国主要以公务员、事业单位、高等院校等体制内培养路线为主,以匹配相应的薪资福利、转岗、子女配偶、养老退休等待遇保障。如前所述,时至2018年年底,司法部已入库涉外律师近千人,但从业务类别来看,多以具有丰厚经济利益的跨境投资业务为主。由于激励政策和保障措施相对滞后,高端涉外律师投身国际组织工作的积极性明显不足。

---

[17] 联合国秘书处有助理秘书长级及以上高官职位51个,D2级78个,D1级226个,其中,中国籍高官仅12人(副秘书长1人,秘书长特使1人,D2级3人,D1级7人)。在整个联合国系统,担任D-2级法律部门负责人的,目前仅有国际民航组织法律局局长1人。在世贸组织秘书处下设的五六十个直接涉及争端解决的职位中,通常只有2个左右级别不高、影响力相对有限的职位由中国人出任。

[18] 联合国普通职员的职位分三个等级:1. 高级官员D级(Director),联合国高级管理人员,要求有多年丰富工作经验,年龄一般在50岁以上;2. 业务类官员P级(Professional),从事各业务领域相关工作;3. 一般事务类人员G级(General Service),主要是助理、后勤和安全保障人员。

四、科技全球化背景下涉外法律人才培养的北航实践

在科技全球化进程中，部分中国科技企业已展现出国际领先的技术水平和科技含量。巩固科技成果、维护中国权益、掌握国际话语、共建人类命运共同体，是中国涉外法律人才的初心使命。系统、长期地培养涉外法律人才，匹配国家、社会和企业的涉外法律事务需求，是当务之急，亦是时代之机。有鉴于此，依托北京航空航天大学强大的科技名校优势，北航法学院持续加强新法学建设，不断优化培养方案，致力于培养法学知识扎实、科技素养突出、学科交叉融合的复合型涉外法律人才。

（一）涉外法律人才培养的应有之义

结合当前科技革命形势以及国家战略定位，涉外法律人才应当定位于政治过硬、具有国际视野、通晓国际规范、表达中国立场的高端复合型法律人才，擅长处理涉外法律事务，协助解决国际争端，推动国际合作与竞争，全面提升中国应对全球法律风险的能力。

一方面，涉外法律人才应当具备国际视野和全球化思维，外语水平高，专业素养优秀，人文与道德素养优秀等四方面的基本素养。[⑲] 尽管同声传译、人工智能等技术迅猛发展，但对于涉外法律人才而言，仍应具备较高水平的外语能力。外语能力是打通国际交流，融入国际文化，学习国际规范，处理涉外法律事务，确保发表意见、申诉、答辩等法律技巧发挥应有效果的必备素养。尤其是科技企业的知识产权、技术规范、编程代码等基本以英语为基础性语言工具，唯有精通英语和科技专业术语，才能更好地为科技企业海外发展提供强有力支撑。需要注意的是，培养涉外法律人才，熟练掌握外语只是基本要求，更重要的是培养学生处理涉外事务的思维方式与处事逻辑。

另一方面，徒法不足以自行，涉外法律人才还应具备从事涉外法律

---

⑲ 参见邓瑞平、唐海涛：《卓越涉外法律人才国际化培养略论》，载《法学教育研究》2013 年总第 8 卷。

事务研究或实务的法律职业能力。具体包括较强的判断是非能力,严谨表述法律事实、准确适用法律的能力以及熟练运用外语作为工作和交际语言的能力,这些能力需从业者亲身体会和实践锻炼。⑳ 正如苏格拉底式对话(Socratic Method)和案例教学法(Case Method)造就了今日的美国法学教育,其目标"是教导学生形成法律分析和综合权衡的习惯,不是要把学生的头脑变成一个判例库"㉑。通过苏格拉底式提问与主要法律渊源的综合使用,逐步培养学生未来从事法律工作所必需的缜密分析能力。㉒ 毋庸置疑,涉外法律事务是实践性很强的工作,需在学习培养过程中不断进行法律实务的专业训练,以获得丰富的法律实践经验,并且应用于未来可能多变的法律现象和法律问题。科学技术日新月异之际,也对涉外法律人才准确识别法律问题本质、准确运用法律规范、妥善解决法律争议提出了更高的职业能力要求。

(二)涉外法律人才培养的北航模式

涉外法律人才的培养绝非一朝一夕之事,欲速则不达,需要分阶段按照不同目标培养不同领域的涉外法律人才。结合当前涉外律师及在任中国籍官员情况,我国涉外法律人才至少需要6年的学历教育以及长期实践训练,而且培养高端涉外法律人才属系统性人才建设工程,并非仅靠高等院校一己之力能够完成,还需国家与社会提供相应的配套措施和培养路径。如"一带一路"倡议实施中对于法治人才的需求呈多样化,法治人才培养模式也应当分类进行。因此,北航法学院一贯坚持新型工业化法学教育的办学定位,融合北航现代科技教育战略优势,服务国家新型工业化战略需求。近年来,适应新科技革命所带来的新人才培养的需要,综合运用大数据、人工智能等信息技术对法律专业在人才培养理念、模式、内容及手段方面进行升级改造。值此涉外法律人才培养

---

⑳ 参见刘亚军、师怡:《论涉外法律人才的知识结构与能力》,载《法学教育研究》2011年总第4卷。

㉑ Book Review, Langdell's "Selected Cases on Contracts",6 *Southern Law Review*, n. s. 448 –449(1880).

㉒ [美]特蕾西·E. 乔治、[美]苏珊娜·雪莉:《到法学院学什么》,屠振宇、何帆译,北京大学出版社2014年版,第11页。

提速之际,北航法学院经过稳步而高效的发展,逐步形成了多层次的立体发展格局,并向着科技和法律相融合的新法学方向迈进。㉓

具体而言,北航法学院本科生新法学实践教学模式以"一年级文理通识培养——二年级基础法学培养与基层法律实践——三年级新法学思维与知识养成——四年级科技法律实践"为主线,形成了本科阶段的基础性实践育人体系。㉔ 首先,与北航大类招生改革相适应,一年级以通识教育为主,拓宽专业口径,文科生不仅学习文史哲、管理学、经济学等多类课程,而且选修高等数学、计算机基础、航空航天概论等培养思维能力的特色课程。其次,二年级重点进行基础法学教育和实践,除了学习传统法学核心课程外,秉承北航工程技术特色突出的传统,发扬一切从实际出发的务实精神,组织学生在暑期集中开展专业见习,深入基层一线司法部门进行为期六周的见习,从而将课堂所学知识运用于司法实践之中。再次,三年级注重培养新法学思维,全面提升学生分析问题和解决问题的能力,培养学生创新人才的基本素质和品格。依托法学院特色研究基地和智库,包括工信部"工业和信息化法治战略与管理重点实验室"、教育部"网络空间国际治理研究基地"和"北京科技创新中心研究基地(北京市哲社办研究基地)"等,鼓励学生探索知识产权法、航空航天法、网络信息法以及科学技术法等新领域。最后,四年级以毕业设计和专业实习为主,根据学生个人兴趣引导其选择新法学作为毕业设计(论文)方向,如区块链的法律应用、数据的跨境流动规制等;而专业实习则集中在工信部、国家网信办、北京知识产权法院、北京互联网法院、中航工业集团以及大型互联网公司等实践基地,充分体现北航法学院立足于法律与科技融合的特色发展之路。

此外,北航法学院不仅注重学科交叉融合和跨界整合,而且致力于提高学生的国际化水平,旨在培养具有强烈本土化意识和国际视野的法

㉓ 参见龙卫球、初殿清、吉冠浩:《北航新法学实践教学的基础与体系——基于新型工业化法学实践需求的线性复合模式的形成和展开》,载《北京航空航天大学学报(社会科学版)》2021 年第 4 期。

㉔ 参见周友军、初殿清、邹沛东:《对标国家战略和社会发展需求　办好新时代一流法学教育》,载《人民法治》2018 年第 16 期。

律人才。一方面,为全面实施学校国际化发展战略,培养具有全球胜任力的领军领导人才,北航着力推出学生海外学习支持计划——“远航计划”。“远航计划”旨在通过校际学生交换、双学位培养、联合培养、海外实习以及国际暑期学校、科技竞赛、文化交流等形式,构建人才培养国际化平台,大力推动我校学生参与国际化培养、丰富海外经历、促进多元文化交流,培养具有国际理解力、国际交流能力及国际竞争力的优秀人才。通过“远航计划”,北航学生海外学习经历得到显著提升,具有海外经历的本科生占比达49.6%,高居全国高校前列。另一方面,法学院依托北航国际交流合作网络和平台,不仅与美国、德国、日本等国以及中国港澳台地区多所大学或研究机构建立了合作关系,而且聘请多名国内外著名法学家、法官、检察官、律师等担任兼职教授或实践导师,如联合国外空司前司长卡马乔先生,利用全球优质教育资源为法学院学生提供面向世界的多元化法学教育。与此同时,鼓励学生积极参加国际和全国赛事,包括Jessup国际法模拟法庭辩论赛、贸仲杯国际商事仲裁模拟仲裁庭辩论赛、中国国际空间法模拟法庭竞赛等,取得包括2010年美国国际辩论教育协会(IDEA)主办的首届国际辩论中国公开赛模拟法庭冠军在内的多项荣誉。法学院本科毕业生被世界一流大学录取的比例不断提高,参加国际机构实习、被国家党政机关、国内外知名企业和律师事务所聘用的人数逐年递增,涉外法律人才培养初见成效。

Research on the Cultivating Path of Foreign-related Legal Talents under the Background of Technological Globalization

Qiao Bojuan

Abstract: The globalization of science and technology and the fourth revolution in science and technology are the general trends, and the importance of cultivating scientific and technological foreign-related legal talents is self-evident. The spillover nature of the development of science and technology in China has put forward three major requirements for foreign-related legal talents, including foreign-related compliance, legal theory, and dispute resolution. Scientific and technological foreign-related legal talents to practice the strategy of building a strong country through science and technology and serving the development of science and technology enterprises will mainly focus on the application fields of international intellectual property law, international competition law, new law legislation, and international dispute settlement in the future. In the past ten years, China has stepped up the deployment and accelerated the construction of a foreign-related legal talents system. After achieving certain results, it has gradually reflected the dilemma of foreign-related legal talents cultivation. Beihang Law School closely focuses on the target positioning and application fields of foreign-related legal talent, continues to strengthen the construction of new law, continuously optimizes the cultivation model, and is committed to cultivating a large number of high-level talent with an innovative spirit, strong practical ability, and interdisciplinary integration. The cultivation of foreign-related legal talents has achieved initial results.

Key Words: technology globalization, foreign-related legal talents, talent cultivation, construction of the New Law

论新时代我国涉外法治人才培养机制的创新与完善*

张　光**　宋　歌***

摘　要：当今世界正处在百年未有之大变局，我国发展也正处在重要的战略机遇期。涉外法治人才培养作为涉外法治建设的基础和重要保障，对于贯彻落实习近平法治思想、服务新发展格局、推进全球治理具有十分重要的意义。新时代对我国涉外法治人才培养工作提出了更高、更新的要求。但是，在我国涉外法治人才培养中，由于学科教学体系不够合理、忽视国别法人才培养、法律与外语交叉的复合型培养不足、实训的实践性不强、体制机制尚有不足等问题的存在，导致人才培养质量远不能满足涉外法治建设的新时代需求。我们可以通过高度重视国际法学学科体系建设、优化相关课程设置、提升法律专业与外语交叉辐射能力、强化实践教育等路径创新完善我国涉外法治人才培养机制，从而为实现中华

* 基金项目：陕西省高等教育学会2021年高等教育科学研究项目《新时代我国涉外法治人才培养机制创新问题研究》（项目编号：XGH21152）的阶段性成果。

** 张光，西北政法大学教授，研究方向：国际法基本理论、国际投资法。

*** 宋歌，中南大学法学院博士研究生，研究方向：国际法学。

民族伟大复兴和推动构建人类命运共同体提供坚实的法治人才保障。

关键词：习近平法治思想　新时代　涉外法治人才培养　机制创新与完善

一、新时代我国对涉外法治人才的新需求

当今世界正处于百年未有之大变局。① 世界政治格局多极化、经济全球化、社会信息化、文化多样化不断发展，新一轮科技产业革命日新月异，国际社会和平发展、合作共赢的历史潮流不可逆转，全球治理体系和国际秩序加速变革。新冠肺炎疫情的全球大暴发加剧了大国博弈，全球治理竞争日趋激烈，中国日益走近世界舞台中央，更加深度地参与全球治理。特别是随着"一带一路"倡议的落地生根，中国企业和公民"走出去"的步伐不断加快，我国同外部的交往与合作不断深化，中国国家、企业和公民的海外利益正在全方位、多层次、高速度地向外拓展。例如，2019 年，中国公民因私出境超过 1.6 亿人次，货物进出口总额 30 多万亿元，服务进出口总额 5.4 万亿元。中国海外投资存量高达 2.2 万多亿美元，仅次于美国和荷兰。中资海外企业数万家，遍布全球，境外资产总额 5 万多亿美元。②

法治是人类政治文明的重要成果，是现代社会治理的基本手段，在国际社会中，法律应该是共同的准绳。③ 2020 年 11 月 16 日至 17 日召开的中央全面依法治国工作会议，将习近平法治思想明确为全面依法治国的指导思想。习近平总书记强调，要坚持统筹推进国内法治和涉外法

---

① 在 2018 年中央外事工作会议上，习近平总书记首次提及"世界正处于百年未有之大变局"这一新的重要战略判断。参见黄惠康：《中国特色大国外交与国际法》，法律出版社 2019 年版，第 41 页。

② 参见《中华人民共和国 2019 年国民经济和社会发展统计公报》（2020 年 2 月 28 日）和《2019 年度中国对外直接投资统计公报》（2020 年 9 月 16 日），载国家统计局网，http://www.stats.gov.cn。

③ 参见《习近平在和平共处五项原则发表 60 周年纪念大会上的讲话》，载新华网，http://www.xinhuanet.com/politics/2014－06/28/c_1111364206.htm。

治。要加快涉外法治工作战略布局,协调推进国内治理和国际治理,更好维护国家主权、安全、发展利益。要强化法治思维,运用法治方式,有效应对挑战、防范风险,综合利用立法、执法、司法等手段展开斗争,坚决维护国家主权、尊严和核心利益。要推动全球治理变革,推动构建人类命运共同体。④

涉外法治人才培养作为涉外法治建设的基础和重要保障,对于贯彻落实习近平法治思想、服务构建新发展格局、推进全球治理都有着十分重要的理论和现实意义。改革开放四十多年以来,我国涉外法治人才培养工作取得了长足发展,不仅为自己培养了大批具备国际视野、业务素质高的专门人才,同时也向外输送了诸如联合国副秘书长、国际法院法官、国际海洋法庭法官、世界贸易组织上诉机构法官、国际法研究院院士等一大批杰出法治人才。但是,当前涉外法律服务人才队伍存在总量偏小、质量不高、经验不足等问题。⑤ 我国现有涉外法治人才队伍的规模和能力与实现中华民族伟大复兴、推进全球治理、构建人类命运共同体的目标仍存在差距。⑥ 我国急需加快培养一大批通晓国际法律规则、善于处理涉外法律事务、深刻参与国际规则制定的涉外法治人才,更好地维护国家主权、安全和发展利益,维护我国企业和公民海外合法权益。

新时代,我国对涉外法治人才提出了新需求,特别是在以下四个方面亟需加强相关人才的培养力度:一是胜任我国涉外立法、司法、执法、法律服务各个环节工作要求的高素质法治人才。二是谙熟“一带一路”沿线国家法律制度,精通外语,能够为“一带一路”建设和中国企业“走出去”提供高质量法律保障的国别法治人才。三是善于运用国际法,妥善应对和解决国际争端,有力维护国家主权、安全和发展利益的国际法专家。四是具有坚定政治立场,符合相关国际组织任职资格,能够深度参与国际法律规则制定的中国籍人选。目前,我国在联合国、世界贸易

④ 参见《习近平出席中央全面依法治国工作会议并发表重要讲话》,载中国新闻网,https://www.chinanews.com/gn/2020/11-17/9340781.shtml?qq-pf-to=pcqq.group。

⑤ 参见黄进:《完善法学学科体系,创新涉外法治人才培养机制》,载《国际法研究》2020 年第 3 期。

⑥ 参见黄惠康:《中国特色大国外交与国际法》,法律出版社 2019 年版,第 494 页。

组织、国际法院及其他国际组织中面临任职人员明显偏少的现状，且任职人员中能够发挥领袖作用、处在领导层的人才更少。例如，中国籍雇员人数仅占联合国秘书处雇员总数1%左右，相较于美国7%左右的比例有很大的差距，这与我国的大国地位极不相称。⑦

二、当前我国涉外法治人才培养中存在的问题

（一）学科教学体系不够合理

在教学体系方面，当前涉外法治人才的教学体系尚未与国家加强涉外法治工作战略充分对接，相关教学模式和培养方案均不到位。从我国《普通高校本科专业教学质量国家标准》（法学类）来看，⑧国内高校仍然遵循传统的“10 + X”模式对法学专业的核心课程进行分类设置安排，其中仅仅保留了“国际法学”这一核心课程，而将国际私法和国际经济法这两门课程划入“X”的范畴。这在一定程度上忽视了国际法学学科的重要性，弱化了国际法学学科的在法学体系中的整体地位。作为一个二级学科，在法学学科体系中的比重和分量大幅下降，深刻影响学生的知识结构和国际视野，使其不可避免地脱离了国际法发展实践，从而降低了涉外法治人才的培养质量。

在培养模式方面，当前我国高校未能准确结合各自区位优势，从而尚未发挥“地区 + 办学特点”相结合的差异化涉外法治人才培养体系，即便存在一些特殊教学培养体系，但从内容到形式，整体上仍呈普遍性特征，忽视差异性培养的重要性，往往最终导致涉外法治人才培养的“同质化”现象越发严重。

---

⑦ 参见杜焕芳：《涉外法治专业人才培养的顶层设计及实现路径》，载《中国大学教学》2020年第6期。

⑧ 参见《普通高等学校本科专业类教学质量国家标准》，载中华人民共和国教育部网站，http://www.moe.gov.cn/jybxwfb//sfcl/201801/t20180130 – 325921.html。

(二)混同国际法与国别法的关系,忽视国别法人才培养

通晓具体外国对象国的法律制度是我国国家、企业和公民在进行涉外事务或业务时的第一步也是关键一步。[⑨] 但是,国内在涉外法律人才培养过程中,普遍没有区分国际法人才与国别法人才培养的不同重点或忽视国别法人才培养。实际上,二者有很大区别:一是在专业知识领域,国际法人才专攻国际公法、国际私法、国际经济法等学科,而国别法人才须在掌握国际法基础的同时,以他国法律为主要对象交叉学习。二是在实务领域,国际法人才主要是在国家间争端解决机制,诸如世界贸易组织争端解决机制、国际法庭诉讼或国际仲裁中发挥作用,而国别法人才主要在我国政府、公民与企业间运用相关外国实体法律规则方面提供专业支持。

区分国际法与国别法人才的不同之处,并非将两者进行绝对化割裂,而是在新发展格局下辨析二者差异,积极推动涉外法治人才的分类化培养。以"一带一路"倡议为例,我国同沿线国家开展全方位、多领域交流合作,其中除应遵循既有国际法之外,还应遵守沿线各国法律,熟练运用沿线各国国内法妥善解决争端,保障"一带一路"建设行稳致远。目前,国内共有 63 所高校开设了国际法专业,这些高校是我国涉外法治人才培养的主力军,但是相关培养内容以国际条约、国际惯例为主,少数高校虽然开设了英美法、德国民法等国别法课程,但不成体系,不仅难以覆盖目前我国深化"一带一路"倡议建设过程中所频繁交往的沿线国家,同时也难以涵盖所有的部门法,导致学生在目前的培养模式下难以形成坚实的实战能力,进而不能满足国家或企业在对外交往过程中对于国别法律人才的大量需求。这在一定程度上可能导致遇到相关的法律问题难以及时有效的解决,阻碍合作进程,甚至造成被动中止的局面产生。[⑩]

---

⑨ 参见张晓君:《新时代国别法律人才培养的紧迫性、问题与模式创新》,载微信公众号"石瓦坡国际法"2021 年 8 月 18 日,https://mp. weixin. qq. com/s/Adlusy2P7x6_CByYwkHxAg。

⑩ 参见郭雳:《创新涉外卓越法治人才培养模式》,载《国家教育行政学院学报》2020 年第 12 期。

(三)复合型人才短缺,“法律 + 外语”结合程度低

涉外法治人才应是在熟练掌握法律知识的同时,具有语言特长的复合型人才。中国倡议的“一带一路”是推动人类命运共同体建设的伟大实践平台。截至 2021 年 3 月,中国已与 30 多个国际组织、140 多个国家签署了 204 份“一带一路”建设的法律文件。[⑪] “法律 + 外语”的复合型人才是对“一带一路”建设提供更精准的法律服务和保障的关键。然而,我国当前涉外法治人才培养方向仍以基础法律素养为主,忽视对外语专业能力的综合考察。目前,仅有较少一部分高校发挥地域和语言优势,开展具有地方特色、服务法治战略建设的人才培养模式探索,但尚不能满足“法律 + 外语”结合的复合型涉外法治人才需要。

同时,包括涉外法治人才的培养机制在内,我国高校法学专业外语教学的广度和深度均有欠缺,专业外语课程不仅受限于有限的课时安排,而且经常脱离实践需求,学生呈现“哑巴式外语”的状态,远远不能达到复合型涉外人才的培养目标。以我国法律硕士(非法学)专业为例,其理念本是以培养本科为非法学专业和研究生阶段法学专业相结合的复合型法律人才为目标,但在实施中往往缺乏对本科和研究生专业的深度融合,其培养模式也仅仅将法学二级学科课程直接套用在研究生阶段的学习中,仅仅让学生在硕士生期间学习了一些基础性法律知识。同时,法律硕士作为复合型专业,对语言的学习和培养较为模糊,缺失了真正将语言优势应用在涉外法治方向的机会。[⑫] 这种培养结果导致法律硕士(非法学)在专业知识方面不但功底不够深厚,而且很多学生对一门外语都难以做到熟练应用,在未来工作中也更是难以适应外语工作环境,遑论成为复合型涉外法治人才。

(四)涉外法律实务训练的实践性不强

涉外法治人才不仅要精通国内法和国际法,更是要具有熟练运用相

---

⑪ 参见《已同中国签订共建“一带一路”合作文件的国家一览》,载中国一带一路网 2022 年 8 月 15 日,https://www.yidaiyilu.gov.cn/xwzx/roll/77298.htm。

⑫ 参见郑春燕、王友健:《非法本法律硕士培养模式的体系性再造机制》,载《研究生教育研究》2020 年第 5 期。

关法律规则的实践能力,新时代对涉外法治人才的实践能力要求更高。但是,我国当前涉外法治人才相关实务训练的实践性明显不强。一方面,在教学与实践结合的过程中,教学内容与涉外法律实务结合不够紧密,存在脱节问题。当前国内法学院能够紧密追踪涉外法律实践发展的高水平教师很少,对涉外法律实践中存在的前沿性问题涉猎较少,教学与法律实践内容相对陈旧。另一方面,在实践运用中,当前涉外法治人才的教学培养仍侧重于以学理阐释和法条解读的课堂讲授方式为主。一些能够强化实践的教学方式,诸如“模拟法庭”“模拟谈判”“法律诊所”等尚未广泛普及。中国法科学生相较于外国而言,往往被忽视的是法庭技能和法律逻辑训练等实践环节,这也是当前法学教育重理论、轻实践的结果造成的。⑬ 同时,对于实用性高的涉外职业训练、实践性强的涉外法律实习仍处于起步阶段,学生在涉外,特别是国际组织等机构的实习机会非常缺乏,致使学生综合运用法律的实践能力不强。而且,一些重要的国际教育资源的对接,也需要高校同国家、政府涉外部门、律师事务所、企业间努力协调方能推进,现存的一些体制机制壁垒也需要进一步打通。⑭

(五)培养体制机制层面存在一定障碍

在我国涉外法治人才培养的制度和管理方面,学校现实需求和国家一些相关规章制度仍存在一定的冲突。具体表现在:国内高校经常希望通过开展“国内+国外”双学位的涉外法治人才合作培养模式,但经常受制于国家相关涉外教育政策法规,推进实施起来难度较大;国外高校希望通过开展“3+1”“2+2”等创新型阶段培养模式鼓励国内优秀法科学生进行国际交流,但外派环节容易出现制度不协调、程序不明晰等问题,使得审批难以及时落实;聘请外籍教师往往需要诸多审批程序,影响相关课程的设置和顺利开设。

---

⑬ 参见贺赞:《涉外法治人才培养机制创新——以课程体系建设为中心》,载《中国法学教育研究》2017年第2期。

⑭ 参见《国家留学基金资助全国普通高校学生到国际组织实习选派管理办法(试行)》,载国家留学网, www.cppcc.gov.cn/zxww/2020/04/20/ARTI1587339499206118.shtml。

在经费和辅助支持方面，为丰富国际法律课程体系，一方面，国内法学院通过聘请外籍学者或专业人员教授相关涉外法学课程，需要大量的资金投入。即使一些法学院能够通过较低课酬或引进公益性授课的外籍学者，但在财务费用报销制度方面仍受到诸多限制。另一方面，对于学生，特别是本科生而言，国内高校大多对于参与国际交流或国际性模拟比赛的资金支持缺乏制度性保障。国家留学基金委奖学金往往资助相对长期的国际学术交流活动，且更倾向于研究生，对于本科生参与的短期项目或国际比赛往往没有机会得到资助。

三、创新完善我国涉外法治人才培养机制的路径分析

如何以习近平法治思想为引领，培养大批符合国家战略需求的卓越涉外法治人才，这是新时代赋予我国法学教育的重大使命。因此，我们既要从宏观层面总体布局、具体规划，也要从微观层面深化体制机制改革，在扩大涉外法治人才队伍基础建设的同时，更加注重人才质量和能力的提升。

（一）高度重视国际法学学科体系建设

国际法学科专业是涉外法治人才培养的平台和龙头，设置了国际法学一级学科和国际法本科专业，涉外法治人才培养就会纲举目张。我们应坚持以习近平法治思想为引导，把国内法治与国际法治放在同等位置，将习近平国际法治理论贯穿于国际学科体系建设的全过程，全面提升国际法学学科在我国法学体系中的地位。在此基础上，建议将国际法学升级为一级法学学科，同时扩大相关国际法专业的硕士、博士学位授权点招生规模，打造专门化国际法平台，建设一流的国际法院校，提升涉外法治人才在整体法治人才队伍中的比重。

同时，为了对接我国有关国际战略发展需要，推动“一带一路”倡议的长远发展，国内各法学院系应该进一步优化国际法学课程体系，新增多元化的国际法课程。例如，可以增设联合国法、欧盟法等相关国际组

织法课程;增设“一带一路”国别法、比较法、国际多元纠纷解决法、国际投资仲裁法等课程;针对具体培养方向增设国际数字经济法、国际数字货币法、涉外知识产权法、国际网络法等课程。[15] 同时,各法学院系可以结合自身办学特点与优势,探索国际法学体系的“10 + X”分类模式,深化细化涉外法治人才的培养。真正将国际法学作为一门独立学科贯穿于整个法学体系当中,逐步提升国际法学学科地位,为涉外法治人才培养提供坚实的学科支撑。

(二)大力优化课程体系,增强国别法课程建设

涉外法治人才培养中,应坚持国际法与国别法并重,在相关课程设置、教材配套方面,需要突出具体外国对象国的法律制度元素。首先,可以从具体外国对象国参与的国际条约角度切入,逐步展开。其次,开设区域性国别法课程。我国对外交往虽然不局限于英美国家,但以后交往的重心肯定会向“一带一路”沿线国家进行转移,“一带一路”国别法治人才将大有可为。然而,“一带一路”国家数量众多,其国内法律制度不尽相同,所涉及的部门法也纷繁复杂,官方语言更是在培养国别法律人才过程中的一个门槛。所以,国内高校在进行国别法治人才培养中,不仅要聚焦外国对象国法律制度,还要放宽视野,将对象国法放在更为广阔的区域背景下研学,强化知识的融汇与贯通。例如,可以开设欧盟法、中亚法、东盟法等区域性国别法课程。最后,选择一些重点国家,专门开设一些重要的部门法课程供学生选修。例如,可以开设美国对外制裁法、欧盟安全审查法等课程,增强课程的针对性。在实践培养环节,国内高校可以通过与外国对象国律师事务所、企业以及相关政府部门建立合作关系,共建法律实践基地,合作培养国别法律人才。

(三)切实提升专业与语言交叉辐射能力

新时代涉外法治人才培养要立足于国家战略发展需要,我们需要正确理解交叉学科内涵,积极培育“法律 + 外语”新兴交叉学科增长点,培养大批精通“英语 + 其他语种”的双语型涉外法治人才,以满足我国高

---

[15] 参见刘晓红:《以习近平法治思想为引领 加强涉外法治人才培养》,载《法治日报》2021年1月20日,第1版。

水平对外开放的战略需要。各高校可以依据自身的类型、层次、教育资源和办学特点实施“专业+语言”交叉的教学模式。对于语言类院校而言,可以通过在其外国语学院设置法律和英语双学位专业,或在教育部本科专业目录中增设特色型的法律英语专业。同时,语言类高校可以结合自身外语培养优势,开展特色办学项目,例如,英语专业学生在本科或研究生阶段可以进行“法律英语+涉外法律”专业的交叉学习,促进专业和语言技能的交融。法学院校在教学安排上,应该加大专业外语课程的课时比重,通过使用外语(主要是英语)对学生法律专业方面的听说读写能力进行专门严格的训练;在教材编撰上,内容应紧密结合最新国际和外国法律实践、典型案例;在教材选用上,可以选择一些经典的中英文对照法学教材。课程安排上,在安排国际法、英美法等基本课程的同时,拓宽学生专业知识的广度和深度,强化国际关系、世界历史等跨文化、跨语言交流课程。在师资建设上,可以聘请具有涉外实务经验的外籍专家来华担任指导老师。

(四)强化涉外法治人才的实践能力

法学是一门十分注重实践的学科。在涉外法治人才的培养中,更应注重理论与实践相结合的方式。要在打牢学生相关法学理论知识的基础上,强化涉外法律实践教学,切实提升学生的实践能力。可以通过以下几个方面强化:一是国内高校积极同国外院校、涉外国际组织等机构之间加强联合培养协同机制,积极将涉外优质教学体系、优秀实践教学资源引入国内高校。二是强化和创新国际法律实践教学。国内高校和涉外实务部门之间可以创新设立“双导师制”培养模式,由高校聘请具有丰富法律实务经验的涉外机构工作人员与校内专业导师共同参与人才培养,形成资源优势互补。校外实务导师可以通过参与制定培养计划、课程体系设计、联合授课、共同组建教学团队、建立实务案例库等多种方式进行实践指导。三是建立高校教师和涉外实务部门人员之间的双向交流机制。一方面,可以安排高校老师到涉外实务部门如外交部、商务部、中国国际贸易促进委员会及其分会、各地仲裁委员会或调解委员会等部门挂职或研修。通过对涉外实务案例的学习,培养高校教师将理论转化实践的能力。另一方面,安排涉外实务部门具有较高理论水平和丰富实践经验的工作人员前往高校任教。例如,最高人民法院已经分别在深圳、西安设立第一、第二国际商事法庭,有关高校可以争取合作机会,聘请国际商事法庭的法官作为实践指导老师,切实提升学生的涉外法律事务工作能力。四是尝试开设涉外"模拟法庭"或"法律诊所"等实践型课程,有条件的高校可以在日常授课中以模拟涉外法律实务为导向,通过模拟场景、模拟案例等技术赋能,实现实时实地的方式学习,不断拓宽学生深度参与涉外法律实践的方式和途径。五是通过"以赛促学"的方式提升学生从事涉外法律实务的综合素质与能力。随着"杰赛普"(Jessup)国际模拟法庭大赛、威廉维斯杯国际商事仲裁辩论赛、国际海洋法模拟法庭竞赛、国际投资模拟仲裁庭竞赛等国际性赛事在我国高校的不断推广,越来越多的高校学生参与其中,高水平国际化赛事逐渐成为训练涉外法治人才的重要途径。国内高校可以通过设置相关赛事课程将教学和比赛选拔结合,为涉外法治人才的成长提供实践平台。⑯

(五)实施涉外法治人才培养政策供给侧改革

在政策方面,教育主管部门应该统筹国内法治与国际法治人才培养的中长期发展规划,进行顶层设计,可以把涉外法治人才培养规模、质量、效果引入高校"双一流"建设评价体系当中。一方面,建立涉外法治人才考核评价机制,把涉外法治人才培养工作纳入"法治国家、法治政府、法治社会一体化建设"考核评估当中,对于具有和具备涉外工作培养项目或资质的各高校和机构进行考核评价。对于有实际成效的高校或单位给予一定的政策鼓励。另一方面,加大政策支持力度,由国家提供相应的资金或技术支持,鼓励各高校结合自身区位优势、学科专业实力,走差异化、特色化的涉外法治人才培养道路。例如,西北地区高校在涉外法治人才培养中可以发挥区位优势,积极推进与"丝绸之路"沿线国家的合作交流,开展人才培养试点工作。国家应大力支持有关高校打造有特色、有影响力的涉外法治人才培养项目品牌。优化培养模式,鼓励

---

⑯ 参见叶青:《统筹国内法治和涉外法治 坚持全要素法治人才培养》,载《新文科教育研究》2021年第1期。

国家涉外部门、企事业单位及科研机构同高校以联合培养、定向培养、涉外课题攻关等方式拓宽涉外法治人才的生长渠道，并给予各单位政策优惠以保障法治人才培养工作的顺利实施。同时，实施支持引进国外专家和输送国内优秀学生国际交流并举的政策措施，推动我国涉外法治人才培养中“引进来”与“走出去”互联互通的战略部署。

在经费支持方面，中央和地方政府可以将“一流国际法学院”建设纳入“十四五”经济与发展规划当中，夯实涉外法治人才培养的基础条件，加大对涉外法治人才培养经费的投入，特别是考虑对纳入国家卓越涉外法律人才教育培养计划的高校安排专项经费支持，使这些高校能够为新发展格局下我国涉外法治人才培养工作做出更大贡献。

结　语

涉外法治是我国国内法治的一部分，是国内法治的对外延伸，是沟通国内法治和国际法治的桥梁。在当今国际秩序变革和全球治理体系加速推进的大背景下，“定规则”成为各方塑造国际秩序的关键抓手，“法律战”成为国际博弈的重要形式，这对我国涉外法治人才培养提出了更高的标准和要求。我们要以习近平法治思想为指导，加强涉外工作战略布局，积极创新完善涉外法治人才培养机制，加快培养具有坚定中国立场、善于处理涉外法律事务、精通国际规则、深度参与国际规则制定的涉外法治人才，为实现中华民族伟大复兴和推动构建人类命运共同体提供坚实的法治人才保障。

On the Innovation and Perfection of the Cultivation Mechanism of Foreign-related Rule-of-Law Talents in the New Era

Zhang Guang　Song Ge

Abstract: Today's world is in a situation of a huge global changes not seen in a century, China's development is also in an important period of strategic opportunities. The cultivation of foreign-related rule-of-law talents is the foundation and important guarantee for the construction of foreign related rule of law. It is of great significance to implement Xi Jinping Thought on the Rule of Law, serve the new development pattern and promote global governance. The new era puts forward higher and newer requirements for the cultivation of foreign-related rule-of-law talents in China. However, in the cultivation of foreign-related rule-of-law talents in China, due to the problems such as unreasonable subject teaching system, ignoring the cultivation of foreign law talents, insufficient compound cultivation of law and foreign language, weak practicality of practical cultivation, and insufficient mechanism, the quality of relevant talents cultivation is far from meeting the needs of the New Era on foreign-related rule-of-law talents. We can innovate and improve the cultivation mechanism of foreign-related rule-of-law talents by these approaches, such as attaching great importance to the construction of the international law discipline, optimizing the relevant curriculum, improving the cross radiation ability between the legal profession and foreign languages, and strengthening practical education and so on. These measures provide a solid guarantee for realizing the great rejuvenation of the Chinese nation and promoting the construction of a community with a shared future for mankind.

Key Words: Xi Jinping Thought on the Rule of Law, the New Era, the cultivation mechanism of foreign-related rule-of-law talents, the innovation and perfection of the cultivation mechanism

论新时代涉外法治人才的分方向联合培养

李培锋*

摘　要：高校作为涉外法治人才培养的第一阵地，确保从数量、质量和结构三方面满足涉外法治工作的人才需要，这是新时代赋予高校法学教育的重大课题。高校要实现涉外法治人才的"供给侧"与"需求侧"匹配，需要根据当前的人才结构性需求进行分方向培养。高校要实现涉外法治人才的高质量输出，需要在法学院系这一责任主体基础上，整合各种培养资源，开展更有成效的多主体联合培养，如"学院+学院""国内高校+国内高校""国内高校+国外高校""国内高校+涉外法律实务部门"。各高校只有根据区位特点、学校特点、学科特点，灵活选取有针对性的分方向培养方式和更有成效的联合培养方式，才能更好地为国家、企业和公民的涉外利益保护提供充足的、多元的、高素质的涉外法治人才支撑。

关键词：涉外法治人才培养　分方向培养　联合培养

---

* 李培锋，中南财经政法大学法学院教授，研究方向：英美法律史，法律职业伦理。

贯彻落实习近平法治思想,"坚持统筹推进国内法治和涉外法治",一项重要内容是加强涉外法治人才培养,为开展涉外法治工作提供人才保障。高校作为涉外法治人才培养的第一阵地,确保从数量、质量和结构三方面满足涉外法治工作的人才需要,这是新时代赋予高校法学教育的重大课题。为顺利实现新时代涉外法治人才的高质量和匹配性输出,高校供给侧亟须创新人才培养模式,积极探索和实施分方向的联合培养。

一、新时代加强涉外法治人才培养的重要性和紧迫性

当今世界正经历百年未有之大变局,全球治理格局正在发生深刻调整,国际环境日趋复杂,我国面临的不稳定性不确定性明显增加。例如,以美国为代表的某些国家和国际组织以国际法的名义实施国内法,以人权名义在国际上对我国进行围剿打压,不顾中方意愿滥用国际仲裁程序介入我国与邻国的海洋争端解决,以反倾销、反补贴和贸易保障措施限制我国出口,对我国主权、安全和发展利益造成严重威胁和不良影响。

在当今世界百年未有之大变局中,我国日益走近世界舞台中央,更加深度参与全球治理。从2013年"一带一路"倡议的提出,到构建合作共赢的新型国际关系,从建立亚洲基础设施投资银行,到参与解决国际气候变化等各类重大国际问题和地区热点问题,中国作为负责任的大国在世界舞台上扮演着越来越重要的角色。随着"一带一路"倡议提出和持续推进,我国已深度融入经济全球化进程,与世界各国的往来经贸文化交流日益密切,企业和公民"走出去"步伐不断加快。我国对外直接投资从2012年的878亿美元上升到2016年的1961.5亿美元,之后我国对外直接投资流量多次蝉联全球第二,在投资存量方面截至2019年也连续三年进入全球前三,[①]已跻身于世界对外投资大国行列。

---

① 参见中华人民共和国商务部等:《2019年度中国对外直接投资统计公报》,中国商务出版社2020年版,第6页。

当前国家、企业和个人所面临的复杂涉外形势和飞速变化的涉外交往对涉外法治人才的供给提出了新的要求,这包括两个方面:一是对涉外法治人才的需求总量显著提升;二是对涉外法治人才的需求结构发生显著变化,亟需能服务“走出去”的涉外法治人才。

就涉外法治人才的供给总量而言,根据中央依法治国办组成人员、司法部副部长熊选国2021年3月25日披露的最新数据,目前中国涉外律师有1.2万余人,中国律师事务所已经在35个国家和地区设立境外分支机构150多家。从涉外律师所占律师总数的比重来看,在目前国内律师队伍52万人中,涉外律师的比重已超过了2%,比起2012年在党的十八大前已有了明显提高。但这些数字比起快速发展的社会需求是远远不够的。根据汤森路透(Thompson Reuters)发布的《2019中国法律市场现状》,被调查企事业中,有90%以上有涉外法律咨询的需求,而且这种需求在中国的增长速度超过所有世界上的其他地区。

就涉外法治人才的需求结构而言,2001年加入世贸以来的前十年主要需要能够服务于“引进来”的涉外法治人才,以满足外资企业在中国的投融资、并购、诉讼仲裁等法律服务需求;但党的十八大后随着“一带一路”倡议的提出,现已转变为亟须能够服务“走出去”的涉外法治人才来贯彻落实党和国家新时代涉外法治工作的战略布局,为国家、企业和公民的涉外利益保护提供法治保障。一方面,为在国际竞争中进一步掌握主动、赢得优势,需要更多涉外法治人才进入联合国、国际法院等政府间国际组织,主动参与并努力引领国际规则制定,推动形成公正合理透明的国际规则体系,及时有效、公正合理处理国际民商事纠纷,以提高我国在全球治理体系变革中的话语权和影响力,更好地服务于国家的主权、安全和发展利益。另一方面,为在经济全球化浪潮中更好地维护中国企业和公民海外合法权益,保障和服务高水平对外开放,需要大量的涉外律师走出去,需要大量的涉外律所去国外设立分支机构,需要向国际商会(ICC)、国际保护知识产权协会(AIPPI)等非官方国际经济、贸易组织的专家机构、评审机构、争端解决机构输送更多的涉外法治人才。

总之,当前对涉外法治人才数量、质量与类型的时代和实践需求,使加强涉外法治人才培养成为当前高校法学教育面临的一个重要课题。

二、新时代加强涉外法治人才的分方向培养

高校要满足当前涉外法治人才的结构性需求，实现涉外法治人才的“供给侧”与“需求侧”匹配，一项重要的举措就是根据当前亟须服务“走出去”人才这一结构性需求进行分方向培养。

涉外法治人才的结构性需求有多种表现形式，如地域性需求、多语种需求和专业方向需求。在地域性需求方面，既需要服务于中亚地区的涉外法治人才，也需要服务于东南亚国家、西亚国家、非洲国家的涉外法治人才。在多语种需求方面，既需要大量能熟练运用英语的涉外法治人才，也需要一批能熟练运用阿拉伯语、俄语、西班牙语、葡萄牙语、法语、德语、意大利语的涉外法治人才。在专业方向需求方面，既需要各领域均有涉猎的普通涉外法治人才，更需要在某一领域有所专长的涉外法治人才，如长于涉外知识产权人才、涉外金融法治人才等。因此，在开展涉外法治人才的一般性培养过程中，结合培养单位的特点和优势开展分方向培养对实现涉外法治人才的供需结构匹配意义重大。

（一）地域方面的分方向培养

目前，国内涉外法学培养单位比较认可从服务地域方面加强涉外法治人才的分方向培养。黄进教授认为，“各政法院校要根据自身学科专业实力、办学特色和区位优势……确定不同的涉外法治人才培养功能定位，走差异化、特色化发展道路。比如，西南地区法学院校聚焦培养面向东南亚国家的涉外法治人才，西北地区法学院校着力培养面向中亚国家或者‘上合组织’国家的涉外法治人才。”②广东外语外贸大学法学院院长陈云良教授认为，涉外法治人才培养要“充分利用国家区域发展政策，根据院校的学科优势、科研强项、区位特点，走差异化的涉外法治人

② 黄进：《完善法学学科体系，创新涉外法治人才培养机制》，载《国际法研究》2020年第3期。

才培养道路。例如,广外法学院将着重培养面向粤港澳大湾区、海上丝绸之路经济带的涉外法治人才,位于西北地区的政法院校则可以聚焦培养陆上丝绸之路经济带的涉外法治人才"。[③] 西南政法大学国际法学院院长张晓君教授认为,"在涉外法治人才的培养上……北上广的高校可能更聚焦面向欧美的涉外法治人才,而西南政法大学依托着重庆的地缘优势,将目光更多瞄准了东南亚地区,在'一带一路'法治人才培养方面积累了更多经验。"[④]

(二)法律语言方面的分方向培养

从服务的法律语言方面加强涉外法治人才的分方向培养,国内实务界与涉外法治人才培养单位也认可这种必要性。中华全国律师协会会长王俊峰认为,加强涉外法治专业人才培养需要提升涉外法治人才的语言能力,"'一带一路'建设对语言服务有着广泛需求和很高的能力要求……法语、西班牙语、阿拉伯语、俄语、德语、葡萄牙语等主要非英语外国语种,是'一带一路'建设需要重点保障的服务语言。"他建议在涉外法治人才培养过程中,"提升'一带一路'语言服务能力,增加非英语外国语种教育供给,并突出主要非英语外国语种人才培养。"[⑤]现在,涉外法治人才培养单位也日益重视多语种的涉外法治人才培养,基于语言进行的涉外法治人才分方向培养也已经全面展开。如上海外国语大学法学院在多语种涉外法治人才培养方面已招收了多届法律硕士班,涉及英语、德语、法语、意大利语、日语、俄语、泰语、印地语、西班牙语、阿拉伯语、朝鲜语、越南语、葡萄牙语、匈牙利语等 14 个语种,基本覆盖"一带一路"沿线主要国家。再如西南政法大学和四川外国语大学也开展了基于法语的"一带一路"涉外法治人才联合培养,中国政法大学开展的法学西班牙语特色人才培养实验班,黑龙江大学法学院设立的"法学 + 俄

③ 陈云良:《发挥优势,培养国家急需的高层次涉外法治人才》,载《民主与法制时报》2020 年 8 月 20 日,第 5 版。

④ 郭玲:《全球视野,中国立场! 论如何养成涉外法治人才》,载《小康》2021 年第 16 期。

⑤ 王俊峰:《加快非英语外国语种教育》,载中国教育报 - 中国教育新闻网 2019 年 3 月 10 日,http://www.jyb.cn/rmtzcg/xwy/wzxw/201903/t20190310_216550.htm。

语”涉外法治人才培养实验班。上述这些分语种的涉外法治人才培养“在填补我国涉外法律服务语种空白的同时……也适应了新时代国家战略对于涉外法律人才培养的新要求”。⑥

（三）专业领域方面的分方向培养

从服务的专业领域方面加强涉外法治人才的分方向培养，国内涉外法治人才培养单位也认可这种必要性。以中南财经政法大学实施的法律硕士专业学位（涉外律师）研究生培养项目为例，依据财经政法类高校交叉融通特色优势和涉外法治人才培养的已有基础，结合当前国内对涉外人才的主要需求，该项目初步确定“涉外知识产权”“涉外商贸法律与实务”“涉外税收法律与实务”“涉外仲裁与诉讼”四个培养方向。其中，“涉外知识产权”与“涉外税收法律与实务”两个方向能较充分地体现学校人才培养的国内特色与优势。以“涉外知识产权”方向为例，该方向所依托的中南财经政法大学知识产权研究中心在国内有明显的研究优势和师资优势。该中心是国内最早从事知识产权教学与研究的机构之一，同时也是我国知识产权领域唯一的教育部人文社会科学重点研究基地。目前知识产权研究中心已经构建了国家知识产权工作研究基地、国家知识产权战略实施研究基地、国家知识产权培训（湖北）基地、国家版权局国际版权研究基地、文化和旅游部文化和旅游研究基地、最高人民法院知识产权司法保护理论研究基地、新时代科技革命与知识产权学科创新引智基地等多个高端研究平台。该中心拥有以吴汉东教授为首的国内最为强大的知识产权研究和教学团队，并组建了一支由德国慕尼黑马克斯·普朗克创新与竞争研究所前所长约瑟夫·施特劳斯（Joseph Straus）教授为首席专家的具有国际水平的研究团队。该中心持续多年推进知识产权国际化人才培养，每年邀请海外专家团队到基地为学生讲授一门为期三周36学时的国际知识产权法学课程，每年邀请海外专家团队进行学术报告，为师生介绍国际知识产权制度发展的最新趋势。这都确保了“涉外知识产权”方向能够培养参与涉外知识产权谈判

---

⑥ 张海斌：《培养“多语种+”卓越法律人才》，载《民主与法制时报》2019年10月17日，第5版。

及相关争端纠纷的高端涉外法治人才。

三、新时代加强涉外法治人才的联合培养

在涉外法治人才培养过程中,高校要实现涉外法治人才的高质量输出,法学院系无疑是第一责任主体。但涉外法治人才所需的法律外语运用能力和涉外实践能力,仅凭高校法学院系的单一培养还无法充分保障。对此,有学者也曾明确提出"不能单靠法学院系"⑦。因此,在坚持高校法学院系作为第一责任主体的过程中需要整合各种培养资源,实行更有成效的多主体联合培养。

根据当前各高等院校已开展的"联合培养"实践,加强涉外法治人才培养需要积极探索、开展和完善下面四种联合培养方式。

(一)高校内部"学院+学院"联合培养

高校内部涉外法治人才的联合培养主要模式是"法学院+外语学院"的二学位培养。这是一种国内开展较早的联合培养方式,很多高校在外语学院或法学院设置法律与英语双学位专业。例如,山东大学外国语学院与法学院于2000年联合创办"英语+法学"双学位班,采取"五年制外语与法学双学士复合型人才"的培养模式。中南财经政法大学外国语学院与法学院联合创办"商务英语+法学"双学位班,作为外国语学院的特色人才培养项目。中国政法大学国际法学院与外国语学院则拟联手"法语+法学"双学位班,共同推动和实施法学涉外班"法语+法学"双专业双学位人才培养模式。

相较于传统的"英语+法学"双学位班,"法语+法学"双学位班是近年"法学院+外语学院"联合培养的新趋势,即尽可能培养符合涉外法律服务需要的多语种涉外法治人才。

---

⑦ 张法连:《加快涉外法治人才培养体系建设》,载《人民日报》2021年3月25日,第19版。

（二）"国内高校＋国内高校"联合培养

"国内高校＋国内高校"涉外法治人才培养是国内近一两年刚兴起的一种联合培养方式，其中比较有代表性的有"中国政法大学＋北京外国语大学"国际法学人才本硕贯通联合培养和"西南政法大学＋四川外国语大学"联合培养"一带一路"涉外法治人才。

根据2020年《北京外国语大学与中国政法大学涉外法治人才本硕贯通培养合作协议》，双方将充分发挥各自的学科、专业和资源优势，以现有培养模式为基础，以培养"外语法学双精通"的高端涉外法治人才为目标，创新本科生和研究生跨校贯通培养模式，开展推荐优秀应届本科毕业生免试攻读硕士学位研究生项目。双方将建立工作联系制度，定期会商工作计划，研究协调合作中的重大事宜，积极创新人才培养合作模式，不断扩大合作领域，提升涉外法治人才的培养水平。

根据2021年西南政法大学和四川外国语大学就联合培养"一带一路"涉外法治人才所签署联合办学协议，两校将充分发挥各自的学科、专业和资源优势，充分吸收两校教学改革和教学研究成果，坚持国际化导向和"法学＋小语种"专业特色，培养具有较强涉外法律事务处理能力的卓越复合型涉外法治人才。根据联合培养双学位项目实施方案，西南政法大学今年开展"法学＋法语"双学位招生，四川外国语大学今年开展"法语＋法学"双学位招生，通过高考分别招收30名和25名学生。在学生培养上实行"1.5＋1.5＋1"双校区培养模式，即学生第1—3学期在四川外国语大学就读，第4—6学期在西南政法大学就读，第7—8学期在各自注册学籍学校就读。在交换期间双方互派师资，同时开设课程。攻读该合作项目的学生在完成专门的人才培养方案要求的学分并达到两校学士学位要求的，可授予两校双学士学位。

"国内高校＋国内高校"这种强强联合培养开创了涉外法治人才培养新模式，特别是"法学＋小语种"的联合培养项目引领了涉外法治人才培养的发展趋势和前进方向，是涉外法治人才培养中服务国家重大发展战略的有利尝试，具有重要的示范意义。

（三）"国内高校＋国外高校"联合培养

"国内高校＋国外高校"涉外法治人才培养是国内较早和较普遍开

展的一种联合培养方式。这种联合培养分为本科阶段的联合培养、硕士阶段的联合培养和本硕贯通的联合培养。其中,本科阶段又分为“2+2”或“3+1”等多种联合培养形式。硕士阶段也分为“1+1”或“2+1”等多种联合培养形式。

“国内高校+国外高校”的联合培养中与英语国家高校的联合居多,但也有一些重要的中外联合培养已从英语拓展到其他语种。其中比较有代表性的有中国政法大学的中欧法学院和中南财经政法大学的中意学院。

中国政法大学中欧法学院是第一所获得中华人民共和国教育部批准的“中外合作办学”的法学院。2008年10月23日,中欧法学院成立庆典在中国政法大学昌平校区隆重举行,时任国务院副总理李克强先生和时任欧盟委员会主席巴罗佐先生莅临庆典并致辞。中欧法学院致力于培养法学研究生,为法官、检察官、律师和其他公务员及专业人士提供职业培训,开展并促进法学研究与咨询,以成为中欧双方在法学研究与教育、学界与实务界交流与合作的平台。

中南财经政法大学中意学院由罗马第一大学与中南财经政法大学合作建设,是意大利宣布支持“一带一路”倡议后成立的首个中意高等教育合作单位。中南财经政法大学与意大利罗马第一大学合作创办的“欧洲学:比较法与欧洲法”硕士学位教育项目2019年4月获得中华人民共和国教育部批准,旨在健全创新法治人才培养机制,育就国际一流法律人才,培养面向现代化、面向世界、面向未来,德、智、体、美全面发展,具有创新精神和全球视野,有能力从事涉外法律实务工作和研究国际前沿法学理论问题的专门人才。

以中意学院为代表的与非英语国家的中外高校联合培养代表了涉外法治人才培养中的一个重要发展趋势。随着“一带一路”倡议的全球落地,类似“中国高校+阿拉伯语国家高校”“中国高校+俄语国家高校”“中国高校+西班牙语国家高校”“中国高校+葡萄牙语国家高校”的联合培养更符合涉外实践中的多元需求,代表了“国内高校+国外高校”联合培养的新兴重要发展方向。

(四)"国内高校+涉外法律实务部门"联合培养

"国内高校+涉外法律实务部门"联合培养是当前涉外法治人才培养的一项重要举措,它符合高校法学院系提升涉外法治人才实务经验的需要,也切合了律所等实务部门拓展涉外法律业务、提升涉外法律服务能力水平的需求。

就中国律所的国际化进程而言,近年来积极适应全球化发展步伐,通过在海外设立分所,与海外知名律所合作等方式,推进律所国际化发展,有效提升涉外法律服务能力水平。国内一些著名的律所,如盈科、大成、德和衡……近年来紧跟全球化发展步伐,在国际化发展的道路上铿锵前行,或在海外设立分所,或与海外知名律所合作甚至合并开展业务等,推动中国法律服务市场与国际接轨,在做大做强自身的同时,也有效促进了整个法律服务行业能力水平的提升。对于国内律所下一步如何实现在国际化道路上更好的发展,中国政法大学刘静坤教授认为,"首先要培养足够数量的涉外法律人才,有必要从国家层面探索制订涉外法律服务人才专项培养计划,培养专业精通、素质过硬的涉外法律人才队伍。"⑧

2021年,教育部推动实施了法律硕士专业学位(涉外律师)研究生培养项目,首批选取15所高校在法律硕士人才培养中实行"高校+涉外涉外法律实务部门"联合培养。各高校选取的联合培养法律实务部门主要是涉外律师事务所,也包括涉外仲裁机构、涉外大中型企业、全国性或者地区性的法律服务行业协会。根据联合培养的指导性要求,培养院校可与涉外法律服务机构、行业协会、企事业单位等相关机构合作开设课程,重视和加强实践教学,注重实务能力的培养;实施"双导师制",须聘请具有培养涉外法律实务经验的专家担任校外导师,参与涉外律师人才培养等各项工作。各培养院校与联合培养单位联合组织专业实习,时间不少于6个月,可以在国际、区域组织、涉外机构、跨国公司、涉外律师事务所等分阶段进行。

---

⑧ 蔡长春:《中国律所加速推进国际化进程》,载《法制日报》2019年8月26日,第7版。

“国内高校 + 涉外法律实务部门”联合培养是“高校 + 司法实务部门”联合培养方式在涉外法律领域的进一步拓展,代表了国家倡导的涉外法治人才培养的重要发展方向。继全国 15 所法学院之后,上海政法学院也于 2021 年 5 月与金诚同达正式签署《法律硕士专业学位(涉外律师)联合培养协议》,就培养涉外专业法律人才达成合作。

总之,要实现新时代涉外法治人才的高质量和匹配性输出,高校供给侧需要创新人才培养模式,探索和加强分方向的联合培养。各高校只有根据区位特点、学校特点、学科特点,积极探索创新,灵活选取有针对性的分方向培养方式和更有成效的联合培养方式,才能更好贯彻落实党和国家新时代涉外法治工作的战略布局,为人类命运共同体的构建、“一带一路”倡议的落实和国家、企业和公民的涉外利益保护提供充足的、多元的、高素质的涉外法治人才支撑。

Study on the Joint Training of Foreign-related Legal Talents in Different Directions in the New Era

Li Peifeng

Abstract: As the first position for cultivating foreign-related rule-of-law talents, universities and colleges should ensure that they meet the needs of foreign-related rule-of-law work in terms of quantity, quality, and structure. This is a major research issue for the higher education on law granted by the New Era. In order to match both the “supply-side” and the “demand-side” of foreign-related rule-of-law talents, universities and colleges should cultivate in different directions according to the current structural demand for the talents in various fields. In order to achieve high-quality output of foreign-related rule-of-law talents, universities need to integrate various training resources on the basis of the main body of responsibility of the law school, and carry out more effective multi-subject joint cultivation, such as "schools + schools", "domestic universities + universities", "domestic universities + overseas universities", "domestic universities + foreign-related law practice departments". Only by flexibly selecting targeted cultivation methods and more effective joint training methods based on the characteristics, such as, location, school operation and subjects' features, can universities and colleges provide better adequate, supportive, diverse and high-quality foreign-related rule-of-law talents.

Key Words: cultivation of foreign-related rule-of-law talent, different directional cultivation, joint cultivation

涉外法治人才培养的当前困境与未来举措

——西南政法大学经验谈*

张春良**　魏瑛婕***

摘　要：西南政法大学坚持守正创新、突出特色发展，化区位劣势为区位优势，走出了一条涉外法治人才特色化培养的"非常道"。该"非常道"的基本模式是四轮驱动、进出对流。尽管效果渐彰，但当前培养模式仍存四点问题，这就是涉外法治人才培养的痛点、堵点、难点与痒点问题。将一流素质的学生导向涉外法治培养轨道，是涉外法治人才培养必须解决的痛点问题；促进法律与外语、国别法与国内法、中国法与外国法的融贯，是涉外法治人培养必须解决的堵点问题；促进理实相通、知行合一，是涉外法治人才培养必须解决的难点问题；造就拔尖、卓越人才，是涉外法治人培养必须解决的痒点问题。破解涉外法治人才培养当前困境的未来措施是六措并举，统筹深度培养、专门培养、共同培养、实战培养、

---

* 基金项目：2021年度重庆市社会科学规划英才计划项目《百年中国共产党人关于涉外法治的重要论述研究》(2021YC041)。

** 张春良，西南政法大学国际法学院教授、博士生导师，研究方向：国际法。

*** 魏瑛婕，西南政法大学博士研究生，研究方向：国际法。

国别培养以及精英培养六条路径,形成体系化的人才冶铸方案。

关键词:涉外法治　人才培养　培养方案　合作办学　知行合一

党的十九届四中全会决定强调:“加强涉外法治工作,建立涉外工作法务制度,加强国际法研究和运用,提高涉外工作法治化水平。”教育部高等教育司发布的《教育部高等教育司2020年工作要点》明确要求“加强涉外法治人才培养……为我国参与全球治理提供人才支撑”。晚近,习近平总书记在两院院士大会中国科协第十次全国代表大会上的讲话中指出:要强化大学建设同国家战略目标、战略任务的对接……努力构建中国特色、中国风格、中国气派的学科体系、学术体系、话语体系,为培养更多杰出人才作出贡献。西南政法大学秉持“心系天下、自强不息、和衷共济、严谨求实”的西政精神,主动对接国家全面对外开放战略、高质量共建“一带一路”倡议,自觉服务国家高水平“走出去”和高质量“引进来”的政策要求,坚持守正创新、突出特色发展,化区位劣势的危机为涉外法治人才培养的契机,主动求变,迄今已探索出一套涉外法治人才培养的新模式。但与国家战略和时代发展的需求相比,当前的培养模式业已渐显困境,亟须突围脱困之策。

一、守正创新:涉外法治人才培养的“四轮”驱动

为积极回应国家和地方发展需求,贯彻落实国家、教育部关于涉外法治人才培养的要求,西南政法大学在坚守传统法学本科教育体系的基础之上积极创新,一方面守正,即按照“1 + 10 + X”的法学专业人才培养方案落实法学本科教学要求,①另一方面则进一步通过双学位、联合学士学位和中外合作办学等途径为突破口,进行涉外法治人才的模式创

① 这里的“1 + 10 + X”有其特定的含义。其中,“1”是指习近平法治思想概论这一课程;“10”是指教育部核定的法学本科培养方案中的“10”门必修专业课程;“X”则是指由各学校自行设定的其他必修专业课。

新，迄今已形成涉外法治人才培养“四轮驱动”的基本格局。

（一）开设卓越涉外法治人才培养实验班

2013年，为深化高等法学教育教学体制改革，探索建立更为完善的法律职业人才分类培养机制，西南政法大学获批三个教育部卓越法律人才教育培养基地。同年，为贯彻《教育部、中央政法委员会关于实施卓越法律人才教育培养计划的若干意见》，实施西南政法大学与商务部条约法律司签订“校司合作协议”，协同创新建设“教育部涉外法律人才教育培养基地”，经学校批准，西南政法大学首届卓越涉外法治人才培养实验班开设。该实验班定位高端，采取“精英教学”模式，按照优中选优的标准在全校法学本科新生中进行二次遴选，历经“书面考试＋英语面试”的组合选拔程序后，在全校五百多名本科学生中仅遴选约三十人组成。该班集聚了西南政法大学法学本科新生最优秀的人员，按照“一流学生＋全校资源＋特殊培养”的组合模式进行培养，历经8年时间的磨砺，该班业已成长为西南政法大学本科层次涉外法治人才培养的“拳头”品牌。该班在培养模式的创新方面，可概括为四大元素：

一是强化外语元素。涉外法治人才培养实验班在本科阶段即引入外教课程，推广全英文教学模式。每年开设外教课“外国法专题”，邀请欧美合作高校教授授课，长短期授课方式相结合。与此同时，相应配套学校全英文课程建设，目前，学校已经立项建设8门全英文课程，并将以此为基础夯实全英文授课模式。

二是强化实务元素。实务教育是西南政法大学办学特色之一。实验班所依托的国际法学院积极推进实务导师参与课堂教学环节，一方面由实务导师通过案例教学法独立授课；另一方面开设“双师同堂”模式，由实务导师和校内教师同堂配合，线上线下，国内国外，互动教学；再一方面积极举办系列实务讲座、涉外实验班系列讲座，充分发挥实务导师专长。

三是强化涉外元素。学校采取“走出去”“引进来”相结合的模式，与欧美国家高校协同创新。每届实验班学生均有赴国外开展为期一至三个月的海外课程项目的机会，借助“走出去”的窗口期，学生可更全面地体验国外学习的经历，拓展视野，感受纯粹和地道的国际法律研修经历。不仅如此，学校也通过面向外国学生开放的夏令营，积极对优秀的海外学生“引进来”，与涉外实验班学生进行结对学习，全方位突破语言、法律知识方面的局限。通过高质量走出去、高水平引进来，让涉外法治人才实验班在培养过程中真正嵌入“涉外”元素，解决传统上仅在国内“封闭”培养涉外法治人才的弊端。

四是强化创新元素。实验班开展特色学生活动，建立由实验班学生自编自刊的全英文专业学术期刊。据悉，该学术期刊也系全国范围内首份由学生完全自主编排、审稿和出版的英文学术刊物。这样的办刊经验和平台为实验班学生的创新提供了历练的机会，有效地培养了学生的批判思维，强化了学生的创新意识。与此同时，涉外实验班还主动创办了国际青年对话活动，围绕当前国际法律热点问题，与来自欧美国家的留学生展开富有成效的对话，不仅培养了学生的学术自信和民族骨气，也将该对话活动打造成为外国优秀青年学子了解真实中国，理解中国立场，观瞻中国学子的重要窗口。通过对话活动，极大地改变了外国青年留学生对中国学生和中国文化的传统认知。此外，西南政法大学还依托国际法学院的硕士研究生导师和博士生导师，按照“1 + 3”的方式为该实验班学生配置指导教师，即每 3 名实验班学生就配置 1 名导师，并要求学生在导师指导下参加学校的“创新创业”项目，至少每一位学生确保主持或主研一项创新项目。以此方式，实验班学生享受了硕士研究生的创新待遇，对于学生创新能力的培养产生了较好的效果。

（二）获批建设“本—硕”中外合作办学项目

西南政法大学分别与英国考文垂大学和美国凯斯西储大学进行合作办学，与前者合作举办法学本科教育，与后者合作举办国际商法与争端解决方向的法律硕士教育。这两个中外合作办学项目构筑起西南政法大学中外合作办学的两大核心，西南政法大学也因此成为西部唯一承办法学学科中外合作办学双学位项目的高校。②

西南政法大学2014年经教育部批准与英国考文垂大学合作举办法学本科教育,该项目按照"一体两校四年制"的模式进行中英双语双法的培养。具体而言,该培养方案由两校联合统一制定,嵌入双方法学本科教育必修课程和选修课程,同时增大对英国法律体系和法律技能的学习。项目班在具体实施中采取"3+1"的培养方式,即3年在国内,最后1年在英国考文垂大学进行接力培养,完成培养方案的学生将获得两校的两个法学学士学位。该项目的突出特色是,英国考文垂大学有长期派驻西南政法大学的教师和博士生代表,与学生之间进行无障碍的实时沟通,并有许多富有特色的英国法沙龙,以润物无声、持续不间断的方式对学生进行纯正、地道和专业的英美法交流与研习。

西南政法大学还于2017年经教育部批准与美国凯斯西储大学合作举办"国际商法与争端解决方向"的硕士学位项目,项目采取"一体两院三年制",前两年在国内学习,第三年赴美国凯斯西储大学进行学习。学生完成培养方案后,将同时获得两所大学的法律硕士学位。该项目主要的突出特色包括:第一,学生采取中、美双导师制,一经遴选进入项目班,每名学生同时配置西南政法大学和凯斯西储大学的硕士研究生导师,学生可随时与双导师联系,就学术问题、法律语言问题进行沟通和交流。第二,学生采取学籍双注册制,这意味着学生一经遴选进入项目班,即同时具有两校学生身份,并可据此特别享受西南政法大学和美国凯斯西储大学两所大学强大的图书信息和科研资源。第三,学生论文写作采取中英双语制,原则上以中文完成写作,鼓励全英文完成写作。对于以中文完成写作的同学,必须同步提交不少于1万字的英文摘要。特别是在答辩的时候,采取中美混合导师组形式进行答辩。第四,该项目为立足人才培养的基础,实现"项目+"的增量功能,这就是通过合作办学促进两校师资交流和西南政法大学师资力量的国际化。为此,该项目还全国独创性地在师资方面采取了"走出去"与"引进来"相结合的授课与交流模

② 该统计截止至两个合作办学项目获批之日。此后的变动,未在本次统计之中。

式。也就是说,该项目不仅要引入1/3的外教课程,且有1/3的外教教师来校授课,而且也将遴选教师推荐给美国凯斯西储大学作为高级访问学者,赴美一方面从事访问或博士后研究;另一方面则在美国凯斯西储大学法学院面向项目班学生和法学院的其他学生讲授专业课程,利用美国凯斯西储大学国际法专业的影响力和平台,③辅助锤炼我校师资力量的国际化。

当然,由于教育部本身对于中外合作办学有非常严格和非常高标准的涉外元素的要求,这就在根本上保障了两项目的涉外"含金量"。具体而言,两项目均严格按照教育部要求的四个"三分之一"标准设置人才培养方案,其中,外文课程及课时数、外教来华授课课程门数、核心课程门数和课时数等均必须达到项目中相应类型总量的三分之一。教育部要求的四个"三分之一"在效果上相当于整体上引入了三分之一个外国大学的法学院在中国本土进行法学教育。总之,合作办学的人才培养模式实质性融合了合作办学双方的办学理念、价值、课程,极大地突破了传统"中国人培养中国人"的涉外法治人才培养模式,转变为"中外合作双方联合培养"模式。

(三)拓展联合学士双学位培养项目

为深入贯彻习近平总书记重要讲话精神,适应全球化深入发展和国家对外开放战略的需要,在总结本科涉外法律人才教育培养基地建设、涉外卓越法治人才培养实验班、"一带一路"卓越法治人才培养实验班经验的基础上,西南政法大学与四川外国语大学于2021年申报并成功获批"西南政法大学法学+四川外国语大学法语"联合培养双学士学位项目,通过"法学+小语种"的复合型国际化培养模式,打造涉外拔尖法治人才。此次西南政法大学与四川外国语大学开展"一带一路"涉外法治人才联合培养,将充分发挥各自的学科、专业和资源优势,充分吸收两校教学改革和教学研究成果,坚持国际化导向和"法学+小语种"专业特色,培养熟悉和坚持中国特色社会主义法治体系,良好外语沟通运用

③ 据U.S. News最近五年排名,美国凯斯西储大学国际法专业的全美排名在10~12位之间,其法学院院长Michael Scharf教授是科研成果援引率位列全美前15名内的教授。

能力,了解国际法律规则与国别法律制度,具有较强的涉外法律事务处理能力的卓越复合型涉外法治人才。[④] 这一项目的成功申报和获批也意味着两校突破了传统的涉外法治人才主要为英语语言类法治人才的局限,在全国率先创新了小语种语言类的涉外法治人才的培养。

该项目在人才培养模式上采取的是"一体两校四年制",即双方学校依托各自的优势学科一体化设计培养方案,并按照"1.5+1.5+1"双校区培养模式的方式进行学生的接力培养与互换。具体而言,两校各自面向全国进行高考招生,学生在两校所属的项目班中进行独立的1年半的培养之后,即换位到对方学校进行后续1年半的接力培养。完成3年的培养期之后,最后一年再换回到最初招生的学校进行培养,完成人才培养方案的学生将授予两校双学士学位。两校在交换期间必须相互同时开设对方学校的课程,由双方互派师资的方式进行教学。本项目班具有探索性,积累经验后将进行"法学+"其他小语种的办学复制,为国家和地方发展提供更多元的法律服务支持。

(四)增设涉外律师方向硕士实验班

为突破当前涉外法治人才培养的瓶颈,回应新时代的新需求,2021年2月4日教育部学位管理与研究生教育司、司法部律师工作局联合就实施法律硕士专业学位(涉外律师)研究生培养项目下发通知。[⑤] 法律硕士专业学位新增涉外律师方向,西南政法大学成为首批入选的15所高校之一。

西南政法大学依托国际法学科及教育部卓越涉外法律人才教育培养基地、中国法学会法治研究基地、最高人民法院研究基地和教育部国别与区域研究基地等多个人才培养平台和科研平台,着力培养具有国际视野和中国立场,能够运用涉外经贸法律知识和技能参与涉外法律事务,维护国家和企业利益的专门性涉外法律人才。本实验班具有如下涉

---

④《西南政法大学、四川外国语大学联合打造"一带一路"涉外法治人才培养新模式》,载西南政法大学新闻网2021年5月19日,https://news.swupl.edu.cn/zhxw/302874.htm。

⑤《教育部学位管理与研究生教育司、司法部律师工作局联合就实施法律硕士专业学位(涉外律师)研究生培养项目下发通知》,教研司〔2021〕1号通知。

外特色：第一，创新协同培养机制。实验班将由西南政法大学协同国内外法律实务部门，携手创新人才培养机制，打造涉外法治人才培养共同体。实验班学生原则上实行双导师制度，拥有国内外三十余名理论界和实务界专家，分别来自法院和国家有关部委、知名律师事务所、行业商会、大型企业等；来自东盟国家司法部门、国外律师事务所和海外高校等。第二，创新课程设置体系。该方向开设有特色方向课、特色职业训练课，采取案例教学、模拟仲裁庭、涉外现场教学和实践学习等方式，教学内容突出涉外法务实训和应用技能。部分课程由国内外教师和实务专家共同打造。第三，聚焦实务能力提升。实验班将定期邀请实务专家就实务技能专题举办讲座。依托西南政法大学推行的“千县计划”，即在全国范围内设立1000个实践实习实训基地，目前业已设立近900个实践实习基地，实验班学生将有足够丰富的实务能力提升机会和平台。不仅如此，西南政法大学还利用其与东盟国家之间的密切合作关系，在新加坡等国建立有10个海外实习基地，包括这些国家的知名律师事务所。现有基地可以保障本方向研究生集中实习。此外，西南政法大学还与10余个海外高校协同合作，鼓励本方向学生赴美国、英国、澳大利亚及东盟国家短期交流或参与学位项目。

二、特色发展：涉外法治人才培养的“进出对流”

扎根在中国大地的政法院校需明确版图化的发展定位，[⑥]结合地缘与资源突出培养重点和方向。在涉外法治人才培养方面，基于地缘、资源和定位上的不同，各高校自然地形成了具有重要差异的特色机制。北上广的高校可能更聚焦面向欧美的涉外法治人才培养，而西南政法大学依托重庆的地缘特征，化劣势为优势，变危机为契机，将目光更多瞄准东南亚地区，在“一带一路”法治人才培养方面积累了更多经验，并具有在

---

⑥ 参见郑高键：《西部政法院校卓越法治人才培养模式的探索和实践》，载《法学教育研究》2020年第1期。

对接"一带一路"倡议、携手东南亚国家进行东盟国家国别法治人才培养方面得天独厚、不可替代的优势。这种差异化竞争与发展将会更有力地促进涉外法治人才的培养和与实践接轨,更好契合国家对涉外法治人才培养的多元化需求。因此,西南政法大学在涉外法治人才培养的特色发展方面,主要是与东南亚国家进行了国际化的培养合作,并形成国别法导向的双语双法模式和以境外招生合作办学为特征的"走出去"两种特色培养模式。

(一)以"国别法"为导向的"双语双法"培养模式

为特别回应国家"一带一路"倡议和周边命运共同体的法律服务需求,西南政法大学于2016年创设西南政法大学卓越"一带一路"法治人才培养实验班,培养具备扎实的国际法理论基础,并能够熟练掌握一门以上东盟国家语言及英语,熟练运用我国法律、东盟国家法律,从事国际谈判、处理国际法律事务的"双语双法"涉外法律人才。正如习近平总书记所指出的那样,"一带一路"建设已经从"大写意"转变成"工笔画",涉外法治人才培养也必须从一般的国际法培养转向落地为具体的"国别法"的培养。如今,"一带一路"班已经开办了5届,2020年至2023年还计划再开设4个,培养120名国别法人才。

该实验班培养特色主要包括:第一,遴选方式,每年在西南政法大学的本科新生中遴选30名优秀新生组成实验班,与东盟国家高校协同培养。⑦ 第二,培养目标与定位,通过制定"2+2"特色培养方案旨在培养具有国际视野、通晓英语和东盟国家非通用语言、掌握中国和东盟国别法律的"双语双法"国际法治人才。第三,课程体系强调"思政、法学、国情及语言"四位一体。思政课程对于我国法律人才培养,特别是涉外法律人才培养极为关键,它解决的是"为谁培养人"的方向问题。项目课程建设工作,首先要将思政课程纳入国别法律人才培养课程体系的建设中去,既作为课程建设的根本指导原则,也作为贯穿国别法律课程体系的重要教学内容。项目注重学生对于"一带一路"沿

⑦ 这一组建模式与涉外卓越法治人才实验班招生的唯一区别是,前者面向全校新生,后者仅面向全校的法学本科新生。

线国家国情的了解与掌握,增强对其历史、人文、政治和地理等系统知识的理性认识。

(二)设置首个境外招生"走出去"合作办学模式

合作办学以中外双方合作办学主体共同进行人才培养为特征,通常以国内学生为培养对象。但我校涉外法治人才的特色培养在全国范围内首开面向境外学生的合作办学模式之先河,即在境外大学面向境外学生开展与我校共同进行的合作办学,其培养的是亲华、友华和爱华的外国籍涉外法治人才。该项目包括我校与柬埔寨皇家法律经济大学签署本科"2+2"项目,及中国法硕士"1+1"教育合作办学项目。

2019年4月,两校签署法学"2+2"本科境外合作办学项目实施推进计划书,完成人才培养方案的制定等相关工作。2019年10月,本科"2+2"境外合作办学项目正式招生,首批共招收30名项目学生;同年12月,我校派遣访问团赴柬举行境外合作办学项目首届学生开学典礼,并选派首批6名学生志愿者赴柬埔寨为项目学生讲授汉语和中国文化课程。这是我校首个境外合作办学项目,将助推学校海外法治人才培养。2020年新一届"2+2"已招生21名学生,并已经开始在柬埔寨皇家法律大学的第一学期的学习。2019级第一届"2+2"学生已经有20名学生通过筛选,计划于2021年9月开始在西南政法大学进行大三的学习。修完学业的学生将同时获得中柬两国的法学本科或法律硕士学位,预期成长为具有精通中国法、中国语言、柬埔寨法律与柬埔寨语言能力的"双语双法"人才。

三、存在问题:涉外法治人才培养的"四点问题"

西南政法大学在涉外法治人才培养方面变被动为主动,化危机为契机,在人才培养的理念、目标、定位和具体方案设置上取得了一定的成绩,也设计和落地了许多在全国乃至全球范围内来看仍不乏新意的创新举措。然而毋庸讳言的是,一方面是涉外法治人才的周期化培养和"批量化”供给;另一方面则是涉外法治服务的市场需求难以得到有效满足,特别是高端的涉外法律服务市场领域良将难求。在全国层面看,一个共识性的判断是,当前涉外法律服务人才队伍存在总量偏小、质量不高、经验不足等问题,不能适应高水平对外开放格局和日益多元化的涉外法律服务需求。⑧ 新时代对涉外法治人才培养提出了新的需求,对标新时代的新需求,包括西南政法大学在内的国内高校有关涉外法治人才培养出现了新的困境,进入了瓶颈期。国内高校在涉外法治人才培养方面可谓殚精竭虑,但培养质量与培养目标之间仍存较大落差。以涉外法治人才培养的新需求为靶向,结合以西南政法大学为靶例的培养经验,本文认为我国相关机构在涉外法治人才培养方面主要存在如下“四点”问题,即“痛点”、“堵点”、“难点”和“痒点”。

(一)痛点问题:一流学生的流失问题

涉外法治人才培养的痛点问题,在本质上乃是本与用的问题。各种培养方式的调整,培养资源的投入,是人才培养过程中的技术要素,属“用”的范畴;但人才培养最根本的是人的问题,这里的“人”首先是指学生本身的素质问题。一流的师资、一流的资源和一流的环境可能造就一流的涉外法治人才,然而最根本的是一流的学生。一流的学生虽然需要培养、琢磨,但如果学生具有一流的潜质,这应当是最能有效造就一流涉外法治人才的前提和基础。如何解决将最优秀的学生引导到涉外法治人才培养的轨道上来,这才是根本。一个并非不普遍的现象和现状是,学生和家长在择校、择业方面存在较大的务实倾向,即便在法学专业范围内,优秀的学生往往选择国内法律,特别是国内民商事实体法律的学习。事实上,这无可厚非,“欲治法律者,必先治民法”,“民法乃万法之基础”,这些观念已深入人心且具有合理性。但国际法而非国内法需要更为综合的知识结构,更为深刻的逻辑思维,更为健全的人文修养,更具思政的家国情怀,简言之,真正能在国际法领域脱颖而出的是那些智慧

---

⑧ 参见《全国政协召开双周协商座谈会 围绕“建设高素质的涉外法律服务人才队伍”协商议政》,载中国人民政治协商会议全国委员会官网,http://www.cppcc.gov.cn/zxww/2020/04/20/ARTI1587339499206118.shtml。

与德性俱佳之人。而实践中更多更优秀的学生面对国际法专业时存在"不愿""不敢""不知"三个突出问题:

第一,学生"不愿"选择国际法作为学习方向。掌握涉外法律相关知识是对涉外法治人才的基本要求,但这部分内容的应用场景离日常生活过于"高远"或"务虚",学生在学习时的角色代入感较弱,学习兴趣和学习动力较小。涉外法律相关知识在生活中鲜有运用,也容易使学生产生"不实用"的错觉,这在很大程度上也影响了优秀学生将涉外法治作为主要研究方向及未来职业选择。

第二,学生"不敢"选择国际法作为学习方向。涉外法治人才是"通晓国际法律规则、善于处理涉外法律事务"的高端复合型人才,要求精通外语、具有国际视野、通晓国际规则、熟悉外国法律等,对学生的综合素质要求较高。"门槛高""难度大"的既有印象容易使学生产生畏难情绪,不敢轻易涉足国际法领域。甚至有许多学生认为法律就是靠"记忆",国际法就是既要"记忆",又要"外语"能力,最终简单地将国际法等同于外语能力。这一偏见"误人子弟"不可谓不深重。正是在这些看似正确实则错误、似是而非的偏见的误导下,大量国际法专业的学生以外语专业学生为构成主体。这一认知甚至体现在中国的外交领域,只是在晚近得到了深入的反思。

第三,学生对国际法的"不知"体现为两个层次。一是形式和较为浅显的"不知",这就是对国际法知识学习和理解得不深入,对国际规则不谙熟,倾向于用国内法知识与思维替换到国际法领域,与国际接轨的要求就是要打破这样的传统立场。二是实质和较为深入的"不知",这就是对国际法知识缺乏体系化的认知,面对百年未有之大变局、面对中国高水平对外开放格局构建中的新实践、新问题,难以利用国际法知识进行有效化解和"破局",更难以形成以我为主的国际法"设局"和"布局"。

(二)堵点问题:学识不通透的问题

涉外法治人才培养的"堵点"主要在于三个方面的不通透:法律与语言,国内法与国际法以及中国法与外国法。首先,第一个"堵点"是法律与语言的不通透问题。语言是存在之家,⑨是事物是否存在和如何存在的载体。语言也是从事涉外法务不可或缺的工具,而且也正是其在涉外法务中占据重要的地位,以至于国际法专业人士时常被错置为外语与法律相叠加的专业人士。建立高水平的对外开放格局对涉外法律人才培养提出了更高的语言要求。一方面,对英语这一世界通用语言的综合能力提出了更高的要求,涉外法律人才不只是懂英语,而且必须精通英语,力求达到如同母语一般的综合能力。另一方面,涉外法律人才不只是精通英语,而且必须精通法律英语。不通英语者,其表达难以为国际社会所理解;不通法律英语者,其表达难以为国际社会所精确理解。涉外法律人士均知悉,仅通英语而不通法律英语者,其所思、所指与所述时常是南辕北辙,失之毫厘谬以千里,这在涉外法律斗争中是不能接受的硬伤,更可能是致命之处。再一方面,涉外法律人才还必须在语言上进行多元化的配置,这是中国日渐接近国际舞台中央,需要与更多语言的国家进行交流与合作的新阶段是紧密相关的,是中国深入融入国际社会、塑造国际秩序所不可避免的"高级烦恼"。"一带一路"倡议就是中国供给社会的国际公共产品,⑩其众多沿线国家拥有不同的语言体系和文化内涵,仅靠英语难以提供准确的法律服务与法治保障,这就需要在现阶段培养通晓英语之外的其他小语种的涉外法治人才培养的新要求。将法学教育与外语训练进行简单叠加是目前国内高校在培养涉外法治人才方面的常用方式,这在初级培养阶段为解决大量涉外法律人才需求缺口是不得不如此,而且最好如此的"速成之道",但在当前懂外语、又懂法律的复合型人才具有较大规模的基础之上,再重复这样的低水平徘徊是过于粗放的培养范式,无助于涉外法律人才向高、精、尖境界提升。因此,如何在法律与英语,法律与其他小语种语言之间进行有机融合,使二者之间不只是物理式的混合,而是聚变式的整合,这是当前涉外法律人才培养的首要堵点。

---

⑨ 参见[德]海德格尔:《路标》,孙周兴译,商务印书馆 2009 年版,第 368 页。

⑩ 参见石静霞:《"一带一路"倡议与国际法——基于国际公共产品供给视角的分析》,载《中国社会科学》2021 年第 1 期。

第二个“堵点”是国内法与国际法之间的不通透。当前在涉外法治人才培养体系中，普遍忽视了国际法与各国国内的衔接问题，忽视了人才培养过程中对国内法治与国际法治之间的统筹推进。毋庸讳言，国内此前的国际法教育更多的是强调国内法对国际法的尊重服从，这无疑是正确的，因为我们必须维护以联合国为中心和以国际法为基础的国际秩序。然而，这并不意味着国内法与国际法之间就只能是一种从国际法向国内法单向输入与塑造的格局，事实上国际法作为生生不息的动态发展法律规则、法律体系和法律施行，其也深受各国国内法发展的影响，并与国内法之间形成良性互动、互构。简言之，国内法与国际法之间不是简单的被动与主动、因变与自变的关系，否则，国际法也将因缺乏丰富思想源而失去发展的“养分”。因此，涉外法治领域呈现两个维度的互动需求：其一，在国际法领域，在国际规则制定与适用中发出更多中国声音、注入更多中国元素，在国际争端解决中维护国家利益的需求。其二，在国内法领域，应在坚守国家主权、安全和发展利益的基础之上尽可能促进国内法与国际法的接轨，将国际法视为凝聚国际社会共识的规则，更是国际社会的“集体智慧”和“文明成果”。通过接轨国际，提升国内法的现代化进程和合理性尺度。这种互变、互动和互构的国内法与国际法的整合性培养，是当前涉外法律人才培养中欠缺的重要维度，最终培养的人才只能消极接受国际法规则，而不能主动统筹和利用国内法与国际法知识，不能形成捍卫国家主权、安全和发展的法律之盾，更不能形成法律之矛，有效地反制和反击外国对我国的不合理、不正当和非法化的长臂管辖与制裁。

第三个“堵点”是中国法与外国法之间的不通透。世界是多元的国家，不同国家也有不同的法律制度、法学思想、法律文化和司法实践。我们不可能培养出通晓各国法律规则与实践的法律通才，事实上也没有必要去培养这样的通才。反之，我们更需要、也更可能在实践中成功培养出来的是，在精通中国法的基础之上熟谙某一特定外国法律的人才，甚至只能培养出精通中国法与某一特定外国法的某一领域，如合同法、票据法、知识产权法等具体特定法律部门的法律专才。只有法律专才才能形成真正的实战能力,具有召之即来、来之能战、战之能胜的真实功夫,才能运用他国法在司法程序中维护国家、企业与公民正当利益的需求。这就需要脚踏实地地推进"1+1"国别法导向的双语双法式的法律专才的培养。即便西政已经开始了这些实验班的探索,然而必须清醒地意识到,经过短短四年的时间要真正培养出精通中国法与某一特定外国法的法律专才,这事实上是极难的,很容易出现贪多不嚼的弊端,不但没有造就双语双法的"双赢"型人才,反而产生对中国法与外国法都掌握不通透的"双败"型效果。因此,培养真正通透掌握中国法与特定外国法的法律专才,不是花拳绣腿,而是有实战功夫,这是一个必须突破的堵点问题。

(三)难点问题:知行不一、理实不通的问题

知行合一是人才培养的根本目标,但在法学教育尤其是涉外法治人才培养中,很容易出现知行、理实之间的不通透问题。这就尤其要处理好法学知识教学和实践教学的关系,要在打牢学生的法学基本知识理论基础上,强化涉外法治(国际法治)实践教学,切实提升学生实践实训乃至实战的涉外法务能力。[11] 当前,培养的涉外法治人才解决实践问题的能力普遍较弱,许多学生甚至从未参与过涉外法务的处理,其产生的消极后果是:一方面,长期脱离法律实务和实践而进行的纯粹性理论培养,引发了涉外法治人才普遍高分低能的风险和后果。较为突出的表现是,在高校中国际法专业学生可以较为完善地回答各种知识信息考试,但是当他们作为涉外法治人才走出社会,面对需要着手解决的现实问题时,就立即陷入茫然无措的状态,无法及时提供有效的解决方案。另一方面,理论研究与实践应用的脱节,进一步导致了理论研究与实践应用之间的相互掣肘,理论界与实务界之间的相互反对。[12] 学术新问题的提出,应建立在现实问题与理论体系碰撞的基础上。当前一些国际法研究

---

⑪ 参见黄进:《加强我国涉外法治人才培养的战略选择》,载光明网,https://legal.gmw.cn/2021-02/09/content_34611217.htm。

⑫ 参见宋连斌:《浅析司法实践对中国国际私法研究方法的挑战》,载《法学论坛》2003年第3期。

的问题导向意识并不强,某些学术成果缺乏理论基础和实践切入,部分国际法著作和论文仍然处于坐而论道、不能对接鲜活实践的务虚阶段。⑬ 理论与实践的脱节,一方面导致涉外法治研究人员研究的问题难辨真伪;另一方面真正的实践问题又亟须理论指导和指引。师生之间在国际法理论与涉外法律实务方面的普遍的共同脱节,促致了所培养的学生难以做到知行合一。

(四)痒点问题:高层次涉外法治人才的稀缺性问题

所谓痒点问题,是指那些属于需求但不属于刚需的问题。在涉外法治人才培养领域,痒点问题就是指卓越拔尖的高层次专门性人才的造就问题。涉外法治人才培养的痛点、堵点和难点主要是解决人才培养的"有没有"的问题,而"痒点"问题则是解决人才培养"好不好"的问题。在培养出相当规模的涉外法律工作者的人力资源储备之后,还需要进一步解决人才培养的质的问题。应该说经过改革开放数十年的人才培养和积累,中国并不十分缺乏中端层次的涉外法律工作者,当前涉外法务需求的是高端涉外法治人才。同样地,在国际法务领域的高端涉外法治人才必然是专业分工越来越精细,也就是对越来越细小的领域知道得越来越多的国际法专才,例如,当代国际环境保护、网络信息、生物技术、气候变化、公共卫生以及外空极地等新领域的国际法务问题的不断涌现,这对涉外法治人才培养提出了更高、更精细的专业要求,继而需要针对特定领域的特殊问题进行专门性的高层次人才培养。

高层次专门性涉外法治人才的培养,是从"高层次"和"专门性"两个维度结合进行。首先,"高层次"是一个相对而不是绝对的概念,这里的"高层次"是指在满足涉外法治人才的基本要求后,对业务能力的精益求精,是"没有最好,只有更好"的不断提升。"高层次"在知识深度上对涉外法治人才培养的边界进行持续深化。与此同时,"专门性"是"高层次"的必然要求,激光因为纯粹而能量巨大。专门性涉外法治人才的培养要求限制培养的广度和幅度,聚焦特定领域或问题提高培养的深

⑬ 参见张春良:《论法学教材编写的现实效应及改善方案——以国际私法教材编写为例》,载《金陵法律评论》2016 年第 2 期。

度。在学科分工越来越精细的当前,专门化的涉外法治人才既是高层次培养的前提,也是高层次培养的结果,还是高层次培养的象征。据不完全统计,在WTO等国际顶尖法务舞台上能够用外语唇枪舌剑,捍卫国家利益的中国涉外法律人才非常匮乏,约为数百人。⑭ 中国国家或法人为捍卫自身的海外合法权益,往往不得不斥巨资聘请外国法务人士,这就很难在涉及国家主权、安全和发展利益的情形下绝对确保中国的核心利益不受损害。这反过来揭示了中国高端涉外法律人才供给的困境。

四、未来举措:涉外法治人才培养的"六措并举"

涉外法治人才的培养是长期的立德树人的过程,需要持续的投入与机制改进。为此,因应中国对外开放法治服务与保障的需求,特别是针对涉外法治人才培养中的痛点、堵点、难点和痒点问题,下一步将深化涉外法治人才培养的供给侧改革,重点围绕"六大举措"统筹发力。

一是深度培养,即优化人才深度培养机制,探索建立"本—硕—博"相衔接、一体贯通的涉外法治人才培养模式。必须指出的是,由于涉外法治人才必然是复合型人才,对其知识背景有更高、更全面的要求。在当前大多数实验班、双学士或联合学士学位班的培养方案中,在固定不变的时限内往往要求大幅度,甚至成倍增加课程门数和内容。这将极大增加学生学习负担,影响学习效率和培养效果,往往造成学不通透的问题。因此,可以在本硕拉通的六至七年,甚至本硕博拉通的六至十年的长时段内合理、科学配置课程体系,⑮平衡学习负担,慢工出细活,只有如此才能"雕刻"出涉外法律领域的"良才美玉",才能真正造就内外兼修的高端涉外法律人才。换言之,涉外法律人才难以速成,必须尊重人

⑭ 参见《改进LEC证书考试推进涉外法治人才培养 涉外法治专业人才考量标准研讨会在渝举行》,载《法治日报》2019年5月29日,第11版。

⑮ 事实上,本硕贯通的涉外法治人才培养模式正在成为当前各高校培养人才的转型主流。

才培养和成长规律,假以时日方能熏染雕琢而成。

二是专门培养,即在硕士及其以上阶段,根据各学生的兴趣、特长和基础,探讨设置专题型、专门化的涉外法治人才培养机制,围绕当代和未来时期内中国亟须的国际组织法律人才、国际贸易法律人才、国际争端解决法律人才、国际气候变化应对法律人才、国际公共卫生法律人才、国际海洋法律人才等专业化和专门化领域,设置高度针对性的课程体系模块,对学生进行分类培养。以此方式,培养满足国家战略发展需求的多元化涉外法务人才类型。

三是共同培养,即形成多元主体参与下的涉外法治人才"共养"模式。共同培养包括通过贯通实体法与程序法、国内法与国际法、理论法与法实践,整合国内与国际组织、集聚法律与外语优势,建构涉外法治人才培养共同体,打通涉外法治人才培养的瓶颈,提升涉外法治人才的综合实力。共同体培养已经成为当前涉外法治人才培养的发展趋势,它能群策群力,用各参与主体的专业长板对涉外法治人才的成长予以赋能和加持,美美与共地合力提升人才培养的含金量。

四是实战培养,即通过实习实训、以赛带训、模拟虚仿、就业前置、法律诊所、模拟法庭等多元途径,锤炼学生涉外法务实战能力,让书本中的法律知识、纸面上的法律成绩转变成为行动中的法律素养、实践中的法律实力,知行合一,养成召之即来、来之能战、战之能胜的涉外法律战能力。在实战培养中,推广就业前置式的培养模式是一个一举多得的培养创新:⑯首先,它可以将就业与培养高度融合,无缝衔接,缩短人才培养适应工作的磨合期,让学生在培养与就业之间实现自然转型。其次,它可以有效解决学生缺乏问题导向的选题难题,避免学生所学所写所思与毕业后就业的所作所为不匹配、脱节的情形,让学生在学习中思考的问题就是就业中遭遇的真问题,学生在培养中形成的解题能力就是解决工作中现实问题的问题。再次,它有效促进了产学研的一体化协调发展,有利于校企、校地、校府等之间的实质合作。

---

⑯ 参见王晓燕:《"论新时代高层次涉外法治人才培养模式改革——以'就业前置'为视角"》,载《中国东盟法律评论》2020年第1期。

五是国别培养,即一方面继续在国别上追求多元化,按照"双语双法"模式首先覆盖东南亚国家,其次进一步覆盖"一带一路"倡议沿线国家。逐一培养国家所需要的多元化的涉外法治人才,为国家战略发展提供更丰富的人力资源和更多元的工具箱以及更具深度的战术组合。

六是精英培养,涉外法治人才培养必须量质并举,用规模换品质。也就是说,必须在做大涉外法治人才培养基本量的前提下做强做优做特。涉外法治人才培养在数量上进入一定规模后,必将寻求在培养"质量"上的突破,要在现有规模基础之上探索拔尖人才遴选培养机制,抓关键少数,培养卓越、拔尖和领袖型涉外法治人才,形成"精英中的精英"。通过涉外法治人才培养的金字塔构架,才能满足我国涉外法务多层次、多元化、多方位的用人需求。

On the Current Dilemma and Future Resolutions on the Cultivation of Foreign-related Rule-of-Law Talents

—Taking Southwest University of Political Science and Law as the Example

Zhang Chunliang　Wei Yingjie

Abstract: Southwest University of Political Science and Law insists on maintaining integrity and innovation, highlighting characteristic development, turning location disadvantages into location advantages, and embarking on an "extraordinary way" for the cultivation of foreign-related rule-of-law talents. The basic mode of this "extraordinary way" is like the "four-wheel drive" and "convection input and output". Although the effect is gradually foregrounding, there are still four problems in the current training model. These are the pain point, blocking point, difficult point and dilemma point in the cultivation of foreign-related rule-of-law talents. Leading first-rate students to the track of foreign-related rule of law is the pain point that must be resolved in the cultivation of foreign-related rule-of-law talents; promoting the integration of law and foreign languages, national laws and domestic laws, and Chinese laws and foreign laws is the blocking point that must be resolved; unifying knowing and doing is the difficult point that must be solved in the cultivation of foreign-related rule-of-law talents; creating top-notch and outstanding talent is the dilemma point in the cultivation of foreign-related rule-of-law talent. The future measure to solve the current issues of foreign-related rule-of-law talent cultivation is to take the six measures at the same time: coordinating advanced cultivation, specialized cultivation, joint cultivation, practical cultivation, cultivation based on country studies, and elite cultivation to form a systematic talent cultivation plan.

Key Words: foreign-related rule-of-law, talent cultivation, talent cultivation plan, cooperation in school operation, unity of knowing and doing

涉外法治人才培养战略理念的革新*

夏羽辰**

摘　要：我国已有多年开展涉外法治人才培养工作的经验，但在传统培养理念的指导下，呈现一定程度上的专业粗放化、复合形式化和应用被动化特征，已难以满足新时代下国家与社会的需求。在理念指导实践的时序关系下，须先进行人才培养战略理念的革新，逐步树立专业精细型、实质复合型和主动应用型的人才培养理念。并通过分类培养、分层次培养、跨学科课程有机复合以及构建人才培养共同体等路径贯彻新理念。

关键词：外法治人才　培养理念　理念革新　法学教育

近年来，我国高度重视涉外法治人才队伍的建设。2018年10月，教育部和中央政法委在2011年"卓越法律人才教育培养计划"基础上进一步实施了"卓越法治人才教育培养计划2.0"，提出构建涉外

---

* 基金项目：西南财经大学2021年度教育教学改革专项资金项目"全球治理变革战略下涉外法治人才培养机制研究"的阶段性研究成果。

** 夏羽辰，西南财经大学法学院博士研究生，研究方向：法学教育、诉讼法学。

法治人才培养新格局。《法治中国建设规划(2020-2025年)》也要求完善高等学校涉外法学专业学科设置,加大涉外法治人才培养力度,创新涉外法治人才培养模式。从"涉外法律人才"到"涉外法治人才",法学院校不得不深入思考的问题是,应当如何理解人才培养战略的变化,如何加大培养力度以及构建新的培养模式?

截至目前,新的顶层设计尚未催生出更多新的基层实践,大部分高校依然沿用过去的培养模式,"培养新格局"迟迟不能实现。"总量偏小、水平不足、经验不足、供需脱节、管理薄弱等问题"仍然是目前我国涉外法治人才队伍面临的困境。① 有学者认为涉外法治人才培养具有服务构建新发展格局和贯彻习近平法治思想的双重意义,应当着重从课程、师资、对外交流渠道和政策经费支持等方面进行改善。② 有学者认为涉外法治人才培养应以国家战略需求为先,提出了学科设置、功能定位、课程体系、语言能力、实践教学、交流渠道、部门联动、人员培训、评估与进出机制等九条路径建议。③ 也有学者强调法学与外语之间、中国法与外国法之间融会贯通的重要性,指出涉外法治人才应当具有"世界眼光、中国情怀"。④ 不难看出,学界几乎均认为涉外法治人才培养体系应当有全方位的改进,但具体的方向和措施却五花八门,其根源在于未就措施背后的培养理念基础深入探究并达成一致。

人才培养理念旨在回答"人才应该是怎样的""人才为谁培养""人才应该如何培养"等问题,能够揭示人才培养的内在逻辑、终极价值与理想追求。⑤ 在不同人才培养理念的指导下会形成不同的培养方式,并最

---

① 参见黄惠康:《从战略高度推进高素质涉外法律人才队伍建设》,载《国际法研究》2020年第3期。

② 参见郭雳:《创新涉外法治人才培养模式研究》,载《国家教育行政学院学报》2020年第12期。

③ 参见杜焕芳:《涉外法治专业人才培养的顶层设计及实现路径》,载《中国大学教学》2020年第6期。

④ 参见王文华:《论涉外法治人才培养机制创新》,载《中国大学教学》2015年第11期。

⑤ 参见董泽芳:《高校人才培养模式的概念界定与要素解析》,载《大学教育科学》2012年第3期。

终达到不同的培养效果。为了支撑并正确指导培养模式的创新方向,有必要对既有涉外法治人才培养理念进行梳理,相关理念是否需要革新以及如何革新是当下须先行解决的问题。

一、涉外法治人才培养的传统理念及其实践模式

改革开放至今,我国已有四十多年法学教育和近十年专门涉外法治人才教育的历史。基于认识不一的原因,各教育单位的培养理念各有不同,但在交流融合的过程中已呈现相当程度的一致性与共通性,传统的涉外法治人才培养理念在此基础上逐渐形成。

(一)传统理念的产生背景

我国涉外法治人才培养理念的产生,与经济社会发展大背景息息相关。在20世纪80年代至90年代的改革开放初期,我国主要实施“引进来”战略,对外开放政策以“市场换资本”为主,引进了一批满足国内初级消费的外资企业,主要来源为台港澳企业和海外华人华侨。⑥ 据统计,截至2001年,我国累计利用外资约为5700亿美元,对外投资累计净额则少得多,为346.54亿美元。⑦ 这一阶段我国的涉外法治工作表现出国家立法迅速和法律服务行业发展平缓的特点。在立法方面,1979年我国首部调整外资关系的法律《中外合资经营企业法》通过并实施,规定依法保护外国合营者的合法权益。此后,《广东省经济特区条例》《外资企业法》《中外合作经营企业法》等法律法规也相继出台,基本实现了“有法可依”。在涉外法律服务方面,直至1995年司法部发布规章允许律师事务所在外国设立分支机构后,我国律师涉外业务才逐渐走出国门。在21世纪初几乎很难有中国律师事务所或中国律师能从头至尾独

⑥ 参见张建平、刘桓:《改革开放40年:“引进来”与“走出去”》,载《先锋》2019年第2期。

⑦ 参见赵蓓文、李丹:《从举借外债、吸收外资到双向投资:新中国70年“引进来”与“走出去”的政策与经验回顾》,载《世界经济研究》2019年第3期。

立承担一起反倾销诉讼,通常需要聘用欧美律师事务所或专门律师合作或协助办案,而且往往由政府主管部门出面联系海外律师。⑧

在 2001 年我国加入世界贸易组织前夕,我国"第十个五年计划纲要"正式提出实施"走出去"战略,要求健全对境外投资的服务体系,包括金融、保险、外汇、财税、人才、法律、信息服务、出入境管理等方面。司法部同年发布《关于中国加入 WTO 后加快律师业改革与发展的意见》,这是中央层面针对涉外法治人才培养问题所出台的最早文件。该意见敏锐地指出我国律师"办理国际法律业务能力较差,涉外型优秀法律服务人才缺乏,在国际法律服务市场上竞争力较弱",应当采取有效措施吸引人才,强化执业培训,加速培养一批适应"入世"需要的高素质律师队伍。然而在开展律师职业教育之初,高校方面的"法学教育对于经济全球化对法律人才的培养将产生的影响还缺乏足够的重视和应对策略"⑨。为将人才培养任务继续往前端传导,中央 2011 年实施的"卓越法律人才教育培养计划"提出由高校"培养一批具有国际视野、通晓国际规则,能够参与国际法律事务和维护国家利益的涉外法律人才"。自党的十八大以来,我国进一步扩大对外开放力度,"自贸试验区"建设和"一带一路"等相继实施,激发了市场更为广阔的涉外法律服务需求,也对涉外法治人才培养效果提出了更高的要求。⑩

(二)传统理念的主要内容

在传统理念中,涉外法治人才首先应当是高端的国际法型人才。由于法学下设二级学科之一的国际法学与涉外法治联系最为紧密,不少传统理念认为,某种程度上涉外法治人才其实就是国际法学人才,或者至少主要包括国际法学人才。如原中国政法大学校长黄进教授指出,"我国高等教育对涉外法治人才培养重视不够,在过去一段时间里,压缩了国际法学科、取消了国际法专业、削减了国际法课程、脱离了国际法实

---

⑧ 参见曾令良:《21 世纪初的国际法与中国》,武汉大学出版社 2005 年版,第 422 页。

⑨ 杨凤宁:《经济全球化视野下涉外法律人才培养问题初探》,载《民族教育研究》2014 年第 3 期。

⑩ 参见李建忠:《论高校涉外法律人才培养机制的完善》,载《浙江理工大学学报(社会科学版)》2017 年第 4 期。

践、忽视了学科交叉融合、减少了涉外法治人才培养数量,降低了涉外法治人才培养质量”。[⑪] 上海政法学院校长刘晓红也认为需要“建构符合国际法特点的完整的学科专业体系,为涉外法治人才提供坚实的学科支撑”[⑫]。为此,传统理念认为涉外法治人才培养的关键便在于强化国际法学的学科地位,包括将国际法学设置为与法学并列的一级学科,恢复国际法学本科专业,尽量开设较多的国际法必修课程等。[⑬]

其次,涉外法治人才应当是掌握多学科知识的复合型人才。基于“卓越法律人才教育培养计划”和“卓越法治人才教育培养计划 2.0”,均将涉外法治人才定位为复合型人才。传统理念也认为复合型人才需要具备多学科知识,但是具体需要复合哪些学科则不尽相同。如有的认为应当有三个学科方面的要求,在法学方面需要精通国际法律和主要法系或国家的法律,在其他学科方面需要具有国际政治、国际关系、国际经济、国际军事等方面的知识,在外语方面至少掌握两门外语。[⑭] 有的提出除此之外,还需要对法律事务所在领域的学科知识有所涉猎,例如,“一带一路”倡议涉及交通、能源、通信、电力、金融、建筑等领域的合作,学生对与其相关的经济学、管理学、国际贸易、土木工程等学科也要有一定程度的掌握。[⑮] 总体而言,传统理念认识中的复合需要尽可能多积累涉外法律事务涉及的各专业知识,将涉外法治人才尽力培养成通博型、全面型人才。

最后,涉外法治人才应当是具备实践能力的应用型人才。由于涉外

---

⑪ 黄进:《完善法学学科体系,创新涉外法治人才培养机制》,载《国际法研究》2020 年第 3 期。

⑫ 刘晓红:《以习近平法治思想为引领加强涉外法治人才培养》,载《法治日报》2021 年 1 月 20 日,第 9 版。

⑬ 参见黄进:《完善法学学科体系,创新涉外法治人才培养机制》,载《国际法研究》2020 年第 3 期;杜焕芳:《涉外法治专业人才培养的顶层设计及实现路径》,载《中国大学教学》2020 年第 6 期;刘晓红:《以习近平法治思想为引领加强涉外法治人才培养》,载《法治日报》2021 年 1 月 20 日,第 9 版。

⑭ 参见曾令良:《卓越涉外法律人才培养的“卓越”要素刍议》,载《中国大学教学》2013 年第 1 期。

⑮ 参见聂帅钧:《“一带一路”倡议与我国涉外法律人才培养新使命》,载《重庆高教研究》2019 年第 2 期。

法治人才最终主要从事具象且精细的法律事务,加上两培养计划文件关于“应用型”的人才定位,在传统理念看来,“涉外法治人才培养更强调的是法律职业教育”[16]。因此,须改变过去大范围的书本教学与理论教学方式,充分强化培养学生的法律实践能力。相应的做法主要有两类,一是开设法律实践课程,“将学生引入模拟或真实的涉外法务环境,让他们亲身体验涉外法律实务的各种角色和各个环节”[17],如涉外法务争端解决程序模拟课程、“法律诊所”课程等。二是与开展涉外业务的律师事务所、企业、政府部门,甚至境外国际组织等建立合作关系,增加学生参与涉外法务实习的机会。

(三)传统理念下的人才培养模式

在人才培养传统理念的指导下,各高校结合自身优势进行了一系列的探索,大部分都通过选拔优质生源进入实验班的方式展开专门培养。[18] 但各校侧重点并不完全相同,大致可以归纳为“国际法”模式、“法学+外语”模式、“法学+N”模式和交流培养模式。

第一种是“国际法”模式。“国际法”模式是指通过进一步加强和完善国际法学专业的建设,培养优质的国际法学人才。如首批22所“涉外卓越法律人才教育培养基地”之一的外交学院,和其他院校在法学院下建设国际法学科不同,外交学院设立单独的国际法系,并且不另设其他法学院系。其培养学生的重点在于国际法专业知识的系统讲授、国际法专业英语的深入强化和国际法领域实践创新能力的全面提升。在课程设置方面,外交学院重点开设了与国际法相关的专业选修课,包括国际组织法、国际贸易法、国际投资法、国际税法、欧盟法、国际人权法、国际环境法、国际刑法、国际法名著选读等课程。此外,“受课时的限制,其他

---

⑯ 刘晓红:《以习近平法治思想为引领加强涉外法治人才培养》,载《法治日报》2021年1月20日,第9版。

⑰ 李建忠:《论高校涉外法律人才培养机制的完善》,载《浙江理工大学学报(社会科学版)》2017年第4期。

⑱ 如中国政法大学“涉外法学实验班”、对外经济贸易大学“涉外型卓越经贸法律人才实验班”、北京师范大学“瀚德实验班”、北京外国语大学“非通用语复合法学实验班”、西南政法大学“一带一路法律人才实验班”、武汉大学“中德德语法学双学士学位试验班”、西安交通大学“中澳丝路班”等。

专业选修课开设得不多。”[19]

第二种是“法学＋外语”模式。“法学＋外语”模式主要被语言类高校的法学院所采用,学生同时接受法学和外语两大学科的系统性学习,具有明显的跨学科特征。如北京外国语大学依托全校70个语种的独特优势,建立起有较大影响力的“法学＋外语”人才培养模式,形成了包括“法学＋英语”“法学＋小语种”和“法学＋复语”等在内的多种复合类型。[20]广东外语外贸大学开设有商务英语(国际经济法)本科专业,要求学生通过全国英语专业八级水平考试,鼓励学生通过“双学位”同时取得文学学士和法学学士。[21]

第三种是“法学＋N”模式。“法学＋N”模式主要存在于一些特色鲜明的行业高校中,指在前一模式的基础上进行更多的学科叠加,除大量法学与外语课程之外,还要开设相当数量如政治学、经济学、历史学等其他学科的课程。如对外经济贸易大学于2008年创办的“国际化特色人才实验班”,以及2015年秋季开设的“涉外型卓越经贸法律人才实验班”,其培养目标为精通法律、经贸、外语的“三会人才”。华东政法大学于2013年开设了法学(涉外卓越国际金融法律人才实验班)本科专业,培养方案中将金融市场学、国际金融、会计学、公司财务、经济数学、应用统计学等金融学科和数理学科列为必修课程。

第四种是交流培养模式。相较于国内本土化培养,交流培养模式是一种“优中选优”的精英化培养模式,选送一批优秀的法科学生到国外高校展开交流学习,部分学生还可以同时获得国外高校学位。如中央财经大学与奥地利维也纳经济大学涉外财经法律人才教育培养交换生项目始于2007年,每年仅有不到十个交流名额。西南政法大学本科“一带一路”法律人才实验班也为学生提供出国机会,培养模式安排为“2＋

---

[19] 江国青:《全球化背景下国际型法律人才的培养——以外交学院法学专业的教学为例》,载《外交评论》2010年第1期。

[20] 参见王文华:《论涉外法治人才培养机制创新》,载《中国大学教学》2015年第11期。

[21] 参见石佑启、韩永红:《论涉外法治人才的培养——基于广东外语外贸大学办学实践的考察》,载《广东外语外贸大学学报》2015年第3期。

1+1”,其中第三学年可以申请前往东盟国家高校学习。

二、新时代下传统理念的不适应性

在传统理念的指引下,我国的涉外法治人才培养取得了相应的成效,涌现出如国际法院副院长薛捍勤、原 WTO 上诉机构首席大法官赵宏、美国昆鹰律师事务所合伙人刘骁等杰出人才。然而正如习近平总书记在 2019 年指出,当今世界正经历百年未有之大变局。新兴市场国家和发展中国家的崛起速度之快前所未有,新一轮科技革命和产业变革带来的新陈代谢和激烈竞争前所未有,全球治理体系与国际形势变化的不适应、不对称前所未有。[22] 在此新时代背景下,涉外法治人才培养的传统理念正表现出较强烈的不适应性。

(一)“国际法型”培养较粗放化

涉外法治人才培养传统理念重视国际法学的地位,除国际法学下属学科——国际公法、国际私法和国际经济法以外,其他部门法如宪法、刑法、民法、行政法等不被看作涉外法治人才的专业方向,仅作为基础课程进行教授。在国际法学内部,又以职业缺口最大的国际经济法最受传统理念的青睐,成为各校培养方案的核心构成部分。实践中即使有院校对涉外法学专业进行细分,也往往是“经贸”“金融”“商事”一类,究其内核仍是国际经济法的延伸。与分为数个部门法学分别培养的普通法学教育相比,“国际法型”培养理念呈现单一性和粗放性的特征。

然而随着全球政治、经济与文化等多领域交流日渐频繁,无论是国内还是国际的法律事务,均已呈现专业化、精细化的大趋势。以国内为例,在律师业务方面,全国律师协会根据业务领域不同下设有 22 个专业委员会,2019 年开展的律师专业水平评价体系和评定机制试点也将律师专业领域划分九类,每名律师参评的专业不超过两类。在司法体系方

---

[22] 来自 2019 年 6 月 7 日第 23 届圣彼得堡国际经济论坛全会上,习近平总书记出席并发表的题为《坚持可持续发展　共创繁荣美好世界》致辞。

面,我国不断细分审判领域,成立新的专门法院和专门法庭,如2014年在北京、上海、广州成立了知识产权法院,2018年成立了北京互联网法院以及2021年成立了北京金融法院等。

“国际法型”培养理念的粗放性造成人才集中于某一专业领域,使得在近年部分“冷门”领域的涉外案件中,我国涉外法治人才的参与相对乏力。如2019年孙杨仲裁案,需要精通国际体育赛事规则的专业人才参与。我国此类专业人才较少,虽然最终仍有钻研此领域的某高校副教授作为专家证人参加仲裁庭审,但取得的效果并不佳。有律师评论指出其对自身出具的两份证言的熟悉度非常低,且主要论点先天不足。[23]涉外法治人才采取“国际法型”培养理念的弊端由此可见一斑,“缺乏特色和针对性容易导致培养方案的设计流于形式,千校一面,影响人才培养质量。”[24]由此可见,涉外法律事务和案件类型将愈加纷繁复杂,在易被忽视的领域如刑事司法、知识产权、劳动法、社会法、行政法等,仍然需要高质量专业涉外人才的加入。

(二)“复合型”培养较形式化

传统理念认识到涉外法治人才应当是“复合型”人才,强调学生掌握多种学科知识并融会贯通,但是尚未形成复合方式和复合程度的具体思路。以某著名综合性大学A高校“卓越法律人才计划涉外实验班”、某政法类大学B高校“涉外法治实验班”和某政法类大学C高校“本科涉外法律人才实验班”为例,可以发现现实中的“复合型”培养课程设置较为盲目,具有一定程度的形式性。

“复合型”培养的形式性首先表现为复合学科的次要性。在三个实验班培养方案中,除所有大学生均要求必修的如英语、思想政治等通识课程之外,非法学学科课程性质均为选修课(见表1)。在此种课程设置方案下,涉外法治人才专门培养与普通法学专业培养的区别仅仅在于可

---

[23] 参见王利华:《庭审技巧实证分析及路径解读——因“孙杨案”的热议而引发》,载君合律师事务所官网2020年3月18日,http://www.junhe.com/legal-updates/1138。

[24] 王群、武姣:《“一带一路”法律外交视角下高校涉外法律人才培养机制探究》,载《黑龙江高教研究》2020年第6期。

选的选修课范围不同,特色学科的不受重视很大程度上制约了学生的知识接触面。

表1　三所样本高校涉外法治人才培养的课程设置总体情况

高校	课程	
	必修课	选修课
A高校	法理学、民法、宪法、刑法、行政法、刑事诉讼法、民事诉讼法、经济法、国际公法、国际私法、国际经济法(全英文)等	比较法概论(全英文)、西方法哲学流派(全英文)、世贸组织法(全英文)、航空法(全英文)、国际投资法(全英文)等
B高校	法理学、宪法学、刑法学、民法学、中国法制史、国际法学、经济法学、商法学、法律职业伦理等	英美法(英语)、海洋法学、中国法律思想史、国际刑法学、国际环境法学、法解释学、法社会学等
C高校	法理学、宪法学、中国法律史、宪法学、民法学、经济法学、国际法学、国际私法学、国际经济法学等	自由贸易港区法律制度、法律与外交、法律大数据、国际组织法(双语)、英美法概论(全英文)等

"复合型"培养的形式性其次表现为复合学科的一元性。在三个实验班培养方案中,A高校设置的所有课程、B高校和C高校的绝大部分课程均属于法学学科,虽然其中也有特色领域和外语讲授的课程,但整体仍属于法学二级学科继续细分的结果,如世贸组织法、国际投资法、海洋法学等本质上属于国际法或经济法学科。只有B高校和C高校设置的少量与法学相关,主要依靠其他学科思维、理论与方法进行学习的课程可称得上跨学科课程,如法社会学、犯罪心理学、法医学等,一定程度上有利于构建学生的复合知识结构,然而总的来看占比十分有限(见表2)。

表 2　三所样本高校涉外法治人才培养的跨学科选修课设置情况

高校	课程
	跨学科选修课
A 高校	无
B 高校	法社会学、犯罪心理学、犯罪社会学、社区矫正学、法医学、司法精神病学、文书司法鉴定、法医现场学、农民集体成员权利
C 高校	法律与外交、法律大数据挖掘分析与应用

“复合型”培养的形式性最后表现为复合学科的无序性。以 B 高校为例,设置的选修课多达 103 门,学生自主从中选取约 8 门课程,选修课程彼此之间以及其与主干课程之间的关联性、融洽性无法得到保障。如学生同时选修犯罪心理学、海洋法学、婚姻家庭法学等彼此几乎无关联的课程,即使能较好地研习也只能完成形式上的复合。虽然高校也有一定的限制性规定,但除 A 高校明确学生应当选择其中 7 门课程之外,B 高校和 C 高校只对特定课程模块有选修要求,仍然缺少选修课如何组合的指导建议(见表 3)。因此,类似这种课程无序的安排与选择,相当程度上削弱了学科复合的深度和体系衔接。

表 3　三所样本高校涉外法治人才培养的选修要求与限制规定

高校	课程	
	选修课设置情况	选修限制
A 高校	共 11 门,每门 2 学分	至少选修 14 学分,前 7 门全英语课程为限制性选修
B 高校	共 103 门,每门 1 ~ 3 学分	至少选修 16 学分,其中专业特色模块至少选 8 学分
C 高校	共 12 门,每门 2 学分	至少选修 17 学分,其中双语课、全英文课、外教课最低 10 学分

综上,由于传统理念对“复合”的科学性和实效性关注不够,学生面对跨学科知识往往是浅尝辄止,难以切实掌握并灵活运用多个专业技

能,这与培养具备多学科基础复合型法治人才的目的相背离。

(三)“应用型”培养较被动化

传统理念将应用能力主要理解为被动应用法律法规的能力,培养目标是懂法用法的法律实践人才,主要是指涉外律师,如2021年由教育部学位管理与研究生教育司、司法部律师工作局共同启动的“法律硕士专业学位(涉外律师)研究生培养项目”。涉外律师固然是需要重点加强培养的人才队伍,但传统理念将主要视角局限于“被动应用”无疑是对应用型人才的曲解。一个完整的法治过程包括立法、司法、执法、守法和法律评价等诸多环节,涉外律师主要处于司法和守法环节且只是参与者之一,完备的涉外法治人才队伍还应当包括涉外立法人才、司法裁判人才、涉外执法人才和国际法学学者等。

在进入中国特色社会主义新时代后,由部分国家主导的旧国际法秩序仍在运转,我国参与国际活动的局限和风险加剧。如2013年至2016年发生的南海仲裁案,菲律宾在程序上滥用了《联合国海洋法公约》中的强制仲裁程序,在实体上歪曲利用了公约关于“岩礁”“历史性权利”等存有漏洞和争议的条款,最终导致国际仲裁法庭裁决菲律宾“胜诉”,这也一度使我国在国际政治上陷入被动局面。[25] 正如金永明教授所言:“我国并不是一个不守法及违法的国家,仅是对《联合国海洋法公约》中的某些制度性缺陷和认识存在不同的理解和实践。”[26]如果仅仅由被动应用国际法的人才参与此类案件,在部分国家精心设计的游戏规则中,我国主张合理权益的运作空间将受到很大限制,而这种限制本质上是立法问题,即国际法律法规本身存在模糊性乃至不公正的倾向性。再如美国利用本国法律作为手段对我国公民进行攻击,截至2017年年底,在总计180起经济间谍和盗取商业机密的案件中,至少有55起涉及中国公

㉕ 参见张文显:《关于菲律宾提起的“南海仲裁案”的法理分析》,载《中国法学》2016年第5期;罗国强:《南海仲裁案初步裁决评析》,载《外交评论》2016年第2期;洪农:《南海争端解决:南海仲裁案的法律解读及政治意义》,载《外交评论》2016年第3期。

㉖ 金永明:《海洋强国建设中的外交创新及话语权问题》,载《毛泽东邓小平理论研究》2018年第2期。

民或者美籍华裔。[27] 显然,这些披着法律外衣的有组织行动并不能仅靠被动应用型人才来应对和挽救。

此外,国际社会还普遍存在对中国法治环境和法律思想的误解和刻板印象。例如,美国著名法学家、原联邦上诉法院法官波斯纳曾有忽视我国"人民法院独立行使审判权"的法律规定的言论。还有国外学者称我国政府通过非法拘留骚扰维权律师,是对维权人士的打压和对法院的政治控制。[28] 这些关于我国法治的普遍偏见极具迷惑性和传染力,亟须具有国际影响力的专家学者与之开展对话,进行澄清和纠正。而传统理念将培养重心放在被动适用法律上,忽视了培养涉外法治在人才的理论功底、外交素养和立法能力,难以助力我国传播优秀法治理论与思想,参与乃至引导国际立法和规则制定活动、改变既有的全球法律秩序。

三、新时代涉外法治人才培养理念的战略转型

习近平总书记提出,要强化法治思维,运用法治方式,有效应对挑战、防范风险,综合利用立法、执法、司法等手段开展斗争,坚决维护国家主权、尊严和核心利益。要推动全球治理变革,推动构建人类命运共同体。[29] 在变革全球治理体系呼声越来越高的新时代,各高校应当以习近平法治思想为指导,提升涉外法治人才培养的战略高度,重新树立适应新时代的战略理念。

(一)转向"专业精细型"

在法律调整关系不断细化的新时代,涉外法治人才不仅是国际法人才,还是精通某类法律事务的专业精细型人才。"法学学科的划分应当

---

[27] 参见刘栋:《美国"华人间谍"威胁论调查》,载澎湃新闻网2018年3月18日,https://www.thepaper.cn/newsDetail_forward_2036830。

[28] See Carl F. Minzner, The Rise and Fall of Chinese Legal Education, *Fordham International Law Journal* 36, 2013, p.385.

[29] 来自2020年11月16日至11月17日在北京召开的中央全面依法治国工作会议上,习近平总书记出席并发表的重要讲话。

重视以法律调整对象所在的行业或空间领域为标准来构建跨部门的行业法学科体系。"[30]根据专业领域的不同，法治人才可以划分为民事法人才、商事法人才、刑事法人才、经济法人才、行政法人才、知识产权法人才、社会法人才和国际法人才等。涉外法治人才的"涉外"属性，虽然强调外语技能、外国法律和外国文化传统等其他知识，但不同法律领域的专业底色并没有改变。国际法人才属于涉外法治人才的一种，不能完全替代所有的"涉外+部门法人才"，但由于国际法与其他涉外法有重叠交融的部分，如国际私法实际为涉外民事法，国际经济法则包括涉外商事法和涉外经济法。因此，准确的涉外法治人才专业分类应当主要包括涉外刑事法人才、涉外行政法人才、涉外知识产权法人才、涉外社会法人才、国际公法人才、国际私法人才和国际经济法人才等。

"专业精细型"培养理念主要有三方面优势。一是强化专业能力，对涉外法治人才进行专业领域的精确分类，建立精细的培养计划和培养组织，可以防止泛泛而学的粗放性，将学生有限的时间和精力用在主攻方向的学习，提升处理专业领域涉外法律事务的实践能力。二是深化精准教学，针对不同专业类型的学生分别开设专门课程，方便教师因材施教，对本专业学生实行研讨性、趣味性的多样化教学，对其他专业选修本专业课程的学生进行普及性、传授性的基本式教学。对部分特色鲜明的行业类高校，也有利于其根据自身优势充分利用资源，选择开设部分相关专业的涉外法治人才培养项目。三是分流就业方向，细分专业打破了涉外法学生成为国际贸易法务人员的传统单一流向，学生可根据各自专业领域进入涉外律所、涉外企业、政府及国际组织等不同单位，投身为国家和社会所需但易被忽视的岗位。

（二）转向"实质复合型"

在我国法治不断完善并走向世界的新时代，涉外法治人才不仅是知识储备丰富的复合型人才，还是学科深度融合下对外展现高质量法治素养的实质复合型人才。相较于过去复合的"形式性"，"实质复合型"的

---

[30] 宋亚辉：《社会基础变迁与部门法分立格局的现代发展》，载《法学家》2021年第1期。

培养理念需要有三方面的突破。

首先,是提升复合学科的重要性,在坚持法学底色的基础上,增加对其他学科课程的引入力度。在数量上尽可能更多地开设复合学科课程,充分利用各校内部其他特色和优长学科的资源,以划分模块和领域的形式开设相关课程。将部分联系紧密且重要的非法学课程提升为必修课、基础课,以成为涉外法治人才知识体系的基石部分。如国际公法方向的学生应当以外交学、国际关系学、政治学等为基础课程,涉外刑事法方向的学生应当以犯罪学、心理学、政治学等为基础课程。

其次,是优化复合学科的多元性,不再将视野局限于单一的法学学科,同时认识到一系列"××法学"等涉及专门领域但本质上属于法学学科,从实质上看不是学科复合。"充分认识到把法律作为社会科学来思考,以及法学从其他社会科学汲取营养的重要性。"㉛学科多元性应当体现为尝试将社会科学乃至自然科学的有益内容和方法运用到法学教育之中,这将不再仅考虑法学和与之最相近的哲学、政治学、经济学、社会学等,包括文学、医学、教育学等广阔的学科领域,也都可以成为涉外法治人才复合知识体系的构成部分之一。

最后,是加强复合学科的有机性,涉外法治人才所需复合的多学科应当有一定的体系性,能组建出庞大且科学的知识架构。一方面需要注重学科复合的科学关联性,改变过去简单叠加、随意叠加知识的做法,对不同的涉外专业方向制定不同的复合学科方案,充分论证学科之间的关联性是否科学合理,是否有利于学生的知识体系构建,是否符合其职业规划需要。另一方面注重学科复合的深度融合性,改变过去互不相通的学科壁垒现象,探索形成法学与外语、政治学、经济学等其他学科之间深度交融的交叉学科,例如,张法连教授极力倡导有一定独立性的法律英语学科便是其中之一。㉜ 除法学课堂注重对其他学科理论的引入和运用以外,其他学科课堂也应当重视本课程与法律的结合,这对我们的课

㉛ 胡铭:《司法竞技、法律诊所与现实主义法学教育——从耶鲁的法律现实主义传统展开》,载《法律科学(西北政法大学学报)》2011年第3期。

㉜ 参见张法连:《法律英语学科定位研究》,载《中国外语》2019年第2期。

程设置与师资队伍也提出了较高的要求。

(三)转向"主动应用型"

在全球治理体系亟待重构的新时代,涉外法治人才不仅是具备高水平实践技能的被动应用型人才,还须进一步成为能助力全球法律秩序变革的主动应用型人才。高校树立"主动应用型"的培养理念,既是对习近平法治思想的贯彻,深刻体会"综合利用立法、执法、司法等手段开展斗争"战略意义的必然选择,以此满足建立参与国际立法、执法、司法队伍的现实需要,同时也是对教育部卓越计划新内容的落实。2018 年"卓越法治人才教育培养计划 2.0"相较于 2011 年计划的变化之一,便在于增加了"勇于推动全球治理规则变革"的新任务,提出了"创新型法治人才"的新目标。因此,相较于传统的被动式、接受式法学教育,"主动应用型"培养理念强调思考式、创新式的教育转型。

从课程设置上看,"主动应用型"培养与"被动应用型"培养具有高度一致性,二者均以国内国际和主要国家法律为重点教学内容,帮助学生熟悉某一类涉外法律制度。从职业方向和思维角度上看,两类培养理念则有不同。首先,被动应用型人才面向律师和企业法务的职业方向,主要任务是解决涉外纠纷、防范涉外风险。主动应用型人才则面向涉外裁判、外交和国际组织代表等职业方向,主要任务是从立法和司法层面维护国家与公民合法权益,争取变革既有规则体系中的不合理、不公正之处。其次,主动应用型人才并不将视角局限于合法性审查与判断上,同时应思考法律法规的合理性问题,在发现其中的漏洞和弊病时敢于发声,并尽可能通过所处职务的权责推行变革,必要时协助国家参与国际条约、国际规则的制定。最后,主动应用型人才还能够帮助国家对外展开法律外交活动,"将政治、外交问题法律化,开展以法律为基础、形式、手段和内容的外交,运用法律规则和程序处理与沿线国家的国际事务、化解外交纠纷。"[33]

为实现主动应用型人才的培养目标,高校需要根据其职业方向、思

---

[33] 王群、武姣:《"一带一路"法律外交视角下高校涉外法律人才培养机制探究》,载《黑龙江高教研究》2020 年第 6 期。

维方式和参与法律外交的特点调整培养方案,着重培养学生的立法能力、学者思维和国家主权意识。同时还应加强社会主义法治理论与各法学学科的结合,虽然有学者提出“必须抛开意识形态争论,树立中国特色社会主义的国际化法治教育理念”。[34] 但正相反,坚持意识形态才有“中国特色社会主义”之说,“努力以中国智慧、中国实践为世界法治文明建设做出贡献。”[35]如具有浓厚社会主义色彩的调解制度,已被誉为“东方经验”为部分国家司法制度所吸收借鉴。主动应用型培养理念要求在一定程度上打破过去“法学拿来主义”的桎梏,形成具有中国特色、世界领先的法学教育经验。以高质量法治素养人才队伍对外展示我国法治建设成果,对外输送我国优秀的法治思想,参与理论层面的国际学术对话,纠正部分国家、社会和个人对我国法治环境的误解和偏见,进而促进涉外政治与经济交流活动有序展开。

四、涉外法治人才培养战略理念的实现路径

为实现涉外法治人才培养战略理念转型的目标,教育部门和各院校需要通过完善特定的制度与机制,优化人才培养新路径,以构建符合“专业精细型”“实质复合型”“主动应用型”等条件的人才培养新格局。

(一)发挥专业优势走分类培养路线

“涉外法治”的内涵广泛,由复杂交错的理论知识与实践应用方向构成,在实际培养过程中应当根据各自优势进行研学方向分类,确保学生在有一定广博知识基础之上,向某一专门法律事务方向深入发展。分类培养要求各院校不再仅依靠国际法学作为涉外法治人才培养的主力学科力量,需要充分调动法学其他各二级学科的教学资源积极参与培

---

[34] 谢伟:《论从卓越法律人才到卓越法治人才培养的转变》,载《社会科学家》2019年第10期。

[35] 杨宗科:《习近平德法兼修高素质法治人才培养思想的科学内涵》,载《法学》2021年第1期。

养,将"涉外"作为部门法学的特色与方向,逐步打造目前我国尚缺乏的"涉外刑事法学""涉外知识产权法学""涉外社会法学"等专业。

具体而言,培养院校有"因校制宜"和"因地制宜"两种路线可供选择。"因校制宜"是各院校根据自身的学科设置特点和法学专长优势,创立具有一定符合度的涉外法学方向。使侧重不同的法学院走差异化路线,划分出综合法学院和精英/专业法学院。[36] 政法类院校和以法学见长的综合类院校拥有较为完整的法学学科培养体系,可以在不同的学院、学系、研究所之中开设相关的涉外法学学科,如可参考华东政法大学先后开设的"法学(涉外卓越商事法律人才实验班)""法学(涉外卓越金融法律人才实验班)"等。行业类院校则不必贪大求全,可结合本行业学科优势和法学院特色建立少量涉外法学方向,如可参考上海财经大学法学院开设的"英美法证书班"(即国际金融法方向)。"因地制宜"是根据地缘经济条件与对外交流通道,建立面向处理涉及部分国家和地区法律事务的涉外方向。"有的涉外人才培养单位侧重研究欧美法律,有的则侧重研究东亚法律,应当建立有关资源共享的平台,鼓励这些高校共享优势资源。"[37]如可参考西南政法大学和延边大学法学院分别设有服务我国与"东盟"和"朝韩"之间法治交流的实验班。

(二)创新学制走分层次培养路线

根据本科生、硕士研究生、博士研究生的不同学习阶段,各院校需要对涉外法治人才展开因材施教的分层次培养,不同层次应当在专业精细化程度、复合深度和应用实践教学模式等方面有所不同。在大学本科层次,可根据其基础性、广博性和学生数量多的特点,不分或宽泛划分方向,多学科知识以输送式教学为主,实践能力培养以模拟式教学为主,以此奠定本科学生完整坚实的知识体系基础。在硕士研究生层次,可根据其提升性、专业性和学生数量适中的特点,依部门法学划分研究方向,多学科知识以讨论参与式教学为主,并通过参与外事部门与组织的法律事

---

[36] 参见杜焕芳:《涉外法治专业人才培养的顶层设计及实现路径》,载《中国大学教学》2020年第6期。

[37] 王利明:《卓越法律人才培养的思考》,载《中国高等教育》2013年第12期。

务见习,完成实践学习任务,以同时精准提升理论与实践能力。在博士研究生层次,参照已有的本科实验班和涉外律师方向法律硕士班等培养经验,对目前较为忽视的国际法学以外的其他法学二级学科博士生,也应重视加强其涉外能力的培养。一方面强调对域外制度与法学理论的研究掌握,另一方面通过奖励机制鼓励其参与国际学术会议,提升博士生的国际学术影响力,对外正面宣传我国的优秀法律制度与思想。

鉴于涉外法治人才相较于一般法治人才,具有跨学科门类多、外语水平要求高和实践教学周期长的特征,因此,还须以跨层次、长年限和连续性培养等原则为指导,各院校适当创新学制,确保涉外法治人才培养的高质高效。具体而言,一种是增加学习任务和提高学习效率,以双学位制为主,既可以是在国内进行本土化培养,鼓励获得法学以外的其他学科学位,也可以加强与国外高校的合作力度,拓宽对外交流渠道,选派学生同时攻取国外高校学位。另一种是通过延展学习年限化解矛盾,以实施本硕贯通、硕博贯通、直接攻博等形式为主,为学生提供更长的学习时间和更好的资源条件,同时也对学生完成学业提出了更高层次的要求。当然还可以尝试探索两种创新学制的结合,如有学者提出建立"3+2"模式,其中第四学年、第五学年安排学生到国外名校学习,可以拿国外名校的硕士学位证书,第五年暑期小学期回国,可授予大学本科毕业证书和法学学士学位证书。㊳

(三)创制有机复合的课程体系

培养高质量复合型涉外法治人才需要谨慎对待跨学科和跨专业的课程设置,培养院校应当以学科架构完整、学科背景互通、学科知识共融为目标,创制科学合理的有机复合课程体系。在必修课设置方面,首先将涉外法治人才均需具备的技能设置为专业基础课,如有别于普通大学英语的法律英语课程。其次将符合涉外法学方向的相关学科基础课程设置为专业必修课,如政治学理论、国际政治概论应当作为国际法学人才培养的专业必修课,犯罪学、社会学应当作为涉外刑事法学人才培养

㊳ 参见聂资鲁:《高校国际化法律人才培养模式比较研究》,载《大学教育科学》2015年第2期。

的专业必修课,经济学、金融学应当作为国际经济法学和涉外商事法学人才培养的专业必修课等。

在选修课设置方面,各院校应当将与专业方向联系紧密的相关学科课程设置为专业选修课,赋予学生部分根据兴趣选择的权利,但应有必要的选修规则或说明进行指导,以尽可能保障所选课程与本专业能够契合融通。指导方案有三种:一是赋予学生较小的选择权,制定专门搭配的选修模块,如涉外民事法学选修模块、涉外刑事法学选修模块、涉外体育法学选修模块、涉外知识产权法学选修模块等,学生只能在与专业相对应的模块中选择课程,适合可集中特色优势但课程总量有限的行业类院校。二是赋予学生一定的选择权,部分课程要求绑定选修,如想要选修国际战略学必须先行或同时选修作为前提知识结构的国际政治概论,想要选修宗教民俗学必须同时选修联系密切的宗教社会学等。适合学科门类完善且资源均衡的综合类院校,以此保证学生跨学科的知识结构完整合理,有相应的学科基础和延展,防止出现知识跳跃涣散的形式复合现象。三是赋予学生较大的选择权,通过课程内容说明、试听以及制定选修指南,指导学生根据个人研习方向和职业理想选择课程组合形式,相对适合强调学生自主思考和自由发展的高水平研究型院校。

(四)建立多主体参与的人才培养共同体

为了全方位提升涉外法治人才的实践应用、实践创新能力,实现人才质量评估环节前置,教育部门还应当牵头建立起多主体共同参与的人才培养共同体。共同体须以各培养高校为核心,由实务部门和相关高校共同参与,形成科学分工、深度融合、优势互补的法律人才培养师资群体。[39] 人才培养共同体具体包括内部共同体和外部共同体两方面,内部共同体是教育体系内部各高校之间通过加强联系合作,形成跨院校的生源推荐、师资交流、课程共享、学分互认的“涉外法治人才大教育圈”。如可参考中国政法大学和北京外国语大学于2020年签署协议,约定开展推荐优秀应届本科毕业生免试攻读硕士学位研究生项目的做法。

㊴ 参见仇晓光:《构建法律人才培养共同体》,载《吉林日报》2017年7月21日,第13版。

外部人才培养共同体是通过赋予实务部门培养主体地位,“将法院、仲裁、司法、商务系统等涉外工作部门的优质实践教学资源更有效地引入法律院校,强化和创新实践教学”[40]。如可参考2021年中国政法大学牵头成立的涉外法治高端人才培养联盟,已有部分知名企业和律所加盟。然而与以往实务部门通过提供实习机会参与辅助性培养的形式不同,共同体要求各部门行使培养主体权力,履行培养主体义务,在理论教学环节参与生源选拔、课程教学和中期考核,在实践教学环节作为第一责任单位,负责方案制定、日常管理、教学活动开展和终期考评等完整流程。中央与地方教育主管部门可以“适时出台调动法治实务部门参与培养法治人才积极性的配套政策,建立法治实务部门参与法治人才培养的责任落实机制”[41],以此明确各参与主体的职责,维护人才培养共同体的有序高效运转。

结　语

涉外法治人才培养是我国长期坚持的人才强国战略中的重要一环,是贯彻新时代习近平法治思想、破解我国对外交流交往瓶颈的关键点之一。在探索人才培养机制的过程中,教育部门和各培养院校需要适时调整处于指导地位的人才培养理念,以更加契合新时代特征、满足国家与社会迫切需要、符合法治人才发展前景的新战略理念,引领尚处于摸索中的涉外法治人才培养体系建设。“专业精细型”“实质复合型”“主动应用型”的培养理念不是对传统理念的全面推翻,而是对其辩证的承继与优化。当前我国尚处于探求涉外法治人才培养新格局的过程之中,新理念的完善和确立还有进一步的讨论空间,对理念的贯彻落实也尚需要

---

[40] 郭雳:《创新涉外法治人才培养模式研究》,载《国家教育行政学院学报》2020年第12期。

[41] 张佐国:《法治人才培养共同体的“中国范儿”》,载《中国教育报》2019年1月3日,第6版。

充分的实践。道阻且长然行则将至。

The Innovation of the Strategic Concept of Cultivating Legal Talents with International Horizon

Xia Yuchen

Abstract: China boasts of decades' experience in cultivating rule-of-law talents for foreign-related affairs, but a certain degree of disadvantages, such as, extensive professionalism, complex formalization and passive application has emerged under the guidance of traditional cultivation concepts, which have been difficult to meet the needs of the country and society in the new era. According to the temporary sequence relations that theories guide practice, it is necessary to innovate the strategic concept of talents cultivation first, in which the group of categories on talents cultivation of profession refinement, pragmatic compound and active application should be gradually established. Those new concepts should be implemented though categorical cultivation, hierarchical cultivation, proactive combination of interdisciplinary courses and the establishment of the community of talent cultivation.

Key Words: the rule-of-law talent for foreign-related affairs, cultivation concept, concept innovation, legal education

"一带一路"倡议下涉外国家安全法治人才的培养*

郭永辉** 李 明***

摘 要:明确"一带一路"倡议下涉外国家安全法治人才的内涵,指出涉外国家安全法治人才培养,是维护海外国家安全利益的重要保障,是应对国际争端的智力支撑,是打击恐怖主义活动的重要举措,是贯彻习近平法治思想的应有之义;当前,我国涉外国家安全法治人才培养存在课程设置不合理,教学培养体系不完善;师资及科研力量薄弱,理论教学与实践脱节突出;人才培养缺乏国际视野等问题。通过强化顶层设计,做到完善课程设置和考评相结合;优化教材编写,做到理论教育和科研工作相结合;增强国际视野,做到地域办学特色和实践相结合等方面,实现建构和完善我国涉外国家安全法治人才培养模式。

关键词:"一带一路"倡议 涉外国家安全 国际视野 人才培养

---

* 基金项目:本文是2020年度新疆法学会法学研究课题《坚持以新时代党的治疆方略为指导,完善依法治疆、依法治理机制研究》(项目编号:XF2020A01)的阶段性成果。

** 郭永辉,西北政法大学教授,博士生导师,研究方向:国家安全法学、反恐怖主义法学。

*** 李明,西北政法大学研究生院博士研究生,研究方向:国家安全法学、反恐怖主义法学。

2013年9月和10月,国家主席习近平在出访中亚和东南亚国家期间,先后提出共建"丝绸之路经济带"和"21世纪海上丝绸之路"的重大倡议,得到国际社会高度关注。[①] 近年来,中国秉承"一带一路"共商、共享、共建原则,充分依托现有双边、多边条约,秉持和平合作、开放包容、互学互鉴、互利共赢的理念,全方位推进务实合作,打造政治互信、经济融合、文化包容的利益共同体、命运共同体和责任共同体。截至2021年1月30日,中国与171个国家和国际组织,签署了205份共建"一带一路"合作文件。[②] 然而,"一带一路"涉及170多个国家的政治、经济、社会安全等方面,情况复杂。尤其是中亚地区多数国家国内政局不稳,暴力恐怖活动多发,经济基础薄弱,这些因素都对"一带一路"倡议下我国海外利益构成了较大影响。随着"一带一路"倡议不断向纵深发展,如何应对"一带一路"倡议下涉外国家安全威胁,无疑成为当务之急。国内高校应坚持以习近平新时代中国特色社会主义思想,特别是以总体国家安全观为指导,不断完善涉外国家安全法治人才培养模式,持续为实践部门提供高层次人才,不断提升维护我国涉外国家安全能力水平,确保国家安全坚如磐石、人民安居乐业和国家与社会长治久安。

一、"一带一路"倡议下涉外国家安全法治人才的内涵

2019年2月25日,中央全面依法治国委员会第二次会议召开,习近平总书记就涉外法治人才培养提出了要求。[③] 在2020年11月16日至17日召开的中央全面依法治国工作会议上,习近平总书记指出:"要坚

---

① 参见国务院发展研究中心国际合作局:《"一带一路"国际合作机制研究》,中国发展出版社2019年版,第1页。

② 我国已签署共建"一带一路"合作文件205份,载中国政府网,http://www.gov.cn/xinwen/2021-01/30/content_5583711.htm。

③ 即"加强涉外法治专业人才培养,积极发展涉外法律服务,强化企业合规意识,保障和服务高水平对外开放"。

持统筹推进国内法治和涉外法治"。④ 目前,在涉外法治建设中,坚持以习近平法治思想为引领,加强涉外法治人才培养,尽快补齐涉外法治人才严重短缺和能力不足的短板,为加快涉外法治工作战略布局提供人才保障尤为重要。⑤ "一带一路"沿线国家安全情况复杂在此背景下,"一带一路"倡议下涉外国家安全法治人才的内涵应该包括以下几点:一是坚持拥护中国共产党的领导,具有坚定的政治信念和政治鉴别能力,善于维护国家利益和法律尊严的人才。二是准确掌握国内法治现状,掌握"一带一路"倡议内容,熟练掌握法学、社会学、公安学、心理学、情报学以及其他涉及国家安全的基本理论和常识,拥有丰厚的国家安全法治理论和较强的动手实践能力,具备丰富国家安全领域尤其是反恐实务工作经验,能够参与国际法律事务,尤其是跨部门行动能力,在我国海外利益受损时能够维护我国海外国家安全利益的高素质专门法治人才。三是熟知"一带一路"沿线国家的国情、民族、宗教、风土人情,掌握"一带一路"沿线国家法治即立法、司法、执法、法律服务各环节,精通国际法、国际经济法、国际私法及国际通行的贸易规则,并能准确地运用上述法律和规则来维护中国在贸易争端、反恐处置、罪犯引渡、情报分析等方面的人才。四是具有国际视野、熟练掌握和运用一门或多门外语,如英语、阿拉伯语、俄语、乌尔都语等外国语言,并能理解"一带一路"沿线国家的历史和内涵的涉外人才。

---

④ 《坚定不移走中国特色社会主义法治道路 为全面建设社会主义现代化国家提供有力法治保障——李克强主持 栗战书 汪洋 赵乐际 韩正出席 王沪宁讲话》,载《人民日报》2020年11月18日,第1版。

⑤ 参见刘晓红:《加强涉外法治人才培养》,载光明网,https://m.gmw.cn/baijia/2021-01/20/34556798.htm。

二、"一带一路"倡议下涉外国家安全法治人才培养的现实需求

(一)"一带一路"倡议下涉外国家安全法治人才培养是维护海外国家安全利益的重要保障

目前,伴随着"一带一路"倡议的不断推进,我国持续加大对成员国家和地区的基础投资的力度,国家海外利益保护是涉外国家安全法治人才培养的重要任务之一。"一带一路"成员国家尤其是"丝绸之路经济带"沿线国家受经济、政治因素影响,国家政权对社会管控力度不够,极端主义组织频频在社会上制造爆炸、绑架人质、杀人等案事件,我国海外国家安全利益客观上面临诸多危险和挑战。目前,国内有关"一带一路"倡议下涉外国家安全综合研究能力不足,相关高校涉外国家法治人才培养模式落实,服务和保障"一带一路"倡议专门人才稀缺,导致我国在涉及海外国家安全利益问题处置时,常常处于被动状态。尤其是在国际舞台上,维护中国利益、代表中国立场、深入参与国际法律事务处理的专业人才严重不足,这与中国的大国地位和形象不相匹配。⑥ 如何应对我国在"一带一路"沿线国家投资建设海外利益和反恐形势面临的挑战,决定了高校需以总体国家安全观为引领,统筹国内安全和国际安全,坚持国家核心利益之上,提高思想意识,通过探索完善"一带一路"倡议下涉外国家安全法治人才培养模式,加强涉外国家安全法治人才综合能力培养,为维护我国海外国家安全利益提供人才保障。

(二)"一带一路"倡议下涉外国家安全法治人才培养是应对国际争端的智力支撑

近年来,我国综合实力不断增强,国际社会的影响力也不断增大,中国的声音在国际舞台的话语权也得到不断提升。但当前,国际政治环境

---

⑥ 参见傅晶晶、李双:《服务"一带一路"建设的能源法治人才培养体系的构建研究》,载《教育现代化》2019 年第 6 期。

仍存在对我国发展起阻碍作用的因素,我们应始终保持清醒的认识和判断。[⑦] 近年来,美国与中国开展全面竞争,并拉拢日本、澳大利亚、欧美、印度、菲律宾等国家制造国际争端或摩擦对中国进行围堵,不断触碰主权底线,中美关系今后的很长时间必将在全面竞争中进行。与之相反的是,中国现有国内有关"一带一路"国家安全研究能力不足,人才稀缺。中国在与美国和西方的贸易摩擦和舆论摩擦中,由于对方有着长期、系统、稳定的战略,所以始终在主动进攻,而我国不仅缺乏这方面规划,且高水平智库人才后备力量的积蓄不足,造成对垒态势上的"不对称",导致我国应对国际争端办法不多、效果不佳。鉴于此,从国家维权,到公民和企业在对外交往中的维权以及应对西方国家敌对战略,亟须增强涉外国家安全法治人才培养来维护我国的主权安全和发展利益,并积极发挥中国在世界舞台中的影响力。[⑧]

(三)"一带一路"倡议下涉外国家安全法治人才培养是打击恐怖主义活动的重要举措

近年来,伴随着国家治理体系和治理能力现代化的推进,我国社会稳定事业取得了长足进步,各族人民生活幸福安康,社会秩序井然有序。但是我们必须清醒地认识到,目前,受到地域、民族、历史、文化和经济社会发展水平等多种因素的叠加影响和制约,我国面临反恐形势和任务依然严峻。鉴于此,完善"一带一路"涉外国家安全法治人才培养模式,是提升打击境内外暴恐主义犯罪活动的重要举措。

(四)"一带一路"倡议下涉外国家安全法治人才培养是贯彻习近平法治思想的应有之义

培养涉外国家安全法治人才是涉外法治建设的必然要求,更是贯彻习近平法治思想的具体表现。近年来,我国部分院校紧跟国家安全和反恐形势,先后设置国家安全和反恐怖主义学院,承担国家安全人才培养

---

⑦ 参见王宇君、赵丽华:《国际环境与中国和平发展研究初探》,载《前沿》2014 年第 1 期。

⑧ 参见杜承铭、柯静嘉:《论涉外法治人才国际化培养模式之创新》,载《现代大学教育》2017 年第 1 期。

任务。如西北政法大学实施教育部"服务国家特殊需求人才博士培养项目",着重培养服务西北地区国家安全特需高端人才。中国人民公安大学成立国家安全学院,着重培养反恐法治和情报人才。上海政法学院成立"中国—上海合作组织"国际司法交流合作培训基地,为"上合组织"和"一带一路"沿线国家提供涉外国家安全人才培养。此外,中南财经政法大学、暨南大学、西南政法大学、国防大学、甘肃政法大学均结合专业特点和地域优势设置相应院系,来加强涉外国家安全法治人才培养。涉外国家安全法治人才是中国在国际上维护国家利益的重要保障力量,强化此类人才的培养是贯彻习近平法治思想的应有之义。

三、"一带一路"倡议下涉外国家安全法治人才培养模式面临的问题

2020 年 12 月 30 日,经专家论证,国务院学位委员会批准,决定设置"国家安全学"一级学科(学科代码为"1402")。[⑨]尽管 2013 年以来,围绕"一带一路"倡议,我国诸多高校强化涉外国家安全法治人才培养,并进行积极主动地探索和实践,纷纷设立国家安全和反恐主义法学相关专业,我国涉外国家安全人才培养虽然取得了一定成果,但明显感觉到人才培养模式与"一带一路"倡议下国家安全面临的新形势还存在一定差距。如涉外国家安全法治领域的学科体系、研究体系建设还亟待完善,国家安全法治理论和实践契合度还有差距,国际视野眼界与"一带一路"倡议国家安全法治人才实际需求相去甚远等问题。

(一)课程设置不合理,教学培养体系有待完善

1. 培养课程设置方面。目前,我国高校涉外国家安全法治人才培养体系中课程设置与涉外国家安全和"一带一路"倡议对接不紧密,在课程设置遵循了法学学科的传统标准,授课内容体现不出"一带一路"倡

⑨ 参见张盖伦:《集成电路和国家安全学一级学科来了》,载中国科技网,http://www.stdaily.com/index/kejixinwen/2021-01/14/content_1070780.shtml。

议下涉外国家安全法治培养课程特色,缺失国际反恐条约、安理会预防和打击恐怖主义的有关决议、实践案例、“一带一路”沿线国家基本国情、历史等核心内容,导致教学成效和学生培养达不到实践需要的目标效果。同时,因培养课程设置不合理,相应地也就未能科学建立“一带一路”涉外国家安全法治人才的培养体系,包括能力要求、课程体系、教学和培训模式、质量和认证保障体系。此种培养模式的课程设置,培养出来的涉外国家安全法治人才无法满足当前“一带一路”倡议下国家安全现实需求,我国应对化解“一带一路”倡议的风险能力依然较弱。

2. 理论研究和教材编写方面。近年来,随着国家安全学科建设的不断发展,业内发表了诸多涉及国家安全的著作和论文,在理论和实践届产生了一定正面效应。但仔细分析研究发现,不少著作存在就理论说理论,文章实践性不强等问题,导致部分理论成果无法指导实践一线,更无法与国际社会相关业务进行交流碰撞。值得一提的是,当前国家安全实践部门的工作已经走在了高校国家安全学科建设的前面,并持续提出“一带一路”倡议下国家安全法治人才需求,形成了教学与实践供求顺序颠倒的局面。鉴于此种形势,“一带一路”倡议下涉外国家安全法治教材的编写亟须完善并应贴近实践,以此满足教学和实践部门的迫切需求。

3. 教育培养模式方面。涉外法治人才的培养是一项系统工程,不可能一蹴而就,需要相对较长时期的摸索与积累。近年来,我国多数高校涉外国家安全法治人才培养模式普遍存在无论东西南北中、工科理科文科、涉内涉外培养内容千篇一律的问题,客观上教学中将“一带一路”沿线国家法治特征、保障特点、实施方式的独特性被抹杀得所剩无几,涉外国家安全法治教学特色不明显。比如,同是文科学校,甚至是专业的法学院校,虽然研究方向不同、教学特点也不同,却采用基本类似的培养模式,导致培养出的学生“千人一面”,该类人才在实践部门工作时,其所学知识无法真正保障“一带一路”倡议下国家安全法治需要,教育培养效果欠缺火候。在教学内容上,涉外国家安全法治涉及理论性内容多,尤其是国家安全理论课涉及党的国家安全方针、路线等理论内容,教学内容死板、缺乏创新,也是影响"一带一路"涉外国家安全法治人才培养效果的因素之一。

(二)师资及科研力量薄弱,理论教学与实践脱节突出

1.师资力量配备方面。国家安全学作为一门新兴交叉学科,师资力量配备均存在不足的现象。我国多数高校涉外国家安全学的授课教师大多是从法学、民族学、宗教学、国际法、外语等相关或相近专业转行来的,诚然该类教师虽然具有丰富的本专业理论知识和教学实践,但由于涉外国家安全法治涉及"一带一路"沿线国国别的政治、经济、社会、历史、文化、宗教、民族关系等内容。受自身专业和知识积累的限制,该类教师在涉外国家安全法治教学中很难将"一带一路"倡议涉及的教学内容融会贯通并阐释清楚,直接影响教学培训效果。此种情形,这与"一带一路"倡议下涉外国家安全法治人才学科建设所要求的师资标准,还存在一定的差距。经过近年来的学习积累,我国高校专业教师国家安全理论研究成果已相对丰富,但多数教师缺少"一带一路"涉外国家安全法治实践的经历,对我国"一带一路"倡议推进实践和西部地区国家安全形势了解不深、不透,难以达到国家安全理论和实践的紧密结合。因为绝大多数老师都是终生"一门进一门出"的"理论专业老师",即使他们很努力地"深入一线",也会因自身对"一带一路"倡议的实践意义理解不够,导致对涉外国家安全实践浅尝辄止,对此类的短板,受主客观因素的影响,授课教师在教学中弥补的难度还比较大,导致部分"一带一路"倡议涉外国家安全法治人才课程应有的功能无法释放到位,教学培养效果不佳。

2.实践能力培养方面。马克思主义认识论认为实践是检验真理的唯一标准。"一带一路"倡议下涉外国家安全法治人才的培养,不能脱离现实社会环境,必须要以服务"一带一路"倡议实践为目标和落脚点,否则,涉外国家安全法治理论就成了空中楼阁,无法指导和引领"一带一路"倡议下国家安全法治实践。目前,国内高校在开展传统教学的同时,也通过设置实践情景教学、案例讲评以及跟班实践等方式培养学生实践能力。从实践部门用人导向看,我国"一带一路"倡议下涉外国家安全法治理论教学和实践脱节现象较为突出,如国家安全实务部门大多认为当前高校培养专业人才的模式和内容属于花拳绣腿,对一线实践指导意义不强。同时,认为国内高校培养的学生所学知识与实践部门需求不搭配,必须再经过几年的锤炼,才能直接适应工作。令人反思的是,面对当前高校涉外国家安全法治人才培养的现状,实践部门却对学校组织的教师和学生实习调研却不支持、不放心。尤其是在国家安全和反恐怖领域,常常以"国家秘密"为借口,人为设置种种障碍,即使接收了实习学生,也仅仅安排一些无关紧要的工作或者只是把实习学生当作劳动力,这是涉外国家安全法治理论教学与实践脱节的又一主要原因。

3. 培养人才考核方面。近年来,除部分专业学位硕士外,我国高校均把硕士、博士列为研究型人才进行培养。高校对研究型人才培养结果(毕业)的考核,主要衡量标准是论文写作能力,考核评价结果也是根据论文发表的数量和质量进行。结合学术期刊看,对专业人才的评价体系基本也是以发表论文的数量为主。诚然,此种考核具有一定的合理性,但这种考核评价体系与实践部门所需的"实践能力"是不匹配的,因为相关的论文实践转化能力不强,"唯论文"考核不能全面检验"一带一路"涉外国家安全法治人才的真实能力水平,这也与国外先进科学的评价标准有明显不同。3 月 18 日,清华大学官宣,不再把发表期刊论文作为申请硕士学位前置条件。清华大学的这一举措是否适合大面积推广尚不能断言,但值得肯定的是,在人才需求日益多元化的今天,对人才培养的衡量标准重新思考,是教育专业性的彰显。这一做法,值得我国涉外国家安全法治人才培养模式进行借鉴并优化。

(三)人才培养缺乏国际视野,不能满足"一带一路"倡议下国家安全保障需求

1. 培养方案缺乏国际视野和规划。"一带一路"倡议涉及的国家社会稳定与国家安全问题复杂严峻,民族、宗教问题复合交错,存在诸多地缘政治风险,这要求"一带一路"倡议下涉外国家安全法治人才需要理解和掌握各国的经济、社会、历史、人文、科技等诸多方面的差异。目前,国内高校涉外国家安全法治人才培养模式在国际视野层面上缺少规划,培养的国家安全专业学生们不能从国际形势、世界大局观的角度出发去思考问题,导致培养出的专业人才不懂涉外国家安全法治业务,不熟悉国际规则,在处理涉及“一带一路”沿线国家相关事务中,很难做到既维护本国国家安全利益,又能做到“一带一路”沿线国家平等尊重的工作目标。如若中国高校不从教材、教师、培养对象等层面研究“一带一路”沿线170多个国家和组织,尤其是中亚、西亚、南亚国家的国情、社情、民情、法治现状及其恐怖主义动态,则难以培养既了解涉外国家安全法治业务又能够切实为“一带一路”倡议实际服务的反恐法治人才。

2. 国内外联合培养交流机制不完善。当前,虽然国内采取多种方式开展涉外国家安全法治人才培养教学,如案例分析、法律英语教授、法律诊所教育等,但是“国内—海外合作培养”机制始终没有得到全面推广,而实践性最强、锻炼效果最佳的境外法律实习还处于起步阶段,特别是与一些重要的国际资源对接,尚需国家有关部门的支持方能推进。国内外联合培养交流机制的缺失,导致我国高校培养的涉外国家安全法治人才将无法实地参与和实践“一带一路”沿线国家安全法治特点和风土人情,也不能有效借鉴沿线国家的国家安全尤其是反恐活动工作的经验,进而与国内相关领域进行对比,直接影响培养的人才综合业务和鉴别能力。

3. 外语教学方面力度不够。“一带一路”涉外国家安全法治人才培养最基本的一项技能就是熟知和掌握相关国家的语言,并进行有效的沟通和交流。长期以来,中国的国际话语权弱,并不是中国人在国际上说话不多,而是有外语能力的人却缺乏相应的综合知识和理论素养,而有一定理论素养和相关问题学术话语建构能力的人,却无法用外语表达出来,而这一矛盾的根源恰恰就反映了我们的学科设置不科学和人才培养的单一性问题。具体到教学实践中,部分高校因条件所限,对涉及“一带一路”国家国情和国际争端解决类的课程,无法用纯外语授课,也缺乏与国外直接交流的平台和媒介,这导致学生外语水平普遍不高,既不能达到随心所欲地使用外语交流的目的,又不能从外语语境来理解和领会核心课程内涵,而是根据中国思维来理解和掌握国外知识,毕业后也自然不能利用国际视野的角度和思维来解决实际问题。

四、"一带一路"倡议下涉外国家安全法治人才培养模式的完善路径

(一)强化顶层设计,做到完善课程设置和优化考核相结合

1. 高位推进涉外国家安全法治人才培养规划。2021年1月,国务院学位委员会批准设置"国家安全学"一级学科,人才培养环节作为国家安全学科的落脚点显得尤为重要。"一带一路"倡议下涉外国家安全法治人才培养如果没有一个高位阶的宏观设计,国内高校不可能形成整体科学布局,那种临时抱佛脚的方法,是不可行的。为了尽快满足国家在应对各种安全威胁和挑战时对人才的需求,国家安全人才支撑体系的构建,应该成为当前国家安全工作统一部署狠抓落实的重要一环,刻不容缓。所以,我国要根据涉外国家安全法治人才培养规律、培养周期等因素,进行超前规划。具体可由中央政法委、国家安全委员会和教育部等部门牵头,从国家层面上制定国家安全学科"一带一路"倡议下涉外国家安全法治人才培养规划,突出"一带一路"倡议下我国核心国家的利益保护,统筹国内教育资源、政法机关和国安部门资源,完善和优化"一带一路"涉外国家安全法治人才培养和考评标准,推进"一带一路"倡议下涉外国家安全法治人才培养,实现培养任务紧密衔接,责任主体明确具体,尤其是要优化教学培养考核体系,确保培养效果和实践需求相统一,最终真正做到涉外国家安全法治人才培养全国一盘棋的工作目标。

2. 增设涉外国家安全法治特色课程。在"一带一路"倡议涉外国家安全法治人才培养的背景下,我国高校国安法治专业课程设置要形成法学为主、多学科交叉的知识结构,以能运用综合知识,提出解决问题的法律对策,具备分析解决相关问题的综合能力涉外国家安全人才为目标。在必要的政策和资源支持下,鼓励国内外高校和社会机构在国家安全人才教育与培训过程中就课程体系、培养模式和标准认证等方面共同探索。具体来讲,就是创新涉外国家安全法治领域的法学课程教学体系,优化课程设置,

形成具有鲜明特色的涉外国家安全法治核心课程群，即在现有国家安全学科核心课程基础上，完善涉外法治专业人才培养课程体系，更好地对接或服务于国家高水平对外开放，切实提升依法科学处置涉外国家安全事务的能力水平。如可增加法律英语、国别法课程、国际关系课程、外文类以及涉及“一带一路”沿线国家风土人情课程和情报分析类、国际反恐条约、联合国安理会预防和打击恐怖主义的有关决议等课程内容。

表1　课程设置及主要内容

课程设置	主要内容
法学方面	法理学、宪法、民法、刑法、国际私法、国际经济法、国际法等课程
国家安全方面	国家安全学、国家安全法、反恐怖主义法、情报学、反恐指挥和处置等课程
联合国反恐条约和“一带一路”沿线国家方面	联合国国际反恐条约、联合国安理会预防和打击恐怖主义的有关决议、区域性国际反恐条约、反恐怖实践案例、“一带一路”沿线国家历史、国情、民族、宗教、法律等课程
外语方面	英语、德语、法语、阿拉伯语、哈萨克语、俄语、吉尔吉斯语、乌尔都语等课程
国际关系方面	政治学、国际政治理论、国际政治(关系)前沿问题研究、国际法与国际组织专题研究
实践方面	涉外国家安全法治诊所教育、涉外国家安全法治实践案例、涉外国家安全咨政报告撰写

3. 实行科学化考评管理。鉴于“一带一路”倡议下国家安全法治人才培养的特殊性，制定科学的考评体系，在做好基础研究的前提下，突出实践能力为主的导向，亟待克服“唯论文”考核的短板，科学制定考评机制。如可以尝试区分实践型、研究型人才培养模式，设定不同考评标准，尤其要突出优先实践型的人才培养。同时，考评内容要突出导向实践方面，如涉外国家安全法治课题研究、调研类研究报告、咨政报告应该成为学术刊物的重点出版及其自身的考评内容，一线实践的课时也应是人才

培养考评的重要内容。通过理论研究和实践调研等考评方式相结合的方法,打破涉外国家安全法治人才培养毕业资格“唯论文”考核的枷锁,切实实现“一带一路”倡议下涉外国家安全法治人才培养考评方式科学化。

(二)优化教材编写,做到理论教育和科研工作相结合

1. 优化教材编写。教材是一门学科正常延续的基础资料,“一带一路”倡议下国家人才培养的教材内容一定要在实践中去检验效果,并努力做到和实践部门联合研究,寻找共同的着力点,凸显培养效果。建议编写“一带一路”倡议下涉外国家安全法治教材时吸纳不少于1/3的实务专家参与,也可以吸纳不同专业的国外专家参加,尤其要将“一带一路”沿线国家的国别法充实进教材编写内容,并在教材中补充大量的沿线国国情、历史和国家安全相关的工作等资料。此外,要根据“一带一路”沿线国家实际,编写外文系列教材,充分发挥涉外国家法治专业人才培养专业教材示范辐射作用,不断丰富和完善教材内容,为“一带一路”涉外国家安全法治人才培养提供基础条件。

2. 做好师资配备和科研教学工作。在教师的配备上,要克服纯理论教师授课的缺陷,可以设置理论与实践“双教师”制,做到理论导师和实践导师分别授课,以此弥补当前涉外国家安全法治人才培养中理论与实践脱节的问题。同时,可以考虑聘请国外著名专家学者到高校开展教学,全面提升学生的综合素养。此外,通过整合政治学、社会学、国家安全学、民族学、宗教学等学科专门人才力量,推进“一带一路”倡议下涉外国家安全法治人才教学、研究、实践体系的建构,形成既有理论指导又有实践应用的研究成果,最终实现服务国家“一带一路”倡议,并与上合组织形成良性互动,为构筑民心相通、经济互助的“人类命运共同体”提供教学科研基础。

3. 做好智库和数据库建设。党的十八大以来,习近平总书记高度重视中国特色新型智库建设。2014年,教育部印发《中国特色新型高校智库建设推进计划》,对高校智库建设作出了全面部署。国内部分高校要发挥好国家安全领域研究先行的优势,积极推动成果转化,完善智库专家建言献策机制，真正实现“一带一路”倡议下国家安全法治理论研究服务实践一线。此外，高校可以结合“国家安全与反恐大数据库建设”项目，通过校企合作，尽快建成独立自主的数据库，并争取相关实务单位与其他高校共享数据，尤其要争取国家部委、西部重点省市国安和反恐资源信息中心数据对接，进一步提升数据库的集成度，在搬运各国现有的较为成熟的数据集与研究报告的同时，充分收集国内外现有国家安全科研成果，为高校“一带一路”倡议下涉外国家安全法治人才培养、智库运行和教学提供基础数据，打造国家安全法治人才培养的“一站式”科研平台。

（三）增强国际视野，做到地域特色办学和实践相结合

1. 强化培养互动机制，坚持国际化办学战略。鉴于“一带一路”倡议下涉外国家安全法治人才的培养模式与国内人才培养有差异，并且此类人才培养不能一厢情愿，必须做到国内国外双向互动、多向共动。因此，在专业培养的内容上，无论是中国与“一带一路”沿线国家还是国内院校之间、不同学科之间以及精英培养与普通教育之间，都应该在共性和个性中选择共同值。具体实施过程中，我国高校可立足国内国外实际，仔细梳理“一带一路”国家安全理论现状，积极与“一带一路”尤其是“丝绸之路经济带”沿线国家的高校建立协作培养机制，在人才培养方面互通有无，择优选择科学有用的国家安全理论指导教学实践，努力做到共性的部分培育争取最大值，个性部分尊重选择最小值。

2. 突出涉外国家安全法治人才培养特色。鉴于“一带一路”沿线国家类型差异大的实际，在涉外国家安全培养规划的前提下，我国南方与西部人才培养院校应该结合实际承担不同任务，根据不同类型或高校学科优势，确定不同的涉外法治专业人才培养功能定位侧重不同的法学院，走差异化路线，通过构建不同的培养模式，以体现地域特色培养模式，避免出现培养模式雷同的现象。尤其在定向、定单人才培养上要充分调动各个院校的积极性，进行最优教育资源整合，培养出既熟悉“一带一路”沿线国家国情，又懂得各自差别的涉外国家安全法治人才，避免出现千校一式、千人一面的培训模式，切实为“一带一路”倡议建设保驾护航。

3. 加大人才培养实践内容。理论与实践相结合是我国涉外国家安全法治人才培养的关键,国内高校要与实践部门建立起名副其实的实训基地,并落实共建、共管、共担责任,落实一体考评。具体来讲,实训基地可以建在国内和国外的实践部门,也可以建在高校,通过加强涉外国家安全理论研究、数据共享、人才交流等方面合作,定期开展实地调研或集中培训。同时,高校也可以结合文化产业,围绕"一带一路"倡议建立"试验室""仿真场""风情镇"等,有效提升"一带一路"涉外国家安全法治人才培养的实践能力。同时,要做好国内高校间的协作,引导国内各大高校如西北政法大学、西南政法大学、中国人民公安大学、暨南大学、四川大学、浙江大学、新疆大学、兰州大学等高校的交流合作,做到取长补短、互通有无,联合开展涉外国家安全法治理论研究,共同推进提升"一带一路"倡议涉外国家安全法治人才培养水平。同时,国内高校要积极主动争取相关政策支持,将高校的教师和优秀学生派遣到"一带一路"沿线国家实务部门,跟班开展涉外反恐、法治及其他国家安全工作实践,反哺国内"一带一路"倡议下涉外国家安全法治人才培养理论教学,实现理论和实践有机统一。

结　语

"一带一路"倡议为中国带来了前所未有的发展机遇,面对"一带一路"沿线国家政权频繁更迭、政令朝令夕改以及恐怖主义组织频频破坏我国海外利益的实际,加之,以美国为首的西方国家积极利用"印太战略",通过大国竞争极力抵消中国在亚太地区的影响,严重阻碍"一带一路"倡议顺利实施。承担"一带一路"涉外国家安全法治人才培养的高校需要正视自身存在的短板,找出问题的关键,不断完善"一带一路"倡议下涉外国家安全法治人才培养模式,真正为我国"一带一路"倡议下涉外国家安全法治实践提供理论支撑和人才智力保障。

On the Cultivation of Foreign-Related Rule-of-Law Talents for National Security under the Belt and Road Initiative

Guo Yonghui　Li Ming

Abstract: To clarify the connotation of foreign-related rule-of-law talents for national security under the Belt and Road Initiative, and to point out that the cultivation of foreign-related rule-of-law talents for national security is an important guarantee for safeguarding national security and the nation's oversea interests, an intellectual support for dealing with international disputes, an important measure for combating terrorist activities, and the proper significance of implementing Xi Jinping Thought on the Rule of Law. At present, there are some problems in the cultivation of foreign-related rule-of-law talents for national security, such as unreasonable curriculum, imperfect teaching and cultivation system, teachers and scientific research strength is weak, the theoretical teaching and practice is out of line, lack of international vision in talent cultivation and so on. The curriculum provision and evaluation can be further integrated by strengthening the top-level design; theoretical teaching and scientific research work can be further integrated by optimizing the compilation of teaching materials; regional school-running characteristics and cultivation practice can be further integrated by broadening international outlooks. In these ways, construction and improvement of the cultivation of China's foreign-related rule-of law talents for national security can be realized.

Key Words: the Belt and Road Initiative, foreign-related national security, international vision, talents cultivation

新文科背景下涉外知识产权人才培养机制研究*

张惠彬** 侯仰瑶***

摘　要:在新时代更高水平的对外开放格局之下,面对新挑战、新矛盾,涉外知识产权人才培养是现实需求。新文科建设提供了"复合型+实务型+国际型"的涉外知识产权人才培养方向。然而在目前的法学教育模式下,"复合型+实务型+国际型"的涉外知识产权人才培养仍旧存在阻力。在新文科背景下,应当通过"基础+专业"课程体系、"内培+外引"师资体系、"国内+国外"实习基地的三位一体培养架构,从教育资源根源打通涉外知识产权人才培养壁垒,实现涉外知识产权人才培养创新与实践,并最终服务于国家法治建设和新发展格局。

关键词:新文科　涉外知识产权人才　复合型　实务型　国际型

---

* 基金项目:重庆市高等教育教学改革研究项目《"一带一路"背景下涉外知识产权人才培养模式研究(213092);重庆市教育科学规划研究项目《成渝地区双城经济圈高校知识产权教育一体化建设研究》(2021-GX-301)。

** 张惠彬,西南政法大学副教授,法学博士,西南政法大学知识产权研究院研究员,研究方向:知识产权法学。

*** 侯仰瑶,西南政法大学知识产权研究院研究人员,研究方向:知识产权法学。

引　言

2021年3月1日习近平总书记在《求是》上发表文章《坚定不移走中国特色社会主义法治道路，为全面建设社会主义现代化国家提供有力法治保障》，文章强调推进全面依法治国，并提到要统筹涉外法治与国内法治。① 知识产权作为最具动态性、国际性的法律部门，理所当然要与时俱进，培养涉外法律人才。2021年1月31日，在中央政治局第二十五次集体学习上，习近平总书记提出要推动我国从知识产权引进大国向知识产权创造大国转变、推动构建新发展格局，②其中之一就是要提高知识产权保护工作的法治化水平。因而，培养一支跨学科、跨文化、跨法域的涉外知识产权人才队伍是社会主义法治建设的客观需要，也是新时代构建新发展格局的迫切需求。

2018年8月，在全国教育大会召开前，中共中央发布文件提出"高等教育要努力发展新工科、新医科、新农科、新文科"（简称"四新"建设）。2019年2月26日，教育部高等教育司副司长范海林对如何发展"四新建设"作出回应，并指出新文科建设就是要适应新时代哲学社会科学发展的新要求，推动学科的交叉融合，形成具有中国特色的哲学社会科学学派。2019年4月29日，教育部、科技部、财政部等部门在天津联合召开"六卓越一拔尖"计划2.0启动大会，作为"四新"之一的新文科建设正式开启。《全国普通高等学校本科专业目录》将知识产权专业作为法学的二级学科，知识产权专业自然属于新文科建设之列。目前我国已有100所高校设立了知识产权专业，其中有46所高校设立了知识产权学院，同时，全国设有26个国家知识产权培训基地和19个国家知

① 参见习近平《坚定不移走中国特色社会主义法治道路　为全面建设社会主义现代化国家提供有力法治保障》，载《求是》2021年第5期。

② 参见习近平：《全面加强知识产权保护工作　激发创新活力推动构建新发展格局》，载《求是》2021年第3期。

识产权战略实施研究基地,[③]知识产权人才队伍逐渐壮大,但复合型、实务型、国际型涉外知识产权人才的培养仍旧存在课程设置不科学、师资力量不健全、协同培养机制不完善等多方面的阻力。新文科背景下,知识产权学科应当对标人才培养机制创新要求,建立"基础+专业"课程体系、"内培+外引"师资体系、"国内+国外"实习基地,培养一支具有中国特色的复合型、实务型、国际型涉外知识产权人才队伍。

一、新文科建设对于涉外知识产权人才培养的战略意义

新文科之"新"在于打通传统文科培养的壁垒并创新人才培养机制,以补给我国在新时代、新征程、新挑战下对于文科人才的需求特别是对涉外知识产权人才的需求,完善具有中国特色的高等教育、形成中国学派,并最终服务于国家法治建设和新发展格局的要求。

(一)"复合型"标准是新时代下涉外知识产权人才培养的新要求

新文科之"新",其一在于新文科建设强调推进学科融合、学科交叉,[④]要推动新文科建设就是要打通单一学科培养壁垒。[⑤] 在新时代背景下,经济全球化更加迅速,对外开放格局更加深入,国际贸易所涉及的领域更加广泛,知识产权日益成为各国发展经济的利器。我国也陆续出台了与知识产权相关的政策,国家《知识产权人才"十三五"规划》指出了知识产权制度对于推动创新驱动发展战略所起的不可忽视的作用,知识产权人才对于我国知识产权事业、知识产权强国建设具有基础性和关

③ 《教育部关于公布2020年度普通高等学校本科专业备案和审批结果的通知》新增备案知识产权本科专业名单包括:中南财经政法大学、广东技术师范大学、东莞理工学院、河北科技师范学院、泉州师范学院、青岛工学院、河南工程学院7所高校。

④ 参见魏琛:《新文科视域下认知语言学研究的五个维度》,载《北京科技大学学报(社会科学版)》2020年第1期。

⑤ 参见冯果:《新理念与法学教育创新》,载《中国大学教学》2019年第10期。

键性的作用。[⑥] 在新技术背景下,5G 通信技术、计算机软件、深度伪造技术、云计算、区块链等的发展在助力国际贸易再上新台阶的同时也带来了潜在的知识产权风险。事实上,新技术的发展促进了学科之间的交叉,[⑦]传统的精细化学科分工已经不能适应新时代要求,新时代对于涉外知识产权人才的知识储备要求也不再仅限于知识产权相关的法学基础理论知识,而是要求对其培养要更具开放包容性,推动法学与经济学、管理学甚至理工科专业的交叉融合。新文科建设对于涉外知识产权人才的复合型要求契合了新时代背景下国家的发展需求,一方面,有助于为不同的技术配套不同的知识产权保护方案,在纠纷发生的同时依据不同的保护方案提出适当有效的保护路径,最大限度地保护本国的知识产权利益;另一方面,对于技术的深入了解有助于促进技术成果投资和转化,实现技术创新的知识产权价值。

(二)"实务型"标准是新挑战下涉外知识产权人才培养的新目标

前教育部部长陈宝生指出,"四新"建设中的"六卓越一拔尖"计划 2.0 是新时代中国高等教育写好"奋进之笔"的一次"质量革命"。在这一场如火如荼的新文科建设中,法学教育上的应用型人才培养十分关键。[⑧] "新文科"是将知与行打通的文科。[⑨] 中美贸易摩擦下我国所面临的知识产权风险尤为突出,知识产权海外投资受阻、进口商品中的知识产权壁垒、知识产权制度缺陷、美国域外专利管辖、美国对我国企业的"禁令"限制等问题使我国在知识产权国际贸易中不能掌握主动权。知识产权领域的国际争端甚至上升到国家安全层面,经济安全、科技安全

⑥ 参见《知识产权人才"十三五"规划》,对知识产权人才进行了定义。知识产权人才是指从事知识产权工作,具有一定的知识产权专业知识和实践能力,能够推动知识产权事业发展并对激励创新、引领创新、保护创新和服务创新作出贡献的人。知识产权人才是发展知识产权事业和建设知识产权强国最基本、最核心、最关键的要素。

⑦ 参见黄启兵、田晓明:《"新文科"的来源、特性及建设路径》,载《苏州大学学报(教育科学版)》2020 年第 2 期。

⑧ 参见杨灿明:《新时代保障法学教育高质量发展的原则》,载《法学教育研究》2020 年第 1 期。

⑨ 参见徐显明:《新文科建设与卓越法治人才培养》,载《中国高等教育》2021 年第 1 期。

受到前所未有的威胁,专利对外转让审查、他国域外管辖问题、重要领域核心技术自主发展的可控性⑩等都影响着我国知识产权强国战略的成效和我国的经济社会发展速度。面对现存的、复杂的、长期的贸易摩擦,我们急需制定相关的应对机制、预警机制、阻断机制;对于国内国外贸易规则,我国也进行细致深入的审查以消弭可能引发贸易冲突的制度因素;对于贸易纠纷和冲突的应对也需要培养知识产权人才的涉外诉讼、仲裁技巧。同时,在国际规则制定的过程中,我们还需要培养涉外知识产权人才的谈判技巧、谈判规则熟悉度,才能够在其中获得主动地位。

知识产权作为一门实用性较强的学科,涉外知识产权文献检索、涉外知识产权代理、涉外知识产权融资、涉外知识产权诉讼、跨境知识产权交易、国际知识产权仲裁等实务的开展等都要求丰富的涉外实务经验。然而涉外知识产权法律服务存在总量偏小、质量不高、经验不足的现状,原因在于我国知识产权人才培养缺乏实操技能培训,⑪新文科背景下涉外知识产权人才培养更要以问题为导向培养实务型人才。

(三)“国际型”标准是新征程上涉外知识产权人才培养的新期待

2016年5月19日,习近平总书记在哲学社会科学工作座谈会上阐述了哲学社会科学发展对于一个国家发展的重要性。⑫ 新文科的建设目标既在于培养具备中国格局、中国视野的文科人才,也在于培养具备国际视野、通晓国际规则、能够熟练处理国际事务的人才。我们正处于更高水平对外开放的新征程上,“一带一路”倡议提供了多主体、全方位、跨领域的互利合作平台,涉及多个沿线国家、跨越多种文化环境。历史、政治环境、国情等的不同带来了知识产权文化底蕴的差异,进而带来知识产权交易习惯和交易规则差异、知识产权保护理念和模式差异、知识产权纠纷解决路径差异等。首先,基于文化背景所带来的思维差异使

---

⑩ 参见吴潇菲:《中美贸易摩擦背景下涉及国家安全的知识产权面临的风险及对策建议》,载《发展研究》2020年第11期。

⑪ 参见何培育、杨虹、李祥:《新文科建设背景下知识产权管理交叉学科研究生培养模式探析》,载《研究生教育研究》2021年第1期。

⑫ 参见习近平:《在哲学社会科学工作座谈会上的讲话》,载央广网,http://news.cnr.cn/native/gd/20160519/t20160519_522178374.shtml。

得我国知识产权人才即使具备了较高的法律英语水平，也不可避免地存在对他国法律制度的理解障碍，一定程度上阻碍了涉外知识产权事务的正常有序开展，同时也使涉外知识产权人才不能有效利用国外法律工具维护我国的创新利益。其次，在跨境交易、跨境诉讼、跨境仲裁中，不同文化背景所需要的交流技巧和谈判技巧也有所差异，应对不同的对话场景，跨文化交流经验便显得十分重要。最后，对他国先进法律制度进行移植的同时也应当明确了解各国文化之间的差异，在这一前提下，才能够避免本土法律制度对他国法律制度的排异现象。在2019年世界知识产权日，习近平总书记出席第二届"一带一路"国际合作高峰论坛开幕式并发表主旨演讲，指出中国将"更大力度加强知识产权国际保护"。良好的国际创新生态环境的建成需要高素质的涉外知识产权人才补给，这是新文科建设对于知识产权专业人才培养的期待，也是我国参与国际竞争和推动构建人类命运共同体的现实需求。

二、当前我国涉外知识产权人才培养困境

（一）"复合型"涉外知识产权人才培养阻力

跨学科培养是人才多样性的现实需要。⑬ 涉外知识产权人才的培养应当是跨管理学等大法学学科、跨知识产权相关理工科的复合型培养，这样才能满足涉外知识产权创新互利的人才需求，实现国际知识产权层面的"政产学研"合作。同时，知识产权作为与创造密切相关的民事权利，对发明、植物新品种、集成电路布图设计、外观设计等具有垄断性的保护作用。在技术开发者的视角，知识产权人才的作用在于为其提供一种收益最高的保护策略，那么便要求知识产权人才具有交叉学科背景，对于一些理工科专业有所涉猎。

然而，我国高校尚未形成较为成熟的知识产权专业跨学科培养模

⑬ 参见王宗正：《跨学科培养卓越企业法务人才的探索》，载《法学教育研究》2020年第3期。

式。在大法学教育以及理工科的培养上,文科院校与理科院校出现各行其道的现象。文科院校、理科院校的课程设置依各自的学科优势而各有侧重,没有统一的培养方向,不利于复合型知识产权人才的培养。法学底蕴较为深厚的文科院校,其知识产权专业课程都是法学基础理论课程,缺乏跨学科培养,不利于学生理解专利、集成电路布图设计等与理工科专业联系较为密切的知识产权。而在部分理工科院校,大法学专业课程占比较少,一些理工科院校的人才培养方案甚至有将知识产权专业设置为理工科专业的趋向,学生虽能够熟练了解、掌握相应技术,但却缺乏管理学、经济学等社会科学知识,不利于战略思维格局的培养。“复合型”涉外知识产权人才的基础是跨学科师资之间的整合,而出现知识产权人才培养跨学科融通培养阻力的深层次原因在于协同培养机制尚未成熟,就综合院校而言,跨学科教师之间缺乏沟通交流;就文理院校而言,其各自的跨学科资源本身有限,同时各高校教师之间缺乏交流和互换教学的平台和机制。

(二)“实务型”涉外知识产权人才培养局限

2017年1月8日,司法部、外交部、商务部、国务院法制办公室印发了《关于发展涉外法律服务业的意见》(以下简称《意见》),对于涉外法律服务的开展作出全方位部署。《意见》指出,涉外法律服务开展的主要任务之一是助力“一带一路”发展战略,为跨境电子商务、国际货物贸易和新兴产业的发展提供法律服务支持,并宣传我国相关法律制度、增进国际社会对我国的了解。然而我国涉外知识产权人才仍旧无法满足现实需要。通过浏览各省市司法厅(局)所发布的涉外律师人才库入库名单,获得数据见表1。

表1 各省市涉外律师人才数量

地区	涉外律师人才数量/人	涉外知识产权律师人才数量/人
北京	742	191
广东省	560(含后备人才)	36
江苏省	131	13
浙江省	160	32

续表

地区	涉外律师人才数量/人	涉外知识产权律师人才数量/人
海南省	61	3
福建省	54	4
宁夏	24	—
广西	32	—

由上表数据可知，以律师行业为例，涉外法律实务队伍尚不健全，尚不能满足日益开放的对外发展格局的要求，涉外知识产权实务人才的数量更是屈指可数。但现今各法学院校所培养的法学学生的数量并非稀少，法学专业毕业生盈余而涉外实务仍旧存在人才短缺问题的一个重要原因是知识产权人才培养与实务的断层。显然，在当今的知识产权专业教育中知识教育与实践教育并不能有机融合。

一方面，涉外知识产权实务交流机会较少，出国交流项目多是国内外高校学生之间的身份互换，由国内学生到国外高校课堂学习、国外学生到国内高校课堂学习，知识产权专业的学生仍旧难以接触到涉外知识产权事务和积累涉外实务经验。另一方面，实务教学课程设置较少，实务教师配备匮乏。在设置了知识产权专业的高校中，部分高校重理论轻实践，课堂教学以理论为主，缺乏实务课程的设置。[14] 受学校课程安排与本科生学时数等限制，这些高校知识产权专业的课程设置以法学基础理论课程及知识产权基础理论课程为主，老师在课堂上讲授的大多为商标法、专利法、著作权法的基本知识，且教学仍旧采用传统的“法条分析 + 案例评述”的法学教学模式，因而缺乏对于专利申请、专利文献检索、商标注册申请等实践类知识和技能的培养。另外，有的实务课程仍旧未能够起到锻炼学生实务能力的作用，实务课程仅仅是主要教学模式的补充，[15]如有的商标代理专题课程仍旧停留于讲解商标宣告无效的绝

---

[14] 参见唐代盛、冯锋：《我国高校知识产权人才培养模式的演进、问题与对策》，载《南京理工大学学报（社会科学版）》2019 年第 2 期。

[15] 参见林森、李卓：《“一带一路”背景下涉外知识产权人才培养：要求、问题及完善》，载《河南科技》2020 年第 24 期。

对事由或者相对事由,对于注册商标申请书的撰写技巧等却未能重点讲授;又如专利检索课程,往往仅涉及检索技巧而未能重点传授数据分析技巧。实务型师资匮乏也是导致学生实务水平较差的原因,实务型师资大多源于学校委托的实务型知识产权人才如法官、律师、专利代理师、商标代理师等,并由这些实务型知识产权人才到校开展讲座,由于讲座时间、讲座主题的限制,高校不能保证所有知识产权专业的学生参与其中,学生即使参与了相关讲座,也只能是"走马观花"式的学习而未能将所学内化为实务能力。涉外实务型师资则更为稀少,并且由于对众多的国际条约或者规则未有事先、长期、深入的学习,学生仍旧难以经过短时间的讲座就具备开展涉外知识产权实务的能力。

(三)"国际型"涉外知识产权人才培养障碍

《中共中央关于全面推进依法治国若干重大问题的决定》中指出,"要创新法治人才培养机制,建设通晓国际法律规则、善于处理涉外法律事务的涉外法治人才队伍"。要培养一支卓越的涉外知识产权人才队伍,法律英语基础知识、应用知识以及国际战略思维的培养均不容忽视。然而,目前我国法律英语培养模式尚未革新,国际战略思维的培养亦乏力。

一方面,我国法律英语课程承袭英美法系教学模式,尚未形成适合我国法学专业学生的教学模式和课程设置,法律英语教学也缺乏体系化。⑯ 基础大学英语教学仅限于词汇、语法以及应试知识教学,学生语言运用能力并未得到实质性提升。法律英语教学则未形成贯穿本科生、研究生学习过程的循序渐进的教学模式,导致法律英语教学难以体现成效。因而,知识产权专业学生很难通过短时间的学习提供高质量的涉外知识产权法律服务,法律英语的难度过高导致知识产权专业学生学习主动性、积极性不高,应诉难、胜诉难的现象仍旧普遍存在。

另一方面,知识产权人才的培养缺乏国际战略思维的引领。以西部某文科院校知识产权专业为例,其对于知识产权专业学生欠缺国际知识

---

⑯ 参见刘艳、毕文娟:《服务地方发展视角下的涉外法治专业人才培养模式探析——以山东政法学院为例》,载《辽宁师范大学学报(社会科学版)》2020年第5期。

产权法课程的开设。(见表2、表3)

表2　西部某文科院校本科知识产权专业限选课程

序号	课程名称	学分	学时				建议修读学期
			总计	理论	实践	周学时	
1	知识产权评估	1	16	12	4	2	5
2	知识产权国际保护(双语)	2	32	22	10	2	5
3	商业秘密的法律保护	2	32	22	10	2	6
4	专利信息检索与分析	1	16	12	4	2	6
5	知识产权代理	1	16	12	4	2	6
6	知识产权法案例分析	2	32	22	10	2	6
	小计	9	144	102	42		

表3　西部某文科院校知识产权法学学术型研究生培养方案

序号	课程名称	学时	学分	授课学期
1	法理学专题研究(一)	30	2	1
2	民法专题研究(总论、物权、债权)	45	3	1
3	知识产权法总论	30	2	1
4	知识产权法分论(著作权、商标权、专利权)	60	4	2
5	知识产权国际保护	15	1	2
6	知识产权管理	30	2	3
	总计	210	14	10

在该大学知识产权本科教学中,“知识产权国际保护”课程被列为专业限选课而非专业必修课,相对应的考核机制和课程安排较为宽松。在学分安排上,本科教学中知识产权国际保护的课程仅有2分,学时仅为知识产权分论等通识课程的一半。在知识产权法学学术型研究生课程培养方案中,虽“知识产权国际保护”被列为必修课,但其学分为1分、学时仅有15小时,占修读总学分的1/14,对于知识产权国际保护专业知识的培养显然较为薄弱。知识产权本科教育以及研究生教育仍旧

侧重于基础性的通识教育,欠缺对于学生知识产权国际视野培养等高阶课程的设置。同时,国际知识产权战略的开展要求涉外知识产权人才具备综合的知识产权能力,如国际知识产权管理、全球知识产权布局、涉外知识产权转让、涉外知识产权转化等学术能力和实务能力。然而不少院校对于知识产权专业的培养较为封闭,所涉课程往往局限于著作权法、商标法、专利法三大板块,⑰由于教学模式的固定化现象,教学多针对国内法律基础理论教学,并未见比较法教学研究。

三、"新文科"模式下的涉外知识产权人才培养思路

(一)建立"基础+专业"课程体系

如前所述,复合型、实务型以及国际型涉外知识产权人才培养的阻力均存在课程设置不科学的基础性原因,因此,需要增加或者革新交叉学科课程、国内和涉外实务课程、法律英语课程以对标涉外知识产权人才培养存在的问题。当然,无论是交叉学科培养还是法律实务能力的培养、法律英语应用,知识产权专业学生的基础理论巩固仍旧是前提,进而以此为基础形成"基础+交叉学科""基础+实务""基础+英语"的课程体系。

首先,就"基础+交叉学科"课程体系而言,以培养应用化学领域的知识产权应用型人才为例,有学者建议采取"知识产权+应用化学"的理工科与知识产权基础理论课程的双专业复合课程体系。跃出化学专业,由高校建立学生可以自主选择的"知识产权+交叉专业"的课程体系,以知识产权法学学习为主,理工科专业学习为辅,培养复合型知识产权人才。其次,就"基础+实务"课程体系而言,要做到的是增加实务型课程、完善涉外实务课程设计并将实务型课程设置为必修课。实务课程的设置不应当仅仅局限于"法条+案例评析"的教学模式,对于知识产

⑰ 参见西华大学、四川文理学院、重庆交通大学、宜宾学院等院校官网学科介绍。

权专业的学生而言，还需要增加专利和商标信息检索、专利权利要求书分析、国际谈判技巧培训等实务课程。同时，聚焦涉外知识产权专业的培养目标，各高校还应当培养能够熟练处理国际事务的涉外知识产权人才，因而涉外法律实务课程教学，如 WTO 争端解决机制、国际仲裁、国际诉讼技巧等的开设也应当纳入各高校的教育改革计划。并且，这类实务课程的地位应当从选修课上升到必修课，通过更为严格完整的考核机制督促学生完成实务型课程任务，防止实务型课程形同虚设。最后，就“基础 + 英语”的课程体系而言，要摆脱应试思维束缚，使法律英语真正成为实用英语。对于法律英语课程的安排不应当仅仅局限于学时数的增加，各高校在制定相应培养方案的过程中需要摆脱应试思维束缚，在完成基础理论教学的基础上融入相关法律知识的英语课程教学，分阶段分级别培养知识产权专业学生法律英语水平，⑱服务于学术研究和涉外法律实践。

（二）建立“内培 + 外引”师资体系

课程体系设置是涉外知识产权人才培养模式创新的关键，但其具体落实还需要配套的师资体系的建成，交叉学科师资、实务型师资、涉外师资对新文科背景下涉外知识产权人才培养所起到的作用至关重要。文理院校囿于其各自有限的教学资源，在开展跨学科复合型人才培养时往往受限于单一的师资来源；大部分高校缺乏实务型教师来源，实务型课程的开展局限于学校聘请律师、法官、专利代理人等到校开展短期性讲座；另外，高校涉外师资往往也仅是留学项目中的隐没师资。因此，需要建立“内培 + 外引”的师资体系，其一，要通过高校“内培”，实现高校内部跨专业教师“1 + 1 > 2”和实务型教师养成。通过提供校内不同专业教师交流合作平台以推动本校教育资源整合，通过项目牵引促成不同专业教师之间共同开展教学研究，通过增加高校教师挂职锻炼和到外访学机会培养“学术 + 实务”师资以服务于理论教学和实务教学，保证跨学科师资基础先行于跨学科人才培养计划。其二，支持师资“外引”，搭建

---

⑱ 参见孟超、雷震：《卓越法律人才培养背景下法学专业英语课程设置研究》，载《法学教育研究》2020 年第 1 期。

校内、校外协同育人机制,共享国内外优质教师资源。由各地教育部门牵头搭建国内外高校联合培养基地,以国内外高校联合培养协议为依托,实现国内外高校教师互联互通、共引共享、互聘互用,利用网络技术开展跨校、跨国界授课和学生指导。

(三)建立"国内+国外"实习基地

复合型、实务型、国际型涉外知识产权人才培养仅仅依靠课堂教学手段是不够的,技能实操锻炼也是人才培养的关键。首先,需要发挥政府在"政产学研"链条中的指导作用,积极搭建高校与国内外涉外企业的对话平台,建立"国内+国外"实习基地,已有的可供参考的平台如国家知识产权国际合作基地(北京)、辽宁知识产权国际交流合作基地、大连理工大学—华沙大学技术创新研究院等。以国际知识产权合作基地作为依托,集结各地区设立了知识产权专业的高校与国内外企业,为校企合作提供交流平台,整合校方的科研资源和学术优势、企业的实务锻炼机会和资金优势。其次,通过利用好知识产权国际合作平台,推动高校与外资企业、外国企业等涉外企业之间建立人才互动机制,由高校教师到企业挂职,利用学术能力为企业业务开展提供智力支持,同时为高校教师提供实务经验积累,扩充"学术+实务"的复合型师资队伍,进而健全"学术+实务"的涉外知识产权人才队伍。由企业涉外知识产权人才进入高校开展涉外实务课程,使学生获得更为直接、丰富的涉外知识产权实务技巧,在帮助知识产权专业的学生理解理论知识的同时达到学以致用的教学目的。企业人才依托到校锻炼的机会也能够对实务中所碰到的争议焦点开展研究,同时也可以利用交流机会为企业招纳知识产权人才,为高校人才培养提供市场需求导向,推动高校知识产权人才培养对接企业涉外知识产权人才需求。在校企人才互动机制下,最大的受益者是知识产权专业的学生,学生在这一过程中能够实现更为便利、更为高效的跨文化、跨学科、跨法域交流,在接受传统法学基础理论熏陶的同时获得涉外实务技巧的积累和外语实用能力的提升。

On the Cultivation Mechanism of Foreign-related Talents of Intellectual Property under the Background of the New Liberal Arts

Zhang Huibin Hou Yangyao

Abstract: Under the higher level of opening up to the outside world in the New Era, facing new challenges and contradictions, the cultivation of foreign-related talents of intellectual property is a real need. The construction of the New Liberal Arts provides a "compound + practical + international" cultivation model for foreign-related talents of intellectual property. However, under the current legal education model, there are still obstacles in the cultivation of "compound + practical + international" of foreign-related talents of intellectual property. Under the background of the New Liberal Arts, the cultivation structure of "basic + professional" curriculum system, "internal cultivation + external introduction" faculty system, and "domestic + foreign" practice base should be adopted to get through the cultivation of foreign-related talents of intellectual property from the root of educational resources in order to achieve innovation and practice in the cultivation of foreign-related talents of intellectual property, and ultimately serve the country's rule-of-law construction and new development patterns.

Key Words: New Liberal Arts, foreign-related talents of intellectual property, compound, practical, international

中国涉外金融法律队伍的现状与培养路径*

吴一楷**　李伟弟***

摘　要:在强调构建国内国际双循环的新发展格局以及涉外法治的背景下,涉外金融法治的推进是金融行业得以迅速发展的关键。如何建设金融法律域外适用专业化、高水平研究与实践队伍,提高我国金融法治的制度能力,应予以重视和加强。中国涉外金融法律人才的培养,出现了人才短缺、涉外性不足、精准适用金融法律能力较低等问题,通过与域外金融法治发展良好的国家与地区的比较分析,为我国涉外金融法律队伍的培养路径提出建议。

关键词:涉外金融法律人才　涉外法治　金融法律教育　培养路径

* 基金项目:2021年福建省本科高校教育教学改革研究项目(FBJG20210280;全面依法治国背景下法学本科教育应用型法治人才培养机制的转型)阶段性研究成果。

** 吴一楷,厦门大学法学院国际法博士研究生,研究方向:国际金融法、国际货币法。

*** 李伟弟,西北政法大学博士研究生,研究方向:国家文化安全。

引　言

2020年5月14日，中共中央政治局常委会会议首次提出“构建国内国际双循环相互促进的新发展格局”。2020年10月，党的十九届五中全会明确提出要加快构建以国内大循环为主体、国内国际双循环相互促进的新发展格局，并在2021年11月11日党的十九届六中全会中进行重申。金融业作为实体经济最重要的支撑，在面对百年未有之大变局及纷乱复杂的国际政治经济博弈，双循环新发展格局为其国内外未来发展指明了方向。①

现阶段，我国金融业在积极遵循国内外循环的价值取向下，与面对的国际经济环境背景的交锋表现得较为强烈。在2008年国际金融危机席卷全球后至现今我国正加速走近世界舞台中央的现实情况，涉外金融行业中作为涉外实体经济重要的支柱和助力，从近年来中国对涉外金融行业的推进可以看出，中国对金融业的发展从秉持严谨到逐渐开放的态度。随着近年来我国加入区域全面经济伙伴关系协定、中欧投资协定进程的加速，涉外投资、贸易规则的签订、运用以及执行的程度大幅上升，美国近几年单边主义势力增强，通过一系列非正当的破坏国际规则的经济手段和金融制裁对中国及大多数国家造成了重大的影响。

行业的发展与稳定离不开高素质的人才队伍支持。在党的十八届四中全会决定里就明确提出要建设通晓国际法律规则、善于处理国际法律事务的涉外法治人才队伍，在党首次召开的中央全面依法治国工作会议上习近平总书记又强调，要坚持统筹推进国内法治和涉外法治。② 加

① 参见中国社会科学院金融研究所：《2020年中国金融十件大事》，载《中国金融》2021年第1期。

② 在中央全面依法治国委员会第二次会议上特别强调，要加强涉外法治人才培养，特别谈到涉外法治“专业人才培养要跟上”；在中央全面依法治国委员会第三次会议上进一步强调要加强国际法治领域合作、加强我国法域外适用的法律体系建设、加强国际法研究和运用、提高涉外工作法治化水平；在中央全面依法治国工作会议上，习近平总书记再次指出，要坚持统筹推进国内法治和涉外法治，加强我国涉外法治工作战略布局，协调推进国际治理和国内治理，更好维护国家主权、安全、发展利益，坚持建设德才兼备的高素质法治工作队伍。

强法治工作队伍建设,加强涉外法治人才培养成为习近平法治思想的重要组成部分。在这两个价值取向之下,加之中国对于北京、上海等城市金融中心的定位更加明确与深入,在未来提供跨境金融服务过程中,如何加强金融法制建设成为金融中心建设面临的重要挑战之一,如何培养金融法律域外适用专业化、高水平研究与实践队伍,提高我国金融法治的制度能力,是完善金融法治环境,健全金融执法体系,提升金融法律服务整体水平的重要基础,应予以重视和加强。

一、趋势与现实困境:中国涉外金融法律队伍

(一)历史沿革与趋势

2017年,国务院国资委政策法规局发函强调了"各类金融业务和资产不断增长,与此相关的法律风险不容忽视"。[③] 实际上在国资委发函强调之前,金融行业中对于法律人才就已处在较高的需求,其行业本身就存在许多与法律相关度较高的岗位,国内大多数做法都是金融行业中在内部设置合规法律部,但是只解决类似合同条款审查等基础性的法律问题,如需要进行重大项目(如IPO等)时再同时将业务与律所和券商公司进行合作。换言之,在面对国内金融行业的法律问题时,通过内部设置法律部门简单地应付基础问题,在特殊情况时再将业务外包至律所,是国内金融行业面对法律问题时的一贯做法。在国内金融法律人才长期处在"青黄不接"的情况下,在面对国际金融规则谈判、金融行业法律风险服务、涉外金融案件司法等领域时,涉外金融法律人才更显缺乏。当前,我国缺乏精通国际金融规则、境外金融法律,能够熟练运用国际惯例和境外法律解决涉外金融纠纷的人才。[④] 这种情况显然无法应对未

③ 参见国务院国资委政策法规局《关于建立中央企业金融法律人才库的通知》(法规函〔2017〕41号)。

④ 参见金鹏辉:《加强涉外金融法律服务人才队伍建设》,载《人民政协报》2020年4月,第3版。

来的局面。

其一,金融科技背景下金融行业中法律性问题越发突出。首先,金融市场本身就是权力结构的平衡化过程,其涉及的问题很大程度是利益主体和政府设定的权利边界之间的冲突,⑤从而获取扩展的金融收益、引发金融风险,这意味着金融与法律的关系在本源上无法割裂。其次,这种无法割裂的关系在过去十年间越发凸显,金融风险在科技的催化下呈现广、多、快的态势,一方面,风险化突出作为金融科技的重要特征,其外部表现形式层出不穷。如互联网金融中的支付风险、网络金融贷款风险,数字货币的交易风险等;另一方面,对于金融服务过程中的金融机构本身的风险规制,也就是其内部风险的规制问题是需要予以关注的。我国国家标准化管理委员对于《合规管理体系指南》的转化实质上就是对金融机构需关注自身内部风险起到了提示和引导作用。⑥ 推荐性国家标准适用于所有经济组织的涉外合规风险管理,⑦即境内所有金融机构的合规管理体系过程。⑧ 根据拉勾招聘数据研究院报告显示,⑨随着传统金融企业向金融科技行业的快速转型,金融科技行业相关的人才需求大幅度提升,⑩金融科技使得金融行业的服务类产品日新月异,在法律合规方面所出现的问题同样层出不穷。最后,金融管理机构的对于风险监管的政策问题,是法律性的又一重要显现。

---

⑤ 参见张建伟:《真实世界的法律金融学:金融法研究的科斯方法》,载《金融法苑》2014 年第 1 期。

⑥ 2014 年,国际标准化组织发布 ISO19600《合规管理体系指南》,对企业合规管理体系的设立、实施、评估、维护和改善提供指导。企业可以遵循指南重新评估并改善自身的风险管理政策,从而有效降低商业风险、优化企业结构。

⑦ 参见中华人民共和国国家质量监督检验检疫总局:GB/T35770 - 2017《合规管理体系指南》,2017 年 12 月 29 日。

⑧ 参见应兆祥:《加强金融企业涉外业务合规管理》,载《中国金融》2018 年第 16 期。

⑨ 参见拉勾:《2021 年度金融科技行业人才趋势报告》,载 199IT 中文互联网数据咨询网 2021 年 9 月 23 日,http://www.199it.com/archives/1278899.html。

⑩ “传统金融及金融科技行业岗位需求同比增长 50%,位列所有行业中的前十,金融业岗位需求增长 43%,金融科技转型加速。”参见拉勾:《2021 年度金融科技行业人才趋势报告》,载 199IT 中文互联网数据咨询网 2021 年 9 月 23 日,http://www.199it.com/archives/1278899.html。

其二,金融行业的扩大化趋势,且涉外性增强。中国作为经济大国走近世界舞台,[11]从加入世界贸易组织之初的局促地位,到金融危机后对于国内金融政策的把控,时至今日在国际经贸条约的制定过程中的主动地位。中国的金融抑制的理念已经作出了一定的调整,金融行业的涉外业务在不停拓展。根据中国外汇管理局发布的数据显示,截至2017年年末,我国金融机构对外直接投资余额为2344.49亿美元,比2011年年末增长了2.33倍。[12] 截至2020年年末,我国对外证券投资资产达8999亿美元,(其中股本证券达6043亿美元,债务证券达2955亿美元,包括243个国家、地区以及国际组织);[13]截至2021年3月,中国银行业对外金融资产达14,813亿美元,负债达15,721亿美元。[14]

在此背景下,根据我国对于涉外法治的规划,[15]在涉外金融法律适用体系领域的完善过程中,如何让保障跨境流动的金融主体、资金、金融服务等要素避免受到侵害,以及如何避免金融市场联通的金融风险传染等一系列关于涉外金融法制问题,[16]都需依靠涉外金融法律人才的力量进行思考、判断和解决。

(二)现实困境

1.研究型、实务型队伍总体短缺。人才数量与岗位短缺问题不仅体现在我国涉外金融法律研究型人员较少,而且在实务领域中这个问题更加严重。第一,在涉外金融法律研究中人员短缺。一方面,国内各大高校在设置金融法律研究组织的分布上十分不均,且大部分的金融法律研

---

[11] 参见黄惠康:《从战略高度推进高素质涉外法律人才队伍建设》,载《国际法研究》2020年第3期。

[12] 参见应兆祥:《加强金融企业涉外业务合规管理》,载《中国金融》2018年第16期。

[13] 参见国家外汇管理局:《中国对外证券投资资产(分国家/地区)(2020年末)》,索引号:000014453-2021-00420。

[14] 参见国家外汇管理局:《中国银行业外金融资产和负债(2021年3月末)》,索引号:000014453-2021-00486。

[15] 中共中央印发的《法治中国建设规划(2020-2025年)》,明确提出要"加快推进我国法域外适用的法律体系建设"以及商务部近期发布的《阻断外国法律与措施不当域外适用办法》,也提出要阻断外国法律与措施不当域外适用对中国的影响。

[16] 参见刘旭:《关于完善我国金融法律域外适用体系的思考》,载《中国外汇》2020年第1期。

究组织关注的问题聚集在国内的金融法律问题。(见表1)另一方面,我国在各类国际金融组织任职的人员偏少,即使在一些机构有我国任职人员,但处于能够发出"中国声音"地位的不多,高端涉外金融法治人才尤其匮乏。第二,根据中国金融报告显示,在实务型队伍中,具备金融业务知识的复合型金融法律人才、复合型金融信息人才比较短缺,在各类金融企业都极其缺乏。[17] 金融企业涉外合规事务主要依靠外聘律师事务所临时处理,或者交由合资公司自行安排,其法律内容庞大杂乱,涉及的项目包括牌照申请问题、尽职调查报告书、数据授权使用等,[18]而金融企业往往没有足够的人力参与处理上述事务。加之前文所述,近年来中国金融行业对外投资、在外开展金融业务等活动增多,对于正确适用国际法中的金融章节或者条款有急切的需求,目前进行应对的政府机关、金融监管部门或是金融机构,都需临时组建"应急"团队,导致处理金融法律问题的效率缓慢。故按照国内的情况来看,真正能够熟练处理国际金融法律事务的人才数量离实际需要有很大差距,甚至在有些领域还缺少基本合格的人才。

表1　国内各高校金融法律研究中心设置概览

地区	开设院校与名称	研究偏向
北京	北京大学:金融法研究中心(1993年)	基础理论与新兴问题
	清华大学:金融与法律研究中心	基础理论与新兴问题
	中国政法大学:金融法研究中心(1997年)、金融创新与互联网金融法制研究中心	基础理论与新兴问题
	对外经贸大学:商法统一化研究中心、公司法与证券法研究中心、国际商法研究所	基础理论与新兴问题
	中央财经大学:政府采购与公共工程研究中心、中国环境金融法研究中心、保险法研究中心	细分具体方向、不同领域的研究中心

⑰ 参见CFA协会和领英联合发布的《中国金融行业人才发展报告》。

⑱ 参见应兆祥:《加强金融企业涉外业务合规管理》,载《中国金融》2018年第16期。

续表

地区	开设院校与名称	研究偏向
上海	上海交通大学:金融检察法治创新研究基地	研究金融检察实践中出现的各种疑难问题;域外金融刑事法治研究
	华东政法大学:国际金融法律学院(下设有:金融衍生品研究中心)	聚焦上海国际金融中心的法治建设
	复旦大学:金融法研究中心	基础理论与新兴问题
	上海财经大学:金融服务法与金融消费者保护研究中心、金融法研究中心	基础理论与新兴问题
	上海对外经贸大学:金融与资产管理法律研究院	基础理论与新兴问题
西南地区	西南财经大学:中国金融法研究基地	与中国人民银行金融研究所合作
	西南政法大学:中国金融法治研究中心	基础理论与新兴问题
其他	厦门大学:金融法研究中心、财税金融法治研究中心	基础理论与新兴问题
	辽宁大学:法律与金融研究中心	基础理论与新兴问题
	深圳大学:金融法研究中心	基础理论与新兴问题

2.精准运用境内外金融法律能力不足。金融法律作为境内发展金融新局面和新阶段的必要支撑,在适配涉外金融标准的发展趋势上同样不能差距太远。2020年以来,随着我国新《证券法》的修订,配套《银行法》《商业银行法》等法律,我国金融体系的基础性框架已经构建,对于货币政策问题、金融监管问题等已经有了良好的运作体系,但是在具体使用层面其实存在模糊状况。而且,虽然我国国内金融法律制度结构进一步完善,稳固了金融体系服务实体经济的法制基础,但是在与国际条约中金融条款、外国金融法律的适配或衔接上存在难处。以银行开展海外分行业务为例,由于对涉外金融业务所在国的经营环境了解得不够透彻,甚至一知半解,导致近年来已经存在多家银行海外分行开展业务时

因为违反"反洗钱"法规受到了境外金融监管机构的数额不菲的处罚。机制的不成熟是一个方面,但是另一方面,对涉外金融法律和制度方面的知识经验储备不足,尚未建立起有效的涉外金融业务合规风险预防和应急处置意识,是涉外金融法律适用能力不足的体现。

二、因由:涉外金融法律队伍培养模式短板

(一)涉外金融人才培养工程长期不受重视

我国高等教育对涉外法治人才培养重视不够,关注到具体领域的涉外金融法律就更加缺乏。[⑲] 对国际法学的忽视在过去一段时间里同样意味着对于涉外金融法律的忽视,同时,涉外金融法律的学习不仅需要对境内的金融法律进行掌握,同时还需要对境外的金融法治进程有所了解,而境外金融法律的教学实际上必然涉及英文教学的采用。从传统中国金融法的教学实践分析,国内采用中文进行教学的内容主要包括银行法、货币发行与现金管理法等内容,而境外金融法律最主要的有英美金融法、欧共体金融法等(即使英国脱离欧盟,但是对于金融关系的规则应该会保持稳定)则需要采用英文教材、英文讲授、英文研究才能够发挥更好的效果。全英文的金融法教学常常涉及金融英语与法律英语的结合,虽然对于学生难度较大,是一个不断积累的较为漫长的过程。

(二)金融法教学过程的割裂特征

1.与金融学的长期割裂。传统金融法和传统金融学长期以来处于分割状态,传统金融法研究侧重从法律学角度入手,围绕着解释相关概念进行学理分析,基本从概念法学出发,而传统金融学研究甚至基本不注重金融市场中的法学权义关系,聚焦在金融市场模型分析、资产如何

---

⑲ 参见黄进:《完善法学学科体系,创新涉外法治人才培养机制》,载《国际法研究》2020年第3期。

进行定价和金融服务均衡分析领域。[20] 然而,随着时代的发展和需求的变化,共同解决金融改革与发展中的结构性难题,使得两者从割裂走向联姻成为必然之路。涉外金融法律队伍的缺乏,追根溯源实际上是由于金融法本身是一个跨越部门的法律,存在许多交叉学科的部分,如与经济法、商法,金融法的教学与研究存在自己的特殊性,作为调整金融关系的法律规范的总称,其调整对象又围绕着以银行等金融机构为中心发生的各类经济关系。因此,学习金融法绝不能离开金融关系,没有金融学、保险学、银行学基础的人对于深刻理解金融法律法规的含义必定是有一定困难的。

2.与涉外金融法律的衔接度低。根据我国国内高校关于金融法研究组织的设立情况以及对于金融法律的国内教学情况分析,可以得知我国关于涉外金融法律队伍培养上存在以下两个主要现象:第一,从1993年至2020年,国内的金融法研究组织在财经类的院校以及经济较发达的地区存在,实际上透露出金融法作为规制经济社会面临危机时的产物,普通高校和发展一般的地区对其适用程度并不敏感。第二,在国内高校所存在的金融法研究组织中,涉外性的因素没有得到关注,根据访问平台的资料以及依托研究组织的成果显示,多数成果聚焦于国内金融的监管问题(如金融机构监管、货币市场监管等)以及金融纠纷的解决问题(如金融领域的检察法治、金融消费者法律等),对于域外金融法律的问题研究较少。

(三)教学与实践环节脱节

上文提到,历来国内金融行业的法律人才需求高,金融行业本身就存在许多与法律相关的岗位,比如合规管理部、法律部、风险控制部门,现实中国内大多数做法都是在金融行业内部设置基础的合规法律部,[21] 如需要进行重大项目(如IPO等)时再同时与律所、券商公司进行合作。

---

[20] 参见李安安:《金融法与金融学当走向联姻》,载《检察日报》2015年9月1日,第3版。

[21] 参见李德成:《金融创新法律服务与知识产权律师业务》,载《中国律师》2007年第10期。

实际上这需要耗费很大的成本与精力，并且法律专业人员与金融从业人员可能出现推诿或者是对具体问题了解不够深入的问题，法律专业人员无法理解金融知识，金融从业人员只了解较为基础的法律规则，更不用谈及与境外业务相关的问题，还需要对境外的金融法律制度、境外金融环境的了解和英文的熟练。国内的金融法教学、涉外金融法教学很大程度仍然停留在对于概念层面的理解，对于金融市场的模型、金融产品的运作等相当于完全没有接触，这种落差会在进入实践层面时变得巨大。

三、比较：域外金融法律队伍培养模式的启发

（一）美国涉外金融法律的方向性启迪

"法律与金融、法与金融学"是承接"法与经济学"研究浪潮，起源于美国20世纪90年代中后期兴起的交叉学科，属于法律经济学研究的分支领域。在最开始时，美国的学者主要研究金融学和法律之间的关系，其经济结构、金融市场的权利义务产生机理，金融机构的组织结构等一系列前沿问题，也可把它看作法律经济学理论研究在金融领域的应用和延伸。[22] 这一研究热潮的重要特点就是由法学专家与金融领域的专家开展了联合研究。[23] 美国关于法与金融学具有两个研究方向：一个是利用金融经济学方法研究法律制度。另一个是强调法律环境对金融主体行为和金融系统运行的影响。其重要意义在于，一方面美国的研究路径作为世界金融法律最早的研究起源，其标准化的设置和研究逻辑对中国金融法律完善过程中的价值取向有较大的参考价值；另一方面从制度移植的角度，也可从比较国家治理和比较金融系统的角度，为中国金融法律改革提供启迪。

㉒ 参见张建伟：《法与金融学：路径依赖与金融法变革》，载《学术月刊》2005年第10期。

㉓ 参见张建伟：《法与金融学：路径依赖与金融法变革》，载《学术月刊》2005年第10期。"法与金融学研究目前已取得了引人注目的成就，主要代表人物有Fafael La Porta、Florencio Lopez-de-Silance和AndreiShleifer、Robert Vishny等人（以下简称LLS&V）。"

(二)德、法等欧洲国家的培养模式

德国、法国法学院作为传统的大陆法系国家,其培养的金融法律人才的典型模式是拥有较多先进的成文法典,但是同时其案例教学也具有借鉴意义。[24] 德国、法国案例教学的制度中最具有代表性的特点:一是课程安排,主要体现在大班形式的课堂讲授课与小班案例教学的辅导课相辅相成。首先在大班的课堂授课中由金融法与金融学学者进行理论知识的授课,接着在小班的案例教学中,有来自各实务领域的法官、律师、金融工作者。二是德国、法国的金融法律、商事法典是重要的参考资源。其金融法律或者商事法典会在之后附注相关经典案例和来自世界的名家教授观点,且大部分案例并非仅关注热门案例,更多锁定在与司法裁判要旨演变过程相关的案例。三是实行严格的淘汰制度。学校没有对淘汰的比例进行规定,而是主要由任课教师根据学生的考核情况作出判断,从本科至硕士的5年时间内,会在每年淘汰部分学生,使得学生高度重视案例研讨课。

同时,人才的国际流动是社会需求和创新的共同驱动,这在金融法律的涉外性培养提升方面是重要的环节,欧洲国家在人才引进的质量和结构方面一直做得十分出色。在美国移民政策、欧洲金融危机等一系列国际经济、政治因素的作用下,欧洲国家的国际高端人才竞争和流动出现了一些新的趋势。英国为了减少由于脱欧引发的人才外流的趋势,通过专门资助项目进行局面扭转,德国和法国则着力打造国际顶尖的人才引进项目。

(三)我国香港地区的金融法律人才教育

我国香港地区对于金融法律人才培养模式是结合其作为国际金融中心的地位富有先天性的优势。我国香港地区对于法律专业的培养模式虽然承袭了英国法学教育传统,但是在具体方向的法律人才培养上仍凸显特色。在其回归后及进入21世纪,我国的经济化速度提升且在经济全球化、法律全球化的影响下,使得我国香港地区很快过渡成为一个

---

[24] 参见赵廉慧:《判例研究作为法学教学模式的意义和实践方法——以东京大学民事判解研究会为参照》,载《中国法学教育研究》2010年第1期。

对接内地与境外的金融服务中心,[25]在此种背景下,我国香港地区的两处对于涉外金融法律人才的培养方式值得借鉴。

其一,我国香港地区创设了类似于内地法律职业资格考试制度的pcll课程,即需要进行一年的实习期考核才能够确定能否继续职业。在形式上类似,但是实质内容上却完全不同,实训性课程是核心的部分,[26]其学生能够在相关在职导师的带领下接受技能训练的同时接触社会训练,更需要提及的是,对于想要从事金融法律实务的事务型律师,实习期则比普通的诉讼律师更久,延长至2年,意味着在我国香港地区想要从事金融法律相关的业务,需要接受的训练将更加紧密。同时,在课程内容的设置上,更是对传统的法律学科分类进行了打破与重新组合,为了适应其作为全球经济金融中心的背景,在培训课程中对金融、贸易类法律事务进行着重教学,如商务实务、理解财务报表以及律师账目等单元。

其二,我国香港地区的师资组成十分多元。在师资的选择上我国香港地区一直在国际视野的评比中名列前茅,以香港大学为例,其曾邀请亚洲国际金融法学会和研资局开展主题计划项目,共同探讨《香港财务条例》与内地的对接适用以及加强其国际金融法律的适用程度提出意见。

同时,近年来为了应对金融科技在香港的发展势头,我国香港地区金融管理部门在政策上进行了引发与支持,多次发文强调对金融科技人才的培养。我国香港地区金融管理部门高级助理总裁刘应彬于2020年5月20日在《汇思》撰文指出,要把握好金融科技发展的机遇,就必先要充实本地金融科技人才储备,提升软实力,为未来做好准备。[27] 2021年8

---

[25] 参见冯心明:《香港法律制度改革及其启示》,载《华南师范大学学报》2005年第6期。

[26] 参见张晶、高维远:《论香港法学教育的特色及其启示——以香港大学法学院为样本》,载《法学教育研究》2017年第2期。

[27] 香港金融管理局于2016年推出金融科技人才培育计划(FCAS),以扩充香港的金融科技人才库;在2022年9月推出金融科技先锋联网(IPMN计划),旨在培育金融科技专才,提供机会予研究生参与银行的金融科技专案或业界项目,协助他们取得实践技能和经验,参见香港金融管理局官网,http://www.hkma.gov.hk/Chi/key-functions/international-financial-centre/fintech/talent-development/。

月16日,香港金融发展局发表题为《未来的职场展望:香港可持续发展及数码经济下的金融人才》的研究报告,旨在促进培养我国香港地区本地金融科技和环境、社会及管治(ESG)人才。

四、刍议:中国涉外金融法律队伍培养路径

缓解我国涉外金融法律人才缺口,需要在应对现状以及面向将来两个维度去进行把握。“十年树木,百年树人”,对涉外金融法律人才的培养应该即刻起步,这是长期规划下的培养路径,而对于现今所处的金融法律和金融业务逐渐与国际链接的情况下,应该加快对现有体制的改革。

(一)优化高校涉外金融法专业培养方案

1.革新金融法专业课程设置。根据上文所述,对于金融学与法学交叉学科之间、国内金融法与涉外性的割裂问题,是需要着力进行改革的症结所在。其一,金融法律教学必须以金融学为知识基础,以法学为以法学其他学科为支撑框架,进行符合金融制度规律的学术课程设置与训练,这样才能培养出满足实践要求的金融法人才。并且,在学术课程设置与训练的过程中同时需要意识到,金融法律作为调整市场经济法律制度的核心,要时刻关注国家金融政策的变化与实践案例,其所覆盖的范畴随着金融科技的巨变而随之有广阔的变化,作为公法范畴的金融宏观调控、金融监管等问题与作为私法范畴的金融交易法、金融主体法等法律已经出现非常高的融合趋势。[28] 应该提炼出以金融实践及其金融学的规律性为范畴和对象的金融法学研究,才能有效挖掘金融法的实践规律及制度合理性。在强调金融法的调整范畴与实践规律时,应该注意到实践中涉外金融业务所占到的极大比例。其现实需求与价值取向引发关于涉外性结合的探讨。其二,涉外法治的倡导使得国际法治问题受到

---

[28] 参见杨松:《关于金融法课程设置及建设的思考》,载《金融服务法评论》2010年第1期。

强烈关注。(教研司〔2021〕1号)通知指出,为深入贯彻落实关于加强涉外法治专业人才培养的重要指示精神,落实关于发展涉外法律服务业的决策部署,加强高层次紧缺人才培养,决定选取部分高校实施法律硕士专业学位(涉外律师)研究生培养项目。[29] 建议在夯实金融法律学生金融学和法学等相关基本知识理论之上:[30](1)以培养国际型金融法律法治人才为目标,不仅要增设国际法专业课程,而且要强化与其他金融学、经济学课程教学相联合。(2)开设"涉外金融法律"专业之外,同时允许非"涉外金融法律"专业的学生加大与法学专业,与国际金融、国际商务等专业的交叉融合培养力度。(3)积极普及中外合作培养机制,构建涉外金融法律人才培养新格局。如香港中文大学(深圳)、深圳高等金融研究院与美国亚利桑那大学签约,联合深圳市金融稳定发展研究院、深圳市前海"一带一路"法律服务联合会联合承办 UA 高级法律硕士项目(国际商法与金融方向)项目,凭借各自在教育、金融、法律领域的基础为学员提供跨界资源。

2.加快引进境外高素质金融法律人才。一方面,将实务引入课堂,通过聘用制、任期制等灵活方式,吸收具有国际影响力的知名境外法官、金融法律专家作为实务讲师或者客座教授,类似于香港课堂中的实训课程,通过案例化教学使学生对实务操作更加明了。另一方面,对于社会中现存的金融法律队伍能力的培养也不能忽视,必须加速其能力的提升。借鉴迪拜、新加坡等国际金融中心的做法,可考虑在国际商事活跃的上海临港、广州、厦门等地,试点法治试验区。可以在金融较为发达地区开设法律服务市场,允许外国金融律师的执业,允许其在中国注册为"专门涉外金融业务律师",并允许境内律所与其进行聘任,直接代理外方或涉外金融法律服务。作为审判机构的法官或陪审员,专职处理适用境外金融法律和国际惯例的涉外金融案件。

---

[29] 2021年2月4日,教育部学位管理与研究生教育司、司法部律师工作局联合就实施法律硕士专业学位(涉外律师)研究生培养项目下发通知(教研司〔2021〕1号)。

[30] 参见黄进:《完善法学学科体系,创新涉外法治人才培养机制》,载《国际法研究》2020年第3期。

(二)各政法、财经类院校要在涉外金融法律人才培养方面突显特色

根据表1分析,各财经类院校和北上广等较发达地区的金融法律课程与金融法律研究中心开设较早,这是一个结合自身优势进行培养的模式并且给各大政法院校提供了良好的思路,可以发挥各自的位置优势,结合不同地确定不同的涉外金融法律人才培养功能定位。比如,西南地区法学院校所对准的是东南亚地区与国家,如西南政法大学中国—东盟法律研究中心,[31]通过建构东盟法治人才培养实验班、东盟法律智库和东盟法律研究显示性成果三位一体的涉外法治人才培养机制,是西政根据战略区位优势和专业学科特色形成的"一带一路"涉外法治人才培养一大特色;以西北政法大学、西安交通大学为主的西北地区法学院校着力培养面向中亚等国家的涉外金融法治人才等,可利用边疆少数民族优势培养小语种涉外人才。[32]

(三)创新校企合作协同育人机制

涉外金融法律的最大生命力在于实践。一是建立法学院校与涉外政府部门、涉外司法机关、涉外金融企业、涉外金融法律服务机构等涉外法治实务部门联合培养涉外法治人才的协同工作机制,打破理论与实践的壁垒。二是建立健全切实有效的涉外金融法治实务部门、金融机构的法律部门人员与法学院校、法学研究机构人员双向交流机制,实施高校和金融法治实务工作部门人员互聘计划,安排大学教师到涉外金融法治实务部门挂职或研修。三是在法学院校设立金融法务教师岗位,安排来自金融领域的实务人员进行金融法律实践案例,开展案例式的涉外金融法律实践教学,并对此进行金融领域各个不同方向的课程细分。四是积极组织支持我国大学生和研究生到国际金融组织实习实践。

在满足上述的培养模式之外,诚信价值的贯彻仍是应有之义。[33] 近

---

[31] 参见吴钰鸿:《探索"三位一体"的"一带一路"涉外法治人才培养机制——在第十届"立格联盟"高峰论坛上的发言》,载《法学教育研究》2020年第1期。

[32] 参见张曙光:《西北地区高校涉外法治人才培养机制创新研究》,载《法制与社会》2021年第14期。

[33] 参见周德军:《卓越金融法律人才培养过程中的诚信教育问题研究》,载《征信》2018年第12期。

年来由于国际经济一体化的加速，中国涉外金融行业在扩大过程中同样出现底线问题，如在金融机构谎称无息贷款进行诈骗、[34]证券市场上频发的内幕交易、网贷平台的暴雷以及境内外投机货币的盛行等案件，金融行业发展法律法规还未成熟，部分金融法律从业者利用专业知识和"灰色地带"，过度追求物质利益而触碰诚信底线。

（四）强化涉外金融法律的司法适用性

除了在培养的源头进行创新之外，社会中现存的涉外金融法律队伍同样也是不容忽视的力量，必须双管齐下，对已进行涉外金融法律实践的队伍进行能力的提高与发展。

首先，在法院等机构设置层面，近年来，随着金融对外开放建设步伐的加快，我国涉外金融业务快速增长。在众多业务中，境外相关方仍然占主导地位，倾向选择适用国际金融惯例或境外金融法律，甚至直接寻求境外管辖。而从境内主体的角度出发，他们实际上更希望能选择中国的法院或仲裁管辖。继2018年4月27日，第十三届全国人大常委会第二次会议作出《关于设立上海金融法院的决定》，[35]上海金融法院正式挂牌成立后，中国又于2021年3月18日设立北京金融法院。通过设立高标准的金融法院，对国内外金融案件实行集中管辖，推进金融审判体制机制改革，提高金融审判专业化水平，这是强化涉外金融法司法适用性的关键一步。

其次，金融部门与司法部门间的人才流动性可适当放宽，进行涉外金融法律专门型人才的联合培养。比如在金融法院或者金融司法中心可以设置一定的岗位，对有影响力的涉外金融律师、金融法务人员等市场人才进行选任；对金融监管部门、与金融业务开展有关的政府机关中

---

[34] 由中国银行业协会提供学术支持，中国司法大数据研究院、21世纪经济报道、北京市京师律师事务所金融犯罪研究中心联合在京发布中国金融机构从业人员犯罪问题研究白皮书中显示，从2018年1月至2020年12月，全国各级人民法院一审审结金融机构从业人员犯罪案件中，诈骗罪占比最高，共428件，占比为27.21%。从2018年至2020年，全国各级人民法院一审审结金融机构从业人员诈骗罪案件的犯罪手段分布中，虚构理财产品占比为31.45%；谎称减少利息或无息贷款占比23.14%；骗取保险占比20.56%；谎称保险分红占比15.78%；谎称提高借款额度占比9.07%。

[35] 参见上海金融法院官方网站，http://www.shjrfy.gov.cn/jrfy/gweb/index.jsp。

具有法律执业资格的人才,可以以任职、挂职等方式与司法人员进行双向交流。

最后,建议针对国内金融审判组织(类似上海金融法院、北京金融法院、厦门金融司法协同中心等)提供境外培训,对境外法律和普通法系审判规则进行熟知和掌握,对于金融案件的审理质量相信会有较大程度的提升。

结　语

国家金融的稳定和发展与金融法律在市场经济的发展中同样重要。国家金融在整个国际环境下的发展离不开涉外金融法律的调整与规制,涉外金融法律的实践离不开涉外金融法律人才的培养与训练。全球各国的金融的不稳定性与牵连性让我们意识到金融法律的研究与实践的重要性,由于金融法是在金融危机到来时才会出现的频繁词汇,所以涉外金融法律人才在最紧急情况下才愈加使人感到缺乏,在构建国内国际双循环的新发展格局以及涉外法治的强调下,涉外金融法治的推进是金融行业得以迅速发展的关键。如何建设金融法律域外适用专业化、高水平研究与实践队伍,提高我国金融法治的制度能力,应予以重视和加强。中国涉外金融法律人才的培养,出现了人才短缺、涉外性不足、精准适用金融法律能力较低等问题,通过与域外金融法治发展良好的国家与地区的比较分析,作为涉外金融人才培养的重要基地,高等院校应当承担怎样的责任;金融行业发展迅猛下的金融机构,应当如何培育适应瞬息万变的金融发展的优秀涉外法律人才,是其重要议题。

On the Status Quo and Path of the Cultivation of the Foreign-related Legal Talents of Financial Law in China

Wu Yikai   Li Weidi

Abstract: Under the background of emphasizing the establishment of a new domestic and international dual-cycle development pattern and the rule of law concerning foreign affairs, it is the key of the advancement of the rule of law concerning foreign-related finance to the rapid development of the finance industry. It is also an issue how to build a professional, high-level research and practice team for the application of financial law abroad, and improve the institutional capacity of China's rule of law on finance, which should be emphasized and strengthened. The cultivation of China's foreign-related legal talents of finance law has encountered problems such as, the shortage of talents, insufficiency in foreign-related activities, and inferior ability to accurately apply financial laws. The authors of this paper intend to propose that through comparative analysis with countries and regions with well-developed rule of law of foreign finance, the path of the cultivation of foreign-related legal talents of financial law in China are to be explored and discussed.

Key Words: foreign-related legal talents of financial law, foreign-related rule of law, legal education on financial law

能源行业类高校培养涉外能源法治人才的路径选择*

王　浩**　鲜翰林***　白一南****

摘　要：卓越法治人才培养计划将法律人才国际化确立为主要战略目标。指明了我国法治人才培养改革的方向。涉外能源法治人才培养，是对卓越法治人才培养计划的贯彻与落实，是满足能源全球治理、"一带一路"能源国际合作和国家能源法治建设的需要。历经多年探索，西南石油大学利用学校能源学科优势，秉承"新文科"教学改革思路，以涉外法治人才培养计划的理念与任务为指引，明确涉外能源法治人才培养的知识、能力、德育与素质目标，

* 基金项目：四川省社会科学研究"十三五"规划2019年度课题"新能源开发风险合作监管的行政法研究"（项目编号：SC19C056）；2021年中国学位与研究生教育学会面上课题：风险社会背景下灾害法治人才培养模式创新研究（2020MSA120）；四川省教育厅2018～2020年高等教育人才培养质量和教学改革项目"服务'一带一路'建设需求的能源法治人才培养体系构建与实践"（项目编号：JG2018－400）。

** 王浩，西南石油大学法学院副教授，西南石油大学法学院院长助理、西南石油大学法治与社会治理研究院副院长，法学博士、法学博士后，研究方向：行政法学、能源法学。

*** 鲜翰林，西南石油大学法学院2020级硕士研究生，研究方向：行政法学。

**** 白一南，西南石油大学法学院2019级硕士研究生，研究方向：行政法学、能源法学。

坚持人才需求、交叉学科导向、细化涉外能源法治人才培养方案、整合多学科师资队伍、建立国内外联合培养机制、打造涉外能源法治特色教材、健全科研促教学机制等具体措施,形成极具特色的能源行业类高校涉外能源法治人才培养模式,实现了涉外能源法治人才的精准培养。

关键词:涉外能源法治人才　人才培养　法学教育　能源法学

一、命题提出:为什么是能源行业类高校培养涉外能源法治人才

《关于实施卓越法律人才教育培养计划的若干意见》(以下简称《计划》)的出台为我国法学院校培养育人工作提供了指导思想,订立了培养目标,确立了培养任务,明确了基本措施。《计划》在培养任务中将法律人才培养分为"应用型、复合型法律职业人才""涉外法律人才""西部基层法律人才"三类,将涉外法律人才纳入法律人才中充分表明了国家层面对其发展的重视。① 2018 年《关于坚持德法兼修实施卓越法治人才教育培养计划 2.0 的意见》(以下简称《计划 2.0》)在《计划》的基础上进行了理念与措施升级,将培养目标从"法律人才"擢升为"法治人才",并在培养任务和举措上进行部署。《计划 2.0》提出要培养一批高层次涉外人才,实质上是对《计划》所提出的人才培养类型的进一步细化。2019 年 2 月 25 日,全面依法治国委员会第二次会议提出要加快我国涉外法律体系建设,必须要强化企业在涉外经营中的合规意识,发挥涉外卓越法治专业人才保障和服务高水平对外开放的推动作用。② 习近平总书记结合当前国际国内法治建设新形势,在中央全面依法治国工作会

---

① 参见《教育部、中央政法委员会关于实施卓越法律人才教育培养计划的若干意见》,载中华人民共和国教育部网,http://www.moe.gov.cn/srcsite/A08/moe_739/s6550/201112/t20111223_168354.html。

② 参见《习近平主持召开中央全面依法治国委员会第二次会议》,载新华网,http://www.xinhuanet.com/2019-02/25/c_1124161654.htm。

议上强调要坚持统筹推进国内法治和涉外法治。③

然而,涉外法治人才也不能简单和国际法人才画等号,涉外法治还包含国际政治、经贸外交、知识产权、信息技术乃至国家安全等各学科内容。④《计划 2.0》虽然提出了服务"一带一路"建设,着力培养熟悉"一带一路"沿线国家法制的高素质专门法治人才,⑤却没有规划具体的涉外法治人才类型。仔细观察高校涉外法治人才培养,可见,涉外人才培养却愈发同质化,与自身人才培养定位和对外开放现实需求形成明显不适。⑥ 这自然难以培养参与全球能源治理,服务"一带一路"国家能源战略,兼具能源专业知识和法律素养的能源法治人才,这给传统的法学教育和人才培养模式也带来了挑战:其一,培养涉外能源法治人才旨在解决能源行业中的涉外法律问题,注重对涉外能源法律知识的实践运用以及中国法律的域外适用。其二,处理能源行业法律问题会涉及法学、能源、国际贸易等多个专业领域的知识。其三,需要具备复合的知识体系与外语语言能力。

因此,在此背景下,自 2018 年起连续三年,"新文科"都被列为我国高等教育领域的重点改革命题,⑦意在推进法学等多个学科教学内容与相关专业融合,倡导人才培养模式的革新,使其与新时期的发展治理需求相匹配。西南石油大学在《计划 2.0》确立的"涉外法治人才"培养框架下,遵循"新文科""新法学"的建设思路,结合学校能源学特色和优势资源,将法治人才培养与"一带一路"能源国际合作法治人才需求紧密

③ 《习近平在中央全面依法治国工作会议上强调 坚定不移走中国特色社会主义法治道路 为全面建设社会主义现代化国家提供有力法治保障》,载《人民日报》2020 年 11 月 18 日,第 1 版。

④ 参见叶青:《统筹国内法治和涉外法治坚持全要素法治人才培养》,载《新文科教育研究》2021 年第 1 期。

⑤ 参见教育部、中央政法委:《关于坚持德法兼修实施卓越法治人才教育培养计划 2.0 的意见》(教高〔2018〕6 号),载中华人民共和国教育部网,http://www.moe.gov.cn/srcsite/A08/moe_739/s6550/201810/t20181017_351892.html。

⑥ 参见孟庆瑜、李汶卓:《地方高校涉外法治人才培养的目标定位与实现机制——基于我国自贸试验区建设的人才需求分析》,载《河北法学》2021 年第 8 期。

⑦ 参见《教育部高等教育司 2018 年工作要点》《教育部高等教育司 2019 年工作要点》《教育部高等教育司 2020 年工作要点》。

结合，充分利用能源行业资源，培养具有较强能源专业知识、涉外法律理论素养。自此，能源行业类高校培养涉外能源法治人才命题提出。

二、合理性分析：涉外能源法治人才培养解决能源国际合作人才之需

（一）人才需求分析：国家能源法治建设需要涉外能源法治人才支撑

当前，我国正面临涉外法治专业人才严重短缺的现实。据统计，仅以涉外律师为例，在我国现有的51.3万律师中，进入中华全国律师协会涉外律师人才库的仅有2200人，[⑧]由此推知，能够扛起涉外能源业务的律师人才更是少之又少。当前我国对于涉外能源法治人才存在如下需求。

其一，为参与全球能源治理提供法治人才。当今国际交往建立在日益繁复的规则体系之上，中国要以负责任的大国形象维护公民和企业合法权益，推动全球治理规则向公平公正方向变革，构建人类命运共同体共同应对世界性挑战，就必须以法治思维和法治方式去妥善应对诸事。2020年9月，习近平总书记提出，我国乃至全球对于气候变化形势都要有清晰的认知，现阶段的目标就是努力争取在2030年和2060年前分别实现碳达峰、碳中和目标。[⑨] 对于全球气候变化治理规则要积极建言献策，贡献中国方案，推动人类能源命运共同体理念落实到全球治理规则之中，促进能源国际法治建设与完善。这就需要培养大量涉外能源法治人才。[⑩] 其二，为域外的能源业务提高法治人才保障。我国有大量的域外能源勘探、开发、投资等能源业务，需要大量通晓域外能源勘探、开

---

⑧ 参见张法连：《加快涉外法治人才培养体系建设》，载《人民日报》2021年3月25日，第19版。

⑨ 参见孙金龙、黄润秋：《坚决贯彻落实习近平总书记重要指示，以更大力度推进应对气候变化工作》，载《光明日报》2020年9月30日，第7版。

⑩ 参见郭雳：《涉外卓越法治人才培养模式》，载《国家教育行政学院学报》2020年第12期。

发、运输等法律知识。为我国能源企业"走出去"提高法治人才保障。其三,为国外能源企业在我国发展业务提高法律服务。国外有较多的能源企业到我国进行能源投资等。需要专门的能源法治人才为其提高服务。

(二)人才供给分析:现有法治人才培养机制难以满足涉外能源法治人才需求

我国"一带一路"对外投资项目的70%以上是能源投资项目及其相关的基础设施建设投资项目,涉外能源法治人才的需求也因此被提到了新的高度。[11] 然而,我国现有的培养教育机制不能满足涉外能源业务对人才的需求。

一方面,培养机制不健全。我国已将涉外卓越法律人才培养基地设置在22所高校,由于各个学校拥有的教学资源有限,仅依靠这22所高校来推动涉外卓越法治人才的培养是不切实际的。涉外能源法治人才供需失衡,涉外法治人才培养机制难以满足能源法治人才需求。另一方面,现有法学教学机制与涉外能源法治人才培养目标不匹配。在理论教学和实践教学两个维度均存在脱节。[12] 其一,从理论教学的角度而言,涉外法治人才的培养方案和课程设置均未完全到位,学生仍以学习中国法律为重点,包括国际法、普通法(英美法)、比较法在内的涉外教学体系在系统性、内容丰富性等方面存在一些问题。[13] 现有法学学科架构,难以满足国际能源法学作为核心内容的教学需求。国际能源法学的知识谱系是由涉外能源投资、合作等法律制度组成。还同时涉及电力、石油天然气等能源学知识与环境学等专业知识,然而,传统的法学人才培养机制却难以满足涉外能源法学理论教学的这些要求。其二,从实践教学的角度而言,涉外能源法治人才的培养,不仅注重能源法律知识的专

---

⑪ 参见《推动共建丝绸之路经济带和21世纪海上丝绸之路的愿景与行动》,载新华网,http://www.xinhuanet.com//world/2015-03/28/c_127631962.htm。

⑫ 参见周毅、李卓卓:《新文科建设的理路与设计》,载《中国大学教学》2019年第6期。

⑬ 参见贺赞:《涉外法治人才培养机制创新——以课程体系建设为中心》,载《中国法学教育研究》2017年第2期。

业化塑造,也注重解决涉外实际问题能力的培养,这就要求为涉外能源法治人才培养配备大量的实践教学场景。但现有法学教学培养机制缺乏与域外能源监管部门、能源企业的互动,仍将国内司法机关、政府部门与法律服务行业视为主要的实践教学基地,没有为学生提供涉外能源法学知识实践的机会和场所。实践的缺乏进一步导致涉外能源法学教学未能落到实处,涉外能源法治人才培养的效果难以保障。

因此,为弥合传统法学教育模式下涉外能源法治人才供给侧与需求侧间的张力,有必要建立行业类(能源行业)高校培养行业法治人才的模式。其一,从培养机制上而言,应当让能源类行业高校加入涉外能源法治人才培养的队伍中来。其二,从教学机制上来说,需要破除原有的学科专业之藩篱,实现法学专业与能源专业的整合,同时在现有法学教育内容的基础上,引入涉外专业知识充实教学内容,并相应地拓展、丰富实践教学模式,提供充足的涉外实践教学课堂。这就需要锚定涉外能源法治人才的培养目标,从涉外能源法治人才培养的基本观念入手,着眼涉外能源法治人才培养的长期发展战略,树立涉外能源法治人才的培养理念,确定培养目标与培养导向,最终通过与域外合作办学、调整教学体系与课程设置等具体措施,形成涉外能源法治人才培养机制。

在此背景下,西南石油大学作为能源类大学,探索建立涉外能源法治人才培养机制,是对涉外能源法治人才短缺现状的积极回应,也是我国能源行业类高校涉外能源法治人才培养的有益探索。

三、实践探索:能源行业高校涉外能源法治人才培养模式的发展演进

2018 年 4 月,司法部办公厅发布了《关于建立涉外律师人才库的通知》,将涉外律师人才以专业领域为标准进行了详细分类,包括国际经济合作、国际贸易、跨境投资、金融与资本市场、能源与基础设施、海商海

事、跨国犯罪与追逃追赃、知识产权及信息安全、民商事诉讼与仲裁。这就为高校法学院涉外法律人才的培养提供了课程设计的指南。[14] 对于以能源学科(石油天然气)见长的西南石油大学,面对当前全球化背景下对法学人才供需结构和现实情况,西南石油大学应培养何种涉外法治人才,是其办学过程中一直在努力思考和探索的问题。良好的人才培养理念,能够引导培养工作的顺利开展,培养出高层次的法治人才。西南石油大学涉外能源法治人才培养历经理念产生—理念形成—模式确立三个阶段的演变,初步形成了能源类高校涉外能源法治人才培养模式。

(一)2005~2010年:涉外卓越能源法治人才培养理念产生

在这一阶段,西南石油大学法学院开设了诸多特色课程,例如,针对全校开设了石油法规与国际石油合作、海洋石油勘探开采法等课程。石油法规与国际石油合作课程围绕国际石油合作中的法律问题展开,通过重点讲解国际石油立法,国际石油合作的法律模式,国际石油共同开发法律制度以及环境保护制度,结合国际石油合作中的著名案例和法律实践,全面介绍石油法规与国际石油合作,为西南石油大学石油工程学院、资源与环境学院、化学化工学院等石油主干专业的学生以及法学、经济类专业的学生补充和扩展国际石油合作的法律知识。同时,石油天然气与工程专业将《石油法规与国际石油合作》作为模块课程,并已通过工程认证。

(二)2010~2018年:涉外卓越能源法治人才培养理念形成

为了培养涉外能源法治人才,2015年西南石油大学法学院与英国斯特灵大学开展留学项目合作,针对本科生建立了"3+1本硕连读"留学项目,2016年"3+1本硕连读"项目开始实施。2016年西南石油大学和斯特灵大学继续合作,在硕士生阶段建立了"1+1+1"硕士培养项目,旨在联合培养涉外能源法治人才,2017年该项目开始实施。西南石油大学、斯特灵大学"1+1+1"硕士培养项目是斯特灵大学国际能源法

---

⑭ 参见梁蓉:《"一带一路"视域下西部地区高校培养涉外法律人才路径探析》,载《中国社会科学报》2018年8月21日,第4版。

律和政策授课型研究生项目。该项目要求研究生在国内法学院读两年、在斯特灵大学读一年,研究生修完两个学校的学分,完成论文答辩可获得两个硕士学位[在西南石油大学获得法学硕士学位,斯特灵大学获得国际能源法律和政策硕士学位(LLM International Energy Law and Policy)]。在斯特灵主要修读六门课程,其中四门必修,分别是国际法、能源法律与政策研究、低碳能源法律与政策研究、法学论文写作;选修课程两门,主要是环境经济法,气候变化—人类安全和资源冲突。目前,西南石油大学已经有5位研究生攻读该项目,其中两名已经毕业。

(三)2018~2021年:涉外卓越能源法治人才模式初步形成

自2018年开始,西南石油大学法学院已经与斯特灵大学形成了覆盖本科、硕士以及博士教育阶段的三级合作培养体系,截至2021年,已有10余名学生攻读上述项目。2021年,西南石油大学法学院在天府新区中央法务区建立"西南石油大学'一带一路'能源法律服务中心",该中心在中央法务区设立实习基地、指派学生到入驻中央法务区的律所、仲裁机构、法院、公证等机构实习实践,同时到国外的律所、仲裁机构实习、实践,共同培养涉外法律人才。自此,西南石油大学已经形成了理论教学和实践培养相结合的涉外能源法治人才培养体系。

四、价值遵循:涉外能源法治人才培养的目标定位与培养导向

为培养涉外能源法治人才,西南石油大学总结十余年来的办学育人经验,在《计划2.0》的改革背景与"新文科""新法学"的改革思路下,以涉外能源法治人才培养目标,与培养导向为价值遵循,为打造更扎实的涉外能源法治人才培养体系打下稳固基础。

(一)涉外能源法治人才培养的目标定位

涉外能源法治人才培养的根本目标,是为能源全球治理、"一带一路"能源国际合作、我国能源企业"走出去"提供人才支撑。《计划2.0》对法学院校、政府主管部门等人才培养主体提出了八项改革任务,这些

任务可以总结为知识、能力、德育与素质四重目标。西南石油大学涉外能源法治人才培养作为“卓越法治人才”的重要组成部分,这些人才不是简单的“外语+法律”的堆积,而是培养一批具有国际视野、能够熟练参与国际法律事务的涉外法律人才。[15] 具体而言,在涉外能源领域,应当是具备能源国家利益意识、法律专业素养、能源专业认知、语言文化底蕴方面素质的复合型人才。[16] 其培养可以分解为如下目标进行。第一,涉外能源法治人才培养的知识目标。知识目标至少应当包含:(1)掌握涉外能源法学理论与实践;(2)掌握涉外能源法学理论与实践的跨学科知识,如能源、国际贸易、环境保护等知识。第二,涉外能源法治人才培养的能力目标。(1)应当熟练掌握有关能源学科的知识。(2)应当具备发现我国涉外能源领域存在问题和风险的能力。(3)能够了解相应法学交叉学科研究方法。第三,涉外能源法治人才培养的德育目标。法治与德治相结合是依法治国的必然遵循,法治人才应当德法兼修。具体到涉外能源法治人才培养,应当深刻理解“能源命运共同体”“一带一路”能源国际合作等,牢固树立能源安全意识、保护意识、担当意识与责任意识。第四,涉外能源法治人才培养的素质目标。树立正确的全球能源观、能源国际合作观,能够运用所学的能源法律知识解决涉外能源法律纠纷,推进能源国际合作。

(二)涉外能源法治人才的培养导向

《计划2.0》指出,涉外法治人才培养需立足人才培养和行业需求。由此可知,涉外能源法治人才培养应当以能源全球治理、“一带一路”能源国际合作以及能源业务为导向。具体而言,西南石油大学的涉外能源法治人才培养以如下内容为导向。

其一,涉外能源法治人才培养应坚持涉外人才需求导向。如前所述,涉外能源法治人才培养的目的是参与全球能源治理、解决能源企业

---

⑮ 参见韩永红、覃伟英:《面向“一带一路”需求的涉外法治人才培养——现状与展望》,载《法学教育研究》2019年第1期。

⑯ 参见郭雳:《涉外卓越法治人才培养模式》,载《国家教育行政学院学报》2020年第12期。

“走出去”的实际问题,为能源企业提供智力支持。因此,涉外能源法治人才培养应把握国际能源规则制定的法理,紧扣能源企业在域外勘探、开发、投资等热点、难点问题,以此提升学生对问题的分析、把握能力,并巩固实践运用能力。具体而言,在对每部分知识点进行编排讲授时,以能源国际合作近期发生的重大相关事件为中心,通过热点事件、案件,串联知识讲解,促使学生主动运用所学知识对事件、案件进行分析,做到学以致用。其二,涉外能源法治人才培养应坚持跨学科导向。能源法属于跨学科交叉领域,其涉外能源法治人才培养应当摆脱传统法学教学培养的单一模式,将法学(能源法学)以及国际贸易、能源科学等相关交叉学科知识系统讲授,让学生进入能源行业能全面地审视问题、寻找解决路径。

五、路径选择:涉外能源法治人才培养的具体举措

(一)编制人才培养标准,为涉外能源法治人才培养定格

《计划2.0》在重点举措中提出“立标准”,通过订立培养标准、强化考核评价,助力法治人才培养。为实现涉外能源法治人才的高效、优质培养,西南石油大学法学院遵照国家关于涉外法治人才培养的要求,结合学校的人才培养规定,在能源管理(监管)部门、能源企业、能源行业协会和能源法律服务行业专家的参与下,制定涉外能源法治人才培养标准。这是立足西南石油大学建立世界一流能源高校的定位,结合法学院自身的教学特色所制定的能源法治人才培养目标的主要表征。在本科生与硕士生人才培养标准当中,“培养涉外能源法治人才”确立为教学方向之一。其中,涉外能源法治人才培养标准的确定,为法学院培养工作的有序开展,具体教学提供了依据。

(二)促进“模块—课程—教师”联动,打造跨学科师资队伍

基于全球能源治理以及“一带一路”能源企业走出去的能源战略部署,西南石油大学法学院将涉外能源法治人才的教学课程培养分为中国

能源法与国际能源法两个板块,共计四个方向模块,并由此组建师资队伍进行教学。国内法是涉外法治人才需要学习的最基本的内容,因为大多数涉外法治人才应对的都是与本国国内法相关的"涉外"法律问题,这就要求在涉外能源法治人才的培养过程中必须注重对中国能源法的学习。⑰ 其中,中国能源法板块涉及三部分。第一部分是能源立法与监管,本部分法学课程主要由宪法、行政法与能源法等课程组成,该模块主要由宪法、行政法专业的教师授课。⑱ 第二部分为能源环境保护,主要支撑课程为环境法学与刑法学,由环境法学、刑法学的教师授课。第三部分为能源市场化,其核心课程为民法、商法与经济法专业方向的课程,主要由民商法与经济法方向的教师负责授课。另外,涉外能源法板块。国际法主要学习国际公法、国际经济,国别法人才的实践教学应当更加注重对国别法规则的适用与研究,尤其是对他国司法程序规则、他国基本法律的掌握。⑲ 主要课程包括国际能源法、能源法国别研究、国外能源法比较,并由国际法教师授课。

通过对系列课程进行创新性的模块划分与重组,并进一步配备师资,实现对西南石油大学法学院教学队伍、教学力量的有机整合。同时,学院还特聘原中石油总法律顾问以及原国家能源局法律顾问担任兼职教师,以贯彻《计划 2.0》中关于"深协同"的师资队伍建设指导思想。

(三)丰富涉外人才培养机制,拓宽教学培养渠道

高校作为各行各业法治人才培养的重要基地,基于综合类高校、政法类高校、外语类高校以及行业类高校自身的特点和资源比较优势不同,需要结合自身综合实力、学科优势来选择适合的涉外法治人才培养模式。由于能源全球治理、能源国家合作以及能源业务的专业性、复杂

---

⑰ 参见郭一达:《新时代涉外法治专业人才队伍培养路径探析》,载《中国司法》2021 年第 3 期。

⑱ 参见王浩、曾子为、杨智:《论卓越能源法治人才精准培养的路径选择》,载《法学教育研究》2021 年第 2 期。

⑲ 参见郭一达:《新时代涉外法治专业人才队伍培养路径探析》,载《中国司法》2021 年第 3 期。

性等特点,需要建立能源行业类高校培养涉外能源法治人才的模式。

一方面,学校与域外高校建立了长效合作培养机制。中国高校法学院与外国高校法学院联合培养学位项目,是塑造国别法人才的重要平台,是赋予中国涉外法治专业人才国际视野、国际认可的必要路径。[20]在西南石油大学法学院已经和斯特灵大学建立覆盖本科("3+1本硕连读"留学项目)、硕士("1+1+1")培养项目以及博士教育阶段的三级合作培养体系的基础之上,继续完善交换项目、联合培养、创新计划、暑期学校等多种跨境访学渠道,推荐优秀硕士生前往斯特灵大学等海外高校攻读能源法学博士等项目。另外,学校与域外法律服务机构建立合作机制。海外实习是涉外卓越法治人才实践能力培养的关键环节。[21] 在法治人才的培养过程中,应该打破高校和社会之间的体制壁垒,引入协同育人机制,注重培养在校大学生的实践能力,[22]在"西南石油大学'一带一路'能源法律服务中心"的基础之上,继续选派学生到"一带一路"沿线国家律所、仲裁机构等实习实践。为涉外能源法治人才培养提供充足的实践机会和场地。

另一方面, 法学院也可与外语学院合作,由外语学院根据本学院不同语种本科生的表现,推荐成绩优秀且有学习法学意向的同学,免试进入法学院攻读能源法律硕士研究生。

(四)加强教材规划与建设,推出涉外能源法治系列特色专著教材

涉外能源法治人才培养的目的以及能源法学作为交叉学科的课程特征,表明涉外能源法治人才培养应该采取新的教学范式,其中最首要的就是编写能源法治特色系列教材。能源法治系列特色教材具有双重属性,其既是涉外能源法学理论知识讲授的关键载体,也是西南石油大

[20] 参见郭一达:《新时代涉外法治专业人才队伍培养路径探析》,载《中国司法》2021年第3期。

[21] 参见何勤华:《建立质量保障体系提高卓越法律人才培养质量》,载《中国高等教育》2013年第12期。

[22] 参见刘红春、徐敏慧:《"一带一路"倡议下涉缅卓越法治人才培养路径》,载《法学教育研究》2020年第1期。

学法学院践行涉外能源法治人才培养的支撑。[23] 在涉外能源法学系列特色教材的编写上,西南石油大学法学院打破传统法学教学的桎梏,秉持综合性人才的培养方针,以能源法治人才专业性为导向,以法学逻辑为依规,围绕中国能源法与国际能源法模板分别打造了一批具有能源特色的教材。一是在能源立法与监管方面,西南石油大学法学院出版了全国第一部石油天然气法教材《石油天然气法律制度研究》,同时有《能源法专论》《可燃冰开发风险合作监管法律制度研究》等成果待出版。二是在能源环境保护方面,《环境犯罪的本质及其展开》已经出版,《石油开采行业环境规制法律问题研究》等成果待出版。[24] 三是在能源市场化方面,《油气资源企业标准化模式》已经问世,《天然气行业市场化改革法律规制问题研究》《企业法律风险管理实务》等成果待出版。另外,在涉外能源法专著教材方面,法学院已经产出了一系列成果,如《"一带一路"背景下油气国际合作法律制度研究》《国际政治经济与石油安全战略》《国际能源投资法学(双语)》等成果待出版。从培养国际法人才与国别法人才并重的双重视角出发,涉外法治专业人才的培养须突出重点与特点。

(五)立足能源法学特色,创新专业课程设置

合理的课程设置是确保高质量人才培养的关键环节,国际化的课程体系建设应从三方面着手:国内法的学习,国际法与外国法律制度学习,国外政治、文化及宗教制度的学习。[25] 能源行业高校涉外法治人才培养应当具备国际型、应用型、复合型特征,若反映到课程设置中,则表现为涉外课程、比较法课程、交叉课程占据相当比重,课程设置凸显能源行业

---

[23] 参见蔡立东:《加快构建中国特色法学学科体系》,载《中国大学教学》2017 年第 5 期。

[24] 参见卫德佳:《石油天然气法律制度研究》,石油工业出版社 2010 年版;陈自强:《环境犯罪的本质及其展开》,四川大学出版社 2017 年版;庞敏等:《油气资源企业标准化模式》,石油工业出版社 2019 年版;秦扬:《国际政治经济与石油安全战略》,石油工业出版社 2019 年版。

[25] 参见张晓君、吴曼嘉:《论国际型法律人才培养》,载《法学教育研究》2013 年第 1 期。

应用性。[26] 能源法学作为能源法治人才的基础课程，西南石油大学法学院率先对能源法学课程进行了创新：第一，在学理上，整个课程重在平衡安全、公平与效率三者间的关系。体现能源安全是基础、市场效率是保障能源安全的重要手段、实现能源普遍服务是贯彻能源公平的核心的实质内涵。其中能源国际合作是能源安全的内容之一。第二，在体例上，对课程教学进行创新性的编排，使各版块独立成章。打破传统法学教学的知识板块，按照“折子戏”的架构编排模式展开，共分为国际能源法基础理论、国际能源组织论、全球能源治理、涉外能源纠纷化解四个板块，各教学板块之间相互承接。第三，在内容上，以涉外能源领域重大事件为课程切入点，“一带一路”能源国际合作、碳中和背景下的各个国家碳排放责任等重大改革措施与事件的充分关注，立足涉外能源领域前沿，跟进最新涉外能源法律动态，解读其中的法治因素，从而了解涉外能源法治的全貌，把握涉外能源法律制度的构成。

值得一提的是，针对不同的教学对象，涉外能源法治人才培养将能源法学教学分为三种课程设计：第一是针对法学本科生进行教学的能源法学课程。第二是针对法学研究生开设的外国能源法学专题。第三是对于其他非法科学生，则通过文化素质课程的形式，进行涉外能源法学课程的讲授。这三类能源法学课程在知识点选择、教学难度的安排上都进行了针对性的调整，但是在课程体例、课程内容与课程实质的把握上，这三类能源法学课程都遵循如上设置。

（六）推进教学科研结合，以研促教、教研相长

涉外能源法学研究目前仍然属于较为薄弱的领域，研究成果明显不足。因此，涉外能源法治人才的培养，也要求能源法学师资具备较强的科研能力，实现科研与教学的相互促进。西南石油大学法学院作为四川省能源法学研究会的会长单位，在能源法治领域具备深厚的积累，形成了一系列支撑能源法治人才培养的研究成果：第一，在理论成果方面，已经形成了一批具有前沿性、代表性的学术成果。《“一带一路”背景下油

㉖ 参见孟庆瑜、李汶卓：《地方高校涉外法治人才培养的目标定位与实现机制——基于我国自贸试验区建设的人才需求分析》，载《河北法学》2021 年第 1 期。

气国际合作法律制度研究》《国际政治经济与石油安全战略》《国际能源投资法学(双语)》。第二,在教学成果方面。包括四川省教育厅2018年至2020年高等教育人才培养质量和教学改革项目《服务“一带一路”建设需求的能源法治人才培养体系构建与实践》。

On the Path Choice of Training Foreign-related Rule-of-Law Talents of Energy Law in Universities of Energy Industry

Wang Hao Xian Hanlin Bai Yinan

Abstract: The Outstanding Legal Talents Cultivation Project establishes the internationalization of legal talents as the main strategic goal. It points out the direction of the rule-of-law talents cultivation reform in my country. Cultivation of foreign-related rule-of-law talents of energy law is the implementation of the Outstanding Legal Talents Cultivation Project and to meet the needs of global governance of energy, the "Belt and Road" energy international cooperation, and construction of national energy law. After years of exploration, Southwest Petroleum University has taken advantage of the school's energy disciplines, followed the "New Liberal Arts" teaching reform concepts, guided by the concepts and tasks of the foreign-related rule-of-law talents cultivation programs, and clarified the goals of knowledge, ability, moral education and quality required in the cultivation of foreign-related rule-of-law talents of energy law. The university adheres to the needs of talents, interdisciplinary orientation, refines the foreign-related rule-of-law talents of energy law cultivation program, integrates multi-disciplinary faculty, and establishes domestic and foreign cooperation mechanism, compiles textbooks with foreign-related rule-of-law characteristics and promotes sound scientific research, which have formed a distinctive model of cultivating foreign-related rule-of-law talents of energy law for the purpose of achieving accurate cultivation of foreign-related rule-of-law talents of energy law

Key Words: foreign-related rule-of-law talents of energy law, talents cultivation, legal education, energy law

涉外律师研究生项目人才培养模式创新的思考

刘亚军[*]　邱　慧[**]

摘　要：法律硕士（涉外律师）研究生培养项目是我国涉外法治人才培养模式创新的尝试，对于我国涉外法治建设有着极其重要的意义。本文结合教育部和司法部联合颁布的《法律硕士专业学位（涉外律师）研究生指导性培养方案》和培养单位的实施方案，分析了法律硕士（涉外律师）研究生人才培养理念和项目实施中标准化与特色化的关系、高校与联合培养单位的关系、法学教育与其他学科教育的关系、境内培养和境外培养的关系等需要关注的主要问题，并提出"订单式"培养、"学徒制"培养、海外培养等项目实施的具体建议。

关键词：法治人才培养　法律硕士　涉外律师

当今世界正经历百年未有之大变局，随着构建人类命运共同体和"一带一路"建设的不断深入发展，机遇和挑战对我国涉外法治工作提出了更高的

---

* 刘亚军，西北政法大学国际法学院教授、博士生导师，研究方向：国际经济法、国际投资法。

** 邱慧，西北政法大学博士研究生，研究方向：国际投资法、国际能源法。

要求。面对现实需求，我国涉外法治人才严重短缺。在国际舞台上，维护中国利益、代表中国立场、深入参与国际法律事务处理的专业人才严重不足，这与中国的大国地位和形象不相匹配。[①]在我国各类涉外法治人才均比较稀缺的情况下，涉外律师的匮乏尤为严重。据司法部统计，中国律师队伍已经发展到52万余人，但涉外律师仅有1.2万余人。[②]在涉外律师中，有参与跨国诉讼、国际仲裁、贸易争端解决经验的律师更是凤毛麟角，这些都严重制约了我国涉外法律服务水平的提高。2021年，教育部学位管理与研究生教育司和司法部律师工作局联合发出《关于实施法律硕士专业学位（涉外律师）研究生培养项目的通知》（以下简称《通知》），在全国选取15所高校实施法律硕士专业学位（涉外律师）研究生培养项目，试点培养涉外律师，标志着我国涉外法治人才培养发展到一个新的阶段。

就我国法学研究生教育，特别是法律专业硕士培养而言，法律硕士（涉外律师）培养无疑是一个新生事物。《通知》将法律硕士专业学位（涉外律师）研究生培养项目定位为"支持有关高校和法律实务部门积极探索和创新涉外法治高层次人才培养模式，完善具有中国特色的高层次人才培养体系"，彰显该项目在我国法学教育中的重要地位。因此，探索如何实施法律硕士（涉外律师）研究生培养项目，培养"法学功底扎实、具有国际视野、通晓国际法律规则，善于处理涉外法律事务的涉外律师人才队伍"，对于确保涉外律师培养质量，促进法学教育创新和改革具有极其重要的意义。

一、涉外律师项目人才培养理念及特征

教育部和司法部联合发布的《法律硕士专业学位（涉外律师）研究

① 参见杜焕芳：《涉外法治专业人才培养的顶层设计及实现路径》，载《中国大学教学》2020年第6期。

② 《官方：中国律师队伍已达52万人 涉外律师1.2万余人》，载中国新闻网，https://www.chinanews.com/gn/2021/03-25/9440361.shtml。

生指导性培养方案》(以下简称《指导性培养方案》)是实施法律硕士(涉外律师)研究生人才培养项目(以下简称涉外律师项目)的指导性文件。《指导性培养方案》指出,"法律硕士专业学位(涉外律师)研究生培养项目是法律硕士专业学位的专项培养项目,旨在为涉外法律服务机构和大型企事业单位法务部门培养一批跨文化、跨学科、跨法域,懂政治、懂经济、懂外语的德才兼备的高层次复合型、应用型、国际型法治人才,建设一支法学功底扎实、具有国际视野、通晓国际法律规则,善于处理涉外法律事务的涉外律师人才队伍。"《指导性培养方案》的这一目标体现了涉外律师研究生人才培养项目的四个特征。

(一)涉外律师人才培养的政治正确性

习近平总书记在全国教育大会上强调,党的十八大以来,我们围绕培养什么人、怎样培养人、为谁培养人这一根本问题,全面加强党对教育工作的领导。[③] 涉外律师培养的首要问题必须是解决为谁培养人的问题,"德才兼备"要求合格的涉外律师应当具备正确的政治方向和坚定的政治立场。涉外律师必须认真学习马克思主义法学基本原理,特别是习近平法治思想和中国特色社会主义法治理论,应当不断强化"四个意识",坚定"四个自信",坚决做到"两个维护",坚持以习近平法治思想作为理论指导和行动指南。同时,考虑到涉外法律工作的特殊性,涉外律师还应当对中国的国情有深刻的了解,对"国之大者要心中有数",在处理涉外法律实务时时刻牢记中国立场,坚定以法律手段维护国家主权、安全和发展利益的理想信念。

(二)涉外律师人才培养的交叉性与国际性

"三跨"、"三懂"以及"复合型"是涉外律师人才培养的基本要求。其中,"跨文化、跨法域和懂外语"体现了涉外律师人才培养的国际性,"跨学科、懂政治和懂经济"则体现了涉外律师人才培养的复合性。首先,涉外法律工作的国际性、文化的多样性和复杂性要求涉外律师必须具有国际视野,能够从全球化的角度考虑问题,不仅要通晓国际法和外

③ 参见《坚持中国特色社会主义教育发展道路 培养德智体美劳全面发展的社会主义建设者和接班人》,载《人民日报》2018年9月11日,第1版。

国法律,而且要了解不同文化的差异,熟练掌握通用的外语,具有跨文化的沟通交流和理解能力。其次,随着法律与其他社会科学的交叉研究在法学界和社会科学界蔚然成风,法学已经不是一个自给自足的学科。[④]涉外法律人才不仅应当具有精深的法律专业知识,而且应当具有广博的其他社会科学基础。[⑤]涉外律师除了具备法学理论知识,而且应当具备政治学、经济学、社会学、历史学等其他学科的知识,这种复合性决定了涉外律师人才培养的交叉性。特别是在新文科的培养理念指导下,这种跨学科交叉不限于传统的文科范畴,而且还将延伸于信息技术、互联网、艺术等其他学科与法学学科的交叉。

(三)涉外律师人才培养的应用性

律师是以其专业知识和技能向社会提供法律服务的专门人才,这一属性决定了涉外律师培养的应用性特征。法学教育的属性一直是法学界和教育界共同关注并且持续探讨的问题。法学教育是职业教育、素质教育或者兼而有之,尚未形成较为统一的意见,但具体到涉外律师培养,律师培养的职业教育属性则十分明显。律师是法律职业共同体的重要组成部分,但律师毕竟不是法学教师,也不是法官、检察官,培养律师和培养其他类型的法律职业者应当有不同的培养目标并且遵循不同的路径。律师的职业属性决定了培养律师必须注重应用性,强调律师职业技能培养。换言之,如果法学教授不会写起诉状,不熟悉举证质证方法,不善于法庭论辩无可厚非,而律师做不到这些就不能被认为是一个合格的律师。从运用法律手段维护我国主权、安全、发展利益,维护我国公民、法人的合法权益的角度来说,培养"应用型""实战型"涉外律师的意义尤为重大。

(四)涉外律师人才培养的需求导向性

涉外律师研究生培养项目是专项人才培养项目,目的在于为涉外法律服务机构和大型企事业单位法务部门培养人才,因而是典型的需求导

---

④ 参见苏力:《也许正在发生——转型中国的法学》,法律出版社2004年版,第7页。

⑤ 参见刘亚军、师怡:《论涉外法律人才的知识结构与能力》,载《法学教育研究》2011年第1期。

向型人才培养项目。长期以来,高校的人才培养和社会的实际需求具有一定程度的偏差,一方面导致人才培养的同质化竞争;另一方面导致人才的社会认可度不高,引发法学专业就业难的问题。需求导向型的人才培养模式能够有效解决人才培养中的供求矛盾问题,用人单位不仅可以提前介入人才培养方案的制定,而且可以全程参与人才培养的过程,将目标管理和过程管理有效结合,全方位监督人才培养过程,保证人才培养质量,保证人才培养能够真正满足社会的实际需求。涉外律师的培养不是单方面由高校决定应当培养什么样的人才,而是要结合用人单位的实际需求,与用人单位联合制定人才培养方案,培养出的人才也将直接为用人单位所用,避免了教育资源的浪费。

二、涉外律师项目实施中的关键问题

涉外律师项目的人才培养理念及特征决定了其人才培养模式的特殊性,与传统的法学人才培养模式不同,涉外律师项目人才培养模式的突出特征就是“联合培养”。“联合培养”模式表现在三个层面:第一,涉外律师项目采用“高校—实务部门(行业)联合培养”的模式。高校选择在涉外业务领域居于国内领先地位的律师事务所或者在高校所在地具有突出影响力的律师事务所作为培养合作单位,同时会联合一些著名国际商事仲裁机构以及具有涉外业务的企业参与培养。高校与实务部门的联合培养方式主要包括由高校与实务部门的人士共同担任法律硕士导师,共同参与讲授涉外法律检索、涉外法务谈判、涉外律师实务、涉外审判实务与庭辩技巧、涉外法律文书写作等实务类课程,指导案例研习、模拟法庭,共同指导学生的毕业论文等。与传统的法学教育相比,法律硕士(涉外律师)项目实施“双导师”制,不仅强调双导师的涉外法律实务经验,同时赋予了校外实务导师在涉外律师培养方面更多的责任,体现了对涉外律师职业技能培训的重视。高校—实务部门联合培养模式体现了指导性培养方案中“高校+行业”的联合培养要求,同时,实务部门提前介入人才培养环节也为落实“培养 + 就业”合作培养模式奠定了基础。第二，涉外律师项目采用“境内—境外联合培养”的模式。由高校选择境外知名高等院校、国际组织、司法机构、律师事务所作为实施“境内—境外联合培养”的合作单位。境外机构参与联合培养的方式主要是为法律硕士研究生开设外国法律实务课程，提供海外实习、见习的场所。第三，涉外律师项目采用高校内部“跨学科联合培养”模式。由高校结合自身优势，在校内不同学科之间开展了涉外律师的合作培养，提出了诸如“涉外法律 + 科技”“法律 + 外语 + 涉外组织”及“法律 + 外语 + 国际经济与贸易”“法律 + 国际关系”等特色化的学科交叉培养目标。其中，法律与外语的交叉是“跨学科联合培养”的重要内容。培养高校为涉外律师项目开设了大量的外语类课程，不仅包括语言类课程，还包括外语法律专业类课程，教学方法采用从双语教学到全外语教学、再到浸入式外语教学等多种方法。除了传统的英语教学之外，部分高校还利用自身外语优势，开设俄语、缅甸语、泰语、西班牙语等小语种外语课程。

“联合培养”模式有效地贯彻了涉外律师人才培养目标的要求，为项目的顺利实施提供了有力的保障。然而，为了保证“联合培养”的实施效果，必须处理好以下四个关系。

（一）标准化与特色化的关系

首先，涉外律师项目人才培养必须遵循人才培养标准。人才培养标准化是检验人才培养效果的要求。人才培养质量标准是衡量人才培养质量的依据，在人才培养过程中发挥着指导作用。由于国家尚未颁布法律硕士（涉外律师）研究生人才培养标准，《指导性培养方案》事实上相当于该项目实施的国家标准。《指导性培养方案》规定了法律硕士（涉外律师）研究生项目的共性问题，对全国的项目实施起着指导作用，各高校应紧密结合《指导性培养方案》制定自身的人才培养方案，体现了项目实施的标准化。

其次，涉外律师项目人才培养必须有差别，体现实施单位人才培养的特色。一方面，从教育资源优势角度来说，实施高校和联合培养单位的教育资源存在差别。实施高校中既有法学专业类高校，也有综合型高校;既有具有法学培养优势的高校,也有具有外语类培养优势的高校;既有经济发达地区的高校,也有经济欠发达地区的高校;从地理布局上更是涵盖了华北、东北、华东、中南、西南和西北地区。每一所大学都有其办学的特色、优势和专长,有其在法学人才培养方面的特殊经验。联合培养单位范围则涵盖了律师事务所、仲裁机构、大中企业、行业协会,不仅联合培养单位性质不同、专业领域不同、人员结构不同,而且不同的律师事务所、大中型企业等也有其不同的专业优势。为了高效配置项目实施单位的教育资源,涉外律师人才培养必须体现特色。另一方面,从市场需求角度来说,社会对于涉外律师的需求存在多样化。从市场需求角度讲,既需要精通商法的律师,也需要精通国际贸易管制规则和外国反垄断法、反倾销法的律师,既需要通晓英美法的涉外律师,也需要通晓大陆法的涉外律师,"一带一路"建设的发展还需要我们有了解沿线国家法律的涉外律师;既需要社会律师,也需要公职律师和公司律师;既需要诉讼律师,也需要主要从事非诉讼法律服务的律师……国家涉外律师人才布局要求和市场需求决定了涉外律师人才培养必须走差异化、特色化的培养路径。

涉外律师项目实施需要处理好标准化和特色化之间关系的问题,寻求两者之间最优的平衡点。人才培养的标准化和特色化之间的关系是对立统一的关系,缺一不可;缺乏人才培养的标准,涉外律师的培养就可能失去了方向和衡量尺度,缺乏了人才培养的特色,就无法发挥培养单位的要素禀赋,体现其育人优势,可能导致人才培养的"同质化"。因此,涉外律师项目的实施单位应当在依循《指导性培养方案》原则性规定的基础上,充分体现自身的办学特色、实力和优势,确定自身的培养定位,体现了项目实施的特色化,从人才培养角度尽量覆盖我国涉外法律服务的主要领域。

(二)高校与联合培养单位的关系

涉外律师项目实行"高校与实务部门联合培养"模式。"联合培养"模式的成功与否离不开联合单位之间的通力合作,这就要求要理顺高校与联合培养单位之间的关系,充分调动参与联合培养的各方的积极性,其核心就是解决各参与方的“责权利”问题。

首先,必须厘清高校与联合培养单位之间的责任。《指导性培养方案》要求高校发挥法治人才培养的第一阵地作用,决定了“高校与实务部门联合培养”模式中高校与联合培养单位在人才培养中的定位。高校应在项目实施中承担第一责任,其职责包括组织人才的选拔、制定人才培养方案、落实人才培养环节、保证人才培养质量等,贯穿于人才培养的始终。联合培养单位则辅助高校,在人才培养中居于从属地位,为涉外律师项目提供理论与实践相结合的条件与便利。其职责在于参与人才培养方案制定和人才培养环节,为涉外律师培养提供实践岗位、寻找涉外法律服务业务源以及选派涉外法律实务经验专家担任校外实务导师。在项目实施过程中,高校应处于主导地位,不仅要确保人才培养的定位和目标的实现,而且要全盘考虑人才培养的各个环节。无论是课堂讲授还是实习见习;无论是境内学习还是境外培养;无论是由高校负责的培养环节还是由联合培养单位实施的培养环节,高校均应全程把控人才培养的质量,做到“不缺位”。联合培养单位则应在服从高校总体人才培养方案的前提下,具体负责落实本单位的培养责任。在高校的指导下,发挥其培养优势,履行其培养义务。

其次,要厘清高校与联合培养单位之间的权力界限。高校总体负责人才培养并不意味高校具有人才培养方案设计的全部权力。与传统人才培养模式不同,联合培养模式强调合作单位之间的分工配合,强调协同育人的理念。高校在制定人才培养方案时,应充分听取联合培养单位的意见和建议,保证联合培养单位能够全面参与招生面试、日常教学培养等工作,在由联合培养单位负责实施的培养环节中,高校的指导应该是原则性的,不应过多干预联合培养单位的具体操作,在培养方法和成绩评定等方面充分尊重联合培养单位的权力,做到“不越位”。联合培养单位则应充分尊重高校在人才培养过程中的主导地位,积极配合高校实施人才培养环节。当其意见和高校意见存在分歧时,应充分尊重高校在项目实施中的决定性权力。

最后,要合理考虑高校与联合培养单位的利益关注。激励机制是项目实施的重要保证,合理运用激励手段在涉外律师培养中发挥着不可替代的作用,因此要考虑高校与联合培养单位,特别是联合培养单位在项目实施中的正当利益诉求。高校和联合培养单位性质不同,其利益目标也存在差异。高校作为国家拨款的专门人才培养机构,履行其培养人才的义务是其职责所在。而联合培养单位则主要是涉外律师事务所、涉外仲裁机构、涉外大中型企业、全国性或者地区性的法律服务行业协会,并非专门性人才培养机构,通常是以营利为目的的机构。因此,如何充分调动联合培养单位参与涉外律师人才培养的积极性是项目实施的关键问题。当然,人才培养可以被认为是企业承担社会责任的要求,但是如果从制度设计上缺乏对于联合培养单位利益诉求的考虑,联合培养模式可能最终流于形式。此外,涉外律师培养注重人才"知识与技能"的结合,而律师职业技能培训显然是高校教师的短板,尽管许多高校教师也有一定的实务经验,但是与从事实务工作的校外导师相比,高校教师的实务经验就相形见绌,校外导师恰恰可以在这方面发挥其优势,补充高校教师实务能力的不足,"双导师"制度的设计也是基于这一考虑。因此,在项目实施过程中,必须充分考虑合作方以及校外导师的利益诉求,不仅要调动联合培养单位的积极性,而且要调动校外导师参与项目实施的积极性。

(三)法学教育与其他学科教育的关系

涉外律师项目采用跨学科交叉培养模式,因此,需要理顺法学教育与其他学科教育的关系,合理确定不同学科教育在涉外律师培养中的定位和比重。以法学教育与外语教育之间的关系为例,"涉外法治专业人才是精通英语、明晰且能运用涉外法律规则参与涉外法律事务,维护国家各种利益的高端复合型专业人才。在专业素养上,法律英语能力是涉外法治专业人才必不可少的素养。"⑥对于涉外律师培养来说,法学教育和外语教育都很重要,但是两者之间孰轻孰重呢?纵然外语教育不可或缺,然而相对于法学教育,外语能力培养仍然在涉外律师培养中处于次

---

⑥ 张法连:《我国涉外法治专业人才培养体系构建研究》,载《语言与法律研究》2019年第1期。

要地位,涉外律师的专业属性决定了法律教育依旧是人才培养的主要方面。从这个意义上说,法律专业功底扎实并且基本具备运用外语(英语)作为工作语言的能力的人才比精通外语而初步具备法律专业知识的人才更加符合涉外律师人才培养的定位和要求。因此,在培养资源和学生学习精力有限的前提下,资源应优先配置于法学教育本身。这一结论也同样适用于解决法学与其他学科教育之间的关系。涉外律师应当是“一精多通”,精于法律,并具有多学科的系统知识,无论是政治学、经济学、社会学、外语等方面的知识都是为涉外律师夯实基础,提供涉外律师的综合素质,为其从事涉外法律实务工作提供支撑。在人才培养方案设计中,绝不能本末倒置,舍本逐末,片面强调其他交叉学科的重要性而忽视了法学教育对于人才培养的重要性。

(四)境内培养与境外培养的关系

早在2011年,教育部、中央政法委员会联合发布《关于实施卓越法律人才教育培养计划的若干意见》时,就提出探索“国内—海外合作培养”的培养模式。要求实施卓越法律人才教育培养计划的高校加强国内法学院校与海外高水平法学院校的交流与合作,积极推进双方的教师互派、学生互换、学分互认和学位互授联授,积极利用海外优质法学教育资源,探索形成灵活多样、优势互补的卓越法律人才培养机制。《指导性培养方案》再次重申这一要求。因此,如何高效整合境内和境外的教育资源,处理好境内培养和境外培养的关系极为重要。

处理境内培养和境外培养的关系需要以促进涉外律师项目人才培养总体目标和要求的实现为原则。《指导性培养方案》对于人才培养的要求分为基本要求和具体要求,主要包括两个方面:政治素质培养以及法律知识和业务能力培养。就政治素质培养来说,马克思主义原理、习近平法治思想和中国特色社会主义法治理论的学习以及社会主义核心价值观的形成和爱国情怀的培养应当由境内培养环节完成,以确保人才培养正确的政治方向和坚定的中国立场。就法律知识和业务能力培养来说,国内法律专业知识、国内诉讼程序、国内非诉讼法律实务应在境内培养。而外国法律制度、外国诉讼程序和非诉讼业务、涉外法律检索、涉外法律文书制作、外语能力培养则可以选择在境内或者境外进行培养,其中外国法律制度、外国诉讼程序和非诉讼业务、外语能力培养和涉外法律文书制作在境外培养更为恰当。与国内律师培养相比,涉外律师培养更注重国际法和外国法的知识学习和技能培训,更强调人才培养的国际化,所以必须确保涉外律师培养中的境外培养的比重,境外培养环节应至少不低于总体人才培养方案要求学时数的一半。

三、关于法律硕士(涉外律师)研究生人才培养的建议

基于以上分析,涉外律师项目的实施可以考虑在以下几个方面进行尝试,探索法学人才培养模式的创新与改革。

(一)尝试"订单式"培养

专门培养涉外律师是我国法学人才培养模式改革的创新,是一种需求导向的人才培养模式,这就为"订单式"培养提供了可能。参与联合培养的单位是包括涉外律师事务所、涉外仲裁机构、涉外大中型企业以及法律服务行业协会在内的从事涉外法律实务工作的部门,同时也是涉外法律服务的需求者。实施"订单式"培养有助于实现人才供给和需求的有效衔接,不仅有助于满足涉外律师的就业需求,同时也能兼顾联合培养单位的利益,满足联合培养单位的用人需求,调动联合培养单位培养人才的积极性。此外,"订单式"培养还有助于实现人才培养的多样化和特色化,全方位满足我国对各类涉外律师的需求。

(二)引入"学徒制"培养

律师的职业技能培训对于律师的成长至关重要。目前法律职业技能的培训主要有两种模式,在法学教育期间进行法律职业技能培训的美国模式和在法学教育之后完成法律职业技能培训的德国模式。而我国则实行的是以课堂实践教学为主、实习为辅的法律职业技能培训模式。我国法学教育理念中忽视了对法律技能的训练,也使法学教育模式设计

中轻视法律技能训练环节。⑦ 涉外律师项目实施“双导师”制，其目的也在于通过引入实务导师，强化涉外律师的职业技能培训，弥补法学院校在职业技能培训方面的不足。这种模式是美国模式和德国模式的折中，由法学院校与律师事务所等实务部门在法学教育期间共同完成学生的职业技能培训，能够使其在学校学习期间就能掌握律师执业的基本技能，有助于学生毕业后尽快适应工作岗位。在培养学生职业技能时，可以尝试采用“学徒制”，强化实务导师对于学生职业技能培训的责任。“学徒制”是一种在实际工作过程中以师傅的言传身教为主要形式的职业技能传授形式，通俗说即“手把手”教。⑧在现代教育体系形成之前，“学徒制”是律师培养的主要方式。在涉外律师培养中引入“学徒制”并不是要在导师和学生之间建立传统“学徒制”的人身依附关系，而是在于在实务导师和学生之间寻找最佳的匹配，充分发挥导师的指导优势和学生的学习优势，优化导师资源配置的效率。比如，专长于涉外劳动法律事务处理的实务导师可以在选择对于涉外劳动法律事务有兴趣的学生中加以培养，而学生未来不仅是导师事业的合作伙伴，更是其事业的传承，使导师的知识和技能得以延续。此外，有些职业技能并不能简单通过课堂讲授的方法让学生掌握，需要大量实践过程中的具体指导，通过“手把手”教的方法让学生获得实践操作技能。客观而言，在实务能力培养方面，“学徒制”有着其难以替代的优势。事实上学生毕业后从事律师工作时也多是在类似“学徒制”的导师指导下获取实务工作经验的，所以，要落实“双导师制”，充分发挥校外导师作用，试行“学徒制”的培养模式无疑是一个可供参考的选择。

（三）设置课程体系，优化学生知识结构和实践技能

培养法学理论功底扎实、实践技能高超、具有多学科背景、精通外语的全能型涉外律师是一种理想状态，但是从实践角度讲，涉外律师的培养是一个漫长的过程，不可能一蹴而就，在短短的三年里就实现理想的

---

⑦ 参见房文翠：《法律职业技能及培养途径》，载《现代法学》2003 年第 1 期。

⑧ 参见王振洪、成军：《现代学徒制：高技能人才培养新范式》，载《中国高教研究》2012 年第 8 期。

目标。立足于现实,涉外律师项目必须重点考虑三年内人才培养的问题,即如何利用有限的三年时间为涉外律师奠定相对扎实的基础,使其基本具备从事涉外法律工作的知识和技能,并为未来的继续学习创造良好的条件。所以,涉外律师项目的培养方案设计必须科学合理,突出人才培养的目标和特色。首先,课程设置应加大国际法和外国法学习的比重,特别是对世界上有较大影响力国家法律的学习。我国之所以要专项培养涉外律师专门人才,其原因是我国通晓国际法和外国法的人才相对缺乏,涉外律师培养是一个“补短板”的措施。如果在有限的时间内难以使学生通晓各国法律,诉讼程序和非诉讼的法律实务,那么教育资源就要优先配置于国家人才最短缺的方向。在国际经济活动管制法律方面,美国法影响力不可否认;在国际商事法律方面,英国法影响力最为深远;这就决定了英美法学习在涉外律师培养中的地位。其次,跨学科课程设置不能贪多求全,必须突出英语能力和国际视野的培养。涉外法治专业人才最关键的能力是能够运用法律英语和国际法知识、外国法律知识处理涉外法律事务。⑨ 这就要求必须加强英语学习和国际视野的培养。尽管我国涉外法律人才的多元化需求会要求培养一定数量的懂法语、德语、日语、俄语、西班牙语、阿拉伯语等小语种的人才,但英语是全球最为通行的语言决定了绝大多数的涉外法律人才必须熟练掌握英语,因此,除非用人单位有“订单式”培养的要求,不建议大规模培养掌握小语种语言的涉外律师。此外,强化英语学习并不是建议大量开设所谓法律英语之类的课程。事实上,开设法律英语课程并不一定是培养英语工作能力的最有效路径。相反,在英语为母语国家境外学习、选用英文法律教材和用英文讲授专业课程则是提高英语工作能力的有效途径,所以在师资力量和学生能力允许的情况下,除了思想政治类的课程之外,其他专业课程建议采用英文授课模式,至少也应采用双语授课模式。此外,培养国际视野则需要开设一定数量的国际经济、国际政治、国际关系及文化类的课程作为通识选修课程。最后,增加实务类课程在课程体系

---

⑨ 参见张法连:《我国涉外法治专业人才培养体系构建研究》,载《语言与法律研究》2019 年第 1 期。

中的占比。律师工作是利用其知识和技能为社会提供法律服务的，所以，建议开设通用律师实务课程和专业类律师实务课程，前者如法庭论辩、文书写作、法律检索等，后者如国际证券法律实务、国际贸易法律实务等。专业类律师实务课程可以开设多门选修课，使学生可以根据学习兴趣和职业规划有更多的选择。

（四）合理调整境内培养和境外培养比重，强化境外培养

我国高等院校国际化办学水平相对较低，国际化培养环境的缺失是我国培养涉外法治人才的制约因素之一。“境内—境外”联合培养的模式是弥补我国涉外法治人才培养中国际化培养环境不足的有效方法。所以，应当将境外学习环节列入涉外律师人才培养的必修环节，学生必须有至少一年的境外留学、见习和实习经历。境外培养的方式除了在律师事务所、法律服务机构、国际组织的涉外专业实习之外，建议外国法相关课程也由境外联合培养单位讲授，学生不仅能够学习到外国法律的相关知识，而且可以设身处地感受外国的法律文化，了解外国的法律思维，提高外语水平，有助于学生在从事涉外法律工作时，有更好的交流沟通能力，更加准确地运用法律知识。当然，海外培养需要更多的资金投入，高校的财政实力差别较大，资金短缺问题对于某些培养单位来说更为突出。对不具备海外培养条件的高校而言，可以通过线上教学资源共享或者以模拟仿真教学环境的方法来降低海外培养的成本。

总之，我国要实现综合国力和国际影响力领先的强国目标，为新时代对外开放提供有力法律支撑，需要培养、建立和扩大一支德才兼备、知行合一的高素质涉外法律人才队伍。[⑩]涉外律师作为高素质涉外法律人才队伍的重要组成部分，是加强我国涉外法治工作的重要力量。法律硕士（涉外律师）研究生培养项目是我国涉外法治人才培养模式创新的实践，目前尚处在探索阶段，在实施中也会出现诸多问题。本文所探讨的问题和相关建议也需要实践的进一步检验。无论如何，项目实施的成果将会对于我国涉外法治人才培养积累必要的经验，为探索我国涉外法治

⑩ 参见黄惠康：《从战略高度推进高素质涉外法律人才队伍建设》，载《国际法研究》2020 年第 3 期。

人才培养模式创新产生深远的影响。

On the Innovation of the Training Mode of the LLM Program of Foreign-related Lawyers

Liu Yajun　Qiu Hui

Abstract: The LLM program of foreign-related lawyers is an innovative attempt of Chinese cultivation model of foreign-related rule-of-law talents, which is of great significance to the construction of the country's foreign-related rule of law. This article combines the "*Guiding Program for Cultivating Postgraduates of Professional Degree in Laws* (*Foreign-Related Lawyers*)" jointly issued by the Ministry of Education and the Ministry of Justice and the implementation plan of the training units, and analyzes the talents cultivation concept and project implementation in the LLM programs of foreign-related lawyers the series of innate relationships, such as the relationship between standardization and specialization, the relationship between universities and joint training units, the relationship between legal education and other disciplinary education, the relationship between domestic training and overseas training. This paper also puts forward other major issues, specific suggestions and implementation measures that are needed attention, such as the "order-based" training, the "apprenticeship" cultivation, and overseas cultivation programs.

Key Words: cultivation of the rule-of-law talents, LLM, foreign-related lawyers

法律硕士涉外律师方向多元化人才培养机制研究

李　亚*

摘　要:法律硕士的培养目标经历了从“法律人才”到“法治人才”的理念更新,为了满足多元化涉外法治人才的需求,我国高等法学教育在供给侧层面进行改革,在法律硕士专业学位下设置涉外律师方向。本文通过厘清涉外律师高层次法治人才培养的时代背景,审视与反思法律硕士专业学位在涉外律师方向人才培育过程中的现实困境,优化与完善以培养目标、培养主体、培养方式与考核标准为主要内容的多元化人才培养机制。

关键词:法律硕士　涉外律师　法治人才　多元化人才培养机制

一、现实分析:法律硕士涉外律师方向人才培养的时代背景

(一)法律硕士专业学位的发展历程

法律硕士专业学位是我国法学高等教育的重要

---

* 李亚,华东政法大学法学理论专业博士研究生,山东政法学院讲师,研究方向:法社会学。

类别,自1996年设立以来,经过二十多年的发展,其培养目标逐渐明晰,培养主体不断丰富,培养方式历经革新,培养质量显著提高,为我国全面依法治国战略的推进输送了大批高层次复合型、应用型法治人才。我国法律硕士的培养目标与社会发展的需求紧密相关,其培养目标的不断变革是法学教育在特定时代背景下的供给侧改革。法律专业学位教育与学术型学位教育的培养目标不完全相同。[①] 2017年国务院学位委员会发布新修订的《法律硕士专业学位研究生指导性培养方案》,明确将法律硕士人才的培养目标由"法律人才"修改为"法治人才"。[②] "法治人才"是十八届四中全会首次提出的概念,反映了由"法制"走向"法治"的时代背景的变革,将法治人才作为新的培养目标,是法学教育对新型人才观的积极回应。[③] 法律硕士作为以职业人才培养为导向的专业学位类型,其培养模式几经变化,经历了从最初套用法学硕士培养模式到类同化培养再到分类培养三个阶段。[④] 法律硕士专业学位的培养制度并没有形成自身的特色,一方面照搬照抄法学硕士的培养模式,从课程设置、实践安排、课程考核等方面都没有形成独有的特点;另一方面没有按照培养目标的要求对培养环节进行精细化设计,只有按照目标要求完成对培养流程的细节控制,才能实现培育高层次、复合型、应用型法治人才的目的。

法律硕士培养院校也在不断探究专业学位研究生人才培养的改革措施,其中最重要的举措是:在区分法律硕士(法学)和法律硕士(非法学)专业类别的基础上,各院校结合学校特色和社会资源整合利用情况设置更为精细的专业方向。培养院校普遍开设的主要专业方向有:民商事法律实务、刑事法律实务、律师实务、知识产权法实务、金融实务等,这

---

① 参见王利明:《我国法律专业学位研究生教育的发展与改革》,载《中国大学教学》2015年第1期。

② 参见董娟、赵威:《从法律人才到法治人才:法律硕士培养目标的新转变》,载《学位与研究生教育》2019年第5期。

③ 参见张守文:《法治人才培养的目标与路径》,载《中国高校社会科学》2017年第4期。

④ 参见洪冬英、戴国立:《我国法律硕士研究生培养模式的改革叙事与当代思考》,载《法学教育研究》2020年第3期。

些专业方向能够在一定程度上满足社会对法治人才的需求,但培养院校也应及时结合市场和行业需求开发小众专业方向以满足特定需求。比如,中国人民大学在未来法治研究院下创立法律与科技方向的法律硕士,在法律与科技方向之下又细分为:网络与信息法学、电子商务法、大数据金融科技与法律监管、人工智能与法律规制以及大数据智能司法等方向;[⑤]华东政法大学为配合上海市国际贸易中心和国际金融中心建设需要开设了法律与金融、法律与国际经济、国际经贸法律方向。[⑥] 法律硕士专业方向的设置,以社会切实需求为目标,以法律实际应用为导向,以理论知识与实践能力培养为核心,实现法律硕士教育完成培养高层次、复合型、应用型法治人才的目标。

(二)开设涉外律师专业方向的时代需求

1. 从国家制度供给的宏观角度来看,开设涉外律师专业方向是服务国家战略布局的需要。涉外法治专业人才的培育应以国家战略需求为先,在经济全球化和我国改革开放进入深水区的时代格局下,面对涉外法治人才匮乏的窘境,国家高度重视法学教育国际化问题,并作出一系列关键战略部署。[⑦] 首先,随着我国改革开放的纵深推进,与他国、国际组织的合作日益密切,中国企业开拓海外市场和境外企业拓展国内市场的力度不断增强,错综复杂的国际涉外事务不断增多,国家迫切需要培育一支法学功底扎实、具有国际视野、通晓国际法律规则,善于处理涉外法律事务的涉外律师人才队伍。但是现实情况是我国现有涉外法律服务人才的数量和质量都难以满足我国逐渐走向世界舞台中央的角色需求,存在数量偏小、水平不高、经验缺乏、供需不匹配等问题。我国律师行业的国际化脚步,总体上滞后于中国企业走出国门的速度,在应对国

---

⑤ 参见中国人民大学未来法治研究院官网2021年10月11日,http://lti.ruc.edu.cn/sy/kskc/flykjfxflsspy/index.htm。

⑥ 参见东方法学网2021年10月11日,https://yjsy.ecupl.edu.cn/2021/0914/c3799a182392/page.htm。

⑦ 参见郭雳:《创新涉外卓越法治人才培养模式》,载《国家行政学院学报》2020年第12期。

际纠纷“司法化”风险方面,相关应对准备不能满足现实需要。⑧ 其次,“一带一路”建设是我国重要的发展机遇期,是推动全球发展的绝佳载体。根据数据统计截至2021年1月30日,中国已同140个国家和31个国际组织签署205份合作文件。⑨ 在“一带一路”倡议背景下,如何解决贸易争端,如何规避法律风险,如何合理保障我国企业的利益,这些问题的顺利解决是我国发展对外经济贸易的重要环节。⑩ 再次,涉外律师方向的人才培育是全面推进依法治国进程的需要。全面推进依法治国,法律制度完备是基础,法治人才培养是关键。⑪ 涉外律师人才是法治人才队伍中的“尖子兵”,涉外律师人才的培育跟不上时代进程,必然会影响涉外法治建设的发展,进而影响全面依法治国系统工程的质量和进度。党的十八届四中全会颁布了《中共中央关于全面推进依法治国若干重大问题的决定》,该决定从完善涉外法律规则体系、参加国际规则制定、强化涉外法律服务、深入司法领域国际合作等多个维度为涉外法律工作做出了部署和安排,同时也为我国今后的涉外法治人才培育指明了努力的方向。⑫ 最后,涉外律师人才是我国参与国际治理体系变革不可或缺的人才资源,建设一支高水准的涉外律师人才队伍,是引领世界格局朝我国有利局势发展的现实需要,也是构建人类命运共同体的重要支柱。

2. 从法学教育发展的微观角度来看,开设涉外律师方向是法学教育实现自身供给侧改革的需要。尽管改革开放以来我国的法学教育得到了长足发展,取得了明显成效,但是与法学教育体系更为完备的国家相比仍有很大差距。我国在涉外律师人才培养方面起步较晚,法学教育

---

⑧ 参见黄惠康:《从战略高度推进高素质涉外法律人才队伍建设》,载《国际法研究》2020年第3期。

⑨ 参见中国一带一路网2021年10月11日,https://www.yidaiyilu.gov.cn/xwzx/gnxw/163241.htm。

⑩ 参见胡晓霞:《“一带一路”建设中争端解决机制研究——兼及涉外法律人才的培养》,载《法学论坛》2018年第4期。

⑪ 参见付子堂:《立德树人、德法兼修,为全面依法治国培养高素质法治人才》,载《中国法学教育研究》2017年第3期。

⑫ 参见何勤华:《全面推进依法治国视野下的法学教育改革》,载《中国高等教育》2015年第6期。

"供给侧"与社会发展"需求侧"失衡的矛盾较为突出。法学教育如何将国家宏观层面的要求落实到微观技术层面,是我国在新时代培养法治人才方面肩负的历史重任,要解决这一问题就必须就以下问题给出答案。为什么选择在法律硕士这一专业学位类别下设置涉外律师方向?首先,法律硕士的培养目标与涉外律师人才的培养要求相一致。法律硕士的培养目标是为国家培养德才兼备的高层次、复合型、应用型的法治人才,而涉外律师法治人才的要求正是跨文化、跨学科、跨法域、懂政治、懂经济、懂外语的德才兼备的高层次复合型、应用型、国际型法治人才,两者在人才培养的定位与需求都是一致的,在同一目标要求下人才培养的路径选择与培养方式适恰度更高,更容易达到预期效果。其次,我国目前的法律硕士在培养过程中一般没有明确区分专业方向,虽然部分培养院校在法律硕士专业类别之下根据学校自身实际情况开设不同的专业方向,但是专门开设涉外法方向的高校凤毛麟角。⑬ 从《法律硕士专业学位研究生指导性培养方案》中的课程设置来看,法律硕士(法学)专业只是在选修课模块开设国际经济法学与国际私法学,法律硕士(非法学)在开设以上两门选修课之外在必修课模块增加了国际法学课程,并且在实践教学环节更没有涉外因素的体现,现有的课程设置与实践实习安排都不能达到培育涉外律师人才的需求,必须开设专门的专业方向培养满足涉外法治需求的律师人才。最后,从法律硕士专业的招生对象来看,其生源已经经历了本科专业的学习阶段,法律硕士(法学)在本科阶段经过四年法学基础知识的教育,在法学理论专业知识方面具备了必要的基础,法律硕士(非法学)在本科阶段学习外语、金融、政治等其他学科,为涉外复合型人才的培育增添了砝码。鉴于此,在目前优选的15所法律硕士培养院校中设立涉外律师方向,无疑是我国涉外法治人才精英化培养的优选途径。

---

⑬ 参见李建忠:《论高校涉外法律人才培养机制的完善》,载《浙江理工大学学报(社会科学版)》2017年第4期。

二、现状反思:制约法律硕士涉外律师方向人才培育的瓶颈问题

法律硕士涉外律师方向是法律硕士专业学位的专项培养项目,基于涉外律师研究生指导性培养方案以及人才培养的实践现状,厘清制约涉外律师人才培育的"卡脖子"问题并分析其成因,探寻高层次涉外律师人才培养机制的症结所在。

(一)培养目标泛化,缺乏德育的具体要求

加强德育要求,培养德法兼修的高素质法治人才是法律硕士研究生培养的首要目标,是塑造法治建设人才队伍"灵魂"的有效途径。对法律职业从业者的德育要求主要体现在对法律职业伦理的遵循,法律硕士研究生作为专业型、应用型的高端法治人才成长为法律职业共同体成员如果不能坚守职业伦理底线,那么其所拥有的专业知识能力将给国家和社会带来负效应。法律职业伦理的"软约束"其实并不软,反而为法律制度的制定和实施以及司法机制的常态运行提供不可或缺的"硬支撑"。⑭ 涉外律师人才教育若缺乏职业伦理的教育,会贬损国家形象,更有甚者会威胁国家利益。从已经颁布的《法律硕士专业学位涉外律师研究生指导性培养方案》来看,在人才德育培养方面还存在以下问题亟待解决:其一,对涉外律师人才的职业伦理要求没有突出"涉外"特色,还是按照一般法律人才的标准来要求这类高层次法治人才,在课程安排与实践教学中也没有对涉外律师人才德育培养的具体设计。其二,对涉外律师人才的德育要求没有凸显时代性,涉外法治人才作为时代产物,对于其德育要求要与时俱进,符合新时代价值观的要求。

(二)培养主体独立,缺乏协同育人理念

涉外律师人才的培育是事关涉外法治建设进程的关键问题,需要以高校为中心建立协同育人机制,多元主体共同推进人才培养目标的

---

⑭ 参见贾一锋、马长山:《法律职业伦理重建与法治底线支撑》,载《学习与探索》2020 年第 12 期。

实现。⑮ 然而我国目前法学教育的现状是：各培养主体之间缺乏统一共识，国家、社会和高校之间的联动机制缺失，没有充分整合各个层面的教育资源。

在高校内部，培养院校普遍没有形成整合校内资源的意识。涉外律师既要有国际视野，还要熟谙国际规则，并且有能力参与国际法律事务，就要求这个方向的法律硕士不仅需要过硬的法学专业知识，还需要其他学科的知识支撑。高校要在整合运用自身教育资源的基础上，拓展边际院校可用资源。然而，目前我国法律硕士培养高校在校际资源整合利用方面的能力还待加强，以立格联盟为例，其是9所院校成立的以优势互补、协同发展为目标的全国政法类大学联盟，每年立格联盟高校以特定的研讨主题召开会议，各院校汇报独具特色的法治人才培养成果，但是能落实到具体合作方面的计划屈指可数，所谓的校际联盟发挥的作用有限；在高校与社会之间也存在脱节状态，高校具有专业理论优势，而社会则享有法治实践资源，两者尚缺乏充分的互动与有效的合作。高校与涉外律所、涉外企业、涉外法律服务机构等实务单位存在协作壁垒，没有建立协同培养涉外律师人才的机制；国际合作层面的联合培养机制还需完善，尤其是涉外律师人才的培养，有效地利用境外院校的教育资源可以起到事半功倍的培养效果。但是从目前已开设涉外方向的院校来看，国内院校与国外院校合作的力度远不能满足涉外法治人才的培养要求，在课程开发、师资互换、项目交流等方面的合作需要进一步加强。

（三）培养方式单一，缺乏创新形式

涉外律师人才作为专门的涉外法治人才，在法律硕士专业学位类别下开设这一培养方向，既要遵循法律硕士的培养模式又要体现方向特色，这就要求对涉外律师方向的培养方式要有创新性，但是从现有的培养方案来看，培养方式需要在以下三个方面改进：其一，涉外律师研究生指导方案内容没有针对法律硕士（法学）、法律硕士（非法学）不同的专业类别设置不同的培养方案。法律硕士（法学）与法律硕士（非法学）在

---

⑮ 参见王群、武娇：《“一带一路”法律外交视角下高校涉外法律人才培养机制探究》，载《黑龙江高教研究》2020年第6期。

本科的专业基础不同,针对不同的专业背景应该有不同的课程学习与实践安排,引导学生进行深入的体系性的学习,并且培养方案没细致划分公职律师与私务律师培养方向,不同的业务板块对涉外律师的专业能力要求不同,需要有针对性的差异化培养,但是现有的培养方案没有根据方向特色设计涉外公职律师的行政合规以及私务律师的双边合同起草等实践教学内容。其二,实践教学缺乏创新性。实践教学的课程设计单一,主要开设以"模拟法庭"为主的较为传统的实践教学课程,远远不能满足涉外律师人才对实践能力的多元化需求。同时,法律硕士特有的双导师制度在践行过程中不能达到预期效果,一方面理论导师的实践经验有限;另一方面没有充分挖掘实践导师在实践教学中能发挥的作用,双导师制度在落地实施的细节方面亟待完善。再者,涉外法务实习实践基地较少,不能满足学生实习实践的要求。其三,没有充分利用网络技术的优势展开教学,在信息化浪潮袭来的社会环境下,利用信息技术获取教学材料或搭建教育平台可以实现教育资源的共享利用,这是培养涉外律师高层次法治人才必须要探索和努力的方向。

(四)评价标准模式化,缺乏灵活多样性

对涉外律师方向法律硕士研究生培养质量的考核与评价采取与法学硕士类似的模式化标准,不能满足高层次、应用型涉外法治人才的需求。涉外律师方向法律硕士的考核评价机制主要包括三个方面:一是课程学习的考核;二是实践教学与训练的考核;三是学位论文的考核。对涉外律师专业的课程设置主要包括两个方面:必修课与强化模块课,其中对必修课程的考核主要以课程论文或者试卷考试为主尚能达到培养要求,但是强化模块课是由校外法律实务专家或者境外实务专家单独或联合授课,基于该类课程的特殊性应该考虑设置更加灵活的评价标准;针对实践教学与训练的考核,指导培养方案着重提到要发挥联合培养单位的考核评价作用,但是对于联合培养单位以哪些客观考量标准并没有明确说明;⑯另外,对涉外法律硕士的学位论文的考核评价应该以涉外

---

⑯ 参见许身健:《完善法学教育:路径与方法》,载《中国法律评论》2017年第3期。

法律实务研究为宏观要求，涉外律师指导性培养方案中明确要求其学位论文以中英文双语写作，正文部分中文字数不少于2万字，英文单词数不少于1.5万，这是有针对性地培养高层次涉外法治人才的表现，但是这种“一刀切”的要求对于研究非英语国家、地域法律实务方向的学生培养又过于僵化，不能满足现实需要。

三、路径建构：完善法律硕士涉外律师方向多元化人才培养机制

涉外律师方向多元化人才培养机制强调从多维度出发促进涉外法治人才的培养，形成多层次、多样化的培养目标、培养主体、培养标准和培养方式，在反思与弥合的基础上优化与完善现有的涉外律师人才培养机制。

（一）培养目标多元化，培育德法兼修的涉外律师人才

德法兼修是新时代法治人才观的必备要求，在培养法治人才职业技能的同时也要注重对其法律职业伦理的培育。法律职业共同体人群的德育要求即是遵循法律职业伦理理念，践行法律职业伦理规范。最新修订的《法律硕士专业学位研究生指导性培养方案》明确将法律职业伦理课程列为法律硕士的必修课，法律硕士（法学）、法律硕士（非法学）专业都要按照培养方案的要求开设法律职业伦理课程。

法律职业伦理作为涉外律师人才素质构成的基础要素，在涉外法治人才的培养中至关重要，具体应该在以下方面着重努力：一是法律职业伦理课程的有效设计是法律硕士职业伦理塑造的重要途径，对于涉外律师人才职业伦理的课程设置应突出涉外特色，注重在课程内容上加入“涉外”因素，将域外法律职业伦理规范的相关内容介绍编入教材，对国外适用的法律职业伦理内容进行讲授，开拓学生的国际视野使其具备国际化法律职业伦理知识储蓄。二是创新法律职业伦理课程的教学方式，将案例分析式教学方法运用到职业伦理教学过程中，通过案例分析展现法律职业伦理内容和要求，学生通过对典型案例的直观剖析，感知法律

职业伦理的价值要求，场景体验式的教学方式有助于帮助学生建立正确的法律职业伦理观。

法律职业伦理的培育要注入时代精神，社会主义核心价值观是习近平新时代中国特色社会主义思想的重要价值引领，为涉外律师人才的培养路径指明了方向。法律职业伦理课程应融入社会主义核心价值观的内容，将其内容转化成涉外律师研究生的情感认同和行为习惯，坚守法律职业伦理，培育爱国情怀和国际视野，做好涉外法治建设的参与者和服务者。

（二）培养主体多元化，构筑法治人才培养共同体

涉外法治人才培养的过程体现了高等教育的国际化、本土化和多元化的有机融合。[17] 涉外法治人才培养是系统性的社会化工程，在培养法治人才过程中实际存在多个培育主体，构筑涉外律师人才培养共同体的关键在于，如何实现校内、校际、校地、境内外高校之间资源的有效互动和优化利用，破除培养机制壁垒，构建以高校为中心的协同育人机制。（见图 1）

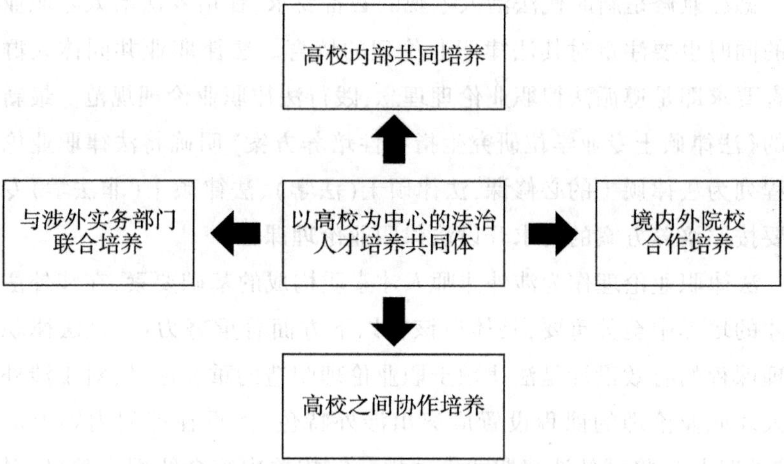

图 1　以高校为中心的法治人才培养共同体

⑰　参见杜承铭、柯静嘉：《论涉外法治人才国际化培养模式之创新》，载《现代大学教育》2017 年第 1 期。

1. 高校内部共同培养。培养院校根据自身学科优势、办学特色，建立法学与外语、政治学、应用经济学等跨学科的培养模式，确立“法律+外语+N”的培养体系，其中N可为国际政治学、国际关系、国际商务、国际组织等，也可以为金融、应用统计、会计、税务、资产评估、审计等专业。复旦大学法学院在法律硕士涉外律师项目所作的尝试值得推广借鉴，复旦法学院与泛海金融学院合作，由金融学院每年开放一定选课名额，接受法学院涉外律师法律硕士研究生修读一门该院的全英文金融MBA或EMBA项目课程，两院学分互认。

在学校内部开展多学科交叉培养，可以借助校内课程开放平台，让学生在平台选修与其研究方向相关的科目，比如人文、历史、金融等，在强化涉外法律专业技能的同时拓宽学科视野；推行“跨学科”导师制度，法律硕士培养方案明确规定对法律硕士实行双导师制，法律硕士研究生除了理论导师，还配备了实务导师，但就目前的培养状况来看，双导师制度还不能满足涉外律师复合型、高层次法治人才的定位要求，建议培养院校根据学生选修方向安排跨学科指导教师，在导师引导下有针对性地对研修学科进行深入学习。

2. 高校之间协作培养。发挥不同高校的专业优势，探究校际联合涉外律师人才培养机制。重点利用国家指定的22所涉外法律人才培养高校以及15所法律硕士涉外律师培养院校成立校际联盟，构建联合培养机制，转变目前涉外法治人才培养高校各自培养的局面，促进各培养院校共同提高人才培养水平。

校际之间发挥协同培养的优势，其开展协作培养的关键在于打造涉外资源平台。我国的法学教育培养院校正在多个层面寻求增强合作，逐步构建师资互聘、课程互享、学分互认等多项合作机制，以促进教育资源的融合。对于涉外律师人才的培养，高校间应搭建涉外律师方向人才培养平台，增强涉外教学资源的交流与共享。当前“立格联盟”院校正在涉外法治人才培养方面尝试合作，在留学生合作培养及资源共享平台建设方面达成了共识，这为我们培养涉外法治人才提供了路径指引。除了合作平台的打造之外，院校之间可以举办校际联盟竞赛，通过涉外模拟法庭竞赛、涉外模拟仲裁庭竞赛、涉外法律谈判、涉外文书写作比赛等活动进行沟通交流,以赛助学,发现本校人才培养需要改进之处。

3. 高校与涉外实务部门联合培养。要打破涉外律师人才培养机制的壁垒,创建培养院校与实务部门联合培养人才的工作机制,必须加强与政府涉外部门、涉外企业、涉外律所、涉外及境外非诉纠纷解决机构、涉外仲裁机构、涉外法律服务协会等组织机构的交流与合作,多方联动,共同致力于培养具有国际视野、通晓国际规则、能够参与国际法律事务、勇于推动全球治理规则变革的涉外律师专业人才。⑱

涉外实务部门能够被选定为联合培养单位必须满足“人”与“物”两项指标要求,首先“人”的要求即单位专职从事涉外法律工作人员不少于10人;其次,“物”的要求即在境外设有法律服务工作机构或者具有合作机构,并且具有稳定的业务来源,能够为涉外律师人才的培养提供实践机会。培养院校应该按照地区就近、资源共享等原则与联合培养单位签订联合培养协议,协议内容应包含联合培养单位参与招生面试,日常教学培养工作,接受培养院校学生进入联合培养单位开展专业实习等内容,明确联合培养单位的任务要求,有利于联合培养计划的开展。

4. 境内外院校合作培养。涉外律师人才的培养对培养院校国际资源的掌握有较高的要求;国际资源的利用程度是决定涉外法治人才培养质量高低的重要因素。境内外院校的合作培养可以坚持“引进来”与“走出去”的方针。“引进来”可以体现在以下方面:引进国外优秀教学资源,包括专业课程与实践课程;引进域外卓越师资力量,讲授涉外法律课程;引进国外涉外法律实务专家,开设涉外专题讲座。“走出去”主要包括:高校老师国外深造,可以去域外高校或其合作机构交流学习;涉外律师方向法律硕士可通过校内交流项目或者实习实践的机会去域外高校深入学习。

(三)培养方式多元化,凸显涉外律师人才培养特色

1. 践行分类培养,提高人才专业技能。培养方案指定的15所院校

⑱ 参见杜焕芳:《涉外法治专业人才培养的顶层设计及实现路径》,载《中国大学教学》2020年第6期。

可以根据学校自身条件选择在法律硕士(法学)、法律硕士(非法学)或者两个专业类目下同时开设涉外律师方向(如图2所示,以10所可查询到相关信息的院校为例)。报考法律硕士(法学)专业的学生本科专业为法学,法律硕士(非法学)专业的学生本科专业为英语、经济学、管理学、金融学等法学专业以外的学科。法律硕士(非法学)要求以培养复合型人才为培养目标,而法律硕士(法学)则以专门型人才为培养目标。涉外律师人才作为复合型的法治人才,应根据不同专业背景采取差异化分类培养的方式,分类培养主要体现两个层面的要求:一是法本法硕与非法本法硕的分类培养;二是在法本法硕、非法本法硕基本类目下根据实务需求设置更精细化的方向类别。(见图2)

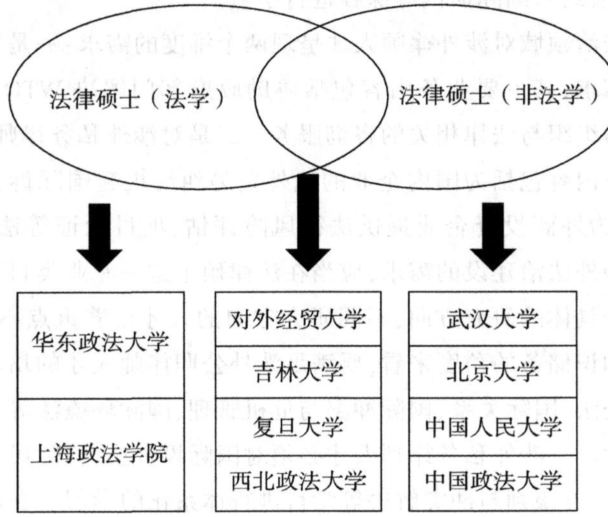

图2　开设涉外律师方向院校的专业学习选择

实现多元专业背景法律硕士的分类培养,首先,法律硕士不同专业类别应当有不同的方案设计,现有的《法律硕士专业学位(涉外律师)研究生指导性培养方案》并没有区分专业类别,在课程设置方面规定了7门必修课程,主要包括:中国特色社会主义理论、法律职业伦理、法律专业外语、国际关系基础理论、国际公法原理与实务、国际私法原理与实务、国际经济法原理与实务。对于法律硕士(非法学)的学生而言,其缺少法学理论基础知识的积淀,没有经过法律逻辑、法治思维能力的训练,这样的课程设计不免有些“拔苗助长”,建议专门针对法律硕士(非法学)专业设计适宜的培养方案,在其必修课程中应当有宪法学、民法总论、刑法总论等国内法学基础学科,不了解国内法的涉外法治人才的业务水平必定受限。其次,应当结合涉外律师具体的培养方向对法律硕士的选修课进行模块化设计,使学生在学习法学专业基础知识之上,能够根据具体的培养方向选择适当的选修模块,并就某一实务领域的专业知识进行体系性学习,要求学生原则上根据自己的培养方向选择对应的模块进行学习,改变过去学生根据个人兴趣选择选修课程的方式。[19] 例如,对涉外政务法律服务方向的学生,鼓励其选择国际政治、国际规则与制定、国际公约与国际惯例等课程进行学习。

涉外法治领域对涉外律师人才呈现两个维度的需求:一是对涉外公职律师的需求,其主要业务内容包括协助政府部门解决WTO争端、提供世界贸易组织与法律相关的咨询服务。二是对涉外私务律师的需求,其主要业务内容包括为国内企业的境外贸易纠纷提起国际诉讼或国际仲裁服务、为外商投资企业提供法律风险评估、项目论证等法律服务。为了回应涉外法治建设的需求,应当在法律硕士这一专业类目下根据现实需要细分具体的研究方向,不同研究方向的人才培养重点不同。[20] 从法学专业知识储备的角度来看,要满足涉外公职律师人才的培养需求必须对国际公法、国际关系、国际冲突与危机管理、国际环境法等学科有深入系统的学习。涉外私务律师人才必须对国际投资法、国际民事诉讼与仲裁、国际商务谈判与冲突解决等学科进行体系化的学习。在新时代涉外法治需求下辨析涉外公职律师与涉外私务律师的差异,推动涉外法治人才精英化、专业化发展。

2. 加强实践教育,提升学生应用能力。“应用型”法治人才不仅是法律硕士的培养目标,也是涉外法治人才的现实追求。为了提高法律硕

⑲ 参见郑春燕、王友健:《非法本法律硕士培养模式的体系性再造》,载《研究生教育研究》2020年第5期。

⑳ 参见郜占川:《新时代卓越法治人才培养之道与术》,载《政法论坛》2019年第2期。

士涉外律师方向研究生的实践能力，培养单位在实践教学方面可以采取以下措施：(1)开设涉外法律文书写作、涉外法律检索课程。丰富的实践课程能全面提升学生的综合能力，也是法学教育对涉外法治人才多元化需求的回应；(2)扩充实践课程的内容，将原来单一的“模拟法庭”形式拓展为“涉外模拟法庭”“涉外模拟仲裁”“涉外模拟调解”“涉外法律谈判”等更加多元的形式。通过以上实践教学训练，研究生亲历涉外法务争端解决程序的各个环节，将平常所学的专业知识加以应用，在巩固理论知识的同时提升了实务技能。

加强实践教学师资力量建设。培养院校以理论教学为主的传统师资结构弊端明显，单纯依赖理论导师不能满足应用型人才的培养目标，必须充分调动校外实践导师资源联合培养。涉外律师方向法律硕士培养方案明确要求开设该培养方向的院校必须具有一年以上海外学习经历且具有法律实务经验的教师不少于20人；联合培养单位专职从事涉外法律工作人员不少于10人，在实践教学中要充分挖掘和利用以上专业人才的知识和技能。一方面邀请联合培养单位实务专家参与实践教学，鲜活的涉外法治实践案例进课堂，对于培养涉外律师人才的法治技能有极大的促进作用；另一方面鼓励校内教师走出校门参与涉外法治实践，在实践中积累教学素材，加深专业知识的理论深度。

3.利用信息技术，优化教学资源。信息技术的利用创新了法学教育的形式，将现代教育技术手段投入到法治人才教学的各个环节，有利于更新教学手段，提高教学质量。涉外律师人才的培养更需要借助网络技术突破学校、社会与国家之间的壁垒，帮助院校建立协作机制，实现优质教育资源在网络空间的共享。

涉外律师人才的培养应充分借助现代信息技术手段，具体措施主要有以下几方面：(1)要重视对国外法律数据库的应用，例如HeinOnline、LexisNexis、Westlaw等，学生通过涉外法律检索课程的学习利用数据库可以获取国外案例、法律法规以及前沿法律文章，为涉外法治人才提供材料基础。(2)充分利用慕课工具资源以及多种形式的数字化资源，突破传统教学时间、空间的限制，依托互联网技术手段可以学习国内外著名高校的涉外法律课程。比如在慕课平台可以修读斯坦福大学法学院、耶鲁大学法学院等知名院校的法学课程;在中国大学慕课平台可以修读吉林大学的国际法、山东大学的国际贸易学、上海交通大学国际经济法等国家精品课。(3)人工智能技术的发展,给法学高等教育带来前所未有的机遇与挑战,因此法学教育为培养高素质的涉外律师人才必须探寻智能化的路径,利用大数据分析我国涉外法治实践对涉外律师人才的真实需求,有针对性地调整培养目标和培养手段。利用技术手段充分还原涉外模拟法庭、涉外模拟仲裁、涉外法律谈判以及涉外模拟调解的现实场景,开展情景式实践教学。

(四)评价标准多元化,检视涉外律师人才培育效果

以科学的考核评价标准来督促法律硕士实现培养目标,是将涉外律师研究生培育成为涉外法治人才的关键环节。涉外律师法律硕士培养院校根据指导性培养方案要求结合自身的培养条件制定人才培养评价标准,检视各环节人才培养的效果。

法学作为实践之学,实际上也是经验不断积累的过程,建立长效评价机制更符合法治人才培养的基本规律。[21] 法律硕士作为应用型法治人才在课程考核上应重点考查学生的实践能力,包括法治思维能力、法律逻辑能力以及法律职业技能等。对涉外律师人才的课程考核应包含校内考核和校外培养单位考核两个层面的要求。其中,校内考核除了采取常规考核之外要注重采取法律文书写作、涉外案例分析等方式进行考核。同时,重视考核的全面性,学生日常参加的涉外模拟法庭、涉外模拟仲裁庭、涉外法律谈判等实践活动都应当作考核指标。校外考核应将校外实习实践的表现作为一种重要的评估标准,由校外联合培养单位按照专业要求制定考核评价标准负责考核评价。将学生的实践能力,比如实习实践时间的长短、实习实践报告的质量以及现实表现分解为可量化的指标计入评估体系中,客观合理地对学生表现作出评价。

对法律硕士涉外律师人才学位论文的考核也应该与偏向理论研究

---

[21] 参见蒋银华:《多元一体化:法治人才培养的实现机制——基于改革开放40年法学教育的经验总结》,载《广州大学学报(社会科学版)》2020年第1期。

的法学硕士的论文区分开来，对其学位论文的评价应当遵循法律硕士的专业特性，注重应用性和实践性。首先，在论文选题方面题应满足涉外律师方向的人才培养要求，着眼涉外现实法律问题，面向涉外法律实务，结合自身研究方向合理选题。其次，论文形式的选择多样化，可以采用方案设计、案例分析、研究报告、专项调查等形式作为论文内容，这是与法学硕士学位论文的重要差异。最后，学位论文应该体现涉外律师人才对外语水平的高水准要求，不仅要注重学生的英语能力，也要考量涉外律师专业学生研究方向的特殊性，对于研究非英语国家法律实务学生的学位论文的英语要求应该保留灵活的弹性空间，应该允许英语以外的其他语种形式存在于学位论文之中。

结　语

高端涉外律师人才是涉外法治建设的重要力量，该类人才的短缺不能有效地解决涉外法律实务问题，进而影响全面依法治国战略的实施。在服务国家法治建设的时代背景下，我国高等法学教育积极进行供给侧改革，审视与反思涉外律师专业在人才培养目标、培养主体、培养方式及培养考核标准出现的泛化、独立、单一与模式化问题，提出多元化人才培养机制的解决路径，实现法学教育定位与现实法治要求的统一。多元化人才培养机制的优化与完善是一项全面且复杂的系统工作，不仅需要国家宏观层面的制度供给，更需要各高校在多元化人才培养理念的指引下结合自身状况因地制宜地制定本校的涉外律师培养方案，只有这样才能培养出德法兼修的高层次、应用型、复合型涉外法治人才。

Research on Diversified Talents Cultivation Mechanism for Foreign-related LLM Lawyers

Li Ya

Abstract: The training objectives of the Master of Laws have undergone a conceptual update from "legal talent" to "rule-of-law talents". In order to meet the needs of diversified foreign-related rule-of-law talents, China's higher legal education is experiencing a reform at the supply-side level and a new academic direction named "foreign-related lawyers" has been set in the LLM education. This article clarifies the background of the cultivation of high-level rule-of-law talents for foreign-related lawyers, examines and reflects on the practical difficulties of the professional degree of LLM in the process of the cultivation for foreign-related lawyers in order to optimize its cultivation objectives, subjects, methods and assessment standards in the diversified talents cultivation mechanism for foreign-related LLM lawyers.

Key Words: Master of Laws, foreign-related lawyers, rule-of-law talents, diversified talents cultivation mechanism

教学研究

究而学焉

留学生如何课程思政？留学生国际法教学的中国叙事分析*

王　鹏**

摘　要：本文以西安交通大学法学院留学生项目为例，基于三届留学生的课堂教学观察和问卷调查，讨论在留学生国际法教学中进行中国立场宣传的挑战、重点和难点。留学生国际法教学中的中国叙事，面临配套教材建设滞后、授课内容中国特色不足、课题讨论受限等挑战。为了更好地宣传中国立场、讲好中国故事，留学生国际法教学应注意坚持专业精神，宣传中国特色；建构具体情境，促进共情理解；注重言传身教，促进文化认同。作为配套，留学生项目的日程管理，也应留意以大国气象化解文化冲突，善用中国发展成果增强感召力，加强高校英文宣传能力建设。

关键词：留学生　国际法　中国立场　中国故事　文化冲突

留学生国际法教学的课程思政是个新问题。一

---

* 基金项目：国家社科基金青年项目（2018 年）"一带一路"背景下国际投资仲裁多边改革与中国对策研究（18CFX084）。

** 王鹏，西安交通大学法学院副教授、博士生导师，法学博士、管理学博士后，研究方向：国际投资法、国际关系与国际法。

方面,任何国家的高等教育都有主流意识形态建设,法学学科更是如此;另一方面,国际法学科专业性很强,规律性也显著,有更多的国际受众,更强调效果和实用性。国际规则的解释权也不完全垄断在某个主权国家手中,某种程度上存在"公道自在人心"的特点,即便是深度影响国际法发展的英美等国也无法垄断国际法的解释。本文以西安交通大学法学院留学生项目为例,基于三届留学生的课堂教学观察和问卷调查,①讨论在留学生国际法教学中进行中国叙事的挑战、重点与难点。②

一、西安交通大学中国与国际商法硕士项目简介

西安交通大学法学院中国与国际商法硕士项目(Master of Laws in Chinese and International Business Law Program)是留学生硕士项目,开始于 2015 年,主要面向"一带一路"沿线国家招生,每年招生规模在 15 人左右,既往生源多来自巴基斯坦、塔吉克斯坦、哈萨克斯坦、乌兹别克斯坦、俄罗斯、乌克兰、阿塞拜疆、埃塞俄比亚、西班牙、英国等国家。本项目要求申请人具有学士学位,并不要求必须是法学学士学位,但优先考虑拥有法学学士学位、律所或法律工作经验、法律职业资格的申请人。本项目学费为每年 3 万元人民币,录取的申请人需要在秋季学期开始前先缴纳 1.5 万元,并在春季学期开始前缴纳剩余 1.5 万元学费。本项目设有奖学金:一等奖学金豁免全部学费、校园住宿费和医疗保险,另外还有每个月 3000 元人民币的生活补助;二等奖学金豁免全部学费;三等奖学金豁免一半学费。

中国与国际商法硕士项目基本学制为两年,在满足学校要求的情况

① 笔者在 2019 年、2020 年和 2021 年春季学期利用授课之便,分别对西安交通大学法学院中国与国际商法硕士项目 2018 级、2019 级和 2020 级留学生项目学生各进行了两次问卷调查,课前调查问卷分别回收 10 份(共 11 人)、7 份(共 12 人)和 13 份(共 19 人),课后调查问卷分别回收 8 份(共 11 人)、7 份(共 12 人)和 10 份(共 19 人)。问卷语言为英文,除非特别说明,本文的问卷问题示例均由笔者翻译。

② 参见马辉:《修辞、叙事与法学教育》,载《法学教育研究》2020 年第 3 期。

下可适当延长，第一年以授课为主，第二年以学位论文写作为主。项目课程要求为最低24学分，约12门课，包括2门基础课程（综合汉语与中国概览，共4学分）和10门专业课（包括中国宪法与司法制度、民法、民事诉讼法、商法与经济法、知识产权法、国际公法、国际私法、国际贸易法、国际投资法、国际法与比较法专题研讨、学术讲座等）。本项目课程设置点面结合，既有基础性的汉语学习和介绍性的中国概览，也有专业性的民商法和国际法课程，基本与学生的入学期待相契合。（见表1）

表1　问卷问题示例(1)：你为什么选择本项目？

回答	2019年/个	2020年/个	2021年/个
开拓国际商业和国际经济视野	1	2	3
学习法律知识/学术支持完善	0	3	3
追求更高学位	1	1	0
本项目声誉良好	1	1	0
保护本国国际商业利益	1	0	0
喜欢在企业工作	1	0	0
追求更好职业发展	1	0	2
喜欢中国	1	0	0
喜欢中文	1	0	0
获取外国学位	1	0	0
学习中国商事法	1	0	5
体验外国学习	1	0	0
专业师资	0	1	0

中国与国际商法硕士项目采取校内双轨管理制度：留学生入校后的日常管理，包括奖学金评定，由国际教育学院负责；留学生的学业管理，包括入学面试、课程讲授、学术训练和论文考核，由法学院负责。所有的课程、日常管理和论文材料都以英文为工作语言。

二、中国与国际商法留学生硕士项目的现状评估

从项目开始之初,笔者就参与了西安交通大学留学生项目的教学工作,也指导留学生硕士研究生,对本项目有比较直观的观察和体验。在留学生项目的教学和学生培养过程中,项目的全流程英文管理、留学生的多元文化背景、中国立场的宣讲、留学生的考核标准等维度都有比较突出的问题,需要重视。

(一)从无到有:中国学校的英文项目

成规模的留学生项目在西安交通大学法学院属于初创,在学校层面也较少见。西安交通大学过去的留学生相对集中于医学部,人文社会科学领域基本上没有成规模、成建制的留学生项目。中国与国际商法硕士项目,无论是在课程设计还是管理流程,都没有可供借鉴的项目,属于"白手起家"。经过 5 年的运作,本项目取得了一定的成效,形成了较为完整的课程体系和较为完善的管理流程,并有了一定的国际声誉。(见表 2)

表 2　问卷问题示例(2):你认为本项目的最大优势是什么?

回答	2019 年/个	2020 年/个	2021 年/个
研究实力与训练	2	1	2
学习更多法律知识	1	2	4
工作前景	1	1	2
多元文化交流	1	1	1
项目声誉好	1	1	0
不要求法律基础	0	1	0
关注"一带一路"	1	0	0
学生培养	1	0	1
更好理解中国法律	1	0	3
紧跟前沿	0	1	0

然而，由于属于初创项目，留学生项目"边做边学"，在探索中完善，有些制度纰漏在所难免。一方面，因为无制可依，管理部门"灵活便宜行事"较多，但长期的政策灵活性"娇惯"学生，助长留学生"闹待遇""闹管理""闹论文"的不良风气，以为"凡事都可商量"。另一方面，也因为无定制可循，管理部门往往自觉或不自觉移植国内学生管理模式，引发了部分留学生的抵触情绪。

留学生课程建设也有一定的进展。法学院开设十多门全英文课程；授课老师一般都有较为坚实的语言和专业能力；内容讲授、课程考核、论文写作等环节基本顺畅。课程建设也有一定的挑战，例如，有同学反映，课程设置上偏重国际法内容，选修课范围较少，也没有适合的英文教材。

留学生的日常管理问题较多。国际教育学院和法学院行政老师的英语沟通能力不足，不少行政管理人员以英语作为工作语言仍有一些难度；有些工作流程不完善，再加上沟通不畅，可能引发留学生的一些误解；日常管理面临学生奖学金评定、校外分散居住、信息收集与填报、课外活动"摊派"等问题，头绪较繁多，有些问题还比较敏感。

（二）宽严难济：国民待遇还是超国民待遇？

留学生项目的一大难题是考核标准。③ 第一，留学生项目的生源质量有待提高，太高的考核标准不易实施。本项目主要面向"一带一路"沿线国家，生源多来自中亚、南亚、中东欧等国家。例如，2018 级 11 名学生分别来自巴基斯坦、塔吉克斯坦和俄罗斯等国，2019 级 12 名学生分别来自巴基斯坦、俄罗斯、阿塞拜疆、乌克兰、乌兹别克斯坦、埃塞俄比亚等国，2020 级 19 名同学分别来自巴基斯坦、哈萨克斯坦、塔吉克斯坦、俄罗斯、加纳等国。④ 这些国家主要以俄语、土耳其语、阿拉伯语等

---

③ 参见顾莎莎：《法治逻辑与进路："一带一路"教育共同体图景与来华留学生培养》，载《比较教育研究》2019 年第 12 期。该作者指出，"中国和生源国应履行共同而区别的责任，根据软法指引加强合作，破除学历学位互认的制度壁垒。我国作为留学目的国，需从立法转型、发挥政府监管和服务职能、高校培养行为法治化等方面进行调整，助推教育共同体的建构。"

④ 参见王君妍、陈鹏：《"一带一路"沿线国家教育法律体系经验综摄》，载《法学教育研究》2020 年第 2 期。

非英语语种为主要语言,学生的英文读写能力普遍不高,直观感觉平均水平低于国内硕士研究生,课堂讨论和论文写作受到很大限制。第二,留学生项目并不要求申请人必须有法学相关学士学位,不少学生本科阶段修读语言、经济、管理等专业,并没有系统地学习过法律。因此,硕士阶段授课需要兼顾已经修读和没有修读过法律的同学,课程知识结构和研讨深度面临显著限制。第三,部分同学的学习态度不够认真。相对于国内学生,留学生比较敢于向学校和学院提意见,甚至要求降低课程考核标准。

(三)又红又专:专业知识与中国立场

中国与国际商法项目的课程设置以民商法与国际法为主。这与欧美国家的类似国际商法项目的课程设置类似,但存在一定的不匹配问题。国际经贸规则与欧美国内规则的知识结构类似,法律内容的相似性较高,很多国际规则都以欧美国内法律实践为基础。[5] 因此,以国际商法为主的课程设计,并不影响欧美项目学生毕业后在项目所在国从事法律实务工作。然而,中国国内法与国际通行经贸规则还有不少不同之处,两者的兼容性和相似性都不够高。这导致中国与国际商法项目课程以知识介绍为主,学生难以掌握在中国从事法律实务工作的实践技能,也难以找到以中国为基地的国际律所。在问卷中,不少同学提议开设实操性比较强的课程,增加案例分析和实习训练。(见表3)

表3　问卷问题示例(3):你对本项目有什么意见或建议

回答	2019年/个	2020年/个	2021年/个
增加案例分析训练	3	0	1
增加3~6个月实习期	0	1	5
开设刑法/财务相关课程	0	1	1
开卷考试/考试难度应简单一些	1	0	0

⑤ 参见杨灿明:《“一带一路”与中国法学教育的国际化》,载《法学教育研究》2017年第1期。

课程设置对学生的训练和未来就业有系统性影响，也影响学生对内嵌于课程知识的中国文化、中国立场和中国故事的接受程度。

第一，在课程授课过程中，项目老师十分重视结合中国国情和中国立场来讲授相关知识，分析相关案件或实践。然而，在笔者讲授国际贸易法的课程中，有部分同学表示，困惑"为什么任何分析都要最终引向中国立场"，比较反感任何问题都以中国立场为准、都以中国立场为结束语。

第二，根据问卷调研显示，本项目学生对中国元素关注较少。很少有学生了解其母国与中国的外交关系和经贸合作的总体现状。虽然中国与巴基斯坦、俄罗斯、乌克兰等国有大量经贸往来与合作，但来自这些国家的留学生很少有相关的实务经验，也不是十分关注中国投资者在该国的投资项目和运营现状。

第三，研究论文选题以学生母国的外国法律问题为主，外国法介绍选题居多，对中国议题的专门研究较少。有些论文选题虽然以中外比较研究为视角，但对中国法律和实践的分析"蜻蜓点水"，流于表面。例如，在回答问卷中"你对中国国际法政策和实践有什么印象"的问题时，很多同学只能给出"严格"（strict）、"不错"（good）、"切中要害"（compact and to the point）、"积极"（positive）、"有意思"（interesting）、"合理"（fair）等等宽泛的印象，像"创新国际争端解决方法"，"关注'一带一路'"，"不仅中国利用国际法来保护本国利益，每个富裕和强大的国家都这么做"等有具体内容的答案比较少见。

三、留学生国际法教学的中国叙事挑战

通过课程授课来讲好中国故事、宣传中国立场是留学生项目"课程思政"的一个重要内容，也是中国制度自信在高等教育阶段的内在要求。在国际法教学中，留学生项目的"课程思政"可能面临英文教材滞后、授课内容中国特色不足、课题讨论受限等问题。

(一)配套教材建设滞后

留学生项目是全英文项目,要求所有授课素材都必须使用英文。一个突出的问题是没有比较配套的教材。以笔者承担的国际贸易法的课程教学为例,授课内容既要涵盖国际贸易法的基本知识,也要覆盖中国对外关系史、中国国际经贸条约实践与政策、国内对外贸易法、国内涉外诉讼和仲裁制度、出口管制与经济制裁等内容。使用英美主流的国际贸易法教材,好处是可供选择的现成教材比较多,知识体系比较成熟,配套的案例读物也丰富;缺点则是缺乏中国关切,没有涵盖中国的实践和理论,也没有反映中国的立场和诉求。⑥

中国学者撰写或出版的国际经济法或国际贸易法教材,绝大多数都是中文教材。少有以中国为核心、以在华留学生为读者预设的专题性教材,如国际经济法、国际贸易法、国际投资法、国际环境法、知识产权法、国际争端解决等。一些中英双语的国际经济法综合教材,例如,姜作利老师撰写的法律出版社出版的21世纪法学规划教材《国际商法》(International Business Law)(第四版双语版),既涵盖国际合同、信用证、多式联运等国际商法/国际私法问题,也涉及公司法、合伙法、投资法、知识产权法等中国涉外经贸法律问题,还涉及WTO、争端解决等典型国际经济法问题,是比较全面的国际经济法双语教材。然而,这本国际商法教材用作国内的国际经济法专业学生的学习教材比较合适,用作留学生的国际贸易法课程教材则无关内容过多,中文部分篇幅基本浪费,而贸易专题的广度不够,深度也自然受影响,很多理论和实践问题没有涉及。

最好的处理办法自然是编写针对性教材。然而,一本优质的教材往往需要作者积数年之功、持续投入精力撰写。在国内高校的当前考评体系下,青年学者往往优先用力于论文发表和科研课题,没有动力和精力去从事英文教材的撰写;较为年长的学者,由于语言训练和学术关注点的差异,较少关注留学生教学的前沿和重点,即便有意,也往往“心有余而力不足”。这或许解释了,为什么在国内图书市场上,目前还没有国内

---

⑥ 参见彭海青:《全英文法律教学的经验、困难与发展探索——北京理工大学法学院实践的个案分析》,载《法学教育研究》2019年第2期。

学者撰写的针对留学生法学教育的高质量教材。

实践中，折中方案往往是"中西结合"，即以欧美主流教材为底本，佐以授课老师自行补充的中国素材。笔者承担的国际贸易法课程，用欧美主流的国际经济法教材来介绍基本内容和原理，并结合相关论文和国内实践，自行编制授课素材，介绍中国在相关问题上的立场、政策和实践。一个比较深度的"中西结合"方式是利用翻译欧美主流教材的契机，合作编写中文教材。我们很高兴看到在国际贸易法领域，西安交通大学法学院单文华老师即采取"再创作"方式翻译国际贸易法经典教材，在翻译英文原著的基础上，实质性补充中国相关问题，共同创作了中外学者共同署名的国际贸易法中文教材。当然，这种再创作教材目前还局限于中文教材，我们期待在未来能看到更多的"再创作"式英文教材的出现。

（二）国际惯例仍以欧美国家实践为主，中国特色体现不足

国际法教材主要以欧美国家实践为分析对象，较少提及中国实践，基本没有体现中国特色、中国政策和中国立场。究其原因，可能是国际法教材的双重选择偏差。第一，中国是国际法体系的后来者。虽然随着中国实力增强，中国越来越多、越来越积极地参与国际治理。但相对于欧美等地，中国国际法话语和实践在绝对和相对数量上仍然偏少。这意味着，绝大多数的国际法规则，包括所谓的国际惯例，仍然主要立足于欧美国家实践，仍然主要表达欧美国家实践。第二，欧美学者编写了主流的国际法教材，在素材选择上，难免自觉或不自觉选择自己较为熟悉的本国实践，由于语言、传统和文化的差异，对遥远的中国可能主要还是依靠想象。⑦

即便是以中文撰写的国际经济法教材，也有相当篇幅讨论欧美国家实践。一方面，讨论国际法基本原理，绕不开确立这些原理的国家实践，而这些国家实践通常是欧美国家实践。从实用目的来看，无论是律师实务还是学术研究，重要的应用对象也是欧美国家，因此对欧美国家实践

---

⑦ 参见骆梅英、韩宁、罗文燕：《"卓越"导向下留学生法学本科专业课程建设与教学方法——以中国行政法全英文课程为例》，载《法学教育研究》2019年第2期。

的分析也应当是讨论的重点。另一方面,国内国际法学者阅读和分析的对象主要是欧美国家实践,在研究和授课过程中,也难免不自觉地选择欧美国家素材作为分析对象,尚没有形成系统的立足中国、表达中国的英文教学或研究自觉。

面对来自"一带一路"沿线国家的留学生,中国学者讲授主要以欧美国家实践为内容的教材,面临知识与情景的双重脱钩,即英美教材与中国实践的脱钩、中国实践与学生背景的脱钩。中国故事和中国立场,必须借由西方经验抽象出的概念来表达,才能投射到既不同于西方,也不同于中国文化语境的"一带一路"沿线国家的学生的思维中。我们可以想象一下,会有多少意义和实质内容丢失在文化冲突和文字翻译的过程中?学生们需要多少专业知识的积累才能准确理解相关规则、政策和立场背后的语境?实事求是地讲,双重脱钩之下的授课效果可能不容高估。学生在多大程度上能够理解,在多大程度上能够认同中国立场和实践?这是一个需要认真思考的问题。

(三)课堂纪律严格,授课灵活性不足

任何国家的高等教育都有主流意识形态教育,在公开授课场合,需要授课老师加以引导。我国历来有重视意识形态教育的传统,对高等教育阶段的课堂授课有严格的法律和纪律要求。中文教学在课堂纪律方面一般不会面临太大问题,国内学生经过从小学到大学的主流价值观教育,对意识形态的内涵和外延,一般都能有较准确的自觉或直觉把握。

相比之下,留学生课堂授课需要更大的灵活性。第一,不同于国内学生,留学生一般比较爱提问题,课堂讨论的内容具有一定的随机性,授课老师对讨论内容的预判难度更高。第二,留学生没有经历中国的主流价值观教育,对中国的意识形态边界的把握往往不够准确,的确可能提一些比较敏感的"出格"问题。第三,面对留学生在课堂讨论中提出的课程相关提问,授课老师在课上有回答的义务,即便是比较敏感的问题,老师也不便生硬地拒绝或回避。上述三个因素都要求授课老师享有更大的灵活性来引导和管理留学生课堂。但具体的灵活性可能又因为课程、学校、留学生来源地的不同而变化,因此,需要教育主管部门和学校尊重教学规律，制定适合留学生课堂的授课规范和指引。

四、完善留学生国际法教学的建议

本部分从课程内和课程外两个角度思考完善留学生国际法教学的举措。

（一）课程内建议

1. 坚持专业精神，宣传中国特色。国际法学科专业性很强，相较于国内法有更多的国际受众，更强调效果和实用性。国际规则的解释权也不完全垄断在某个国家手中，某种程度上存在“公道自在人心”的特点，即便是深度影响国际法发展的英美等国也无法垄断国际法的解释。这意味着，国际法的教学和研究，首先要尊重国际法的专业精神，即重视一手文本、重视条约解释原则的适用、重视判例和说理，着重培养学生的规则分析能力、基于文本和事实的说理能力和书面表达能力。

坚持专业精神，也不代表中国特色与专业精神不兼容。掌握基本的专业技能和精神，是对中国实践进行学理阐释和对外宣传的基础。在尊重专业精神的前提下，国际法教学可以充分以中国实践为素材，以中国立场为讨论起点，以专业分析解释中国政策的合理性和历史性。

2. 建构具体情境，促进共情理解。增强中国立场可接受性的一个方法是唤起读者的共情。通过情景式展现中国立场的具体语境，可以增强受众对中国选择的“感知”，即便不完全认同，也可以一定程度上理解。

如此来看，国际法教学的一个技巧是具体问题具体分析，建构特定纠纷和实践的语境，尽可能展示中国选择的约束和可能性，在比较中建构中国选择的合理性。在国际法授课或国际法教材中，零星式地纳入中国案例或中国实践，可能无法令人满意地建构这种语境。因此，我们应当系统整理中国实践和案例，尽可能多地还原决策的事实和过程，创制成熟的配套国际法教材。（见表4）

表4　问卷问题示例(4):你认为中国充分利用国际法来保护中国国家利益了吗?

年份	回复
2019	1. 中国足够明智地利用国际法来保护本国利益,国际法是保护国家利益的很好的方式,这解释了中国为什么每天都在进步。 2. 中国很好地使用了国际法,例如,保持非市场经济体系是中国利用国际法保护本国国民最低利益的很好的例子;非市场经济体系促使中国以快于其他国家的速度发展。 3. 中国很好地利用国际法来保护利益。 4. 不仅中国利用国际法来保护本国国家利益,所有的国家都是如此。相比于其他国家,中国处在更有利地位,因为中国具有否决权,中国可以更频繁地使用否决权来维护本国利益。 5. 中国利用国际法保护本国利益。例如,中国通过诉诸WTO争端解决机构来解决价格管控或农业进口问题。 6. 在知识产权领域,中国保护本国利益的工作进展令人瞩目。 7. 维护国家利益是一国外交政策的正当目标。对国家利益的理解是决定一国外交政策的主流范式的核心。 8. 中国利益遍布整个亚洲。关于任何议题的国际法都可能因为利益问题而被推翻,以此保护底层和中间层国家的法律权利。也可以利用积极思维来开拓解决问题的思路。一个例子是中美经贸摩擦。美国认为,贸易政策是美国和世界稳定的复苏工具,美国不想中国进步,停止与中国的一切商业交往。中国用低调处理的方式来避免摩擦。由人制定的规则是易变的,国际法可能因相关议题的新发展而改变
2020	1. 中国较好地保护了本国国家利益。 2. 中国努力尝试,但面临美国和欧盟的反对,正如世界贸易组织DS517案。 3. 尊重中国优先保护本国利益的事实,在这个过程中,中国充分地利用了国际法。在不同的国际议题上,很欣赏中国对法律总有自己的解释,并为保障国家安全而持续努力。 4. 中国在促进国际贸易和国际关系方面有长期战略。这也是为什么中国启动了"一带一路"项目,联络了一百多个国家。为此,中国与不同国家、国际组织签订了国际条约,以保护本国和国际利益。 5. 中国是一个强大的全球参与者和竞争者,机警地保护着本国利益。中国采取综合性战略,坚定保护本国及国民的利益。中国采取坚定且必要的策略来保护其正当利益。例如,美国目前的外交政策是缓滞中国快速增长的经济。美国对中国产品加征了关税,作为回应,中国也对美国的农产品加征关税。从国际法角度来看,这是中国应对与美国贸易摩擦的非凡策略。 6. 中国非常好地利用国际法来保护本国利益。例如,军事船只在领海的无害通过权,是一个有争议的问题,军事船只能否在没有得到许可的情形下通行,国际法没有明确规定。然而,中国要求外国军事船只在通过中国领海时必须先取得许可。我认为,这是对本国利益和安全的很好的保护

续表

年份	回复
2021	1. 中国在不发生冲突的情况下遵循外交途径来保护其在世界范围内的国家利益。 2. 中国积极参与国际建设,中国在国际上采取了良好的立场,维护了中国的利益和中国人民的善意,表现在人权问题、环境问题、知识产权相关问题上。 3. 中国利用国际法保护自己的国家利益。最典型的例子是：提高对澳大利亚大麦、葡萄酒等的关税;巴基斯坦人获得中国签证的申请费很低;当美国对中国产品征收关税时,中国对美国产品征收关税,中方的做法是正确的,这叫作"以牙还牙"。 4. 国际法对中国很重要。它可以是实现目标的工具,合法化或不合法化的来源以及构成中国利益的要素

3. 注重言传身教,促进文化认同。法律追求正义,尤其是程序正义。法学专业学生更应当培养尊重正当程序的素养,法学课程讲授和学生日常管理也应当贯彻正当程序要求。无论是授课老师还是教学管理人员和学生事务管理老师,都应当以身作则,在日常授课和管理活动中遵循公开、公平、严格的理念。一方面要有底线思维,有法必依,有规必守;另一方面,各方主体要以育人为要,做好学生管理与教学活动的协调,导师、授课教师、学院、国际教育学院有机衔接,多多沟通。

(二)课程外建议

1. 以大国气象化解文化冲突。文化冲突是留学生项目不可避免的问题。授课老师和学生都需要相互适应各自不易察觉的文化背景。例如,来自巴基斯坦的同学对考核方式和成绩比较重视,具有很强的考试焦虑特点。笔者承担的国际贸易法课程,数名巴基斯坦同学从第一节课就担心考试成绩,并一再询问考试方式。此外,绝大多数留学生同学都有宗教信仰,而我国是坚持宗教信仰自由政策的社会主义国家。在课堂授课时,教师应留意信教留学生的宗教习俗以及不信教同学的不信教自由,在不违反我国法律和宗教政策、不影响正常教学秩序的情况下,以开放、公平和包容的心态给予一定的尊重。⑧

---

⑧ 参见洪荞:《新时代法学院校发展来华留学教育的探索和实践——以中国人民大学法学院为例》,载《法学教育研究》2018 年第 2 期。

化解文化冲突的重点在于预防。开学迎新培训值得高度重视,不仅要介绍课程安排和项目要求,也要重点培训学校纪律和管理规范,包括一些具有文化影响的日常操作。⑨

2. 善用中国发展成果增强感召力。中国的经济发展成果举世瞩目,本身就是中国国际经贸政策和实践的有力证据,为我们设计和讲授留学生国际法课程提供了大量的素材,我们应加以充分整理和使用。事实胜于雄辩,经济发展成果的灵活使用可以增强中国模式、中国政策和中国立场的说服力。来华留学生群体对中国经济发展的成果是十分认同的。⑩ 在三届留学生的 25 份问卷调查中,有 22 位被调查者明确表示,如果有机会,希望可以在毕业后留在中国工作;剩余 2 位被调查者明确希望毕业后回国工作,主要原因是要陪伴家人和想回国发展;另外 1 位被调查者表示目前难以选择,其目前在母国一所高校任教。(见表 5)

表 5 问卷问题示例(5):如果你有机会在中国工作,你愿意在中国工作吗? 你希望从事哪些方面的工作呢?

年份	愿意留在中国工作	不愿意留在中国工作
2019	1. 在律所、政府涉外关系部门或私营企业工作 2. 获得在中国工作的经验 3. 律所或作为企业的顾问 4. 在国际律所做律师或者从事研究工作,但所有工作都应当与国际法相关 5. 在国际律所做研究工作 6. 做律师或者老师 7. 做公司法律顾问或从事法律相关的学术研究和教学工作	我想花更多时间来陪伴我的母亲和家庭

⑨ 参见苏洋:《"一带一路"背景下来华留学博士生课程学习体验及其影响因素研究》,载《比较教育研究》2019 年第 9 期。该作者指出"高校需要树立学生为主体的留学生课程体系、建立完善的课堂准入机制以及提供有针对性的课程学习支持"。

⑩ 参见任慈、梁茂信:《从外交到移民——美国对中国"滞留"学生政策的转变分析(1948 ~ 1957)》,载《美国研究》2020 年第 2 期。

续表

年份	愿意留在中国工作	不愿意留在中国工作
2020	1. 在大学做老师 2. 专业商业律师 3. 与法律相关的工作 4. 在国际法律所或类似于中国贸易仲裁委员会的组织工作 5. 在主攻英语或俄语国家业务的中国或国际律所做顾问律师 6. 从事与人沟通的业务,解决一些社会问题 7. 在中国律所工作,获得一些国际经验	
2021	1. 在大学做老师 2. 获得在中国工作的经验 3. 专业商业律师,到律所或者公司工作 4. 政府涉外关系部门,如外贸部门、外交部门 5. 在对外贸易公司工作 6. 大型跨国公司	1. 想回国用自己学到的知识做点事 2. 表示为难,因为其本人目前在本国的一所高校做老师

3. 加强高校英文宣传能力建设。留学生项目以英文为工作语言,可以带动中国高校的国际化建设,包括硬性的外国学生指标和软性的校园学习和工作环境。客观地讲,中国高校的国际化水平在过去几年进步明显。以西安交通大学为例,不仅留学生项目实现了全流程英文管理,学校日常管理工作,包括保卫处、后勤保障部等部门的通知公告,也能够实现基本的中英双语运作。当然,部分行政人员和留学生的英文口头表达能力还有待提高,但基本的沟通工作还算顺畅。[11]

当然,由于语言的先天限制,我国高校部分规章制度的英文化程度不高,有些翻译还不够准确,宣传材料亲和力和吸引力有待完善。为了增强我国高校的软实力,以英文为工作语言的国际化建设需要继续推进。留学生偏好使用欧美国家研发的、以英文为主要语言的搜索引擎,检索研究项目与学术成果、课程信息与学习指南、校园生活和国内生活

---

⑪ 参见邹时建:《新时期留学生辅导员工作内容及路径探微》,载《教育评论》2014年第12期。

信息指引等领域的英文素材与信息。如果我国高校在这些领域不能高质量地供给相关英文信息,不啻于白白放弃了高校宣传的主要舆论阵地。(见表6)

表6 问卷问题示例(6):你喜欢使用哪些网络搜索引擎?

回答	2019年	2020年	2021年
谷歌	5	3	8
政府官网	1	2	0
百度	2	0	2
必应	0	1	4
谷歌学术	1	0	2
万律	1	1	0
律商	0	1	0
北大法宝	1	0	0
威科	0	1	0
维基百科	1	0	0

结 论

作为全英文留学生项目,西安交通大学法学院中国与国际商法硕士项目,经过5年的运作,取得了一定的成效,形成了较为完整的课程体系和较为完善的管理流程,并形成了一定的国际声誉。留学生项目面临考核标准不易掌握,缺乏配套教材,教学与行政管理衔接不够顺畅,留学生学习态度不够端正等问题。其中,一个比较突出的问题是,如何在留学生日常教学中宣传中国立场、讲述中国故事。

留学生国际法教学中的中国叙事,面临配套教材建设滞后、授课内容中国特色不足、课题讨论受限等挑战。为了更好地宣传中国立场、讲好中国故事,留学生国际法教学应注意:坚持专业精神,宣传中国特色;建构具体情境,促进共情理解;注重言传身教,促进文化认同。作为配套，留学生项目的日程管理，也应留意以大国气象化解文化冲突，善用中国发展成果增强感召力，同时加强高校英文宣传能力建设。

Ideological Education for International Students: The Analysis of China's Narrative in International Law Course for International Students

Wang Peng

Abstract: Based on three-year surveys of the LLM program at Xi' an Jiao Tong University, this article discusses the status quo, priority and challenge of advocating China's position on international affairs in international law teaching for international students. China's story-telling is not easy in international law teaching for international students for reasons of the absence of suitable textbook, the inadequacy of academic summarization of China's practices and the limit on class discussions. International law teaching for international students should be improved by professional teaching with Chinese characteristics, promoting the understanding of China's position in concrete contexts and cultural cultivations by examples. The management of international students should also be reformed to accompany the course reform. For example, clash of cultures should be accommodated by a more inclusive university spirit. The rapid development of China should be constructed in a more subtle manner and the language skill of the executive personnel should also be improved.

Key Words: international students, international law, China's position, Chinese story, clash of cultures

我国涉外法治人才培养课程建设体系革新方法论[*]

刘学文[**]　袁　帅[***]

摘　要：在我国积极参与全球治理体系改革和建设的新时代，国家对涉外法治人才培养提出新任务和新要求。传统培养机制存在的与国家战略需求不匹配、涉外法治人才和平台地区分布不均衡、配套教育资源和服务供应不足、培养成效评价机制欠缺等影响课程建设的问题亟待改革。未来应当发展法教义学范式，构建一套以国际法为本体的内生性规范体系。包括倡导以"规范获取"为逻辑起点，以法律适用为核心内容，以权利救济为根本依归的教学体系。而且应注重"新文科"理念下的学科交叉，以及法学和外语教学的深度融合，进而建构"专业＋外语"的"三位一体"人才培养机制。建议司法部及时

* 本文为以下项目的阶段性研究成果：中国博士后科学基金面上资助：《国际贸易数字化转型的法律因应研究》（2019M663954XB）；2022年西北政法大学教育教学改革研究项目：《〈世界贸易组织法〉（双语）课程涉外法治人才培养模式研究》（编号：XJYZ202210）。

** 刘学文，法学博士、博士后，西北政法大学涉外法治研究中心副教授、硕士生导师，国际法研究中心研究员，研究方向：国际法教义学、国际数字贸易法。

*** 袁帅，内蒙古鄂尔多斯人，西北政法大学涉外法治研究中心国际法学硕士研究生，研究方向：国际经济法学。

推出与现有法律职业资格考试并行、非强制性的涉外法律职业资格考试。最后,应深度引入涉外实务部门的人力资源,共同参与专项化、实践性的人才培养。要善用学科外的知识和方法,善用法律诊所、国际模拟法庭/仲裁庭竞赛和实习基地以开展实践培养。

关键词:涉外法治人才　法教义学　“一带一路”倡议　国际模拟法庭竞赛

2011年12月,《教育部　中央政法委员会关于实施卓越法律人才教育培养计划的若干意见》(教高〔2011〕10号)要求将培养涉外法律人才作为培养应用型、复合型法律职业人才的突破口。2012年中国共产党第十八次代表会议后,逐步形成了加强涉外法治建设的强国举措,并成为习近平法治思想的重要内涵,是全面推进依法治国战略的重要方面之一。习近平总书记强调:要坚持统筹推进国内法治和涉外法治,以此协调推进国内治理和国际治理。[①] 2014年10月,《中共中央关于全面推进依法治国若干重大问题的决定》将“建设通晓国际法律规则、善于处理涉外法律事务的涉外法治人才队伍”作为加强法治工作队伍建设的重要内容。[②] 伴随涉外法治的不断加强,2018年11月颁布的《关于坚持德法兼修实施卓越法治人才教育培养计划2.0的意见》将“法律人才”转称为“法治人才”,彰显我国对法律人才需求在业务能力、视野见识、道德情操等综合素质上的内涵变化,以习近平法治思想为指引,坚定不移走中国特色社会主义法治道路,推动构建人类命运共同体应是当下我国对法治人才培养的根本价值指针。国家需要的法治人才不仅要具备过硬的实务能力,还要求其具有积极参与中国特色社会主义法治国家建设和全球治理的意愿和主动性,能够统筹运用国内法和国际法维护国家利益、提高中国的制度性话语权。

---

① 参见《习近平在中央全面依法治国工作会议上的重要讲话》,载中华人民共和国中央人民政府网,http://www.gov.cn/xinwen/2020-11/17/content_5562085.htm。

② 《〈中共中央关于全面推进依法治国若干重大问题的决定〉全文》,载财新网,https://www.caixin.com/2014-10-28/100744073_all.html#page4。

一、我国涉外法治人才培养及课程体系设置现状阐释

新时期,在全球化背景下,随着国际合作的不断推进和“逆全球化”“单边主义”等思潮的影响,国家间除了参与国际合作,还存在着竞争性博弈,其中法治是重要的方式和路径,这对卓越涉外法治人才的要求也与日俱增。因此,新时期创新人才培养机制、加强涉外法治人才培养已然成为高等教育面临的重要命题,而其中课程体系的革新和完善则是涉外法治人才培养的基石。③ 研究涉外法治人才培养的课程体系,首先就要对涉外法治人才进行清晰准确的定义。目前国内对于涉外法治人才并未形成统一的界定,可以明确的是,涉外法治人才培养在课程设置上并非简单的“法律 + 外语”双项叠加。国内国际双循环背景下的涉外法治人才需要具备技术、素养和实践三重标准,即技术方面精通国内和国外法律(至少两国)以及配套的语言体系,谙熟国际规则和相应法律程序,并具备初步的法律交流和谈判能力。从涉外法治人才的素养来看,要求能够拥有宏阔的国际视野和法律全球化思维,能够立足于中国立场,切实维护国家领土主权和核心利益,能够清醒观察和审视国际形势,并了解我国的基本国情,能在将来的涉外法治实践中,通过积极参加国际法律定制、涉外法律服务等前沿性法律实践,为国家、社会和企业提供高质量的法律服务。

(一)我国涉外法治人才培养工作现状

我国当前法律院系约有 778 所之多④,各高校的法律院系基本都不同程度地展开了对于涉外法治人才培养的改革,其中一些高校的实践创

③ 参见黄进:《完善法学学科体系,创新涉外法治人才培养机制》,载《国际法研究》2020 年第 3 期。

④ 截至 2015 年一些学者的统计,我国法学院系有 626 所;但根据“法律家”(http://www.fae.cn/pm)对中国法学院系的排名名单来看,我国法学院系似乎有 778 所之巨。参见王文华:《论涉外法治人才培养机制创新》,载《中国大学教学》2015 年第 11 期;《中国法学院系排名》,载法律家官网 2021 年 12 月 1 日,http://www.fae.cn/pm。

新深具特色，例如北京外国语大学针对语言类学校创新四种人才培养模式⑤、北京大学实行“理论＋实践＋赛事”模式提高学生综合法治素养以及华东政法大学与法律实务部门合作采取“五个共同”⑥的人才培养形式等；国内对于法治人才培养大抵分为综合式、复合式和特色试验班三种模式⑦，在一定程度上实现了分类教学、分别培养，但是并未对涉外法治人才和国内法治人才两种教学方式作出有效区分。具体到课程设置方面，教育部最新发布的《普通高校本科专业教学质量国家标准（法学类）》对于专业课程的设置分为“10＋X”即10门法学必修课程加其他特色课程。有学者认为，涉外法治人才的课程设置应当包括法学通识类、法学基础类、法律英语类、法律全英类和法律实践类课程，⑧尽管上述课程在各高校均有设置，但是大多重点侧重于通识和基础类学科，剩余课程的建设仍不完备。

整体而言，在我国高质量发展的当下，我国对于涉外法治人才的建设已然取得了巨大的进步，我国法治人才进入各类国际组织任职人数逐年攀升，其中部分卓越法治人才担任其中的一些要职，例如薛捍勤担任国际法院副院长、黄惠康现担任国际常设仲裁法院仲裁员、段洁龙担任国际海洋法法庭法官、赵厚麟担任国际电信联盟第十九任秘书长、杨国华担任多方临时上诉仲裁安排（Multiparty Interim Appeal Arbitration Arrangement，MPIA）仲裁员等，但是总体而言，我国法治人才在各类国际组织中任职依然偏少，且在重大法律职务任职人数不多。对此需要深刻剖析我国当下涉外法治人才培养方面存在的问题，并主要就涉外法治人才培养从课程体系建设等方面提出相应的应对建议。

---

⑤ 北京外国语大学四种涉外法治人才培养方式分别是“法学＋英语”“法学＋小语种”“法学＋经济＋外语”“法学＋复语”。

⑥ 华东政法大学的“五个共同”具体是指：共同制定培养目标、共同设计课程体系、共同开发优质教材、共同组织教学团队、共同建设实践基地。

⑦ 参见郭德香：《我国涉外法治人才培养模式探析》，载《浙江树人大学学报》2021年第4期。

⑧ 参见韩永红、覃伟英：《面向“一带一路”需求的涉外法治人才培养》，载《中国法学教育研究》2019年第1期。

(二)国内涉外法治人才培养存在的问题

1. 现有涉外法治人才培养机制与国家战略需求不甚匹配

传统法律人才培养模式仅局限于书本上的理论知识,不能紧密结合国际形势、国家需求和本土特色,造成各高校对于涉外法治人才培养存在明显的同质化现象,尤其表现在课程建设方面的滞后性。因人才培养具体目标未予明确,便不能针对性地提供各地所需的涉外法治人才。以"一带一路"倡议的对接为例,涉外法治人才培养不能仅仅局限在面向欧美国家的"英语型"法治人才,面对跨国贸易中规模体量较小的发展中国家,也要有充足的小语种法治人才资源。[⑨] "一带一路"建设中对小语种法治人才的需要与日俱增,但目前我国高等教育中小语种与法治人才培养的结合度并不高,一些法学院所的人才培养体制机制和教学实力还难以在短期内实现法治人才培养和小语种进行深度交叉和融合,好在近年来一些外国语大学在此方面作出了有益的尝试和探索。[⑩] 此外,在"一带一路"跨境律师人才库中,我国律师仅84人,[⑪]面对丝绸之路贸易过程中60多个国家而言储备数量明显不足。

涉外法治人才培养需要有区域化分类特征,尽管目前各地开始积极探索涉外法治人才培养模式的改革,但是趋同化、趋高性等问题依然十分突出,使得培养出来的涉外法治人才大同小异、没有特色,很难适应涉

---

⑨ 参见刘红春、徐敏慧:《"一带一路"倡议下涉缅卓越法治人才培养路径》,载《法学教育研究》(第28卷),法律出版社2020年版,第159页。

⑩ 典型例子有:①天津外国语大学在法治人才培养中的改进模式值得借鉴。即通过人事、教学、教辅、思政等多部门的协调联动,立足于三个法治人才培养的中心,将法治人才培养的应用型和特色教育理念,通过具象化设计,变作影响课程体系革新、实践锻造、师资队伍建设的教学改革模式,推进内在的涉外法治人才培养模式。②西北政法大学副校长、博士生导师王健教授对上海外国语大学"多语种+法律"的人才培养模式进行过详细考察,据其统计,该校自2015年起招生的法律硕士(非法学)研究生生源的本科阶段外语语种多达17种,乃全国法律硕士教育体系外语背景之最,尤其是阿拉伯语、波斯语、朝鲜语、泰语、印尼语等特色小语种。参见史延鹏:《外语院校法治人才培养模式探析——天津外国语大学为例》,载《当代教育实践与教学研究》2018年第1期;王健:《谈谈涉外法治人才培养》,https://mp.weixin.qq.com/s/ORJm8EI0V2B3yOPTKKhD9Q,最后访问日期:2021年8月15日。

⑪ 参见刘晓红:《"一带一路"倡议背景下的法律人才培养改革探索》,载《法学教育研究》(第28卷),法律出版社2020年版,第64页。

外法律实践,无法满足国家对于涉外法治人才的多元化需求。各地培养模式和课程设置既要符合国家社会主义法治建设的整体需要,又要体现差异化的地方特色。⑫

2. 涉外法治人才地区分配不均衡、不合理现象突出

我国西北地区相较中东部地区在涉外法治人才培养方面存在短板,具体而言,在培养平台、培养机制设立和培养政策规划等方面均亟待改进。例如根据2012年11月《教育部办公厅 中央政法委员会办公室关于公布首批卓越法律人才教育培养基地名单的通知》(教高〔2011〕10号),西北地区仅有西北政法大学(以下简称"我校")、西安交通大学成为"首批卓越法律人才教育培养基地"中的"涉外法律人才教育培养基地"。⑬ 除此之外西北地区并无其他同级别的涉外法治人才培养的专门平台。反观陕西省内"一带一路"建设对涉外法治人才的需求,主要依靠两所代表性学校的人才供应是远远不够的,这样供需的明显不合理造成西北部地区在涉外法治人才方面的欠缺。

3. 涉外法治人才培养所需的课程和配套的教育服务欠缺

现有的涉外法治人才的培养模式下,培养课程设置存在结构性不足、双语法学教材数量不够以及教学内容文本化、抽象化等问题。目前各高校大都适用"基础课程理论+部分双语教育课程+模拟法庭比赛或案例分析课程",教学重点侧重基础理论;双语课程设置数量较少,且大多作为选修课无法实现全面培养涉外人才的目标;模拟法庭作为一类比赛仅能辐射到校内部分学生,其余学生参与度极低,难以从中获益;课堂案例教学虽然在一定程度上加强了学生理论与实践的结合,但是课堂中所引用的案例大都属于经典裁判案件,不能适时跟上国际潮流热点。这种培养模式下学生的学习仅流于表面的规则认知,对国际社会热点的敏感性过低、对国际规则标准的理解适用能力不强,对法律解释能力更为

---

⑫ 参见孟庆瑜、李汶卓:《地方高校涉外法治人才培养的目标定位与实现机制——基于我国自贸试验区建设的人才需求分析》,载《河北法学》2021年第8期。

⑬ 《教育部 中央政法委员会关于实施卓越法律人才教育培养计划的若干意见》,http://www.moe.gov.cn/srcsite/A08/moe_739/s6550/201112/t20111223_168354.html,最后访问日期:2021年8月15日。

欠缺,无法从全面激发学生的主观能动,以致造成本科教学仍然存在“师追生走”敷衍式上课现象。当然,这与西北内陆地区涉外案件数量少、涉外法律实务人才少有一定的关系,亟须共享东部发达地区的优质涉外法治教育资源。

4.缺少独立配套的涉外法治人才培养成效评价机制

当下,我国对于涉外法治人才的评价方面存在空白。国内对于该方面的认证考核包括“全国法律职业资格考试”和“法律英语证书全国统一考试(LSC考试)”,二者均存在不能全面合理评价涉外法治人才的缺陷,例如法律职业资格考试侧重于国内法律运用,“三国法”占比极少,常年被考生当作“弃考科目”;法律英语证书则侧重于外语能力水平考查,并不能切实检验考生的法律运用水平。⑭

国内法治建设不断完善,我国法学专业的学生数量逐年上升,国内市场对于人才的需求也趋于饱和,但是绝大部分学生仅具备处理国内事务的能力。反观涉外法治人才数量在我国依旧处于短缺状态,根统计数据显示,国内能够熟练处理涉外事务的律师仅七千余名,有能力处理“反垄断和反倾销”“保障措施和特别保障措施”业务的律师更是不到500人,在各类国际组织中任职的人数则少之又少。⑮ 由此不难看出,高校传统的课堂培养模式与我国新时代深化改革开放背景下国家对于涉外法治人才的现实需求明显不匹配。对此应当从课程体系建设出发,先以高校改革为基础逐步完善国内涉外法治人才培养机制。

---

⑭ 西北政法大学国际法研究中心主任、博士研究生导师王瀚教授在多重场合呼吁,我国应在现有的法律职业资格考试的基础上,增设围绕涉外法律职业资格的专项考试,通过正式的国家证书认证,彻底扭转目前学生对涉外法相关知识不重视的局面。全面激活高校进行全国涉外法治人才培养的体制机制,并增强法学学子对涉外法律知识学习的重视。本文笔者十分赞成王瀚教授的建议,并进一步认为,我们未来的涉外法律职业资格专卷考试应参考英语六级口语考试(CET-SET6)模式,将涉外法律职业资格考试作为与普通法律职业资格考试并行的独立考试,不需要通过一般法律职业资格考试才能报考,分开考试、单独计分。反映在实务中,并不将通过涉外法律职业资格考试作为从事涉外法律实务的门槛,而是作为引导性的国家标准。如此,在现有的国内法基础上,将涉外法治人才的培养作为卓越法治人才培养中的特色高端人才培养模式得以发展。

⑮《法大方案!创新研究生招生模式,探索涉外法治人才培养》,https://m.thepaper.cn/baijiahao_12171225,最后访问日期:2021年5月25日。

二、我国涉外法治人才培养课程改革与建设的路径建议

如上所述,涉外法治人才的培养是一个庞大且漫长的工程,需要实现法治本土化、多元化和国际化的融合,并且保留国家法治建设的特色。⑯ 相较于国内法治人才培养,涉外法治人才培养程序更为复杂、知识体系更为庞大,因为其既需要掌握国内法知识,更需要熟悉外国法、比较法和国际法,特别是需要综合运用国内法和国际法进行法律实践能力的培养。其中,首要的就是针对国际法课程体系和教学方法提出系统性改进建议。

(一)以法教义学范式规范涉外法治人才培养课程的具体方案

在实际涉外法治教育中,如果国际法的教学没能像民法、刑法等传统学科一样的贯彻以法律规范为核心依归,以司法、行政、仲裁等法律运行中的法律推理、法律论证和法律解释为主要手段,以权利救济为终极目的的法律运行过程训练,教学效果难免会出现工具主义倾向。目前,我国的法律教育导向主要集中在课堂教学方法、案例教学引用等“技术问题”的使用上,而缺乏对国际法教学的本质内涵的把握,有“术”而乏“道”的教学理念多有偏差。

笔者认为,从涉外教学(主要是大国际法教学)的方法论来看,应当系统贯彻法教义学范式,建立一套以国际法为本体内涵的内生性规范体系。法教义学被称作“法学中的法学”⑰,法教义学亦指一种研究立场,⑱乃是可以应用于法学教学场景的、有关法律运行的思维范式和方法。目前国内学界对于法教义学的理解或者应用并未达成统一共识,且在不同

---

⑯ 参见杜承铭、柯静嘉:《论涉外法治人才国际化培养模式之创新》,载《现代大学教育》2017 年第 7 期。

⑰ 雷磊:《法教义学的基本立场》,载《中外法学》2015 年第 1 期。

⑱ 参见焦宝乾:《法教义学在中国:一个学术史的概览》,载《法治研究》2016 年第 3 期。

历史时期对于法教义学的理解也不一致。[19] 本文所述的法教义学是一种严格受法律规范约束的思维形式。其以权利救济为导向[20],强化国际行为的规制、法律关系的调整、规范生成获取法律制度和法律解释适用能力的培养模式。法教义学理念在国际法中的贯彻与涉外法治人才培养具有内在的吻合性。[21]

法教义学范式下对于法学教育方法的指导主要体现在三个方面:第一,强调尊重规范的文本性和目的性,[22]注重维护法律规范本身的权威性,反对简单的"立法规定+漏洞补充"式的法律续造,认为只有体系化、贯通性的法律制度才具有生命力;第二,强调系统化和逻辑思维,通过法律解释、法律适用方法来规范教学方式,教义学方式具有精细化的特征,[23]在实践中需要一套严谨周密的法律解释和法律适用逻辑技术;第三,重视研究实践判例,提炼精简具有约束性的裁判规则,实现国内法律规范的体系化。[24]

法教义学范式的应有有助于培养出精通法律知识、娴熟解释法律、适用法律的应用型涉外法治人才。法教义学教学范式的建构之于国际法,着重培养学生对于国际法的体系思维、搭建对于国际法框架认识、规范国际法运用,以及强化实践思维。通过维护理念自主性、鉴定学科边界以及立足实践案例正确适用法律,进一步完善国际法规范体系的闭合性。因此,相较传统仅停留在表面的规则适用教学,法教义学的教学范式有利于引导学生从本质上打破国内法和国际法的藩篱,培养其以"规

---

⑲ 参见雷磊:《什么是法教义学?——基于19世纪以后德国学说史的简要考察》,载《法制与社会发展》2018年第4期。

⑳ 关于以权利救济为主要导向的国际法教学模式,详见刘学文:《建构权利救济导向的本科生国际法教学模式》,载《中国社会科学报》2018年8月21日,第5版。

㉑ 国际法教学中应用法教义学范式的重要性笔者已经在另一篇文章中论述,本文对此不再过多赘述,重点在于探讨通过法教义学的范式规范国际法教学的具体方法论。参见刘学文:《国际法教学中法教义学的范式倡导与方法论之维》,载《法学教育研究》(第22卷),法律出版社2018年版,第156~175页。

㉒ 参见许德风:《法教义学的应用》,载《中外法学》2013年第5期。

㉓ 参见雷磊:《法教义学与法治:法教义学的治理意义》,载《法学研究》2018年第5期。

㉔ 参见凌斌:《什么是法教义学:一个法哲学追问》,载《中外法学》2015年第1期。

范获取”为基本逻辑起点的法律适用和解释理念，进而推动涉外法治学习和研究方法的变革。

（二）强化权利救济导向的涉外法教学理念

有学者将涉外法治人才培养的渐进式实践训练分为三个阶段：一是法律文献检索和涉外法律文书写作方面的训练阶段，二是以国际模拟法庭为代表的实务模拟训练阶段，三是校外实践基地的实习训练阶段。[25]三个阶段都体现的是教师通过科学的教学安排，让学生循序渐进地通过主动运用科学检索方法、写作方法，探寻法律规范的本源，通过实践中对于法律的深入运用，真正提高从事涉外法治的业务能力。其中权利救济是终极目标，而对于权利救济的运用近年来在国内法中已蔚然成风，例如对请求权基础理论在民法研究中逐年得到重视。[26] 涉外法治人才课程体系中的核心课程是大国际法，而大国际法目前尚未形成独立完善的教学范式，但其本质同其他学科一样也是一类以法律解释、法律适用为核心的学科，因此在教学过程中应当强调回归以权利救济和国际法话语表达为导向的国际法教学方式。关于国际行为体是否享有“国际法权利”在理论层面仍未得到有效论证，但从实践层面而言，在跨国贸易交往中各行为体的权利义务应当得到有效的保障，因此在教学过程中以权利救济为导向具有现实紧迫性。

因此，涉外法治人才培养的课程应当重视构建专属国际法课程教学的权利救济导向的诸环节，应当以具体案例为线索，通过对于案例研究教学的系统梳理，指导学生归纳案件事实、重视法律解释和法律适用，并

---

[25] See Zhengyi Zhang et al., “Analysis on the Training Paths for Foreign-related Legal Talents Under the Opening-up of Education”, in *Advances in Social Science, Education and Humanities Research*, volume 577, Paris: Atlantis Press, 2021, p. 190 – 194.

[26] 我国台湾学者王泽鉴教授于2009年、2017年在北京大学相继出版的《民法思维：请求权基础理论体系》和《损害赔偿》在学界产生深远影响，著作经多次印刷，畅销学界。受其影响，我国大陆新生代学者吴香香于2021年7月在北京大学出版社出版《请求权基础：方法、体系与实例》一书后，一时洛阳纸贵，在短短不到3个月时间里已印刷3次。相关著作参见王泽鉴：《民法思维：请求权基础理论体系》，北京大学出版社2009年版；王泽鉴：《损害赔偿》，北京大学出版社2017年版；吴香香：《请求权基础：方法、体系与实例》，北京大学出版社2021年版。

加强对外国法的法律查明能力。无论是课堂教学、线下自助学习、线下实习实践,均应围绕以权利救济为导向的法教义学范式展开。

(三)深入对接"一带一路"国际商事法律服务示范区框架

如前所述,涉外法治人才的培养离不开实践案例的试金石,承担涉外法治人才培养的高校应创造条件,探究与"一带一路"建设相关政府部门、司法或仲裁机构、国际商事调解机制、国际商会、企业等实践基地的深度合作,及时搭乘这一"便车",为人才培养提供真实、及时、富有特色的平台支撑。在相关机构成为涉外法治人才培养实践基地的同时,学校也应针对"一带一路"沿线的贸易交往需求,输送符合实际需求的人才,让实践基地同时获益颇丰。具体而言设置相关课程培养学生熟悉五通[27]和重点投资行业的相关规则,将理论与实践进一步融合呼应。最后,在人才培养的过程中不光要对接"一带一路"建设,在此基础上更要强化推进与各自贸区、国际组织的高水平专项合作。实践基地向学生提供涉外法治实践平台,培养的涉外法治人才也将为注入实践基地新鲜动力,以此时间实现高校和实践基地的双向共赢。

三、涉外法治人才培养课程建设的理念方法与先导条件

涉外法治人才培养对于社会主义法治建设具有战略性意义,在追求高质量发展和全面深化改革开放的背景下,我国对于涉外法治人才的需求提出了更高的要求,而涉外法治人才培养的关键在于系统的课程体系设计。首先应予明确的就是涉外法治人才培养的专业化素养形成、语言工具的多元化应用、国际化教学环境的创造与拓展,以及配套的实践和评价体系安排。

(一)涉外法治人才培养应坚持专项化与实践化理念

涉外法治人才培养中的"专项化"指体现人才培养专业设置的方向

[27] "五通"具体指"政策沟通、设施联通、贸易畅通、资金融通、民心相通"。参见陈欣:《"一带一路"的"五通"组合拳》,载《全球商业经典》2019年第5期。

性、业务内容的导向性、就业去向的“订单式”；“实践化”指的是涉外法治人才培养不能仅凭高校自身的力量，还得深度引入涉外法律实务部门的力量，开展联合培养。这样做的好处是，在学生培养与未来就业之间搭建了一道无形的桥梁。

法学专业就业向来存在学习和工作对接的“断崖困境”，因此有必要凝练学科方向、分析就业类型，与政府机关、社会机构、各类跨国经营实体合作，针对涉外法治人才急需岗位实施“订单式”培养。[28] 有学者认为通过“复合”“非诉”“现代”三个特征有针对性培养各类人才。[29] 笔者认为，上述分类尽管存在合理性，但根据就业导向类型不同则可以更加简便地实现分类培养。涉外法治人才主要分为三种。第一种是作为法律顾问或者法务人员在政府机构、跨国企业等工作的人员；第二种是从事涉外律师业务；第三种是从事法律教育、研究的学者，这类学者主要涉及国际法学、国际商法等教育领域。[30] 故涉外法治人才可以以该分类为基础进行有针对性的定向培养、有目的性分层培养、有方向性专题培养，既可以高效地培养人才，也可以帮助学生有的放矢、精准规划未来，且可以最大化缩短学生走向工作岗位的适应期。

此外，不同高校可以根据自己所处区域国际合作现状，实施特色化法治人才培养。比如云南、西藏、新疆、辽宁、内蒙古等省区高校可以开展“一带一路”、边境贸易管理与商事交易等特色涉外法治人才培养；贵州、云南、广西等省区高校可以针对“中国—东盟自贸区”框架培养中国—东盟区域合作法治人才。对于我校而言，此类特色性法治人才的课程设置特色，主要体现在对相关国别法、区域法和小语种等课程设置，服务国家和地方法治建设。培养熟悉“五通”和重点投资行业的人才。这样的培养模式不仅针对在校学生，也包括已有工作经验的在职员工。例

---

[28] 参见李晓茜：《高校涉外法治人才培养模式——助推“一带一路”迈向高质量发展新征程》，载《知识经济》2020年第9期。

[29] 参见孟庆瑜、李汶卓：《地方高校涉外法治人才培养的目标定位与实现机制——基于我国自贸试验区建设的人才需求分析》，载《河北法学》2021年第8期。

[30] 参见郭雳：《创新涉外卓越法治人才培养模式》，载《国家教育行政学院学报》2020年第12期。

如中铁集团与高校合作,探寻高校企业联合培养人才模式,目前已举办3届共培养出800多名毕业生。未来我校应深入对接西安“一带一路”国际商事法律服务示范区的框架。示范区以第二国际商事法庭、第六巡回法庭、“三个中心”、西安知识产权法庭为重要支撑,其核心功能是国际商事诉讼、仲裁、调解、法律服务、司法人才合作、国际法和外国法查明等。示范区将对西部地区卓越涉外法治人才培养从课程设置、师资匹配、实践实训、学术交流等方面提供广阔舞台。推进西部涉外法治人才培养与服务区的深入融合和对接是当下面临的重要工作。

(二)强化涉外法治人才以外语使用为核心的综合能力

对于涉外法治人才的培养体系而言,不仅要完善国际法课程的体系,还应强化其跨学科综合能力的培养。

其一,在外语能力方面,对于涉外方向学生的要求不能仅停留在全国英语四、六级的水平,在教学过程中要更加注重对于听写方面的训练。各学校应该深入利用“新文科”建设契机[31],积极探索和外语学院的合作,将一些特色的小语种课程引入教学,开发特色的法律外语课程。目前很多高校对于法律外语课程的重视程度不够,教学成果也仅以书面期末考试成绩衡量,这对于涉外法治人才语言能力的要求而言是远远不够的。我校近年来十分重视学生外语学习能力的训练。倡导“专业+外语”的“三位一体”(双语课堂教学、双语模拟法庭训练、外文法律文书写作训练)培养机制,将现有的“贸仲杯”、“丝路杯”、WTO模拟法庭等常态化模拟法庭/仲裁庭比赛的理念引入国际法本科、研究生教学,积极构建国际法教义学的教学理念和范式,取得了不错的成绩,但也有很大的改进空间。

其二,在技能训练方面,伴随实践过程中非诉服务的不断兴起,培养体系中要注重诉讼服务和非诉服务程序并行,多元化争议解决机制同步

㉛ 2019年4月,教育部等相关部门发布“六卓越一拔尖”计划2.0,主张发展新文科。新文科之于法学建设则为新法学。新法学对培养目标、培养体系、师资队伍和培养模式提出了新要求。在新文科建设的背景下要逐步改变传统的法治人才培养模式,从交叉学科、跨学科和信息技术等领域入手,进一步扩大招收具有理工科背景的法学人才,为适应第四次科技革命奠定基础。建设新法学则应重视国际法、跨学科培养和实务操作。

推进,整体提升学生的实务技能。我校2012年以来按照《“涉外法律人才教育培养基地”的实施方案》稳步推进涉外型卓越法律人才工作。已为本科生和研究生设置了完备的专业培养方案及执行措施。另外为涉外型本科生组建了基地班,并为本校承担的全国首批法律硕士(涉外律师)人才培养专项制定了科学的课程方案。除了专职教师外,国际法学院从陕西省高级人民法院、国家开发银行西安分行、西安高新技术管理委员会、民航管理局西北分局、西安仲裁委员会、中国国际经济贸易仲裁委员会丝绸之路仲裁中心等实务部门延请实务导师、创业20多名,并且从国内外学术机构聘请了10多名国际法学家作为兼职教授、研究员参与人才培养工作。

(三)整合国内现有资源,营造“本土国际化”的涉外法治课程搭建

以前我国各高校涉外法治人才培养主要通过出国留学这一路径实现,全国各校均存在类似做法。[32] 但若仅凭出国留学这一条途径,显然难以满足涉外人才培养的要求。尤其是在新冠肺炎疫情全球大流行的背景下,通过出国留学途径实施合作培养更是面临防疫方面的不便,因此在本土创造国际化的学习环境是十分必要的。对此,我们建议引进本特·尼尔森(Bengt Nilsson)于20世纪90年代提出、随即风靡欧洲的“本土国际化”(Internationalization at Home)理念。其本质上是一种出国留学替代方案,倡导突破传统跨境教育的形式,通过在本国本土本校普遍营造国际化的人才培养环境,实施国际化人才培养,本特·尼尔森因此被人称为“本土国际化之父”(the Father of Internationalisation at Home)。[33] 近年来,国内一些高校在探索本土国际化法律人才培养方面取得了不错的成绩,如位于深圳的北京大学国际法学院,近年来深度融

㉜ 西北政法大学本科2017级涉外专班于2018年春季学期派往中国台湾东吴大学法学院,开展长达一学期的交流学习,两校经商定为西北政法大学派出的法律专班同学开设了一些以英美法为特色的学分制课程,取得了较大成功。笔者刘学文为该班的带队老师暨东吴大学访问学者,亲历此次涉外专班境外培养过程。

㉝ Jos Beelen, Elspeth Jones, “Internationalisation at home”, In: Teixeira P., Shin J. (eds) *Encyclopedia of International Higher Education Systems and Institutions*, Dordrecht: Springer, 2018.

合美国法律培养模式(J. D.)和中国传统法律硕士培养模式(J. M.),实施四年学制"法律硕士(非法学/法学)&J. D.项目",其通过整合优秀的国际化师资、实施双语教学环境和互动式教学方式的安排,实现中国法律传统、大陆法系、普通法系教学模式的交融,是"本土国际化"人才培养模式的典范。

此外,国内各高校都在积极探索涉外法治人才培养,但是地区之间联合不紧密,单独一个高校或者一个学科的成功不可能带动当地乃至全国的涉外法治人才的蓬勃发展㉞,也不可能实现国内环境国际化的最终目标,因此整合交流资源、搭建统一的人才培养系统是必要的。目前资源的融合共享,可以分为以下几个方面。第一,各高校之间实现培养资源共享,高校间学生交换培养,例如北京大学法学院和北京外国语大学外语系之间的合作,将两校的强势学科共享培养,实现高速的人才培养目标;第二,强化人民法院与各高校之间的合作,㉟尤其是近年新设的海事法庭、国际商事仲裁法庭等,进一步缩短课堂理论与实践的距离,加快理论人才向实务、理论兼具的"双能人才"转变;第三,打破地域、高校壁垒,开展法学专业和外语、金融专业的联合教学;第四,充分利用"慕课"等网上课程建设实现资源共享。

(四)构建独立完备的涉外法治人才课程评估体系

完备的评估体系有助于企业挑选人才,同时也有利于涉外法律实务人员具有证实能力的凭证。针对当前我国在涉外法治人才评估体系中的空白,本文提出以下几点建议:第一,在现有基础上借鉴吸收国外考核经验,建立国内的评价体系;第二,评价体系不能仅局限于对于"法律英语"类人才进行评估,对于"法律+其他语种"人才同样要建立合理完备的评估体系;第三,建立国际法独立培养课程体系配套的评价体系,即通过课程中每次考核的成绩,综合在学业结束后对于学生的涉外法治能力进行评估;第四,通过涉外法相关学科共同体的推动,建立涉外法治人才

㉞ 参见谢海霞:《论国际化法学人才的培养模式》,载《人力资源管理》2011年第7期。

㉟ 参见刘仁山:《充分发挥人民法院在涉外法治人才培养中的重要作用》,载《人民法院报》2020年10月13日,第2版。

培养的强制性国家标准，这是解决涉外法治人才培养参差不齐的治本之策。

四、涉外法治学科专业课程体系的完善路径

正如上文所述，涉外法治人才培养的关键在于国际法课程的完备建设，在此方面，有学者认为存在“涉外法治人才课程主要以国内法为主”的不足[36]，对此笔者有不同意见。所有涉外课程建设都是立足于扎实的国内法知识体系上，如果涉外法治人才不能熟练处理国内事务，那么在处理国际事务方面无论多娴熟都无济于事。[37] 有的学者将这两者的关系归纳为“本色”和“特色”之别，即对于涉外法治人才而言，学好国内法是本色，而学习其他学科和外国法是“特色”。[38] 故在打好国内法基础之上，下文拟从课程学科专业建设、涉外人才培养体系两方面展开论述，力求探寻一套符合国情的培养方案。

（一）加强涉外法治基础课程的建设

按照教育部发布的相关规定，法学专业的10门必修课中仅保留了国际法一门，国际经济法和国际私法成为选修课。此外，在课程体系的整体建设方面，国际法的课程建设体系性不足，大抵在模仿传统民刑课程的教学方式，没有形成专属于国际法的独特课程体系。因此，笔者拟从三个方面提出国际法基础课程完善建议。

第一，增加比较法、国别法方面的课程，如开展特色的“一带一路”

---

[36] 参见郭德香：《我国涉外法治人才培养模式探析》，载《浙江树人大学学报》2021年第4期。

[37] 西北政法大学副校长王瀚教授即持此观点，他在2021年6月17日天津大学法学院“涉外法治人才培养高端论坛”上发言中提出“涉外法治人才首先还是要懂国内法”的主张。参见王瀚：《涉外法治人才首先还是要懂国内法》，https://mp.weixin.qq.com/s/ORJm8EI0V2B3yOPTKKhD9Q，最后访问日期：2021年5月25日。

[38] 王文华：《论涉外法治人才培养机制创新》，载《中国大学教学》2015年第11期。

方向课程。[39] 跨国业务的复杂程度不仅体现在法律制度的不同,其更深层的是两国文化制度的本源不同,对此校内课程应当加强对此方面的训练,不能仅仅局限于与欧美国家的文化差异比较,在"一带一路"倡议下,沿线60多个国家的文化差异都可以作为课堂的内容。其次,在我国涉"一带一路"、自由贸易区等区域机制和沿海开放城市的涉外法治人才培养中,更要结合当地国际合作政策、营商环境以及环境建设实际,设置专门的"一带一路"等相关课程。如我校国际法学院为"服务国家特殊需求博士人才项目"方向四的博士生开设的《中亚国际关系与国际法问题专题》;为国际法学专业硕士生开设的《"一带一路"专题研究》,为法律硕士(涉外律师)生开设的《"一带一路"关系历史》;以及为法学(国际法方向)专业本科生开设的《中亚地区法律概论》和《中亚法和上合组织法》作为此方面的典型,可以作为兄弟院校实施涉外法治人才培养国别法概览课程改革的重要借鉴。

第二,在课程内容、授课方式上应将理论教学和案例研讨并重,双向吸收英美法系和大陆法系教学的特点。首先,理论阐释和案例分析的交相应用能很好地体现法教义学的基本理念,即以"规范获取"为逻辑起点的自主性教学理念、以法律适用为核心内容的方法革新、以权利救济和国际法话语表达为依归的实践思维。[40] 其次,在涉外法的教学过程中,即使是以判例为典型法律渊源的美国,其法学的教学体系中也会加入法学理论的研习模块,因此对于涉外法课程建设不能仅以理论或是判例为核心,而是既要通过英美法系激烈的对抗式辩论提升学生灵活应变能力,也要通过大陆法系理论体系化的规范追寻构建其知识宏图。再次,一些国际法模拟法庭/仲裁庭竞赛等涉外法律实践课程则是对应学科知识点的一种实务强化,切不可忽视其作用,而应尽可能地将课程教学与此类竞赛相结合。目前,我校为本科生、硕士生开设的《涉外律师实

[39] 参见姜兴智:《"一带一路"倡议下国际化法律人才培养模式研究》,载《长春师范大学学报》2020年第1期。

[40] 参见刘学文:《国际法教学中法教义学的范式倡导与方法论之维》,载《法学教育研究》(第22卷),法律出版社2018年版,第168~173页。

务(双语)》《国际模拟法庭竞赛(双语)》《模拟联合国(双语)》《涉外模拟法庭(双语)》《涉外法律谈判(双语)》《国际法案例研究(双语)》《国际商事经典案例研究(双语)》《境外投资与收购案例研究》,均能很好地从多方位训练学生立足于外交官、法官、仲裁员、国际组织职员、涉外律师等多重视角,在国际化的案件运行程序中探寻、解释和适用法律,是立体而饱满、理论和实践并重的涉外法治教育理念。

第三,对于不同学生适用不同的培养方案和模式。并非所有学生都适合复合型法学人才的培养模式,也并非所有学生都愿意接受一样的培养课程,因此区别不同职业规划、不同外语水平,将学生分班教学、分类培养,既有利于学生的职业技能培养也减少不必要的教学资源浪费,切实做到对教学资源调取上的有的放矢。具体而言,对于未来有志于从事涉外律师等职业的同学,可以为其开设涉外律师实操类课程,例如我校为法学本科生开设了国际法方向选修课《国际民事诉讼法学》《国际商事仲裁法学》,以及专业技能选修课《涉外律师实务》《国际模拟法庭竞赛(双语)》《模拟联合国(双语)》,以及为法律硕士(涉外律师)开设《涉外律师实务(双语)》《涉外模拟法庭(双语)》《涉外法律谈判(双语)》《涉外法律文书写作(双语)》等特色课程。[41] 对于外语水平较弱的同学可以令其辅修英语专业课程;对于外语水平较好的同学,在发展法律外语能力的同时,为其创造修习第二外语课程的条件。

(二)融通交叉学科、区别相邻学科的教育模式

涉外法治人才培养的难度大,不仅在于国际法学习的难度,更多的在于其与交叉、相邻学科关系的错综复杂。首先,涉外法治人才所需的国际法知识体系十分庞大,包括国际公法、国际私法、国际经济法、海洋法、国际投资法等一系列学科,学科之间差异与共识并存,且缺少适当的交流和汇通途径,这为学生宏观掌握知识体系造成的阻碍。其次,学好国际法本体知识还要了解诸如国际政治、国际商事、国际金融和知识产

---

[41] 除了如上列举课程,西北政法大学还为法律硕士(涉外律师)研究生开设了《"一带一路"关系历史》《境外投资与收购案例研究》《国际商事惯例(双语)》《国际法律信息检索(双语)》共计27门特色涉外课程。

权等相邻学科的知识体系。

笔者认为,欲解决上述问题。首先,应贯彻法教义学的理念、以涉外和特色人才培养为导向,针对“碎片化”的知识体系和课程,进行课程的科际交叉和整合,公法和私法的交相对照,以特色性的课程研发,搭建法治全球化的课程视野。我校近年来为国际法学专业硕士生开设的《国际关系基础理论》课程,为法律硕士(涉外律师)硕士生开设《国际经济》《国际贸易》《国际竞争法(双语)》课程,为法学专业(国际法方向)本科生开设的《工商业与人权》《英美合同法学(双语)》,为法学专业(反恐怖主义法方向)本科生开设的《国际反恐与合作》《涉外警务》《反恐与金融犯罪》《宗教事务法治化管理》课程,均为有关涉外法治人才培养中以专业人才培养为导向的学科交叉的产物。其次,在交叉性学科设置过程中,要处理好国际法与相邻学科间的内部关系和外部关系。[42] 要始终围绕涉外法治人才培养这一主线,围绕研究对象构筑一整套概念、规则和原则,维护课程自身的逻辑体系,依循学科基本的实践理性和规范要求,在借助外学科的知识体系的同时,不能破坏涉外法规范体系的权威性和闭合性,进而确保本学科体系的独立性和自主性。

(三)做好课程理论教学和实践训练的紧密结合

习近平总书记指出,法学学科是实践性很强的学科,法学教育要处理好知识教学和实践教学的关系。[43] 法律的实践性对于涉外法治人才提出了更高的要求,仅具备相关法学理论知识,无法做到理论运用于实践的课程无疑加大了学生适应社会工作的成本。因此在课程设置方面要将理论与实践紧密结合,进而实现高效培养卓越涉外法治人才的目的,成功解决学校教育与社会工作断层严重的问题。具体通过应通过以下两种方式改进:

第一,进一步改进校内实践课程。对于实践案例,各高校多采用“经

---

[42] 参见刘学文:《国际法教学中法教义学的范式倡导与方法论之维》,载《法学教育研究》(第22卷),法律出版社2018年版,第165~166页。

[43] 参见《习近平在中国政法大学考察的重要讲话精神》,载新华社官网,http://www.xinhuanet.com/2017-05/03/c_1120913310.htm。

典案例分析+模拟法庭比赛”等形式，上文已经论述两种课程的优劣，因此在保留上述模式之余，应当更多的扩展案例类型和范围。前有南海非法仲裁案、孟晚舟被意大利非法扣留案，后有 Tik Tok 被美国“封禁”和强制收购案等真实案例，对此类“生动形象”的案例搬上课堂，立足于中国立场，从理论、实务、国际关系等角度出发进行解读，切实培养学生处理案件的能力、增强学生参与涉外实践的兴趣，并在课堂上训练学生服务国家法治建设和维护国家利益的才智和能力。我校国际法学院教师平均每年指导学生参加5～6类以英文为主的涉外型国际法庭、仲裁庭竞赛，多次取得一等奖、二等奖和三等奖的优异成绩。主要包括威廉·维斯国际商事仲裁模拟仲裁庭比赛（英文赛）、中国 WTO 模拟法庭竞赛（英文赛）、国际航空法模拟法庭比赛（英文赛）、红十字国际人道法模拟法庭比赛（英文赛）、（中国）国际海洋法模拟法庭竞赛（英文赛），同时有我校自主创办的“丝路杯”国际商事仲裁模拟仲裁庭竞赛（中文赛）、“西仲杯”国际商事仲裁模拟仲裁庭竞赛（中文赛），这为我校涉外法治人才培养提供了充分的以模拟法庭/仲裁庭为基础的案源学习机会。近年来包括笔者在内的多名国际法教师在相关课程教学中，探索将“赛事案例”引入课堂（如将竞赛赛题作为平时作业布置、举办法学沙龙、竞赛实况展示），取得了良好成效。同时以《国际贸易法》《英美合同法》《国际模拟法庭竞赛》双语课程作为本课程的辅助训练课程，以涉外法律实务的实操锻炼提升学生解决复杂法律问题的能力。

第二，进一步发展法律诊所类型。目前国内高校设置了很多法律诊所，我校设置了民事法律诊所、劳动法法律诊所、行政法法律诊所、涉外法律诊所等，通过课堂案例分析和课下案例实践结合全面锻炼学生处理实务的能力，是一种公认行之有效的方式，但目前对于“涉外法律诊所”的重视不足。涉外法律诊所是哈佛大学法学院在国际化教育方面的创新之举，[44]目前在国内并不多见，归结原因在于涉外实践案例不似民商事案件常见，和学生之间难免有“距离感”。对此，有条件的学校应加快

[44] 参见郭雳：《创新涉外卓越法治人才培养模式》，载《国家教育行政学院学报》2020年第12期。

建设“涉外法律诊所”课程。

结　语

在当下激烈的全球化竞争中,面对“逆全球化”思潮和“冷战思维”影响某些发达国家对我国的非公平性排挤和打压,国家需要一批卓越涉外法治人才,运用法治思维,维护国家利益、提高制度性话语权,积极参与国际法定制,确保“一带一路”建设的深度推进,以及通过积极化解纠纷、风险方法、合规操作,保障我国企业公平参与国际竞争。反映在课程顶层理念设计上。在加强课程设置的同时,应同步强化学生的思想政治教育,强化学生的国际视野。哈佛大学法学院强调国际化视野和国际法比较的课程设置具有典型参考价值。[45] 当前全球竞争越发激烈,我国急需大量具有家国情怀和国际视野的涉外法治人才,能从中国立场出发、展现中国思维,对内可以缜密分析国际情势、为中国企业的国际化经营保驾护航,对外可以参与国际诉争、维护国家核心利益,提升中国制度性话语权。

涉外法治人才的培养是一个系统工程,绝非一蹴而就,需要在习近平法治思想指引下,政府部门、公共机构、社会团体和企业的鼎力支持、通力合作,推动全方位、多层次、一体化、高质量的涉外法治人才培养机制建设。其中,高校法学院所进行涉外法治人才课程体系的科学搭建是核心主线。只有通过不断创新设计、优化改革涉外法治人才培养方案和具体的课程规划,才能真正将我国的涉外法治人才培养推向正规化、专业化、职业化的新阶段。

㊺ 参见谢海霞:《论国际化法学人才的培养模式》,载《人力资源管理》2011 年第 7 期。

Innovation Methodology of Curriculum Construction System for Training Foreign-related Legal Talents in China

Liu Xuewen　Yuan Shuai

Abstract: In the new era of China's active participation in the reform and construction of the global governance system, the state has put forward new tasks and requirements for the training of foreign-related legal talents. The problems existing in China's traditional training mechanism that affect curriculum construction need to be reformed urgently, including the mismatch with the national strategic demand, the unbalanced distribution of foreign-related legal talents and platform areas, the insufficient supply of supporting educational resources and services, and the lack of training effectiveness evaluation mechanism. In the future, we should develop the paradigm of legal doctrine and construct a set of endogenous norm system with international law as its noumenon. Including advocating a teaching system that takes "normative acquisition" as the logical starting point, the application of laws as the core content and rights relief as the fundamental basis. We should pay attention to the interdisciplinary integration under the concept of "new liberal arts", and at the same time, we should pay attention to the deep integration of law and foreign language teaching, so as to construct the "trinity" talent training mechanism of "major plus foreign language". We suggest that China's Ministry of Justice timely launch the non-mandatory foreign-related exam for legal professionals in parallel with the existing exam for legal professionals. Finally, the human resources of foreign-related practical departments should be deeply introduced, so that they can participate in specialized and practical personnel training. We should be good at invoking knowledge and methods outside disciplines, and make good use of legal clinics, international mock trial/Arbitration Tribunal competitions and practice bases to carry out practical training.

Key Words: The Foreign-related Legal Talents, Rechtsdogmatik, "One Belt One Road" Initiative, International Law Moot Court Competition

全球化时代CLIL模式下国际法全英文教学探索*

刘　久**

摘　要：在改革开放初期，双语专业课教学，全英文专业课教学就成为我国高校教育改革的热点。近年来，随着"一带一路"倡议与"构建人类命运共同体"理念的提出，尤其是2018年中美贸易争端开始以来，我国越发需要"明晰国际法，精通英语"的复合型国际化人才。为了培养此类人才，本文作者在所在院校的法学系开设了国际法全英文课程，然而以"教师灌输式"的传统教学方式进行本课程的教学，遇到了很多现实问题与困难。为了进行该课程教学的改革，本文作者参加了教学内容及教学语言综合研修线上培训（Content and Language Integrated Learning，CLIL）。CLIL教学模式将教学内容与英语学习有机统一起来，与国际法全英文教学的理念与目标具有很强的适切性。因此，结合国际法全英文

* 基金项目：2019年黑龙江省高等教育教学改革项目："核能法跨学科特色课程教学体系构建研究"（项目编号：SJGY20190142）；2021年中央高校基本科研业务经费项目："船海核法律研究中心"（项目编号：3072021CF1301）。

** 刘久，哈尔滨工程大学人文社会科学学院法学系副教授，法学博士，研究方向：核法律、国际法学。

课程的特点,探索性地对 CLIL 模式在本课程教学中的运用进行设计与实践,从课前准备、课程语言设计、小活动的运用与教学评价等方面对课程进行改革,不仅有助于培养学生法学英文文献的阅读能力,更有利于师生"问题意识"与"问题思维"的养成,能够使学生在轻松舒适的教学环境中,理解认知国际法理论知识的同时,提升英语语言能力。

关键词:国际法　全英文教学　教学模式　教学内容

引　言

第二次世界大战结束以来,随着各国或地区相互间在政治、经济、法律、科技、文化、教育和其他领域的交往日益频繁,致使在同一区域内出现一体化趋势,在世界范围内出现全球化趋势,且这种趋势正在不断深化。①自改革开放以来,我国正积极参与全球化进程。2007 年 1 月由教育部、财政部联合发布的《关于实施高等学校本科教学质量与教学改革工程的意见》中明确鼓励高校开展双语教学,提升学生专业英语水平,要求:"推动双语教学课程建设,探索有效的教学方法和模式,切实提高大学生的专业英语水平和直接使用英语从事科研的能力。"不仅如此,教育部要求高等院校在开展双语教学、全英文教学时,要"探索有效的教学方法和模式,从而提高学生的就业水平"。教育部于 2010 年发布的《国家中长期教育改革和发展规划纲要(2010 - 2020 年)》也指出,"要适应国家经济社会对外开放的要求,课程内容要和职业标准相衔接,努力培养大批具有国际视野、通晓国际规则、能够参与国际事务和国际竞争的国际化人才。"②

随着新时代的到来,"一带一路"倡议与"构建人类命运共同体"理

① M. Waters, *Globalization*, Routledge Press, 1995, p. 136.

② 教育部:《国家中长期教育改革和发展规划纲要(2010 - 2020 年)》,载中华人民共和国教育部官网,http://www.moe.gov.cn/srcsite/A01/s7048/201007/t20100729_171904.html。

念的提出，尤其是2018年中美贸易摩擦帷幕的拉开，法律外交上升为国家战略，成为中国崛起的重要软实力和巧实力。③因此，2018年由教育部与中央政法委联合提出的《关于坚持德法兼修实施卓越法治人才教育培养计划2.0的意见》指出："促开放，构建涉外法治人才培养新格局……培养一批具有国际视野、通晓国际规则，能够参与国际法律事务、善于维护国家利益、勇于推动全球治理规则变革的高层次涉外法治人才。服务'一带一路'建设，着力培养熟悉'一带一路'沿线国家法制的高素质专门法治人才。"④通晓英语是涉外法律人才的必备技能。⑤因此，我国现在亟须培养大量"明晰国际法，精通英语"的复合型人才。⑥

"国际法＋英语"复合型人才的培养就是为了顺应我国的现实需要，也正因为如此，笔者作为有着英语专业教育背景与美国留学背景的青年教师，在之前国际法学传统教学的基础上，于2019年9月起，为所在法学系的大二学生开设了国际法全英文课程，力求"培养新时代，既了解并能够应用国际法，又精通英语的国际化法律人才"（教学目标）。然而，国际法作为法学专业的核心课程，知识内容抽象强，对知识储备和法学综合能力要求较高，这些都在一定程度上加大了课程全英文教学的难度。正因为如此，笔者在第一轮授课过程中，遇到许多在开课前没有预料到的许多现实问题与困难。例如，大多数学生在开课前已经通过了大学英语六级，有着不错的英语基础，也很难以英语理解国际法专业问题；笔者为了让学生理解教学内容，总是在国际法教师与英语教师之间切换身份，难以完成既定的教学计划等。为了更好地开展该教学工作，笔者在第一轮授课后，在所在高校的推荐下，参加了教学内容及教学语言综

③ 参见张文显、谷昭民：《中国法律外交的理念与实践》，载《国际展望》2013年第2期。

④ 教育部、中央政法委：《关于坚持德法兼修实施卓越法治人才教育培养计划2.0的意见》，载中华人民共和国教育部官网，http://www.moe.gov.cn/srcsite/A08/moe_739/s6550/201810/t20181017_351892.html。

⑤ 参见张法连：《"一带一路"背景下涉外法律人才培养问题探究》，载《法制日报》2017年12月6日，第9版。

⑥ 参见张法连、张建科：《法律英语学科发展规划研究》，载《中国ESP研究》2013年第1期。

合研修线上培训(Content and Language Integrated Learning, CLIL)。CLIL 模式要求英语语言的学习与专业能力的提高必须融会贯通,有效结合,因此,笔者认为该教学模式所倡导的内容与语言双重发展恰好适合新时代我国的教育发展与社会需求,也适合国际法全英文教学的改革。

因此,本文以国际法全英文教学为例,先论述笔者在学习 CLIL 教学模式前遇到的现实问题与困难,相信很多法学全英文授课课程的教师都会遇到类似的问题,进而分析 CLIL 模式在国际法全英文教学中的适用性与实用性,对 CLIL 模式在国际法全英文教学中的应用进行设计,并以举例的方式进行经验总结。

一、国际法课程全英文教学的困境

(一)学生作为教学受众难理解,难接受,难沟通

教师全英文授课,以英语为媒介输出知识,肯定不如使用母语交流畅通。这就可能使得教学内容打了折扣,也增加了课程的难度,使本不简单的专业课程内容更加复杂。在笔者进行国际法全英文授课时发觉,尽管笔者所在的高校作为工信部直属七所大学之一的“双一流”大学,高考录取分数也较高,很多学生大二学习国际法课程时,已经通过了大学英语六级,但学生的英语实际应用能力还是达不到完全理解国际法条文、判例、术语的要求。

对于法学专业大二学生来说,了解到“与国内法相比,作为主要规制国家间关系的国际法在诸多方面具有特殊性,国际社会没有统一的立法、执法和司法体系;国际法渊源除了成文的条约之外,还有大量不成文的国际习惯;国际法除了硬法规范之外,更有大量的软法形式的渊源,等等,但是国际法属于具有约束力和一定强制力的法则是毋庸置疑的事

实”,[7]本来就并非易事,再用全英文授课,使之难上加难。一方面学生听不太懂;另一方面教师再以传统“教师输出式”教学模式进行全英文教学,学生就很容易溜号走神,一些学生会直接放弃了对课程内容的深入学习、理解与研讨,长此以往很可能会消灭学生对该课程的兴趣与积极性。同时,因为这种“教师输出式”教学模式缺少互动,教师在以英文灌输课程内容后,很难知晓学生是否真的理会了课程的内容。

(二)教师作为教学主体易陷入极端

教师在专业课程全英文教学中非常容易陷入两个极端。一个极端是老师和学生忽略专业课程内容的学习,以语言学习为中心,将重心和课上时间大部分花在语言能力的提高上,而忽视了专业内容的教学与学习目标的实现;而另一个极端则是教师为了让学生能够理解课程内容,不停地以母语翻译解释,把全英文课程上成了翻译课,除了帮助学生记住了几个英语关键词外,基本把全英文授课课程上成了母语授课课程,无法将英语“听说读写”全面运用进课程内容教学中。这两个极端都不符合全英文专业课程开设的目的。然而,笔者在首轮开展国际法全英文教学时,就曾不幸陷入过这两个极端之中。笔者在刚开始进行该课程授课时,为了让学生能够迅速适应以全英文进行的国际法专业课程的学习,一味地重视英语能力的提高,以讲英文阅读理解的形式讲《国际法院规约》的原文,以听力训练的方式,讲述国际法史,误把国际法这门法学专业课上成了英语课;而从讲到国际强行法这个知识点开始,又由于专业内容难度的提升,同时也发现了学生们英文水平参差不齐,从而开始自说自话地翻译课程内容,将汉语翻译植入到全英文授课中,渐渐汉语植入越来越多。

上述问题的出现严重制约了笔者国际法全英文授课的开展。由于缺少经验,笔者首轮全英文国际法教学在很多方面违背了全英文专业课程开设的初衷与目的,尽管最终依据教学计划的安排,完成了教学大纲内容的全英文讲解,但没有实现“培养新时代,既了解并能够应用国际

---

⑦ 曾令良、周忠海:《国际公法学》,高等教育出版社2016年版,第2页。

法,又精通英语的国际化法律人才”的教学目标。

二、CLIL模式与国际法全英文教学的适切性

为了更好地开展国际法全英文课程的教学,使该课程的教学过程与结果与教学目的相符,笔者在第一轮授课后,积极探寻改进途径。为了学习外语专业课教学的新方式新方法,笔者于2020年6月参加了由工信部组织,由澳大利亚昆士兰大学举办的2020年春季学期教学内容及教学语言综合研修线上培训(CLIL)。在为期两周的线上培训中,笔者系统地学习了CLIL的含义、CLIL模式下的教学理念,教学组织与设计,教学活动安排与方式,教学资源与评价方法等内容,还学习了使用英语作为授课语言教学(EMI)时应该掌握的一些方法、技巧和原则。培训后,笔者对CLIL教学模式进行了更为深入的研究与应用探索,认为该模式与笔者所开展的国际法全英文教学具有很好的适切性,以该模式进行全英文国际法教学能够更为有效地达到教学目的,实现全英文教学的优势,能够在使学生掌握国际法基本理论与制度体系的基础上,全方位地提高英语语言能力。

(一)CLIL教学模式

Content and Language Integrated Learning, CLIL,翻译为“语言与内容的融合学习”,其作为系统性的一套教学理念与方法,是指在使用外语(非母语)教授学科知识或者跨学科知识时,在外语语境下通过阅读、游戏、歌曲、戏剧等活动方式(activities),使非母语的语言与学科内容融合的教学方法。⑧ CLIL作为由欧洲教育研究与实践者于20世纪90年代率先提出的一种教育与学习模式,就可以解决上述以外语教学专业课所产

⑧ Coyle, D, *Towards a connected reseaerch agenda for CLIL pedagogies*, The international journal of bilingual education and bilingualism,2007,p. 545.

生的问题与矛盾,被欧洲委员会称为"在外语方面取得进步的最佳方法。"⑨与单纯进行语言教学或者专业教学相比,CLIL 要求以学生为中心,以专业内容为关键,以语言作为媒介与桥梁,注重学习过程的体验。因此,CLIL 模式作为一种教学方式,融合了教学专业内容的学习与外语语言的学习,善加利用,可以帮助学生更加生动与自信地应用外语学习专业知识,拥有更加丰富和多样的词汇,提高对专业内容的认知,实现学生专业素养与外国语言能力的同步发展,有助于培养具备专业知识与国际视野的复合型人才。在 CLIL 模式下,学生通过英语获得所需要的专业信息,以表达自己的专业思想为出发点,通过课程内容的学习提高外语水平,换句话说,就是使学习者在外国语言环境中学习专业学科知识。⑩

(二)CLIL 教学模式与国际法全英文教学

国际法是调整国际法主体之间、主要是国家之间关系的,具有法律拘束力的规则、原则和制度。⑪国际法作为法律制度是国家自身生存与发展的需要,也是全球治理与国际法治的需要,更是个人(自然人)生活、福祉与法人经营活动的需要。在全球化发展到如此程度的今天,国际法作为一门重要的法学学科,既要求学生掌握基础理论,同时也要求学生能够阅读国际条约、国际法判例、学说的英文文献,以英语进行口头讨论与书面研究。在笔者全英文国际法教学的课堂上,英语是承载法律信息、法律思想的载体和工具,教学关键在于要让学生理解国际法的基本理论与制度设计。利用 CLIL 教学模式,通过教学内容的设置与课堂活动的融入,可以将我国传统上外语教育学的"语言中心化"的状态向"内容—语言双中心"的聚焦转变,将国际法教学内容植入英语语言之中,实现国际法教学内容与英语语言的双重学习。从这个角度看,CLIL 教学模式将内容和语言相融合的教学理念正好符合国际法全英文教学

---

⑨ Marsh et al. ,European Framework for CLIL Teacher Education:A framework for the professional development of CLIL teachers,*Encuentro*,2012,p. 39. Accessed July - 10 - 2021.

⑩ 参见俞理明、韩建侠:《内容驱动还是语言驱动》,载《外语与外语教学》2012 年第 6 期。

⑪ See Thomas Buergenthal, Sean D. Murphy, *Public International Law in a Nutshell* (5th Edition), West Academic Publishing, p. 4.

的教学目标。

国际法全英文教学就是要培养国际法理论基础扎实,具有国际视野,能够掌握国际法实务与谈判技能,能够参与到国际法各项问题的研究与谈判中来的应用型国际化人才。CLIL 教学所追求的 4C 目标的统一,即内容(Content)、认知(Cognition)、沟通(Communication)与文化(Culture)相统一,⑫也正好符合国际法全英文教学的课程内容与期待达到的目标。结合国际法课程,内容指国际法课程内容,包括相关概念、条约、判例与实践的习得与理解;认知指通过以英语学习国际法,加深对国际法基础理论、条文等的认知与思考;沟通交流是指以双向互动的方式进行国际法全英文教学,鼓励学生融入课堂活动之中,不仅仅做一个 listener(听众),还要力争成为 speaker(演讲人),以此锻炼学生的英语表达能力;文化在这里则可以理解为国际法文化与国际法观,CLIL 这种教学模式通过各项活动,可以帮助学生树立作为"负责任的大国"的知识分子应具有的以爱国主义情怀,国家利益优先为基础的"大国际法观"。

CLIL 模式创始人之一的科伊尔(Coyle)认为"CLIL 的灵活性既是这种模式的优点,又是缺点。"⑬因此,我们必须根据国际法学课程的内容与特征,进行具体的改进与个性化安排。具体而言,可以依据该模式,设计相应的课堂小活动,调动学生的积极性,并利用小活动,鼓励学生对教学结果进行反馈,同时优化复杂的国际法文献(课内涉及的多是条约、判例以及国际法学家的学说),增加文献的可读性,具体设计安排将在本文的下一部分详尽论述。因此,依据 CLIL 的理念,可以将国际法全英文教学中的国际法理论知识与英语看作该教学中的相互促进的两方面,一方面学生以英语为工具进行学习,了解与理会国际法学的基本理论条约、判例;另一方面,学生也通过国际法学课程的开展,提高英语思维水平。

---

⑫ See Coyle, D, *Developing CLIL: Towards a theory of practice*, APAC Monographs, 2005, p. 5.

⑬ Coyle, D, Towards a Connected Reseaerch Agenda for CLIL Pedagogies, The International Journal of Bilingual Education and Bilingualism, 2007, p. 550.

三、CLIL 模式在国际法全英文教学中的运用

笔者在接受了昆士兰大学有关于教学内容及教学语言综合研修培训之后，结合国际法课程的特征，将 CLIL 教学模式与国际法全英文授课相结合，从教学理念、教学设计、教学资源与教学评价等方方面面对该课程进行改革，具体方式与细节如下：

（一）课前准备

依据 CLIL 教学模式的建议，教师要在每节课授课之前问自己三个问题，以此三问题贯穿始终：第一个问题是 what，即本课要讲什么。第二个问题是 how，可以理解成根据内容设计如何去讲，如何进行课堂组织与安排。最后一个问题是 why，即为什么要引入这个内容，引入这个内容的目的是什么。这就要求教师要在认真备课的基础上，明确课程内容和安排以及如此之设计的目的。其中 what 既包括专业内容，也包括语言内容，同样 why 也是包含专业目的和英语水平提高的目的。这就需要在设计 how 时，兼顾学生们专业内容的学习与英语语言能力的提高。

以国际法的历史与发展（History and Development of International Law）为例，之所以设置这个内容，是因为"历史与发展"作为国际法概况内容，可以让学生更全面地了解国际法，理解国际法与国内法的差异，同时以这个内容承接"国际法概念与性质"和"国际法相关理论"两部分更具理论性与更重要的教学内容；在做教学安排时（how），由于这一部分较为直白，好理解，可以通过教师对此的英文概述与 PPT 文字展示，锻炼学生英语阅读与听力能力，通过对某个历史阶段国际法特征的讨论，培养其国际法思维的同时，提高其英语口语交流的能力。

对于教师而言，有了专业内容与语言两方面的 what、how、why 为指引，不仅可以避免讲课"跑题"的问题，对于全英文教学而言，还可以避免上文中论述的"以语言学习为中心，忽视了专业内容学习教学与学习目标的实现"以及"把全英文授课课程上成了母语授课课程"这两个典

型问题,同时从自身经验而言,也有利于师生“问题意识”与“问题思维”的养成。

(二)教学语言设计

CLIL模式强调轻松愉悦的教学与学习氛围、环境的重要性,这就需要教师具有扎实的英语基本功,能够以易懂的口语表达、良好的思辨能力、较强的客观陈述能力进行教学,这也是全英文教学的教师应具备的素养。因此,除了要构建舒适,无威胁,具有充分发挥余地的学习环境外,还要注意教学语言的设计,这就包括必读文献的优化与课上英语难易程度的把控。

1. 优化英文文献。国际法学课程中学生要阅读的英文文献很多,包括国际条约、国际司法机构的判例以及公法学家的学说原文摘选,这些因为英文文献资料对于学生而言都不简单。因此,需要对这些英文文献进行优化,使其更加直观、易懂,更具有可读性。优化英文文献的文本并非改变其本意,不是简单粗暴地将其简单化,而是采用加粗、高亮显示等方式让学生注意到关键词、关键句,配合长难句的解析与文后词汇表(glossary)等手段,降低文献难度,增强其可读性,让学生阅读起来能够更加得心应手。

笔者在国际法授课过程中,在讲国际法与国内法的区别与联系时,会将介绍英美法与大陆法各自发展与区别的英文文章发给学生阅读。文章有一些法律英语专业词汇,对于大二的学生而言,无论从篇幅,句子长度还是从词汇角度,阅读这类文章都不是易事。为了便于学生阅读与理解,在不修改文章的前提下,以CLIL模式所倡导的方式,在文章中加入图片、解释,将重点句加粗提亮对文章进行优化,插入与文章内容有关的图片,使整个文章与之前相比,更加生动易懂,这就有效防范“学生难理解,难接受”的问题,提高了学生预习与复习课程的效率,潜移默化地激发学生对国际法的兴趣和以英文学习国际法的信心,同时也培养了学生国际法专业文献的英文阅读能力。

2. 平衡英语语言与专业内容的认知。为了让学生的大脑时刻保持清醒与活跃,我们不能一直用难以理解,专业性极强的英语语言传递知识难点。CLIL 模式倡导难易内容要交替进行,在课上要适时给学生们的大脑一些快速休息的机会,从而提升学生课堂参与积极性,帮助学生建立自信。因此,如果专业知识内容难,教师就要尽量用简单的英语语言来表达,从而避免学生理解与认知的困难,同时培养学生以英语学习专业知识的自信心;反之,在该模式下,如果教学的专业内容相对简单,好理解,则可以用较专业的词汇,较难的句型进行表达,以同时增进学生对专业知识的认知和对英文的理解掌握。

这种让专业内容与英语语言一直处于“此消彼长”的关系之中,可以使所讲专业内容和语言都在学生能够理解和接受的范围以内,从而避免了“学生难理解,难接受”问题的发生,同时由于在讲较难理解的专业内容时,教师语言较为浅显,可以更好地集中学生注意力,也使师生间的英语交流与深入研究讨论都成为可能,有利于学生对课程兴趣的培养。

(三)灵活运用课上小活动

CLIL 教学模式要求教师重新设计知识输出方式,从我们习惯的、传统的知识灌输型转向互动交流型过渡,因此,要在授课全程增加老师与学生,学生与学生的互动环节,使学生们更轻松地融入教学过程中 。这就需要教师利用课堂上可行的短小精悍的小活动(activities)更好地促进课上交流。这样做不仅有助于与学生交流,帮助学生学习和理解所讲授的专业内容,还可以为学生树立信心,甚至建立师生之间和学生之间的友谊。

对于国际法全英文教学而言,可以利用活动,帮助学生理解与记忆法律英语的专有词汇。笔者就利用 CLIL 教学培训中推荐的 crossword puzzle(字谜),将专业词汇的含义用较为浅显的英语解释出来,作成字谜,让学生在完成字谜游戏的过程中,记住法律词汇本身的拼读及含义。

依据笔者的教学实践,利用 CLIL 教学模式,运用视图(visuals images),讲故事(story/case-telling)等方式,可以更好地引出知识点,尤其是案例。例如,在讲到“政府继承”中“恶债不继承原则”时,笔者就利用一张美国政府发行的“大清帝国湖广铁路债券”的图片,引入“湖广铁路债券案”的案情,并通过讲述该案件中我国的立场,完成对于“恶债不继承原则"的讲解。

除此之外,还可以利用KWL表格(KWL chart),帮助学生"温故而知新",先回顾已经学过的内容(K-Known),启发学生通过回忆与运用已知,告诉老师本节课想要获取的专业知识(W-Wanna know),从而引出新的教学内容,最后鼓励学生通过思考,交流来总结本节课学到的新的知识(L-Learnt),并以此方式进行对老师本节课的教学效果进行有效的反馈。

通过笔者的教学实践,灵活运用这样的课上小活动,可以帮助学生集中注意力,通过与老师同学的交流,培养法律英语的沟通能力,同时提升对国际法教学内容的认知与理解,锻炼英语思维与法学科研能力;也帮助教师通过小活动的互动,鼓励学生把学习课程遭遇的问题反馈给老师,其中包括对待全英文授课的想法遇到的困难,对知识点的理解以及对老师的建议,因此,教师可以更好地了解学生对专业内容的理解程度,依据学生的学习状况与建议,及时调整教学方案与授课方式,从而避免了教师因缺少沟通,唯恐学生听不懂英文授课中的专业内容,而将课程上成"英语提高班",抑或将汉语翻译植入全英文教学中,使"全英文"不复存在。

结 论

随着全球化趋势的不断深化,我国"一带一路"倡议与"构建人类命运共同体"理念的提出,我国亟须大量"明晰国际法,精通英语"的复合型人才。为了顺应国家的现实需要,笔者在之前国际法学中文教学的基础上,以"培养新时代,既了解并能够应用国际法,又精通英语的国际化法律人才"为教学目标,开设了国际法全英文课程。然而,由于缺少全英文教学经验,第一轮授课并不成功,作为教师不慎陷入将国际法专业课程讲成英语课与放弃"全英文"这两个极端,背离了既定的教学方案与目标。为了继续开展与完善国际法全英文课程的教学,笔者参加了教学内容及教学语言综合研修培训(CLIL)。通过对 CLIL 教学模式的深入学习与研究,发现该模式与国际法全英文教学具有很好的适切性,使用该教学模式有利于实现全英文教学的优势,能够在教会学生国际法基本理论与制度体系的基础上,帮助学生全方位地提高英语语言能力。因此结合国际法课程的特征,将 CLIL 教学模式与国际法全英文教学相结合,通过悉心设计与第二轮国际法全英文教学,获得以下经验:

首先,CLIL 教学模式有助于培养"问题意识"与"问题思维"。作为教师要在备课之时就问自己三个问题,即"要讲什么"(what),"为什么要讲这个内容"(why),"如何把这个内容更好地呈献给学生"(how),并以此问题贯穿教学始终,同样也鼓励学生在课前预习,课上学习与课后复习时,也自问类似的问题:"要学习什么专业知识,收获何种英语能力"(what),"为什么要学习此内容,提高此能力"(why),"如何学习此专业内容,提高此英语能力"(how)。通过这三个问题的贯穿,可以更为有效地实现教学与学习目标。其次,CLIL 教学模式为了实现学生专业知识与英语水平的共同进步,注重把控语言难度,因此,有必要对英文文献进行优化,同时按照专业内容的难易,控制课上教学语言(英语)的难易程度。这样既能够有效防范"学生难理解,难接受"的问题,更好地集中学生注意力,又能够激发学生对国际法的兴趣和以英文学习国际法的信心,同时也有利于培养学生阅读国际法专业文献的能力。再次,CLIL 教学模式要求教师与学生充分互动交流,这就需要教师适用各种小活动,通过小活动能够帮助学生理解与记忆专业英文词汇,更好地引入教学内容与案例,还能帮助学生通过学习与思考,将未知转化为已知。教师还可以利用小活动及时地进行教学效果反馈,从而更快速有效地对教学方案与授课方式进行调整,使之更符合学生的学习需求。

Research on English Teaching of International Law as Professional Core Course under CLIL Model in the Era of Globalization

Liu Jiu

Abstract: At the early stage of reform and opening up in China, bilingual professional course teaching and all English professional course teaching have become the focus of educational reform in universities. In recent years, with the Belt and Road Initiative and the idea of building a community of human destiny, especially since the Sino-US trade disputes which has begun since 2018, China increasingly needs compound international talents who are "clear about international law and proficient in English". In order to cultivate such talents, the author of this paper has set up an all English course of international law for law students in her university. However, the traditional teaching method has encountered many practical problems and difficulties when conducting in English. In order to reform this course, the author has participated in the online training of CLIL—content and language integrated learning. CLIL teaching mode organically unifies the teaching content and English learning, which is highly appropriate to the all-English course of international law. Therefore, the characteristics of the all English course of international law are highly considered, the application of CLIL mode in teaching of this course are designed from the aspects of pre-class preparation, language in the course, small activities to evaluation. CLIL will not only help to cultivate students' reading ability of legal documents in English, but also conducive to the cultivation of "problem consciousness" and "problem thinking" of both teachers and students, and enable students to understand the theoretical knowledge of international law and improve their English language ability at the same time in a relaxed and comfortable teaching environment.

Key Words: international law, teaching in English, teaching mode, teaching content

新文科背景下涉外法治人才英语能力培养研究

史　煜*

摘　要：新文科背景下，培养高素质涉外法治复合型人才是法律院校英语教育的目标。涉外法律人才培养基地自建立以来，英语教育的实施效果并不理想，涉外法学专业学生英语能力仍显不足，能够胜任国际法律事务的高层次人才仍然匮乏。在新文科建设背景下如何培养高素质涉外法治人才，更好地服务于"一带一路"建设，需要从课程设置、教材建设、师资培训、教学方法、考核形式和学员交流方面对法律英语教育加以强化。

关键词：新文科　涉外法治人才　英语能力　培养

我国高等法学教育经过近四十年的实践已达到了相当的规模和高度。2011 年 12 月，《教育部　中央政法委员会关于实施卓越法律人才教育培养计划的若干意见》（以下简称《意见》）出台，标志着我国法治人才培养的新探索。《意见》指出"要培养一批

* 史煜，西北政法大学外国语学院讲师。研究方向：英语语言学、英语教学。

具有国际视野、通晓国际规则、能够参与国际法律事务和维护国家利益的涉外法律人才”。2018年,中央政法委在卓越法律人才培养计划的基础上,出台《关于坚持德法兼修实施卓越法治人才教育培养计划2.0的意见》并指出要“构建涉外法治人才培养新格局”。近年来,我国的法学教育逐步出现了“职业化”“多元化”“精英化”“正规化”“国际化”的五大趋势。① 随着中国“一带一路”经济带的发展和参与国际竞争步伐的加快,涉外法律服务的需求越来越大,高素质涉外法治人才的需求越来越迫切。如何提高涉外法治人才的英语能力、培养其涉外法律事务沟通能力是涉外法治人才培养的重要目标,因此,对涉外法治人才英语能力培养进行研究很有必要。

一、涉外法治人才培养现状

我国法学教育经过几十年的发展已显有成效,截至2016年,我国六百余所高校已开设法学本科专业,法学专业在校本科生已过40万人。② 但是目前法治人才市场的现状是低层次法治人才过剩,既熟悉中国特色社会主义法治体系又通晓国际法律规则的高层次法治人才又严重不足。麦可斯《2016－2018届本科各学科门类毕业生就业率》(见表1)显示法学本科毕业生就业率持续走低,可是涉外法治人才又严重短缺。

表1　麦可斯《2016－2018届本科各学科门类毕业生就业率》

单位:%

本科学科门类名称	2018届	2017届	2016届
工学	93.1	93.5	93.5
管理学	92.7	93.2	93.6

① 参见徐显明:《中国法学教育的五大发展趋势》,载《法制资讯》2013年第Z1期。

② 参见叶青:《多元创新政法高校法治人才培养模式》,载《法学教育研究》2016年第1期。

续表

本科学科门类名称	2018 届	2017 届	2016 届
教育学	90.8	91.0	91.2
医学	90.7	91.3	90.8
经济学	90.6	91.5	91.7
农学	90.4	90.9	91.0
理学	89.9	90.5	90.9
文学	89.5	90.2	90.1
艺术学	87.3	88.1	88.8
历史学	86.1	86.3	86.1
法学	85.1	85.3	84.9

近年来,中国对外贸易持续增长,相关资料显示中国已连续 17 年成为全球遭受反倾销调查最多的国家,连续 6 年成为全球遭受反补贴调查最多的国家。中国企业在加快"走出去"步伐的同时,面临的境外法律风险也随之增加。如何更好地运用法律武器捍卫国家利益以及中国企业合法权益,是对涉外法治人才的重大考验。我国复合型、高层次涉外律师人才队伍发展相对滞后,从事涉外法律服务的律师相对短缺,总量不足。就律师这一法治人才队伍而言,目前有 90% 在国内从事法律服务,在国外从事法律服务的仅占 1%,涉外业务在整个行业中所占份额极小。③ 随着"一带一路"倡议的提出,西北部的陕西、西南部的四川、重庆等省、自治区、直辖市在实施这一战略的过程中发挥着举足轻重的作用,迫切需要一大批懂法律会外语的涉外法治人才,保障这一战略的有效实施。东部地区虽然是培养涉外法治人才的沃土,但能胜任涉外法治业务的人数也屈指可数。我国律师在国际事务、全球经济一体化和国际法律服务业的影响力和参与度与我国对外开放总体目标和经济发展总体水平不相适应,已经成为制约我国律师行业发展的"短板"和"软肋"。

王祥修提出涉外法治人才应当具有五大基本素养:法治信仰、国际

③ 参见杨凤宁:《经济全球化视野下涉外法律人才培养问题初探》,载《民族教育研究》2014 年第 3 期。

视野、专业素养、外语水平、人文底蕴。④ 制约涉外法治人才发展一个重要的因素就是外国语言应用能力跟不上,对国外的相关文化、法律了解不深。能够使用国际通用语言进行交流和沟通,熟练运用国际通用语言表达法律观点是涉外卓越法律人才必备的基本能力之一。⑤卓越法律人才与传统法律人才的区别在于"复合",⑥因此,"法律+外语"的复合型培养模式才能更好地满足涉外法治人才的需求。

2019年4月,教育部提出要优化学科专业结构,全面推进新文科建设,这是从国家战略角度对新时代教育工作者提出的任务要求,也为涉外法学专业学生英语能力培养提供了新思路。"新文科"这一概念由美国希拉姆学院于2017年率先提出,是指对传统文科进行学科重组、文理交叉,即把新技术融入哲学、文学、语言等诸如此类的课程中,为学生提供综合性的跨学科学习。⑦ 新文科不同于传统文科,强调多学科的交叉与深度融合,从而推动传统文科的升级。在新文科的背景之下,做好法律和英语的学科交叉融合,着力培养涉外法学专业学生的国际视野、涉外沟通和交流能力是法学院校的英语教育改革的方向。

二、新文科背景下涉外法治人才英语教育目标

自2011年卓越法律人才培养计划的实施,22所高校建立了卓越法律培养基地,卓越法律人才培养包括三类:应用复合型人才、涉外法律人才、西部基层人才。涉外法律人才是特殊的、专门性的法律人才。随着卓越涉外法律人才基地的确立和《意见》的实施,大学英语教什么、怎么

④ 参见王祥修:《论涉外卓越法律人才的培养机制》,载《职业时空》2014年第3期。

⑤ 参见曾令良:《卓越涉外法律人才培养的"卓越"要素刍议》,载《中国大学教学》2013年第1期。

⑥ 参见王文华:《卓越法律人才培养与法学教学改革》,载《中国大学教学》2011年第7期。

⑦ 参见樊丽明、杨灿明等:《新文科建设的内涵与发展路径(笔谈)》,载《中国高教研究》2019年第10期。

教、如何能够顺应人才培养目标是卓越法律人才教育培养基地英语教育需要解决的问题。

(一)后现代主义课程观

现代主义课程观又称“泰勒原理”,它的核心思想是学校的教育目标是什么?达到这些目标学校应该提供哪些教育经验?如何有效地使用这些经验实现教育目标。[8] 现代主义课程观主张课程内容是固定不变的,教师是教学的权威,考核方式注重统一标准。

后现代主义课程观是现代主义课程观的延伸,它改善了现代主义课程观的一些弊端,认为课程是动态的、开放的,师生共建的,师生平等,老师不再是权威,考核以平时学习的考核和终结考核相结合。后现代主义课程观主张:课程的教学目标可以根据学生和社会的需求有不同的定位;课程内容要丰富多样,既要关注语言技能培养,也要关注人文知识培养,促进学生全面发展;课程设置要根据学校、师资、学生的情况作不同的调整,不同学校、不同基础的学生在课程设置上要有所变化。

(二)大学英语教育的目标是为专业服务

根据后现代主义课程观,大学英语的教学不仅要培养学生的语言知识,更重要的是培养学生英语语言的应用能力,以学生为中心,以满足社会需求为目标。因此,能够使用英语从事涉外法律业务是新时代培养高素质涉外法治人才的英语教育目标,这也是新文科背景下英语教育的主要目标。

1. 法律英语开设的必要性。高等学校大学外语教学指导委员会研究制定的《大学英语教学指南》秉持了后现代主义课程观,提出了大学英语教育的三大课程体系,即通用英语、专门用途英语和跨文化交际,三大课程体系可以依据学校的具体情况进行开展。其中专门用途英语分为学术英语和职业英语。学术英语指英语与专业相结合,如法律英语。专门用途英语为大学英语与专业知识结合提供了新的思路,是新文科背景下外语教育的新方向,让大学的英语教育有了明确的目标,可以更好

⑧ 参见李雄鹰:《后现代课程理论视域中的我国大学课程改革》,载《煤炭高等教育》2011年第4期。

地为专业服务,真正发挥英语工具性的特点。

法律英语正是在新形势、新环境、新挑战的背景下提出的,它符合国家培养卓越法律人才的基本目标,也适应了2015年国家提出的"统筹推进世界一流大学和一流学科建设总体方案"的精神,注重学生综合素养、国际视野的培养,注重学生对中华传统文化和社会主义核心价值观的研究。法律英语教育是涉外法律人才培养基地英语教育发展的必然趋势和目标。结合《意见》精神,根据法律院校的特点,法律英语作为涉外法学专业的专门用途英语,其开设势在必行。开设英语与法学学科专业知识相结合的法律英语,从而提高学生从事涉外法律事务的语言能力,增强国际视野,能够用英语语言交流和解决法律事务,熟练地用英语读懂并撰写涉外法律文书,完善中国法律的对外传播。这样才能够更好地拓宽学生的职业能力和就业能力,更好地服务于社会。

2. 法律英语的定位。学术英语是以某一专业领域(如医学英语、法律英语等)的题材为学习内容,帮助学习者提高专业文体(词汇、句法和语篇)的认知能力、语篇分析归纳以及信息辨识能力。⑨ 法律英语作为学术英语的一种,是英语语言的变体,融合了英语语言和法律知识,主要培养学生在法学专业方面的语言应用能力。法律英语的学习旨在帮助通过全国统考的学生以英语为工具,直接查阅国外法学书刊,了解国外法学研究动态,迅速获取信息,扩大法学专业知识面,并帮助学生用汉语、英语进行一般性的口、笔译,具有一定的英文写作能力。⑩

法律英语不同于专业英语,专业英语是教学大纲所规定的"采用原版教材",进行"专业文献阅读和翻译",由"专业教师"开设,掌握1000~1500字与本专业相关的英语词汇,从而了解相关学科内容。专业英语关注的是专业知识、翻译、术语的理解,而法律英语注重英语在相关专业领域的交流技能,它们的侧重点不同。法律英语教学至少涉及三方面的知识和两种语言能力的培养,即本国法律、国际(外国)法律和其他专业

⑨ 参见蔡基刚:《转型时期的我国大学英语教学特征和对策研究》,载《外语教学与研究》2007年第1期。

⑩ 参见熊一娣:《法律专业英语的教与学》,载《现代法学》1993年第3期。

知识及英语和汉语两种语言能力。⑪ 因此,逐步完善法律英语教育是法学院校英语教育亟待解决的问题。

三、涉外法律人才基地英语教育存在的问题

《大学英语教学指南》提出了大学英语教育的三大课程体系,指出各高校可以根据自己的专业特色制订符合自己学校的英语教育课程体系。因此,法学专业的英语教育中,如何对通识英语(基础英语)和法律英语进行合理的分配和设置,对提高涉外法律人才英语能力非常重要。自 2011 年涉外法律人才培养基地的建成,国家对涉外法治人才的培养取得了一定的成绩,但是立足于培养高素质涉外法治人才的大学英语教育仍然不太理想。分析原因,主要有以下几点:

(一)基础英语与法律英语衔接不够紧密

大学基础英语教学以培养学生英语语言基础、发展学生英语听说读写能力为主要教学目标。近年来,随着我国英语教育的普及和发展,学生的英语基础较之前有了大幅的提升,但是大学基础英语课程内容仍然沿袭旧的模式,课程内容只是在高中基础上的重复和补充。基础英语课程一般开设一年半时间,这期间英语的学习主要目标以过英语四、六级为主,法律英语知识基本没有涉及。有些同学在四、六级通过后,并没有重视英语的学习甚至放弃了英语的学习,导致英语语言能力的下滑。此后的大学英语学习,无论是高级或更高级英语课程,最大价值就是挣学分拿高分,争取直读研或评奖学金,⑫这样的英语教育和学生的专业发展缺乏有效的对接。随着国家一流大学和一流学科建设的提出,要求学生在专业领域有国际竞争能力并能够使用英语从事专业研究和学习。

⑪ 参见满颖、侯正良:《法律英语教学与国际型法律人才的培养》,载《北京第二外国语学院学报》2004 年第 2 期。

⑫ 参见樊丽萍:《英语教改直指"哑巴英语"尴尬》,载《文汇报》2013 年 3 月 8 日,第 A 版。

可是大学基础英语课程设置和学习不能满足这一要求，导致英语教学边缘化，大学英语课时被压缩，大学英语的地位越来越受到质疑。

（二）法律英语教育在大学英语教育中定位模糊

大学英语教学是应该注重英语的工具性还是要兼具人文性；大学英语教学如何和中学英语教育有良好的承接并有所特色；大学英语教学注重通识教育还是走专门用途英语的道路，在学界都有不同的观点。大学英语不是专业，它只有满足国家战略需求，培养学生用英语从事专业学习和研究的学术能力，才能在高等教育中找到自己的地位。[13] 法律英语就是在这一背景下提出的大学英语的一个改革方向，它属于专门用途英语的一种，更注重英语与法律专业知识的融合，旨在培养学生在法学专业领域的英语语言应用能力。

但是在具体实施中，法律英语教育定位模糊，与传统的大学基础英语教育混为一谈，依然是对词汇、语法知识的讲授，没有明确的考核标准和教学体系。法律英语的考试题型仍然参照四、六级考试题型进行考查，主要考查词汇和语法，并没有注重法律英语的实际应用能力。

大学英语四级考试词汇要求4500字，阅读速度每分钟100词，但是这样的能力很难适应今后的英语应用要求。据研究统计，英语非母语的大学生能够进行专业阅读，必须有8000～10,000的词汇量，[14]阅读速度每分钟230～250词。[15] 因此，很多大学生虽然过了英语四、六级，但仍然读不懂英文资料。大学毕业生词汇量太小，看专业书费力；阅读速度太慢；对稍长的文章望而却步。大学生读外文学术刊物能力还明显不足，与外国人交流不够自如，撰写英文材料错误百出。由此可见，传统的大学英语教学目标是不能够满足法治人才涉外法律业务的英语语言能力要求，以四、六级为标准的考核体系已不能够满足法律英语的培养目标，法律英语作为专门用途英语，亟须不同于传统大学基础英语课程的系统

⑬ 参见蔡基刚：《国家战略视角下的我国外语教育政策调整——大学英语教学：向右还是向左?》，载《外语教学》2014年第2期。

⑭ 参见李荫华：《提高课堂教学质量是我们的当务之急》，载《外语界》1995年第1期。

⑮ See De Leeuw, M. & E. De Leeuw, *Read Better, Read Faster*, London, Penguin Books, 1965, p. 56.

的培养体系和培养方案。

(三)法律英语教育缺乏统一的培养方案

法律英语作为一门专门用途英语,任课教师以大学英语教师为主。专业背景上,大学英语教师主要是英语语言学、英语文学、英语翻译这三类专业出身,并没有法律等专业知识储备;学历结构上,高学历的人数也普遍低于其他专业,硕士学历的大学英语教师还占很大的比重。以西北政法大学外国语学院为例,高级职称教师27.5%,硕士以上教师82.4%,其中博士占8.8%。在学术能力方面,大部分大学英语教师都承担着大量的教学任务,课时量重,参与学术交流的机会少,法学学科发展的关注度不高。英语教师法学知识储备不足,法律教师英语水平不高,有法律背景的外教人数偏少等诸多因素制约着法律英语的发展。

目前,法律英语一般只开设一个或两个学期,很多大学以选修课的形式开设。从表2可以看出:虽然开设法律英语的高校很多,但在课时分配,课程目标上没有统一标准;任课教师来源复杂,缺少专业的法律英语教师;没有统一标准的法律英语教材;多数学校对法律英语的开设不够重视,课时量所占比重很少。教学方法上,主要以大班授课为主,以法律术语讲解为主,缺少实用技能的培养。教学效果上,学生用英语写法律文书、用英语去进行谈判的能力有待提高。很多老师和学生认为法律英语就是对英美法的学习,没有关注中国法律的英文表达方式,这样的学习并不能真正有助于日后的涉外法律工作。

表2 法律英语教学状况对比

学校	专业	学分	学时	课程性质	开课学期	教师	教师学历背景	教材
西北政法大学	国际法涉外本科	2	36	通识必修课	本二下、本三上	外教/外语学院中教	国外法学院博士及大学英语教师	自编
华东政法大学	国际经济法本科	16	288	普通教育必修	本一、本二	外教/外语学院中教	无法学教育背景的外教及大学英语教师	指定教材

续表

学校	专业	学分	学时	课程性质	开课学期	教师	教师学历背景	教材
华东师范大学	法学本科	2	72	专业必修课	本三上	人文社科学院中教	国外法学院法学博士	自编
西南政法大学	国际经济法本科	4	64	专业选修课	本三上、本四上	国际法学院中教	国外法学院博士	自编

据统计，我国从事涉外法律业务的律师约3000人。其中，能够独立办理涉外仲裁、涉外贸易诉讼的律师不足200人，能够办理“两反两保”等案件的律师不足50人，能够在世界贸易组织参与诉讼的律师不足20人，我国律师业发展呼唤高素质涉外法治人才。这说明，学生熟练运用英语来解决法律事务的能力亟待提高，英语的教学效果和目标远远落后于涉外法治人才的需求。

四、涉外法治人才英语教育改革措施

基于以上分析，为了更好地适应新文科背景下涉外法治人才培养目标，今后的英语教育应从以下几个方面着手，以期培养出适应社会需求的高层次涉外法治人才。

（一）大学基础英语与法律英语教育要有效结合

在涉外法治人才的英语教育中，大学基础英语教育与法律英语教育要形成立体化、体系化，逐步融合的模式，基础英语要服务于法律英语教育。大学基础英语开设在大学第一年，教学内容与高中的英语教育要有所不同，可以逐步渗入法律英语词汇和表达，注重跨文化知识的传授，针对涉外法学专业学生的英语应用能力要求，要加大口语和听力方面的训练，为之后的法律英语学习做好过渡。可以在课堂上组织辩论、演讲、写作等活动，培养学生的英语思辨能力、英语口语表达能力和基本的英语书写能力。基础英语的难度可逐步加大，不断培养学生的英语交流能力及法律意识,扩大法律英语词汇和表达的储备,鼓励学生参加学校相关的英语竞赛等活动,提高学生在法律文化中的跨文化交际能力,为之后的法律英语学习储备基本的语言表达能力。

(二)法律英语课程设置要符合法律英语学习规律和目标

语言要承担起为专业学科服务的功能,只有将语言知识与学科概念关联起来教授语言知识,才能帮助学生在特定学科职业或学术研究中准确地使用语言。因此,培养学生在涉外法律业务方面使用英语的能力,是法律英语教育的目标。具体地说,就是要培养学生在涉外法律业务中,熟练利用听、说、读、写、译技能,完成各项涉外法律业务。

法律英语的教学可以根据目标逐步加深内容。基础阶段重点解决的问题是特定情境中的词汇和语篇中常用的句法与表达,为法律英语的学习积累基本功。较高阶段的法律英语教学中,开设学术写作和口语课程,培养学生在法律实务中用英语交流和书面表达的能力,逐步过渡到能够用英文表达中国的法律条文。

法律英语仅开设一两学期是远远不够的。法律英语可以考虑从大学二年级开设,共开设三年,并以必修课的形式进行。学生在学习法律专业的同时,同步进行法律英语的学习。随着法律英语的学习的深入,从读懂西方法律术语和法律条文逐步过渡到涉外法律业务的实践。这样从时间和制度上保证了英语知识和法律知识的良好结合,真正做到法律英语教育的实效性。

(三)教材内容要注重法律英语输出技能的培养

法律英语课程规划要符合国家的语言教育方针,服务于国家对非英语专业大学生语言培养的宏观目标,课程中所设计的各项活动和任务要有利于学生交际能力的培养。因此,在教材建设方面,培养学生英语应用能力是法律英语课程的目标。教材编写要以此为目标,制定统一的教学大纲。其次,教材的内容要有层次性,由浅及深;要有科学合理的体系,而不是简单的“英美法”的介绍。从基本的法律英语词汇、句型和简单的语篇学习逐步过渡到翻译、撰写英语法律文书,读懂英语法律文献等;教材要加强实用性和针对性,加强写作和口语技能的培养,注重法律实务的应用能力培养。材料和任务活动既要反映真实的社会文化背景，也要与学生的学习兴趣和背景知识相关联，从而提高学生参与度。

教材选编的文章要注重学术性和专业性。学生毕业后从事法律工作要接触到大量学术性很强的外国文献，有些文献的作者并非英语本族人，词句的使用上并非非常标准，据统计，《Nature》杂志上发表学术论文的非本族人占46.6%。[16] 因此，在大学阶段要培养学生解读英语法律文书的能力，接触不同的外国文献，为今后涉外工作打好基础。

（四）采用浸入式、合作式、线上线下等多种教学模式增强教学效果

在教学模式上，可以采用浸入式教学，浸入式教学主张内容与语言的整合，强调学生在真实的生活交际中学习使用语言。教学中，可以以法律知识为导向，不断强化学生的英语应用能力，注重培养学生团队协作能力和批判思维能力。发挥学生的积极主动性，利用语料库、优质网络课程、慕课、网络等资源加强学生自主学习能力，线上线下相结合。可以组织模拟法庭或律师事务所实习，增强学生法律实务能力。《国家中长期教育改革和发展规划纲要（2010－2020年）》也指出"着力提高学生服务国家服务人民的社会责任感、勇于探索的创新精神和善于解决问题的实践能力"。

可以考虑语言教师和法律专业课教师合作教学的方式，专业课教师的专业知识和语言老师的语言知识优势互补，从而提高法律英语的教学效果。除了课堂模式，也可邀请国内外著名学者做讲座，学生积极参与其中，从中学习、了解中西方法律的差异，学习法律实务案例，为课堂教学进行有益的补充。另外，可以考虑22所卓越法律人才的校际联合培养，发挥各高校的专业优势，发展联合培养机制。

（五）注重法律英语教师法律专业能力提升

高素质涉外法治人才培养对英语教师提出了更高的要求。教师首先要在扎实语言基本功的基础之上，学习法律知识，参加法律英语教师

---

[16] See Wood, A, International Scientific English: The language of research scientists around the world, In Flowerdew, J. (ed.), *Research Perspectives on English for Academic English*, Oxford University Press, 2001, p. 71－83.

的师资培训,提升个人法律知识储备;大学英语课程的改革将大大促进教师的职业发展。⑰ 大学英语教师可以在自己现有的英语专业背景的基础之上,结合法律专业,进行知识拓展和学习。

借助国家"双千计划",加强高校教师和法律事务人员的互聘和交流。可以聘请法律事务部门涉外律师、法官来学校授课,讲授法律实务课程;也可以把高校法律英语教师派往法律事务部门挂职锻炼,参与法律实务工作。鼓励法律英语教师的国内外进修,攻读学位,不断提升专业能力和知识结构。国家在《推进共建"一带一路"教育行动》中明确提出"教育互联互通合作""开展人才培养培训合作"等教育行动纲领。高校教师可以借助"丝绸之路"教育援助计划,去了解沿路国家的法律实践,积累经验,加强法律知识储备和实践经验,更好地服务于教学。

(六)逐步形成法律英语的全国统一考核标准

法律英语以实用性和具体法律环境中的英语应用为教学目标,考核标准要与教学目标相一致,具体应该包括:用英文撰写法律文书的能力、翻译英文案例的能力、用英文表述法律问题的能力。要培养学生的科研能力,注重文献阅读和知识的积累,培养学生严谨的科学读写能力,为英文法律文书撰写、翻译和表达打好基础。

可以建立全国统一的大学法律英语测试系统。学生完成两学年的法律英语基础课程之后参加法律英语基础能力达标测试,通过这个测试的同学进入到较高阶段法律英语的学习。未通过考试的同学,参加下期考试直到合格,才能进入较高阶段的课程。学生完成高阶课程后,参加全国性的大学法律英语技能测试,发放测试证书。

积极推动法律英语证书(LEC)的考试。LEC考试是目前国家推出的权威性的外语类法律证书考试,主要以英语为语言形式考核英美国家法律知识及法律英语的翻译实践。该考试是涉外法律从业人员的英语水平的权威考试,通过该考试也可以检测学生法律英语应用能力。

---

⑰ 参见蔡基刚:《国家战略视角下的我国外语教育政策调整——大学英语教学:向右还是向左?》,载《外语教学》2014年第2期。

（七）加强学生海外学习经历，提升跨文化交流和工作的能力

当前法治人才的培养，要有效解决理论与实践脱节的突出问题，加强法治复合型人才培养的力度，不断提高国际合作的深度。加快培养能够解决国际化背景下相关法律问题的高层次涉外法治人才，需要法学院校与法律实务部门的深度合作以及教育资源的“跨境整合”。可以探索建立“国内—海外合作培养”机制，在国内法学院校与海外高水平法学院校之间实现教师互派、学生互换、学分互认和学位联授，积极利用海外优质法学教育资源，探索形成灵活多样、优势互补的涉外法治人才培养机制。

结　语

新文科背景下涉外法治人才培养目标对学生的英语应用能力提出了明确的要求，大学英语教育也应该以此要求为基础，明确教育的目标和方向，逐步实施并完善法律英语教育。在新形势下，要从课程设置、师资、教材、教法、考核机制等方面不断完善法律英语的教学体系，从而保证大学英语教育的教学效果，提高学生应用英语的能力，增强学生对外交流能力，为国家培养合格的复合型涉外法治人才。

On the Cultivation of English Language Ability of Foreign-related Rule-of-Law Talents from the Perspective of New Liberal Arts

Shi Yu

Abstract: the proposal of New Liberal Arts requires qualified foreign-related rule-of-law talents which is the purpose of English education in the college. Since the start of International Excellent Legal Talents Education and Training Program, the effect of English language education and the English language ability are not satisfied and there is still a shortage of excellent foreign-related rule-of-law talents competent for international legal affairs. We should foster outstanding foreign-related rule-of-law talents for better serving the Belt and Road Initiative. In the future, the reform of English education should be strengthened from the aspects of teaching material construction, teacher training, teaching methods, assessment forms and student exchanges.

Key Words: New Liberal Arts, foreign-related rule-of-law talents, English language ability, cultivation

管 理 经 纬

涉外法治人才培养机制探索与实践

——《法学教育研究》第五届专题研讨会综述

陈　辉*　孔　爽**

摘　要:2021年12月11日,《法学教育研究》第五届专题研讨会在西北政法大学召开,与会代表围绕“涉外法治人才培养机制探索与实践”展开学术研讨。当今世界正经历百年未有之大变局,国际秩序和全球治理体系深刻调整、加速演进,充满了机遇和挑战,亟须运用国际法规则等手段来维护国家的主权安全和发展利益,进一步提升参与全球治理的话语权和主导性。法学院校应坚持用习近平法治思想引领涉外法治人才培养,建强国际法学科,带动涉外法治人才培养,强化协同育人,培养高素质涉外法治人才。

关键词:习近平法治思想　涉外法治人才　法学教育　全球化

2021年12月11日,由西北政法大学主办,高等教育研究所、《法学教育研究》编辑部、国际法学院共

---

* 陈辉,西北政法大学教育经济与管理专业2020级硕士研究生。研究方向:高等教育管理。

** 孔爽,西北政法大学教育经济与管理专业2020级硕士研究生。研究方向:高等教育管理。

同承办,北京高文律师事务所协办的“涉外法治人才培养机制探索与实践”高端论坛暨《法学教育研究》第五届专题研讨会在西安召开,会议采取线上线下相结合的方式进行。来自中国政法大学、西南政法大学、华东政法大学、中南财经政法大学、西北政法大学、上海政法学院等“立格联盟”院校、清华大学、武汉大学、西安交通大学、湖南大学、北京航天航空大学、厦门大学、云南大学、哈尔滨工程大学、陕西师范大学、江西财经大学等二十余所高等院校以及自然资源部海洋发展战略研究所、西安仲裁委员会等法治实务部门的百余名专家学者参与本次会议。会上,还隆重进行了本届专题研讨会有奖征文的颁奖。来自全国高校专家学者的 26 篇论文获奖,其中,一等奖论文 3 篇、二等奖论文 6 篇、三等奖论文 9 篇、优秀奖论文 8 篇。

一、涉外法治人才培养机制探索

近年来,随着国际关系的发展变化,国际法在对外关系中的重要性逐渐凸显,随之引发了对中国国际法教育包括涉外法治人才培养等问题的思考与讨论。

时任中国国际法学会会长、中国政法大学黄进教授探讨了关于加快建立国际法一级学科专业,着力培养高素质的涉外法治人才的问题与建议。他指出,加强涉外法治人才培养是贯彻落实习近平法治思想的重要内容,对涉外法治、涉外法治人才要有一个清醒的认识,特别是要培养的涉外法治人才,是从中国自身角度出发的,是德才兼备,具有家国情怀和社会责任感,具有世界眼光与文化交流的能力,熟悉国际法律规则,善于处理中国的涉外法律事务的人才。他建议,创新涉外法治人才的培养机制需要从五个方面入手:一是完善法学学科体系,构建国际法学的体系,将国际法学确立为法学学科门类下的一级学科,恢复国际法本科专业。二是优化涉外法治人才培养方案。三是强化涉外法律实践教育。四是加强法治工作队伍的在职培训。五是法学院校在涉外法治人才方面,走差异化的发展道路,突出自己的特色。

清华大学法学院王晨光教授认为,百年未有之大变局对涉外法治人才培养提出新要求,参与全球治理需要一大批熟悉党和国家方针政策、了解我国国情、具有全球视野、熟练运用外语、通晓国际规则、精通国际谈判的专业人才。传统观点认为国际法律人才应当具备良好的外语能力、扎实的国际法知识以及一定的国际经历。面对复杂多变的国际环境,传统的国际法律人才培养模式的弊端逐渐暴露出来。他指出,根据未来执业领域的需求,国际法人才应当掌握的知识至少应包括国内法规则体系、国际法规则体系、相关学科的知识体系这三大部分。这三部分不是简单的拼盘,而是有机地结合在一起,从而使学生能够在这些知识体系基础上培养出统揽全局、融会贯通、深入分析和缜密设计的法治思维能力。他认为国际法律人才的能力和素质包括多个方面:首先是坚定的政治信念、服务国家和民族的精神以及建构人类命运共同体的博大胸怀;其次是出色的外语和国际沟通能力;最后是高超的法治思维能力。

武汉大学国际法研究所杨泽伟教授认为,目前中国国际法教育主要呈现以下特点:国际法教学和人才培养日益受到重视,国际法教学和人才培养的组织、引领工作在不断增强;国际法人才队伍的规模日益壮大、国际法人才培养方式更加多元以及国际法的教材建设取得了重要进展等。他指出,中国国际法教育还存在三方面问题,国际法在法学教学体系中的地位有待进一步提升、国际法学科体系有待进一步完善以及涉外法治人才培养的力度有待进一步增强。因此,国际法成为法学一级学科是新时代的必然要求,重视国际法法理学的教学研究是培养具有国际竞争力法律人才的现实需要,加大国际组织人才培养力度是进一步增强中国话语权的必由之路。

西北政法大学王瀚教授在报告中指出,涉外法治人才培养是我国法治建设的重大战略,涉外法治人才队伍是我国作为法治强国的战略资源,把涉外法治人才作为中国法治人才队伍建设的新兴问题提出来是一个时代的命题。他建议,第一,对涉外法治人才实行本硕连学制贯通。第二,构建涉外法治人才实践培养的协同机制。第三,在涉外法律平台培养方面建立海外研修的国际教育机制。第四,改革现行的法律职业资格考试制度,对涉外法治人才实行单独的资格考试。第五,在法学学科评估中增加涉外法治人才评价指标体系。

华东政法大学国际法学院院长杜涛教授指出应构建中国特色的对外关系法学科。他认为,要通过对外关系法沟通国际法与国内法,做到两者的交叉与统筹。目前,我国国内法与国际法基本上处于分割的状态,且国际法不适用于中国的对外关系法,对外合作体系形成的基本原则就是要坚持党的领导,因此,需要建设具有中国特色的对外关系法。把对外关系法作为计划规范和交叉学科进行建设,持续推进三大体系的建设:学科体系、学术体系、管理体系。

北京航空航天大学法学院乔博娟副教授以北航法学院为例,探讨了培养科技型涉外法律人才的重要性。她认为,我国科技发展的外溢性对涉外法律人才提出了涉外合规、法学理论、争议解决三类主要需求。以践行科技强国战略、服务科技企业发展为目标的科技型涉外法治人才,未来将主要集中于国际知识产权法、国际竞争法、新法学领域立法、国际争端解决等应用领域。西南石油大学王浩副教授就能源行业类高校涉外能源法治人才的路径选择进行了交流。他认为,目前高校对涉外法治人才的培养多是通识教育,存在同质化的问题,并且人才培养的数量不足,不能够满足中国国际交往中对法治人才的需求。西南石油大学以培养服务全球能源治理的法治人才为理念,遵循能力卓越且素质优良的人才培养目标,坚持涉外能源法治人才订单式培养的导向,以学科交融的教育模式培养符合需求的新型全球化人才。

自然资源部海洋发展战略研究所副所长吴继陆研究员聚焦新时代我国涉外海洋法治人才培养,他认为我国提出的构建人类海洋命运共同体的概念表明国家在涉外海洋法治人才上的巨大需求,应在涉外海洋法治领域尽快地建立起学术体系、学科体系和话语体系。他建议,应进一步妥善处理舆论宣传、学术研究、国家决策之间的复杂关系,提升人才培养中法律形式的政治外交文件的写作能力,注意学术结论和政策建议的区别,把主要精力放在基础性、学术性的问题上。

武汉大学博士生邓云成探讨了未来国际法学院的建构问题。他认为国家间竞争的内容之一就是国际法视野下的规则之争,而熟悉并能灵活运用国际法的人才是重中之重。中国作为发展中国家的重要一员,应基于已有的国际法教育基础和面临的共同挑战牵头建构一所多元化、产业化、全球化的未来国际法学院,推动发展中国家国际法律人才培养。

二、习近平法治思想与法治人才培养

以习近平法治思想引领新法学建设是新时代法学教育的主旋律,我们应深入研究和挖掘习近平法治思想的理论内容,在实践中坚持德润人心的法学教育理念,推动法学教育的理论研究与实践探索。

上海政法学院刘长秋教授认为习近平法治思想中有关法学教育的论述是该思想的重要组成部分,也是指导我们强化新时代中国法学教育的基本遵循。当前,我国法学教育还存在法学新学科教育发展举步维艰、法学教育对于西方法学理论过于倚重、法学教育存在忽视甚至排斥思想道德教育的现象等在内的突出问题,需要逐步强化法学新学科教育,加强对中国特色社会主义法治理论的教育,并坚持依法治国与以德治国相结合的法学教育理念。这是学习贯彻习近平法治思想,进一步完善并推进中国法学教育的必然选择。

湖南大学法学院党委副书记罗英副教授探讨了如何在习近平法治思想指导下围绕“德才兼备”的育人目标推进法学课程思政改革。通过对各高校法学专业课程思政建设的实践情况进行问卷调查研究,她发现法学专业开展课程思政改革的总体发展势头向好,但师生对课程思政的理解深度不够。课程思政改革进一步发展需为老师营造更加便利、开放的条件,为学生提供富有亲和力的德育教学体验,具体路径包括多方位拓宽育人形式,增强教学可接受度;改革学生成绩考核方法,引入改革成效动态评价机制;改变教师认知,提升其教学能力。

西安交通大学法学院副教授王鹏基于亲身教学经验和实证研究,提出留学生如何思政以及留学生国际法教学的中国叙事分析的问题。他对西安交通大学的国际商法留学生硕士项目进行调查,发现不仅配套教材建设滞后,而且留学生对中国元素关注较少,甚至不了解其母国与中国的外交关系和经贸合作的现状。对此,教师要通过言传身教和建构具体情境,促进共情理解和文化认同;高校加强英文宣传能力,借助中国发展成果增强感召力。

武汉大学国际法研究所博士生唐刚就习近平法治思想中的涉外法治人才培养观进行了交流。提出三点创新实践,一是优化法学学科体系设置,改革创新涉外法治人才培养模式。二是加强涉外法治人才能力训练,增强其对工作岗位的适应性。三是采取相应保障措施,推动高素质涉外法治人才培养落实落地。西北政法大学博士生杨思怡就习近平法治思想引领新时代法学教育研究进行了交流,她认为以习近平法治思想指引下的法学教育应当体现"五合法学"之特征,即"融会古今、兼修文理、通融价值、比较借鉴、知行合一"。

三、政法院校涉外法治人才培养的实践

在全球化日益深入,全球政治和经济摩擦越发频繁的背景下,建设法治中国的时代旋律迫切需要了解中国高校培养涉外法治人才的现状,探析涉外法治人才培养机制的现实境遇与应对之策。

中国政法大学国际法学院院长孔庆江教授探讨了涉外法治人才培养现状、存在的问题及对策建议。他指出,涉外法治人才培养缺乏长远规划,主要表现为目标不够清晰、培养的模式体系与培养目标之间不匹配;涉外法治人才培养课程存在短板,导致法治人才明显的知识结构上的缺陷;涉外法治人才培养中实训比例较低;涉外法治人才培养资源短缺。对此,他认为在国际场合为国家利益要强调德才兼备,统筹规划涉外法治人才的培养,提升从事涉外法治人才教育工作教师的水平,增加涉外法治人才培养中的实务指导的比重,加强涉外法治的国际化训练。

西北政法大学国际法学院院长刘亚军教授探讨了涉外律师研究生项目方面的问题。他认为,涉外律师研究生培养项目是我国涉外法治人才培养模式创新的尝试,对于我国涉外法治建设有着极其重要的意义,具有四个特征:政治正确性、交叉性与国际性、应用性以及需求导向性。他指出,涉外律师项目人才培养模式的突出特征是"联合培养",需要处理好标准化与特色化、高校与联合培养单位、法学教育与其他学科教育以及境内培养与境外培养的关系。他建议尝试"订单式"培养、引入"学徒制"培养、海外培养等项目,探索法学人才培养模式的创新与改革。

西南政法大学张春良教授根据西南政法大学经验探讨了涉外法治人才培养的当前困境与未来举措,他指出西南政法大学坚持守正创新、突出特色发展,化区位劣势为区位优势,走出了一条涉外法治人才特色化培养的"非常道"。该"非常道"的基本模式是"四轮驱动,进出对流"。尽管效果渐彰,但仍存有人才培养的痛点、堵点、难点与痒点问题。将一流素质的学生导向涉外法治培养轨道,是涉外法治人才培养必须解决的痛点问题;促进法律与外语、国别法与国内法、中国法与外国法的融贯,是涉外法治人才培养必须解决的堵点问题;促进理实相通、知行合一,是涉外法治人才培养必须解决的难点问题;造就拔尖、卓越人才,是涉外法治人才培养必须解决的痒点问题。为破解当前困境他提出了"六措并举",统筹深度培养、专门培养、共同培养、实战培养、国别培养以及精英培养六条路径,形成体系化的人才冶铸方案。

西北政法大学国际法学院副院长张光教授指出,涉外法治人才对推动我国法治建设、推动全球治理和构建人类命运共同体的意义重大。他认为新时代国家对涉外法治人才的新需求,一是大量胜任国内涉外立法、司法、执法各环节工作的高素质法律人才。二是熟悉"一带一路"沿线国家法律并精通外语的涉外法治人才,特别是能提供高质量法律保障的国别法人才。三是善用国际法应对和解决国际争端,有力维护国家主权安全和发展利益的国际法专家。四是有坚定政治立场,且能够参与国际法律规则制定的中国法律人才。针对目前涉外法治人才培养机制上的障碍,张光教授指出首先要高度重视规划涉外法治国际化的学科体系;其次是切实提升专业语言的交叉辐射能力;最后建议政府给西部高校提供专项经费支持,或者给涉外实务机关提供一些机会、资源方面的支持。

中南财经政法大学法学院李培锋副教授认为高校作为涉外法治人才培养的第一阵地,要确保从数量、质量和结构三方面满足涉外法治工作的人才需要。他指出高校要实现涉外法治人才的“供给侧”与“需求侧”匹配,需要根据当前的人才结构性需求进行分方向培养;要实现涉外法治人才的高质量输出,需要在法学院系这一责任主体基础上,整合各种培养资源,开展更有成效的多主体联合培养,如“学院+学院”“国内高校+国内高校”“国内高校+国外高校”“国内高校+涉外法律实务部门”。云南大学法学院刘红春副教授以主体协同培养的视角,探讨卓越法治人才培养主体的协同育人路径。他认为由于诸多因素的掣肘,政府部门、法院、检察院、律师事务所、企业等法治实务部门与法学院校的双向交流机制出现培养职权配置的协同困境,包括职权界定不清晰、协同机制不健全、协同模式未形成等问题。针对以上问题刘红春副教授给出三个建议,一是引导多主体共同参与,精准界定职权,以刚性条款为各主体限权定责。二是科学配置职权,推动跨部门协同合力的常态化合作机制的形成,破除“部门壁垒”。三是合理构建教育行政机关与其他主体的衔接关系,推动以教育行政机关为主体的多元一体协同模式形成。

西南政法大学张惠彬副教授探讨了新文科背景下涉外知识产权人才培养的问题。他认为目前涉外知识产权人才培养的问题可以概括为四点:院系多而不优、大而不强;课程的实践性不足;课程设计上没有把国内和国际衔接好;知识产权专业特色不足。针对以上问题,他建议国家要严控新专业,把好质量关;高校适当增加硕博课程,拔高知识产权人才质量;教师要学生在熟悉国际法的基础上,教授知识产权课程。西北政法大学博士生尉钏对法学学科发展现状进行剖析,认为传统学科过于庞大、相对僵化,而新兴学科开设不足、交叉学科发展不力。对此,政法类高校作为新法学建设主力军,应改善学科交叉建设环境,依托其优势学科设置交叉学科,探索学科交叉育人模式。

四、全球化时代的法学课程与教学

国际法学教育承担着服务国家对外发展战略的时代使命，在新时代对外开放的新形势下教育被赋予了服务国家对外关系和国际战略，为企业的海外发展提供人才支持，推动法学教育实现国际化发展的新使命。

西南政法大学国际法学院院长张晓君教授对国别法律人才培养的协同性问题进行了分析，他认为高校需要在教学实践中合理设置国别法相关课程，正视国别法学习对涉外法治人才培养的重要意义。涉外法治人才作为一种复合型人才，需要在培养过程中探索法学与英语的交叉、融合。此外，高校虽然是涉外法治人才培养的主要阵地，但是仅凭高校难以保证实现学生全方位的发展，亟须探索与政府、实务部门的人才培养协同机制以进一步完善实践教学模式、提升学生实践能力。具体表现为需要加强与政府部门、司法部门尤其是与人民法院以及涉外法律服务机构的交流合作。

哈尔滨工程大学院长助理刘久副教授分析了国际法课程全英文教学的困境，提出 CLIL 模式在国际法全英文教学中的适用。她指出 CLIL 教学模式在国际法全英文教学中的适切性，并分享在教学语言设计上的经验。首先，教学材料上要优化英文文献，增强可读性；难易内容要交替进行，避免学生理解与认知的困难；灵活运用课堂活动，引入教学内容与案例。西北政法大学博士生李明提出“一带一路”倡议为中国带来了新的发展机遇，但沿线国家政权的频繁更迭和恐怖主义组织也形成了新的挑战。因此，承担“一带一路”涉外国家安全法治人才培养的高校需要不断优化涉外国家安全法治人才培养模式，通过开展国际化人才办学，突出与“一带一路”倡议沿线国家交流互动，真正为我国“一带一路”倡议下涉外国家安全法治实践提供理论支撑和人才智力保障。

西北政法大学国际法学院刘学文副教授探讨了涉外法治人才培养课程建设的体系与方法，提出涉外法治人才不仅应具备法律交流和谈判能力的基本技能,还要拥有国际视野和法律全球化的思维,能够立足于中国立场,切实维护国家领土主权和核心利益。他认为未来国际法的发展应该定位于权力救济导向,关注以法律适用为核心的司法性实践,国际法的教学理念应该维护以规范获取为基本逻辑起点,国际法学科的自主性理念,推进法律适用、法律警示为核心内容的国际法教学方法的核心,并回归权利救济和国际法的话语表达为导向的国际法实践思维。

陕西师范大学教育学部讲师罗阳指出全球化时代法学教育的知识边界、时空环境存在不确定性。他提出应更加重视法科学生对全球化理论的学习,培养学生的全球化视野;进一步加强法律职业伦理教育的力度,完善相关课程体系;适当将"不确定性"教育融入法学教育之中,提升法科学生的风险防范意识。西北政法大学外国语学院讲师史煜就新文科背景下涉外法治人才的英语教育目标进行了交流。她提出在课程设置上,法律英语要符合法律英语学习规律和目标;在教材的内容上,要注重法律英语输出技能的培养;在课堂上,采用浸入式、合作式、线上线下等多种教学模式增强教学效果;在教师能力上,提升法律英语教师的法律专业能力。

厦门大学博士生吴一楷探讨了中国涉外金融法律队伍的现状与培养路径。他认为政法、财经类学院校要推进校企合作协同育人机制,不断优化涉外金融法专业的人才培养方案,凸显涉外金融法律人才培养的特色,强化涉外金融法律的司法适用性。西北政法大学硕士研究生孔爽探讨了来华留学生教育的若干问题。面对新挑战新机遇,我国应采取更为积极的策略:持续提升高等教育国际化水平;引进国际优质教育资源,建立优质高等教育资源中心;发挥区域传统优势,建设面向周边国家的留学教育集中区。

结　语

《法学教育研究》编辑部自 2017 年起开始举办专题研讨会,今年是第五次举办专题研讨会,每次研讨会都会根据我国法治建设和高等教育发展的需要确定一个主题。今年的主题是涉外法治人才培养机制探索与实践。2021 年 5 月 1 日至 9 月 1 日举行了第五届专题研讨会有奖征文活动,有奖征文活动共征集到论文 92 篇,最终评出获奖论文共 26 篇,其中一等奖论文 3 篇、二等奖论文 6 篇、三等奖论文 9 篇、优秀奖论文 8 篇。本次研讨会线下 37 位参会代表,线上 27 位参会代表,线上线下共有百余人参与了本次研讨会。代表们进行了 2 个主旨报告,10 个主题发言,19 个分论坛报告。中国政法大学黄进教授和清华大学法学院王晨光教授的主旨报告高屋建瓴、内容丰富,对涉外法治人才培养具有很强的指导意义。

本届研讨会上,专家学者围绕习近平法治思想与新法学建设、全球化与涉外法治人才培养和教育、国际法学教育、国别法律人才的培养、未来国际法学院的建构等论题展开了富有成效的研讨,将对提升我国涉外法治人才培养质量产生积极的作用。法治兴,则国运兴。在全球经济一体化下,法治作为安邦固本的基石,护航中国发展乘风破浪,法学教育承担着培养高素质法治人才的使命,为建设法治中国提供人才支撑和智力支持。新时代的法学教育须统筹国际国内环境,以立德树人、服务需求、提高质量、追求卓越为主线,按照需求导向、尊重规律、协同育人、统筹推进的基本原则,培养一批具有国际视野和全球化思维的法治人才。

On the Exploration of the Mechanism and Practice of the Cultivation of Foreign-related Rule-of-Law Talents

—A Review of the Fifth Symposium on Legal Education Research

Chen Hui　Kong Shuang

Abstract: The fifth symposium of Law Education Research was held in

Northwest University of Political Science and Law on December 11, 2021. The participants held academic discussions on " Exploration of the Mechanism and Practice of the Cultivation of Foreign-Related Rule-of-Law Talents". The world today is undergoing major changes unmet in a century. The international order and the global governance system are undergoing profound adjustments and accelerated evolution, which make the human community full of opportunities and challenges. It is urgent to use the rules of international laws and rules to safeguard the country's sovereignty, security and development interests, and to further enhance global participation. The right to speak and dominance of governance. Law schools should insist on using Xi Jinping Thought on the rule of law to lead the cultivation of foreign-related rule-of-law talents, building a robust discipline of international law, promoting the cultivation of foreign-related rule of law talents, and strengthen collaborative education to cultivate high-quality foreign-related rule-of-law talents.

Key Words: Xi Jinping Thought on the Rule of Law, foreign-related rule-of-law talents, legal education, globalization

《法学教育研究》稿约

《法学教育研究》创办于2009年,是国内较早系统关注法学教育研究的专门性学术出版物,由西北政法大学高等教育研究所主办、法律出版社定期出版。2017年起本书每年出版4卷,现已入选南京大学CSSCI来源集刊。

宗旨:本书恪守科学性、实践性、创新性、开放性原则,集中出版法学教育教学研究成果,探索法学教育教学规律,促进法学教育事业的发展。

主要栏目有理论探讨、教学研究、比较研究、教材体系、管理经纬、学问人生、教育法制、法务反哺、法学资讯、书评等。

《法学教育研究》致力于搭建高水平的学术探讨平台,所有来稿均以学术价值为遴选标准。敬请作者来稿时提供:(1)中英文题目及作者姓名,标题尽量确切、简洁;(2)中英文摘要(不超过200字);(3)中英文关键词(3~5个);(4)作者简介(含姓名、工作单位、职称、学历学位、研究方向、通信地址、邮政编码、联系电话、电子邮箱),如果来稿系作者承担的省级以上科研基金项目,请注明项目名称和编号;(5)正文;(6)注释。

注释:是对文内某一特定内容的进一步解释或补充说明。用①②③……数字标注序号,采用当页脚注整篇连续编号形式。著作类包括“序号,著者:《书名》,出版社出版年,起止页码”。论文类包括“序号,作者:《题目》,载《报刊名》出版日期或期号”。

本书的微信公众号为 fxjyyj-xfd,定期发布相关信息,敬请关注,官方网站为 http://ler. nwupl. cn/。本书的网络采编系统现已开通,网址为 http://fxjy. cbpt. cnki. net,请通过网络采编系统投稿。

联系方式:

E-mail:fxjyyj@ 126. com

电话:029 - 88182796

地址:西安市长安区西长安街 558 号

西北政法大学长安校区 80 号信箱

邮编:710122

图书在版编目(CIP)数据

法学教育研究. 第三十八卷 / 范九利主编. -- 北京:
法律出版社, 2022
ISBN 978-7-5197-7375-5

Ⅰ. ①法… Ⅱ. ①范… Ⅲ. ①法学教育-研究-中国
Ⅳ. ①D92-4

中国版本图书馆CIP数据核字(2022)第231085号

法学教育研究(第38卷)
FAXUE JIAOYU YANJIU (DI-38 JUAN)

范九利 主编

责任编辑 孙东育 曲 杰
装帧设计 李 瞻

出版发行 法律出版社
编辑统筹 学术·对外出版分社
责任校对 杨锦华
责任印制 陶 松
经 销 新华书店

开本 710毫米×1000毫米 1/16
印张 24 **字数** 334千
版本 2022年7月第1版
印次 2022年7月第1次印刷
印刷 永清县金鑫印刷有限公司

地址:北京市丰台区莲花池西里7号(100073)
网址:www.lawpress.com.cn
投稿邮箱:info@lawpress.com.cn
举报盗版邮箱:jbwq@lawpress.com.cn

销售电话:010-83938349
客服电话:010-83938350
咨询电话:010-63939796

书号:ISBN 978-7-5197-7375-5
定价:98.00元

凡购买本社图书,如有印装错误,我社负责退换。电话:010-83938349